Horizonte 5

Geschichte Gymnasium Baden-Württemberg

Herausgegeben von
Frank Bahr

Erarbeitet von
Frank Bahr, Adalbert Banzhaf und Leonhard Rumpf

westermann

Unter www.westermann.de/geschichte-linkliste finden Sie interessante Links zu den in diesem Buch behandelten Themen.

Druck A[1] / Jahr 2009
Alle Drucke der Serie A sind im Unterricht parallel verwendbar.

Redaktion: Christoph Meyer, Christoph Böwing, Dorle Bennöhr, Lisa Mros
Herstellung: Udo Sauter
Satz: PixelParc GmbH, München
Druck und Bindung: westermann druck GmbH, Braunschweig

ISBN 978-3-14-**112034**-9

Inhalt

Inhalt

Operatoren und ihre Anforderungsbereiche (Auswahl)

Operatoren	Definitionen
	Anforderungsbereich I
beschreiben	Genaue, eingehende, sachliche, auf Erklärung und Wertung verzichtende Darstellung von Personen, Situationen, Vorgängen usw.
darstellen/darlegen	Zusammenhänge, Probleme usw. unter einer bestimmten Fragestellung sachbezogen ausführen; Strukturen, Situationen usw. objektiv abbilden
formulieren	Ein Ergebnis, einen Standpunkt, einen Eindruck usw. knapp, präzise, pointiert – zumeist mit eigenen Worten – zum Ausdruck bringen
skizzieren	Ein Persönlichkeitsbild, eine Handlung usw. auf Grundlegendes begrenzt akzentuiert darstellen
zeigen/aufzeigen	Textinhalte und/oder Textformen sachbezogen, teils deskriptiv, teils analytisch darlegen, verdeutlichend herausstellen
zusammenfassen	Sachbezogene, strukturierte, komprimierte, auf Wesentliches ausgerichtete Wiedergabe von Texten bzw. einzelner Textaspekte
	Anforderungsbereich II
analysieren/ untersuchen	Zerlegen eines Textganzen in Einzelheiten des Inhalts und der Form; strukturierendes, systematisches Erschließen und Darstellen der einzelnen Textaspekte bzw. Textelemente für sich und in ihrer Wechselbeziehung; bei literarischen Texten Grundlage des Interpretierens
begründen	Positionen, Auffassungen, Urteile usw. kausal bestimmen, argumentativ herleiten und stützen
charakterisieren	Sachverhalte, Vorgänge, Personen usw. in ihren spezifischen Eigenheiten pointiert darstellen; etwas unter leitenden Gesichtspunkten kennzeichnen, gewichtend Wesentliches hervorheben
einordnen	Einzelnes, z.B. Textauszüge, aspekt- und kriterienorientiert in einen Gesamtzusammenhang stellen
erklären	Einen Sachverhalt in einen Begründungszusammenhang stellen; etwas kausal schlussfolgernd herleiten
erläutern	Einen Sachverhalt veranschaulichen, verdeutlichen; etwas einsichtig machen
herausarbeiten	Strukturen, Leitgedanken, Strategien usw. ggf. unter bestimmten Aspekten, aus einem Textganzen herauslösen und in textbezogene Vorgehensweise akzentuiert, auf Wesentliches konzentriert herausheben
vergleichen	Gemeinsames und Unterschiedliches herausarbeiten und gegenüberstellen; gewichtend ein Ergebnis formulieren
	Anforderungsbereich III
beurteilen/ bewerten	Textinhalte und Textgestaltungen, Sachverhalte, Aussagen, Maßnahmen, Lösungen, usw. reflektieren, prüfen und in ein ästhetisches und/oder ethisches Wertesystem begründend einordnen
diskutieren	Sich argumentativ mit einem Thema, einer Frage, einem Problem befassen; freiere, offenere Variante des methodisch und strukturell stärker festgelegten „Erörterns"
erörtern	Sich mit einem Thema kritisch, differenziert und argumentativ befassen; in schlussfolgernder Abwägung des Für und Wider unter Berücksichtigung unterschiedlicher Perspektiven ein begründetes Urteil fällen; lineare oder dialektische Grundstruktur (Pro/Kontra– Argumentation) Operatoren des Erörterns sind: Sich auseinandersetzen, Stellung nehmen, diskutieren, kommentieren, (über-)prüfen, (be-)werten, (be-)urteilen
interpretieren	Basisoperator des Interpretationsaufsatzes: Hermeneutisches, d.h. auf Erkennen und Verstehen gerichtetes Arbeiten am Text; erklärende und wertende Textauslegung; Untersuchung von Textinhalt und Textform und ihrer Wechselbeziehung mit Hilfe textanalytischer Mittel und Verfahren; Synthese analytisch gewonnener Ergebnisse
kommentieren	Einen Sachverhalt kritisch erläutern und bewerten
sich auseinandersetzen	Sich mit einem Thema kritisch, differenziert, argumentativ und urteilend befassen; lineare wie auch dialektische Struktur: offenes, sich verzweigendes, auf die Breite des thematischen Spektrums ausgerichtetes Erörtern, das Sachverhalte skizziert, Ursachen und Folgen reflektiert
Stellung nehmen	Sich zu einer Fragestellung argumentativ, fazitorientiert und urteilend positionieren

1. Geschichtliche Wurzeln Europas

Europas Ursprung liegt im Dunkeln. Die Namensgebung selbst wird mit einer griechischen Sage in Verbindung gebracht. Ihr zufolge war Europa die Tochter von Agenor, dem König von Tyros oder Sidon in Phönizien, dem heutigen Libanon. Als der Griechengott Zeus die schöne Frau am Strand erblickte, griff er zu einer List, um sich in ihren Besitz zu bringen. Er näherte sich ihr in Gestalt eines scheinbar zahmen Stieres und entführte Europa auf seinem Rücken nach Kreta. Dort brachte sie Minos zur Welt, den legendären Begründer der minoischen Frühkultur. Dieser „Raub der Europa" gilt als mythologische Ursprungserzählung. Sie ist zwar wissenschaftlich nicht auf ihren Wahrheitsgehalt zu überprüfen, gleichwohl können Mythen auch einen wahren Kern enthalten. Die vorzeitliche Erzählung verweist auf die Anfänge der ältesten Hochkultur auf europäischem Boden. Diese entstand im 2. Jahrtausend v. Chr. auf Kreta. Es gilt als historisch gesichert, dass wesentliche Einflüsse bei der Entstehung der minoischen Kultur aus Asien (Babylon) und Ägypten stammten.

Seit der griechischen Antike hat sich der Name „Europa" zunächst als territoriale Bezeichnung durchgesetzt. Er bezog sich auf die nördliche Seite des Mittelmeerraumes – gleichsam in Abgrenzung zu Asien im Osten und Afrika im Süden. Auch aus heutiger Perspektive sind die geografischen Grenzen Europas nicht leicht zu bestimmen. Bei einem Blick aus dem Weltall erscheint Europa eher als der kleine westliche Anhang der asiatischen Landmasse. Auch historisch bereitet die Abgrenzung Europas Schwierigkeiten. Die Einheit des Kontinents erschließt sich nur über die Kenntnis seiner Geschichte. Paradoxerweise gilt dies, obgleich europäische Fürsten und Staaten jahrhundertelang Krieg gegeneinander geführt haben.

Europa hat eine Zivilisation hervorgebracht, deren Wurzeln in der griechischen und römischen Antike liegen. Die Christianisierung des Kontinents im Mittelalter gehört zu den wirkungsmächtigsten Einflüssen, die Europa grenzüberschreitend geprägt haben. Mit der langsamen Zurückdrängung kirchlicher Einflüsse seit der Aufklärung im 18. Jahrhundert setzte sich eine fortschreitende Säkularisierung (Verweltlichung) der europäischen Gesellschaften durch. Auf diesen Grundlagen entwickelte sich eine europäische Identität, die das „Projekt Europa" – die politische Vereinigung des Kontinents – überhaupt erst möglich gemacht hat.

Als am 25. März 1957 die Verträge zur Europäischen Wirtschaftsgemeinschaft (EWG) feierlich unterzeichnet wurden, geschah dies auf dem Kapitol in Rom. Auf diese Weise wollte man auf die Wurzeln Europas aufmerksam machen und den Zusammenhang von antiker Geschichte und europäischer Gegenwart dokumentieren. Wenn Griechenland zum damaligen Zeitpunkt Mitglied der EWG gewesen wäre, hätte man vielleicht die Akropolis von Athen als Schauplatz der Zeremonie gewählt.

1.1 Formen geschichtlicher Identitätsbildung

Was heißt „Identität"?

Identität ist ein schwieriger Begriff. Jeder seelisch gesunde Mensch entwickelt eine Persönlichkeit, die er als seine unverwechselbare wahrnimmt. Diese Ich-Identität bildet sich als Ergebnis der eigenen Geschichte. Für uns als Individuen gilt genau das Gleiche wie für Völker und Nationen: „Wir sind, was wir geworden sind." Die Psychologie lehrt, dass der Verlust der Erinnerung eine schwere seelische Erkrankung darstellt, die den Menschen seines Ich-Gefühls beraubt.

Zur Entfaltung der Persönlichkeit gehören immer Bindung und Abgrenzung: Abgrenzung vom Fremden, vom Anderen, und Bindung an Verwandtes bzw. Vertrautes. Jeder Mensch besitzt Bindungen, zum Beispiel an die eigene Familie, an Freunde, an kulturelle Werte oder Weltanschauungen. Das Kollektiv vermittelt dem Einzelnen das Gefühl der Zugehörigkeit. Bindungen geben Selbstbewusstsein und inneren Halt.

Der Begriff „Identität" ist allerdings deshalb fragwürdig, weil das Individuum in der Regel verschiedenen Bezugsgruppen angehört. Bei genauerer Betrachtung kann das Ich unterschiedliche Identitäten besitzen, zum Beispiel als männliches oder weibliches Wesen, als Berufstätiger, als Familienmitglied oder als Angehöriger einer Nation.

Nicht nur Individuen haben eine Vergangenheit. Jede Generation steht – unabhängig von ihrem Willen – im Zusammenhang mit den (familiären) Vorfahren. Diese Vergangenheit lässt sich nicht abstreifen. Sie gehört zu uns und gibt letztlich Aufschluss über die Frage, wer man ist. Der Familiengeschichte des Einzelnen entspricht die kollektive Erinnerung von Völkern und Nationen. In diesem Zusammenhang sprechen wir dann von einer „historischen Identität". Diese Identität wird durch gemeinschaftsbildende Inszenierungen beschworen. Dazu zählen Gedenktage, Rituale und politische Symbole.

Politische Symbolik

Politische Symbole stellen eine Versinnbildlichung von Ideen dar. Mit ihnen wird ein Zeichen zu einer bestimmten politischen Aussage verdichtet. Oft ist ihnen auch ein emotionalisierender Kern eigen. Politische Symbole stellen eine Verbindung her, zum Beispiel zwischen der politischen Ideologie und ihren Anhängern, zwischen den Bürgern und ihrem Staat oder zwischen einer Partei und ihren Mitgliedern. Symbole bieten also ein Identifikationsangebot.

M 1 Trabantfahrertreffen in Zwickau, 2004

Die Krone ist zum Beispiel die klassische Herrschaftssymbolik der Monarchie. Das Hakenkreuz, dessen öffentliche Zurschaustellung in Deutschland einen Straftatbestand darstellt, symbolisiert den Nationalsozialismus. Hammer und Zirkel im Ährenkranz bildeten das Staatswappen der DDR, der Bundesadler auf schwarz-rot-goldenem Grund symbolisiert die Bundesrepublik Deutschland. Dass Symbole von herausragender politischer Bedeutung sein können, kann zum Beispiel am Flaggenstreit in der Weimarer Republik gezeigt werden. Damals musste die offizielle Staatsfahne der Republik Schwarz-Rot-Gold mit dem Schwarz-Weiß-Rot des Kaiserreiches konkurrieren. Während die schwarz-rot-goldene Fahne die demokratische Tradition vergegenwärtigte, verstanden sich die Anhänger von Schwarz-Weiß-

Rot als monarchisch gesinnte, antidemokratisch eingestellte Gegner der Republik. Es handelte sich um einen hoch emotionalisierten Konflikt.

Symbolik kann sich aber nicht nur in Farben und bildähnlichen Zeichen ausdrücken, sondern auch in Gegenständen und Bauwerken. Die Mauer in Berlin (1961–1989) symbolisierte die Teilung Deutschlands, während das Brandenburger Tor immer den Anspruch (und die Hoffnung?) auf Wiedervereinigung wachhielt. Auch der Reichstag in Berlin, die Paulskirche in Frankfurt am Main, die Wartburg bei Eisenach oder der Kölner Dom stellen neben vielen anderen Gebäuden Erinnerungsorte dar, mit denen sich bestimmte politische Inhalte verbinden. Zusammen mit ungezählten Denkmälern bilden sie eine Spur, auf der sich die Geschichte zurückverfolgen lässt.

Denkmäler

Denkmäler spiegeln die Geschichte. Sie dokumentieren, wie frühere Generationen ihre Zeit sehen wollten. Besonders auffällig ist in Deutschland eine Vielzahl von Nati-onaldenkmälern, die zumeist im 19. Jahrhundert errichtet wurden. Zu den bekanntesten zählen die Walhalla (an der Donau bei Regensburg), das Niederwalddenkmal (über dem Rhein bei Rüdesheim), das Hermannsdenkmal (im Teutoburger Wald bei Detmold), das Kaiser-Wilhelm-Denkmal (auf dem Kyffhäuser in Thüringen), die Siegessäule (im Berliner Tiergarten) und das Völkerschlachtdenkmal (in Leipzig).

Wenn sich die Entstehungsgeschichten dieser Denkmäler auch sehr unterscheiden, so ähneln sie sich doch in Bezug auf ihre politische Aussage. Sie spiegeln ein Deutschland, das nach der Reichsgründung von 1871 auf der Suche nach seiner Identität war. Sie bildeten einen Teil der deutschen Nationalideologie, die in teilweise religiös aufgeladener Form den Mythos vom germanisch-mittelalterlichen Reich beschwor. Auch die emotionale Wiedererweckung der anti-napoleonischen Befreiungskriege diente dazu, das neu gegründete Reich in der Geschichte ideologisch zu verankern.

M 2 Die Walhalla bei Regensburg
König Ludwig I. von Bayern ließ das Gebäude im Stil eines griechischen Tempels errichten. Seit der Einweihung im Jahre 1841 befinden sich im Innern die Marmorbüsten von berühmten Deutschen.

Erinnerungskultur

Jedes Volk besitzt eine ihm eigene Erinnerungsgeschichte. Natürlich hat sich in der Vergangenheit ungleich mehr ereignet, als die heutige Erinnerung hergibt. Ereignisse werden nur dann Teil der Erinnerungskultur, wenn die Gesellschaft sie für wichtig hält.

Diese Erinnerungskultur funktioniert wie ein Filter, der nur durchlässt, was als wesentlich und wichtig erachtet wird. Die Erinnerungskultur zeigt sich auf vielfältige Weise:

- Gedenktage, z. B. der Staatsgründung, Geburtstage von Staatsoberhäuptern und Königen, Schlachten, Revolutionen;
- Gedenkfeiern und Rituale, z. B. festliche Ansprachen;
- Kranzniederlegungen, Militärparaden;
- Denkmäler, z. B. für Kriegshelden, Staatsgründer;
- Symbole, z. B. Fahnen, Wappen;
- Hymnen, z. B. Nationalhymnen, Lieder;
- Museen und Ausstellungen, z. B. Haus der Geschichte in Bonn, Deutsches Historisches Museum in Berlin;
- auch Bücher, Fernseh- und Radiosendungen und nicht zuletzt der Geschichtsunterricht an Schulen und Universitäten sind prägende Bestandteile der Erinnerungskultur.

Offenkundig erfüllt die kollektive Erinnerung ein menschliches und gesellschaftliches Bedürfnis nach Orientierung in einer oft undurchschaubaren Welt. Von staatlicher Seite dienen Feiern und Gedenken dazu, die Loyalität der Bürger zum Staat zu sichern und die Integration zu fördern.

Die Bildung eines kollektiven Gedächtnisses ist ein höchst komplexer Vorgang. In Demokratien mit ihrer freiheitlichen und pluralistischen Ordnung ist das kollektive Gedächtnis das Ergebnis eines öffentlichen Gedankenaustausches, an dem viele Personen und Institutionen beteiligt sind: Regierungen, Kultusbürokratien, Schulen, Universitäten, Parteien, Interessengruppen und die Medien.

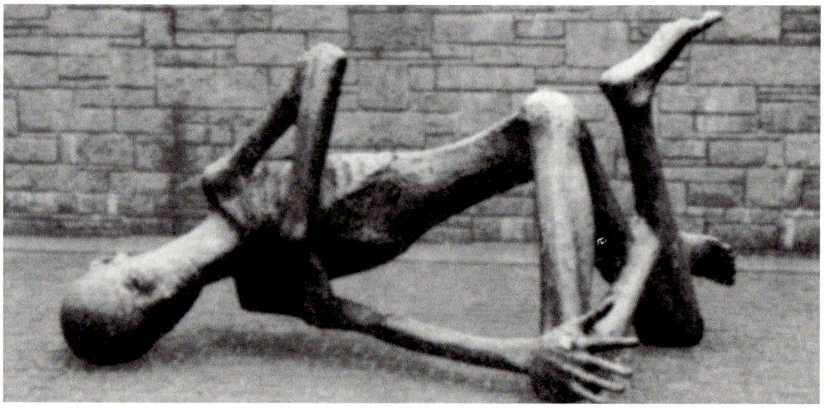

M 3 Der „sterbende Häftling"
Plastik im ehemaligen Konzentrationslager Neuengamme in Hamburg, in dem während der Nationalsozialistischen Diktatur über 50 000 Menschen starben.

Das Ringen um eine angemessene Erinnerung wird in der Demokratie von einer kritischen Öffentlichkeit begleitet. Das kollektive Geschichtsbild ist also immer eine Konstruktion, die aus dem Blickwinkel der Gegenwart vorgenommen wird. In ihm spiegelt sich wider, was eine freie und offene Gesellschaft zu einem bestimmten Zeitpunkt für wichtig hält. Folglich ist das Geschichtsbild auch nicht ein für alle Mal festgelegt. Vielmehr unterliegt es einem Wandel, der mit gesellschaftlichen und politischen Veränderungen einhergeht. So versteht es sich fast von selbst, dass nach 1945 das bis dahin gültige nationalsozialistische Geschichtsverständnis korrigiert wurde.

Manipulation historischer Erinnerung

Wenn Demokratien eine oft heftig diskutierte Erinnerungskultur besitzen, so ergibt sich für Diktaturen jedweder Art ein völlig anderes Bild. Diese versuchen, die Erinnerung einseitig im Sinne der Staatsideologie zu beeinflussen. Dabei sind die Grenzen zur reinen Propaganda fließend. Durch Indoktrination wird das offizielle Geschichtsbild durchgesetzt. Es wird „von oben" aufgezwungen und dient der Machtfestigung. Diese Zusammenhänge lassen sich epochenübergreifend feststellen. Unliebsame Erinnerungen werden systematisch ausgelöscht. Die Zensur verhindert Publikationen, die nicht ins Bild passen. Oder der Staat untersagt die Erwähnung von bestimmten Personen. Bereits im Römischen Reich gab es das Instrument der „damnatio memoriae", sinngemäß also der Auslöschung der Erinnerung. Sie gipfelte in der Vernichtung von Schriften, im Wegkratzen des Namens aus Inschriften oder im Einschmelzen von Münzen, die das Antlitz des zum Staatsfeind erklärten Kaisers trugen.

Deutsches Geschichtsbild

Die Deutschen haben im 20. Jahrhundert zweimal die Erfahrung gemacht, was es heißt, in Diktaturen zu leben. Sowohl die nationalsozialistische Diktatur (1933–1945) als auch die kommunistische Herr-

M 4 Gedenktage (Auswahl)

Kaiserreich
18. Januar (1871): Reichsgründung
2. September (1870): Schlacht bei Sedan

Weimarer Republik
11. August (1919): Inkrafttreten der Weimarer Verfassung
(erst seit 1921 gefeiert)

„Drittes Reich"
30. Januar (1933): „Tag der Machtergreifung"
20. April (1889): „Geburtstag des Führers"
9. November (1923): „Gedenktag für die Gefallenen der Bewegung"

Bundesrepublik Deutschland
17. Juni (1953): Volksaufstand in der DDR, Tag der deutschen Einheit
24. Mai (1949): Inkrafttreten des Grundgesetzes
20. Juli (1944): Gedenken an den Widerstand gegen den Nationalsozialismus

Deutsche Demokratische Republik
15. Januar (1919): Gedenken an die Ermordung von Rosa Luxemburg und Karl Liebknecht
7. Oktober (1949): Gründung der DDR
7. November (1917): Tag der Großen Sozialistischen Oktoberrevolution

Deutschland (nach der Wiedervereinigung)
27. Januar (1945): Tag des Gedenkens an die Opfer des Nationalsozialismus
3. Oktober (1990): Tag der Deutschen Einheit

schaft in Ostdeutschland (1949–1989) vermittelten ein höchst einseitiges Geschichtsbild, das dem jeweiligen Staatsverständnis entsprach.

Jeder historische Wechsel des Regierungssystems, z. B. von der Monarchie zur Republik oder von der Diktatur zur Demokratie, ist mit einem Bruch der Erinnerungskultur verbunden. Der Wandel bezieht sich in der Regel nicht auf tatsächliche Ereignisse, also auf die Fakten, sondern darauf, wie diese bewertet werden. Am Beispiel des 8. Mai 1945 kann dargestellt werden, wie die neue Werteordnung das historische Gedächtnis beeinflusst. Die damaligen deutschen Zeitgenossen haben in ihrer großen Mehrheit diesen Tag als Niederlage, teils auch als persönliche Katastrophe wahrgenommen. Aber im Verlauf des folgenden halben Jahrhunderts – in der Zeitspanne von zwei Generationen – hat sich die Perspektive erheblich verschoben. Langsam, aber kontinuierlich ist der Anteil jener Menschen gewachsen, die den 8. Mai als Tag der Befreiung und des (erfolgreichen) Neubeginns sehen. Dies ist auch das Ergebnis der gelungenen Integration Deutschlands in die europäisch-westliche Völkergemeinschaft.

Die Art, wie wir unsere Vergangenheit erinnern, spiegelt ein Verständnis der Gegenwart wider und beinhaltet – im günstigsten Fall – ein Lernen aus der Geschichte. Der hohe Wert, den die westliche Zivilisation den Menschenrechten beimisst, resultiert aus der Erfahrung, wie diese Menschenrechte in der Vergangenheit verletzt worden sind. Der Rückblick auf die Fehlentwicklungen im 20. Jahrhundert schärft die Wahrnehmung der Deutschen, zu deren historischem Erbe das Abgleiten in die totalitäre Herrschaft gehört. Die Erfahrungen mit zwei Diktaturen im 20. Jahrhundert machen Deutschland zu einem „schwierigen Vaterland". Diese geschichtlichen Hypotheken lassen eine Idealisierung der Vergangenheit nicht zu. Die deutsche Gedächtniskultur ist unauflöslich insbesondere mit den nationalsozialistischen Verbrechen verbunden. Der Zivilisationsbruch, der sich im Namen „Auschwitz" verdichtet, prägt das Geschichtsbild vom 20. Jahrhundert. Am Beispiel des Holocaust, der Vernichtung der Juden, bewahrheitet sich der Satz von der „Geschichte, die nicht vergehen will". Aus der historischen Schuldverstrickung erwächst Verantwortung für die Zukunft. In diesem Geist entstand im Zentrum von Berlin ein großflächiges Denkmal für die ermordeten Juden Europas. Die Eigenart der deutschen Erinnerungskultur besteht darin, dass sie aus zwei Strängen besteht.

M 5 Zentrales deutsches Mahnmal für die während der NS-Zeit ermordeten europäischen Juden
Fotografie von 2005

Zum einen erinnern wir uns der Verbrechen und der Unfreiheit, die mit zwei Diktaturen zusammenhängen. Dazu zählen der Holocaust, rassistische Ausgrenzung, Kriegsverbrechen und Kriegsschuld. Auch millionenfache Vertreibungen gehören dazu, bevor die Deutschen nach dem Zweiten Weltkrieg selbst Opfer der Vertreibungspolitik wurden. Zu diesem Teil der Erinnerungskultur zählen auch politische Verfolgungen, Mauerbau und Schießbefehl, die in der Verantwortung der DDR-Führung lagen.

Zum anderen erinnern wir uns an die demokratischen und humanen Traditionen, die es auch in der deutschen Geschichte gegeben hat. Diese reichen zurück auf die Aufklärung im 18. Jahrhundert sowie den Liberalismus im 19. Jahrhundert und setzen sich über die Revolution von 1848 (Paulskirche) bis zu den Demokraten der Weimarer Republik fort. Auch große Teile des Widerstands gegen die nationalsozialistische Diktatur gehören zu dieser Kette der kollektiven Erinnerung.

M 6 **Symbol der Teilung**
Das Brandenburger Tor nach der Errichtung der Berliner Mauer am 13. August 1961. Das Denkmal lag 29 Jahre lang im Grenzgebiet zwischen Ost- und West-Berlin.

M 7 **Symbol der Wiedervereinigung**
Eine jubelnde Menschenmenge vor dem Brandenburger Tor feiert die Öffnung der Mauer am 9. November 1989.

M 8 **Das Völkerschlachtdenkmal**
Erbaut 1913 in Leipzig, Foto von 2003

M 9 Staatsfeiern

Der Historiker Klaus Bergmann erläutert die Funktion von Gedenk- und Staatsfeiertagen:

Der neuzeitliche Staat griff das kirchliche Vorbild auf. Neben die kirchlichen Gedenktage traten die National- und Staatsfeiertage, nicht zufällig zuerst in den Vereinigten Staaten mit dem Gedenken an den 4. Juli 1776 als dem Tag der Unabhängigkeitserklärung und in Frankreich seit 1879 mit der jährlichen Erinnerung an den 14. Juli 1789 als dem Datum des Sturms auf die Bastille. Auch solche Gedenktage dienen der Erinnerung an gemeinsame Ursprünge, gemeinsame Erfahrungen, an Daten, mit denen – wie bei Revolutionen – ein neuer Ursprung gesetzt wurde, an Personen, die sich um die jeweilige Gemeinschaft verdient gemacht haben, und der Aussprache von Zukunftsaufgaben und -erwartungen. Besonders deutlich wurde dies bei den jährlichen Feiern zur „Großen Sozialistischen Oktoberrevolution" in Russland und in der Sowjetunion – Selbstfeiern, bei denen der Ursprung gefeiert, das Erreichte gepriesen, die lichte Zukunft beschworen, Staatsgründer und Staatsverwalter im Personenkult geehrt wurden. Nicht anders bei den Selbstfeiern der Nationalsozialisten, die bei ihren Gedenktagen das immer gleiche Ritual verwendeten: Versetzt mit dem Führerkult, wurde zuerst die „Kampfzeit der Bewegung" als Ursprung im „zerrissenen" Deutschland beschworen, dann die Gegenwart als die bessere Zeit der „Volksgemeinschaft" hingestellt, schließlich mit der Zukunftsvision eines Deutschen Reiches „der Größe und der Ehre und der Kraft und der Herrlichkeit und der Gerechtigkeit. Amen" (Hitler) geschlossen. Und bei den Nationalsozialisten wurde auch der kultische Charakter solcher Gedenktage offenkundig, die häufig bei Fackelschein oder unter Lichtdomen stattfanden, bei denen der Helden aus der „Kampfzeit" gedacht und eine Fahnenweihe durch die „Blutfahne" vorgenommen wurde.

K. Bergmann, Gedenktage, Gedenkjahre und historische Vernunft, in: Geschichte lernen, Heft 49 (1996), S. 13.

M 10 Rituale

Während des „Dritten Reiches" veranstaltete Hitler jedes Jahr am 9. November eine Totengedenkfeier. Der Literaturwissenschafter Klaus Vondung beschreibt die Inszenierung:

Das Ritual des 9. November bestand in einer feierlichen Wiederholung der Ereignisse von 1923, nämlich des Marschs der „alten Kämpfer" vom Bürgerbräukeller zur Feldherrnhalle. 1935 erreichte dieses Ritual seinen Höhepunkt an düsterer und weihevoller Großartigkeit, da in diesem Jahr am Vorabend des Gedenktags die exhumierten Leichen der sechzehn „Blutzeugen" in der Feldherrnhalle aufgebahrt worden waren. Am 9. November sollten sie in die neu erbauten „Ehrentempel" am Königsplatz überführt werden. Abgesehen von dieser Überführung verliefen die Feierlichkeiten in den folgenden Jahren wie an diesem 9. November 1935.
Am späten Vormittag stellte sich der „Traditionszug" im historischen Kostüm am Bürgerbräukeller auf. Hitler hatte einen „Blutorden" gestiftet, dem die Überlebenden des Putsches angehörten. Vor diesen „alten Kämpfern mit Blutorden" marschierte die „Führergruppe" mit der „Blutfahne" von 1923, hinter den Blutordensträgern kamen die übrigen Größen der Partei. Die Marschroute zur Feldherrnhalle wurde gesäumt von zweihundertvierzig Pylonen, von denen jede den Namen eines „Gefallenen der Bewegung" trug. Die Namen wurden ausgerufen, sobald die Spitze des Zuges eine Pylone erreichte. Ununterbrochen ertönte durch Lautsprecher das Horst-Wessel-Lied. Als der Zug

an der Feldherrnhalle anlangte, fielen sechzehn Kanonenschüsse, die sechzehn tödlichen Schüsse von 1923 wieder vergegenwärtigend. Während Hitler einen Kranz an der Gedenktafel niederlegte, wurden die Särge auf Lafetten geschoben. Das Lied vom guten Kameraden erklang, anschließend das Deutschlandlied, das immer lauter anschwellend den nun weitermarschierenden Zug bis zum Königsplatz begleitete. Dort wurden die Särge vor den beiden „Ehrentempeln" abgestellt. Es folgte der „letzte Appell"; die Namen der sechzehn „Blutzeugen" wurden einzeln aufgerufen, jedes Mal antwortete die HJ im Chor mit „Hier!" Nach jedem Aufruf fielen drei Salutschüsse, das Horst-Wessel-Lied wurde gespielt und die Särge in die „Ehrentempel" getragen. Die „Blutzeugen der Bewegung" bezogen die „ewige Wache" für Deutschland. Der Badenweiler-Marsch und das mit voller Lautstärke gespielte Deutschlandlied beschlossen die Feierstunde.

K. Vondung, Revolution als Ritual. Der Mythos des Nationalsozialismus, in: D. Harth, J. Assmann (Hg.), Revolution und Mythos, Frankfurt/M. 1992, S. 209f.

M 11 Gedenkstätte Deutscher Widerstand (Berlin)
Im ehemaligen Amtssitz des Oberkommandos des Heeres (OKH) wurde eine Gedenkstätte für den missglückten Staatsstreich am 20. Juli 1944 eingerichtet. Eine Gedenktafel nennt die Namen von fünf dabei erschossenen Offizieren des militärischen Widerstands gegen das NS-Regime. Das Attentat auf Hitler – ausgeführt von Oberst Graf Schenk von Stauffenberg – war fehlgeschlagen.

Aufgaben

1. Erläutern Sie den Begriff „historische Identität".
   → Text
2. Fertigen Sie eine Übersicht von wichtigen politischen Symbolen an.
   → Text, M6, M7
3. Analysieren Sie, wie sich die Erinnerungskultur eines Volkes bzw. einer Nation herausbildet.
   → Text
4. Erörtern Sie, mit welchen Problemen das deutsche Geschichtsbild belastet ist.
   → Text, M5, M9
5. Begründen Sie, warum alle Staaten Feier- und Gedenktage festlegen.
   → Text, M4, M9
6. Beschreiben Sie die Form der Nationaldenkmäler des 19. Jahrhunderts und interpretieren Sie ihren Sinn.
   → Text, M2, M8
7. Erklären Sie die Inszenierung des Totengedenkens im „Dritten Reich". Diskutieren Sie anschließend die Wirkung solcher Feiern.
   → Text, M10

1.2 Historische Mythen

„Mythos“

Das griechische Wort „Mythos“ (Mehrzahl „Mythen“) bedeutet so viel wie „Wort“ oder „Rede“. So nennt man Erzählungen aus der Frühzeit der Menschheit, die uns heute oft rätselhaft erscheinen. Sie beinhalten Aussagen über die „letzten Dinge“: vom Werden und Vergehen der Schöpfung im Allgemeinen und des Menschen im Besonderen. Sie präsentieren eine religiöse bzw. vorwissenschaftliche Sicht von der Welt. Mythologische Erzählungen folgen ihrer eigenen Logik, die sich den Regeln moderner Wissenschaft entzieht. Die Gesetze von Raum und Zeit gelten hier nicht. Das heißt aber nicht, dass Mythen sinnlos oder veraltet sind. Vielmehr spiegeln Mythen die Konfrontation der Menschheit mit unverstandenen (göttlichen) Mächten wider. Sie sind also Teil der kollektiven Erinnerung.

Aus heutiger Perspektive schwingt in dem Wort „Mythos“ immer auch die Nebenbedeutung von „unwahr“ mit. Das hängt damit zusammen, dass die moderne Menschheit eine wissenschaftlich-rationale Form der Welterkenntnis hervorgebracht hat. Vor allem seit dem 18. Jahrhundert – mit der Aufklärung, mit dem Siegeszug der Wissenschaft und der Industriellen Revolution – hat sich bei großen Teilen der Menschheit eine entmythologisierende Wirklichkeitserfassung durchgesetzt. Die mythologischen biblischen Bilder von der Schöpfung (Genesis) wurden durch die physikalische Theorie vom Urknall ersetzt und die Erschaffung des Menschen am sechsten Tag (Kreationismus) wurde durch die Evolutionstheorie von der Entstehung der Arten abgelöst (Darwinismus). Allerdings gibt es auch in der Gegenwart noch viele Menschen, die aus religiöser Überzeugung der biblischen Überlieferung ihren Glauben schenken.

M 1 Die Erschaffung der Tiere
Fresko von Raffael,
um 1515–1518, Rom, Vatikan.

Schöpfungs- und Endzeitmythen

Viele Mythen, die in das kollektive Gedächtnis der Menschheit eingegangen sind, beschäftigen sich mit dem Ursprung des Menschen und seinem Ende. Soweit bekannt ist, hat jede Hochkultur Erzählungen von ihren Anfängen hervorgebracht. Im babylonischen Schöpfungsmythos gibt es z. B. eine Urschlange (Tiamat), aus deren Leib der Weltenschöpfer Himmel und Erde erschuf. Die meisten Mythen erzählen vom Ursprung des Lebens, indem das Chaos überwunden wurde. In jedem Schöpfungsmythos wird also eine bestimmte Form der Ordnung hervorgebracht. Die biblische Schöpfungsmythologie handelt von der Erschaffung der Menschen Adam und Eva, dem Sündenfall und der Vertreibung aus dem Paradies. Gleichzeitig spannt sich der Bogen bis zum Ende der Zeiten. Kernelemente des christlichen Mythos sind die Sündhaftigkeit, der Kreuzestod Christi, die Überwindung der Teufelsmacht und das Weltgericht am Ende der Zeiten. Der biblisch-christliche Schöpfungsmythos beinhaltet also auch eine bestimmte Form der Heilserwartung, und er vermittelt dem Menschen eine Vorstellung von seinem Platz im Universum.

Mit den Mythen der Weltentstehung korrespondieren verschiedene Szenarien des Weltuntergangs. In diesen ist z. B. die Rede von Verfinsterung, Überflutung, einstürzenden Himmeln und dem Endkampf von gegensätzlichen metaphysischen Mächten. Dem Weltenbrand folgt am Ende das Weltgericht. Man spricht in diesem Zusammenhang von der Apokalypse. Dieses griechische Wort bedeutet „Offenbarung“ bzw. „Enthüllung“ (des göttlichen Geheimnisses). Apokalyptische Erzählungen ähneln sich darin, dass in ihnen von einer Zeit des Schreckens berichtet wird, die der Errichtung des ewigen Gottes- und Friedensreiches vorausgeht. Sie beinhalten Visionen von der vorübergehenden Herrschaft des Teufels, die durch das Erscheinen eines Retters beendet wird. Diesem schließt sich dann das endgültige Gericht an. Solche Mythen, die mit Heils- und Erlösungshoffnungen verbunden sind, nennt man eschatologisch (Eschatologie: Lehre von den letzten Dingen).

Griechische Mythen

Die griechische Frühzeit hat eine Vielzahl von Erzählungen hervorgebracht. Viele davon sind zum Allgemeingut der europäischen Kultur geworden. In ihnen treten Götter in Menschengestalt auf. Als berühmtestes Literaturdenkmal der frühgriechischen Hochkultur gelten die Epen „Ilias“ und „Odyssee“. Sie stammen aus dem 8. Jahrhundert v. Chr. und werden Homer zugeschrieben, über dessen Identität allerdings kaum etwas Gesichertes bekannt ist. Die Eroberung Trojas (Ilion) durch die Griechen verbindet sich bis heute mit der List vom hölzernen Pferd. Nach dem Fall Trojas kehrte der Kriegsheld Odysseus nach zehnjähriger Irrfahrt zu seiner treuen Gattin Penelope zurück. Er überstand dabei verschiedene Abenteuer mit List und Tapferkeit.

Prometheus

Die griechische Sage von Prometheus (der „Vorausdenkende“) existiert in mehreren unterschiedlichen Überlieferungen. Sie gehört zum Kernbestand der griechischen Mythologie und wird zum ersten Mal von Hesiod (ca. 700 v. Chr.) erzählt. Der Prometheus-Mythos erzählt, wie Prometheus den Göttern das Feuer stahl, das Zeus den Menschen vorenthalten hatte. Prometheus, als Titan selbst Teil der griechischen Götterwelt, übergab es den Menschen. Dieser Mythos vom „Lichtbringer“ blieb im Mittelalter lange Zeit ohne Beachtung und wurde erst im 15. Jahrhundert „wiederentdeckt“. Seitdem gilt Prometheus als Symbolfigur des menschlichen Fortschritts. Zeus rächte sich für die Übertretung des Verbotes, indem er Prometheus zur Strafe an die Felsen des Kaukasus ketten ließ, wo ein Adler seine täglich nachwachsende Leber fraß.

In einer anderen Variante des Mythos schuf Prometheus den ersten Menschen aus Lehm – nach dem Ebenbild der Götter. Hier berühren sich offenkundig antike und biblische Vorstellungen.

Die Büchse der Pandora

Auch an den Menschen nahm der Göttervater Zeus Rache. So schließt sich an den Raub des Feuers eine weitere Sage an: „Die Büchse der Pandora". Zeus ließ Pandora erschaffen, eine Frau, die er ansetzte, um den Menschen Verderben zu bringen. Er schickte sie auf die Erde, wo der Bruder von Prometheus – Epimetheus – sie zur Frau nahm. Pandora öffnete aus Neugier die von ihr mitgebrachte Büchse und ließ ungewollt die eingeschlossenen Übel frei: Seuchen, Kriege, Naturkatastrophen usw. Nur die Hoffnung blieb im Kasten und damit der Menschheit angesichts der Katastrophen erhalten. Die „Büchse der Pandora" wurde zu einem geflügelten Wort.

Mythen der Neuzeit

Mythisches Denken gehört keineswegs der Vergangenheit an. Trotz eines gesteigerten Bildungsniveaus und trotz wissenschaftlicher Erklärungsmodelle sind mythische Denkmuster auch heute noch weit verbreitet. Zwar lebt ein großer Teil der Menschheit im Bewusstsein von Entmythologisierung und wissenschaftlicher Rationalität, aber es gibt auch neuzeitliche Mythen, die das Geschichtsbild präg(t)en. Offensichtlich entspringen Mythen einem tief verwurzelten Bedürfnis des Menschen nach Sinngebung. Einige wenige Beispiele sollen das im Folgenden belegen.

Französische Revolution

Die Französische Revolution erschuf sich ihren Mythos vom Sturm auf die Bastille am 14. Juli 1789. Angeblich diente er der Befreiung unschuldiger Opfer einer monarchischen Gewaltherrschaft. Mit diesem Mythos wurde die Revolution gerechtfertigt; die Realität war sehr viel nüchterner und kaum als heldenhaft zu bezeichnen. Dennoch wurde dieses Geschehen zum Gründungsmythos. Der 14. Juli ist der Nationalfeiertag der Französischen Republik.

M 2 **Sturm auf die Bastille** am 14. Juli 1789, Aquarell nach Angaben des an der Erstürmung beteiligten Leutnants Cholat, 1789

Napoleon

Der Aufstieg Napoleons zum Beherrscher Europas geht einher mit seiner propagandistischen Stilisierung als Halbgott. Seine Feinde hingegen „verteufelten“ ihn. Beide Sichtweisen werden der Realität nicht gerecht.

Lenin

Der politische Führer der bolschewistischen Revolution in Russland 1917 hieß Wladimir Iljitsch Uljanow, Kampfname Lenin. Aus dieser Revolution ging die Sowjetunion hervor. Lenins Nachfolger in der Regierung machten aus ihm eine Art Staatsgott. Unterstützt von massiver atheistischer Propaganda, zerstörte der Staat die orthodoxe Kirche und gab dem Volk eine Ersatzreligion. In keinem größeren Ort der Sowjetunion fehlte das Lenin-Denkmal. In vielen Haushalten der Sowjetbürger ersetzte ein Leninbild die Ikone, das traditionelle Heiligenbild der Russen.

Deutsche Mythen

Auch in der neueren deutschen Geschichte gibt es eine Vielzahl von Mythen. Einige stehen im Zusammenhang mit der Reichgründung von 1871. Sie finden ihren Ausdruck in der Denkmalskultur, wobei der Kult um Bismarck besonders volkstümliche Formen annahm. Vor allem nach Bismarcks Entlassung als Reichskanzler (1890) entstand der Mythos vom Übervater und Schutzheiligen.

Kein neuzeitliches Regime – sieht man von der Sowjetunion ab – hat den Zusammenhang von Herrschaftsausübung und Mythologisierung in dem Maße perfektioniert wie das „Dritte Reich“. Das beginnt bereits bei der Bezeichnung „Drittes Reich“, die bewusst an den Reichsmythos des Mittelalters anknüpfte. In diesem Begriff schwang aber auch die romantische Sehnsucht nach dem „Endreich“ mit.

Die Inszenierung von Hitlers Auftritten auf den Reichsparteitagen und die Rituale der Totenehrungen schufen den Mythos vom Führer. Die dazugehörende Parole lautete: „Ein Volk, ein Reich, ein Führer.“ Während Hitler im nationalsozialistischen Mythos die Rolle des Erlösers zugewiesen wurde, verkörperten auf der anderen Seite die Juden die Allgegenwart des Bösen. Dieses dualistische Weltbild knüpfte an uralte christliche Mythen von der Existenz des Teufels an. Im Zentrum der NS-Ideologie stand allerdings ein rassistischer Antisemitismus. Dieser Unheil bringende Mythos öffnete den Weg nach Auschwitz.

M 3 **Führermythos: Adolf Hitler in Nürnberg 1938**

M 4 **Schöpfungsmythen**

Der Schriftsteller Gerold Dommermuth-Gudrich zeigt, wie im Mythos das Chaos überwunden wird:

Genesis bedeutet Schöpfung. Da die Bibel mit der Schöpfungsgeschichte beginnt, erhielt das erste Buch Mose den Namen Genesis. Nahezu alle Religionen versuchten, die Entstehung der Welt durch das Wirken eines oder mehrerer Götter oder Göttinnen zu erklären. In der Bibel ist es der eine wahre Gott Israels, der Himmel und Erde schuf, indem er ein urzeitliches Chaos überwand und ordnete.
„Wüst und wirr" war die Erde zunächst, heißt es gleich im zweiten Vers der Bibel. Das ist die Übersetzung der hebräischen Begriffe „tohu" und „bohu". Unsere Umgangssprache verwendet den Ausdruck „Tohuwabohu", um eine wilde, chaotische Situation zu bezeichnen. Aus dem Chaos und gegen seine negativen Qualitäten (auch das sprachliche Bild von der „Finsternis über der Urflut" hat einen negativen Charakter) schafft Gott die geordnete Welt. Die Vorstellung einer Schöpfung aus dem Nichts kommt in der biblischen Schöpfungsgeschichte noch nicht vor. Sie ist kein überzeitlicher Mythos. Die Absicht ihrer Verfasser geht dahin, den absoluten Anfang der tatsächlichen Geschichte zu erzählen.
Mit der Vorstellung einer Schöpfung aus dem Chaos steht die Bibel nicht allein da. Der alttestamentarische Schöpfungsbericht ist von babylonischen Traditionen aus seinem Umfeld stark beeinflusst. [...] Eine weitere Parallele bietet der griechische Mythos. Der Dichter Hesiod (um 700 v. Chr.) leitet seine 1.022 Verse umfassende Theogonie [Lehre von der Abstammung der Götter] über die Weltschöpfung ebenfalls mit einem Bericht über das Chaos ein. Darin ist eine Reihe älterer Überlieferungen zusammengefasst und poetisch verdichtet.

Chr. Eckl, 50 Klassiker-Bibel, Hildesheim 2001, S. 12 f.

M 5 **Prometheus**

Anfang des 17. Jahrhunderts geht der englische Philosoph und Politiker Francis Bacon auf den Prometheus-Mythos ein:

Bacon greift mit Prometheus als dem Stifter der Handwerkerkultur auf Aischylos zurück. Anders als der Autor des „Gefesselten Prometheus" gesteht er dem Titanen auch die Erschaffung des Menschen selbst zu, geht auf diese Tat aber nicht weiter ein. Wichtiger scheint ihm zu sein, dass Prometheus den Menschen das Feuer überbrachte. Insofern wird er zum Stifter aller Handwerke, Techniken und Wissenschaften, die sich aus der Beherrschung des Feuers ergeben und dank deren die Menschen als die Erzeuger ihrer eigenen Kultur gelten können. Sie rückt Bacon ins Zentrum des Universums, als werde dieses erst infolge des organisierenden Verstandes der Menschen und ihrer Naturbeherrschung zu einem geordneten Kosmos.
„Das Hauptziel der Allegorie [d. h. des Prometheus-Mythos] scheint zu sein, dass der Mensch, wenn wir auf die Zweckursachen blicken, als der Mittelpunkt der Welt betrachtet werden kann, und zwar derart, dass, wenn der Mensch aus der Welt genommen würde, der Rest völlig verstreut erscheinen würde, ohne Ziel und Zweck und zu nichts führen würde. Denn das ganze Universum dient dem Menschen, und es gibt nichts, woraus er nicht seinen Nutzen und seine Früchte zieht."
So krass wird nirgends in der Renaissance die Naturbeherrschung des Menschen gefeiert wie bei dem englischen Lord Chancellor. Sollte das Feuer den Menschen einst erleuchten und behilflich sein, so stehen wir zu Beginn des siebzehnten Jahrhunderts vor der Anmaßung, dass dem Menschen kraft des Feuers die Welt gehöre, ja die Welt sich um ihn als um ihr Zentrum zu drehen habe.

H. A. Glaser, Prometheus als Erfinder des Menschen, in: R. v. Dülmen (Hg.), Erfindung des Menschen, Schöpfungsträume und Körperbilder 1500–2000, Wien 1998, S. 30 ff.

M 6 **Bismarck**

Der Historiker Lothar Machtan erläutert, wie aus Bismarck eine nationale Kultfigur gemacht wurde:

Es geht um Bismarck, aber nicht um den Bismarck, der drei Jahrzehnte Politikgeschichte geprägt hat; vielmehr geht es um den Bismarck, der sich schon zu Beginn dieses Jahrhunderts als eine Art von politischer Ikone in das öffentliche Bewusstsein eingeprägt hatte: den deutschen Nationalhelden.
Wenn es je eine Schlüsselgestalt des deutschen Nationalmythos gegeben hat, so war es dieser Bismarck, die nationale Kultfigur so vieler Deutscher in diesem Jahrhundert. Wir wissen heute, dass es bei Bewunderung und Glorifizierung nicht geblieben ist. Der stilisierte Bismarck diente zugleich dem Transport politischer Botschaften und Bestrebungen; Kult und politische Propaganda bemächtigten sich seiner. Bismarck wurde selbst zum Mythos: Zwischen 1895 und 1933 dürfte es keinen Akteur auf der politischen Bühne Europas gegeben haben, dem auch nur annähernd so aufwendig, leidenschaftlich und massenhaft gehuldigt wurde wie dem Eisernen Kanzler.

Ein ungewöhnlich breites Spektrum kultureller Aktivitäten hat diesen Bestrebungen einen bis heute unübersehbaren Ausdruck gegeben. Man denke nur an die nach Bismarck benannten Orte, Straßen, Plätze, Schulen, Brunnen; an die Hunderte von Bismarck-Monumenten aller Art: vom Gedenkstein über die figürlichen Denkmäler bis hin zu den Bismarck-Säulen und -Türmen in einsamer Landschaft; an die Vielzahl von Gemälden (vor allem die von Lenbach und Werner) und Kleinplastiken (Büsten, Statuetten, Reliefs, Medaillen und Plaketten), die bis heute in zahlreichen deutschen Museen zu sehen sind. [...]

Die Bücher und Broschüren, Aufsätze und Artikel, die Zeitschriften und Jahrbücher, die Werkausgaben und Prachtbände zum Thema „Bismarck", die allen Sparten des Wissenschaftlichen und des Trivialen zur Ehre gereichen, gehen in die Tausende.

Sodann ist an die anderen damals modernen Medien zu erinnern, deren sich der Bismarck-Mythos von Anfang an zu bedienen wusste (und die er selbst bediente): An die Bildpostkarte zum Beispiel, die authentische Zeugnisse dafür bietet, wo und wie Bismarck-Bilder im Alltag verwendet wurden. Als Bildquelle transportierte sie Schlüsselsymbole politischer Ideologie und Mythologie, während die handschriftlichen Eintragungen auf den gelebten Umgang mit dieser Zeichensprache verweisen.

Dann waren da die lithografischen und fotografischen Reproduktionen von Bismarck-Motiven aller Art, die dem Kult immer wieder neue Nahrung gaben; und natürlich der Film, der schon vor dem Ersten Weltkrieg und besonders danach Bismarck zu neuem Leben erweckte. [...]

Der Bismarck-Mythos spiegelt bürgerliches Wunschdenken, bürgerliches Nationalgefühl, aber auch bürgerliche Selbstinszenierung und bürgerliches Pathos.

Seine Ausdrucksformen reichen von kultischer Selbstverzauberung bis hin zu kulturell verbrämtem Imponiergehabe.

L. Machtan, Bismarck und der deutsche Nationalmythos, Bremen o. J., S. 7 ff.

M 7 **Bismarck-Mythos**

Gemälde von Ludwig Rudow, 1890. Der Historiker Hagen Schulze beschreibt das Gemälde wie folgt:

Der Kanzler in Kürassieruniform ist bereits zu Lebzeiten sein eigenes Denkmal, bekränzt von der Siegesgöttin; daneben die geharnischte Germania, gekrönt mit der Reichskrone, die zwar in der zeitgenössischen Symbolik allenthalben auftauchte, aber nur als Holzmodell existierte. Links sitzt Clio, die Muse der Geschichte, die das Kapitel von 1870/81 aufgeschlagen hat. Im Vordergrund jubelndes Volk, dabei ein Korpsstudent; die Studentenschaft sollte in den nächsten Jahren die stärkste Stütze des gegen Wilhelm II. gerichteten Bismarcks-Kults werden, Erbauerin Hunderter Bismarcktürme im gesamten Reich.

Hagen Schulze, Kleine deutsche Geschichte, München 1996, S. 142.

M 8 **Nationalsozialistischer Mythos**

Mit dem Text erinnerte der nationalsozialistische Schriftsteller Herbert Böhme an den gescheiterten Hitler-Putsch vom 9. November 1923:

Altar sind nun der Feldherrnhalle Stufen,
Altar, der heimlich brennt von ihrer Glut,
und was sie nicht mit ihren Fäusten schufen,
errichtet steht es nun aus ihrem Blut. [...]

So lauschen wir und fühlen uns so reich
am Blute derer, die dafür gefallen,
dass ihre reine Fahne in dem Reich
das Licht der Offenbarung schenkt uns allen.

Da wächst die Halle auf zum Firmamente,
die Stufen steigen mächtig himmelan:
Die Erde war mit eurem Tod zu Ende,
mit eurem Ruhm fängt unser Leben an.
Wer eurer Fahne folgt, der lebt,
und in ihm leben, die der Fahne starben. [...]

Denn der nur lebt, der heilig sich verschwor,
und an die Bruderschaft sein Herz verlor:
Nichts kann die Not, nichts kann der Tod
ihm rauben,
er steht, ein Glied zum Glied geschweißt,
im Glauben.
Geschlechter wachsen, Kette bricht nicht ab,
des Reiches Fahne weht auf seinem Grab. [...]

Vom Ruf der SA sind alle bereit,
das Ziel, ja das Ziel die Unsterblichkeit.
So stirbt am Leben die graue, die Not,
hell leuchtet über dem Morgenrot
die Fahne des Führers, die Fahne.
Die lodert über dem Vaterland,
die schlägt unsre Herzen zu glühendem Brand.

Und die Erde steht still,
und der Himmel steht still,
und das Reich ist unser,
komme was will.
Unser ist das Reich.

H. Böhme, Gesänge unter der Fahne. Vier Kantaten, München 1935, zit. nach: K. Vondung, Revolution als Ritual. Der Mythos des Nationalsozialismus, in: D. Harth, J. Assmann (Hg.), Revolution und Mythos, Frankfurt/M. 1992, S. 211 ff.

M 9 **Der „Tag von Potsdam"**

Adolf Hitler verneigt sich vor Paul von Hindenburg am 21. März 1933 vor der Garnisionkirche in Potsdam.

Was von vielen, die dabei gewesen waren, als Wiedergeburt Preußens erlebt wurde, war in Wirklichkeit der Auftakt zu seinem endgültigen Untergang: die von Propagandaminister Joseph Goebbels minutiös geplante Inszenierung eines „über dem Sarg Friedrichs des Großen" erfolgenden Sakraltransfers [sakral=heilig; gemeint ist die Übertragung der mythischen Ausstrahlung] von Hindenburg auf Hitler. Damit sollte das Bündnis zwischen nationalsozialistischer Bewegung, Reichswehr und konservativen Eliten besiegelt werden.

H. Münkler, Die Deutschen und ihre Mythen, Berlin 2009, S. 275.

Aufgaben

1. Erläutern Sie den Begriff „Mythos".
   → Text,
2. Geben Sie den Inhalt des biblischen Schöpfungsmythos wieder.
   → Text, M1, M4
3. Rekapitulieren Sie den Prometheus-Mythos und bestimmen Sie dessen Aussagekraft.
   → Text, M5
4. Untersuchen Sie, was man unter „modernen Mythen" versteht. Geben Sie Beispiele.
   → Text, M2, M9
5. Beschreiben Sie, wie Bismarck zu einer nationalen Kultfigur gemacht wurde.
   → Text, M6, M7
6. Interpretieren Sie die Verse von Herbert Böhme in Bezug auf ihren mythologischen Gehalt.
   → M8
7. Erörtern Sie zusammenfassend das Verhältnis von mythischem und rationalem Denken.

M 1 **Europa-Fahne**
Die zwölf kreisförmig angeordneten Sterne symbolisieren nicht die einzelnen Mitgliedsländer der EU. Die Anzahl ist unveränderlich.

1.3 Identität Europas

Der Bau eines gemeinsamen europäischen Hauses ist nicht möglich ohne ein Zusammengehörigkeitsgefühl der europäischen Völker. Wenn es trotz der nationalen, kulturellen und religiösen Vielfalt heute ein „Projekt Europa“ gibt, dann stellt sich die Frage, welcher Art die Gemeinsamkeit ist. Der Blick zurück in die Geschichte lässt Entwicklungslinien deutlich werden, die auf eine europäische Identität verweisen.

Identität besitzt wie eine Medaille zwei Seiten: Es gibt einen Bestand von Ideen, die das Eigene, „Europäische“, markieren. Und es gibt die Kehrseite, die Abgrenzung nach außen bzw. die Ablehnung des Fremden. Beides lässt sich in der europäischen Geschichte finden. Bis in die Antike lassen sich Entwicklungslinien rekonstruieren, die einen unverwechselbaren Kulturbestand bilden.

Antikes Erbe

Der griechische Stadtstaat, die Polis, gilt bis heute als Wiege der Demokratie. Die Anfänge der Rechtsstaatlichkeit werden mit dem Römischen Reich in Verbindung gebracht. Europas Philosophen, Künstler und Architekten haben ihre Vorbilder und Vordenker immer wieder in der Antike gesucht und gefunden. Ein Europa, das dem heutigen Verständnis näher kommt, konnte es allerdings erst nach dem Zusammenbruch des Römischen Reiches geben. Seit dem 9. und 10. Jahrhundert kommt der Begriff „Europa“ häufiger in Texten vor. Nunmehr aber nicht nur als geografische Bezeichnung des Westens, sondern im Sinne einer Zusammengehörigkeit.

Christianisierung

Zentrale Ursache hierfür war die flächendeckende Ausbreitung des Christentums. Europa wurde gleichbedeutend mit dem „christlichen Abendland“. Die Schaffung eines gemeinsamen Bewusstseins wäre wahrscheinlich ohne den kraftvollen Einfluss des Christentums kaum denkbar gewesen. Der französische Historiker Jacques Le Goff spricht von der „Geburt Europas im Mittelalter“. Angesichts der Vielfalt von Völkern und Königreichen bildete das Christentum das einigende Band der europäischen Kultur. Aus dem Christentum heraus entwickelte sich ein Verständnis für die Würde des Individuums. Gemeint ist damit eine rechtliche Substanz, die dem einzelnen Menschen von Geburt an eigen ist, also vor-staatlicher Natur ist. Die Lehre vom Naturrecht des Menschen lässt sich bis in die vorchristliche Antike zurückverfolgen. Im Zuge der Christianisierung Europas wurde es religiös interpretiert.

Säkularisierung

In der Gegenwart ist die Säkularisierung bzw. Verweltlichung ein wesentliches Merkmal der europäischen Identität. Seit dem Zeitalter der Aufklärung im 18. Jahrhundert verringerte sich der Einfluss der Kirchen bzw. der Religionen. Dieser Prozess verlief in den einzelnen europäischen Ländern zwar mit unterschiedlicher Geschwindigkeit, aber an seinem gesamteuropäischen Charakter kann es keinen Zweifel geben. Das moderne Europa hat die Trennung von Kirche und Staat weitgehend vollzogen, genauso wie auch die Trennung von Glaube und Vernunft zur Grundlage der europäischen Identität gehört.

Muslimische Bedrohung

Die Bildung einer Identität findet immer vor dem Hintergrund einer Abgrenzung nach außen statt. Der Zusammenschluss nach innen ist oft das Ergebnis einer Konfrontation mit Feinden. Das gilt auch für Europa. Das abendländische Europa entstand im Gegensatz zu Asien. Was für die Griechen vor 2500 Jahren die Perser waren, das waren für die Menschen des europäischen Mittelalters die Muslime. Der Vormarsch des Islam, sein Siegeszug auf der Iberischen Halbinsel im 8. Jahrhundert, sein Vorrücken ins Frankenreich nördlich der Pyrenäen – dies wurde allgemein als Bedrohung des christlichen Abendlandes wahrgenommen. Im Jahre 1453 fiel Konstantinopel, die Hauptstadt des Byzantinischen Reiches, in die Hände der Osmanen. Seit Mitte des 14. Jahrhunderts eroberten sie den Südosten Europas. Zweimal stießen die osmanischen Türken erfolglos bis Wien vor (1529 und 1683). Für das Abendland bedeutete dies einen Schock mit der Folge, dass der Muslim jahrhundertelang zum Feindbild wurde.

Wenn in der Gegenwart ein gemeinsames Fundament für Europa errichtet wird, dann ist das vor allem auch das Ergebnis der selbstzerstörerischen Konflikte der Vergangenheit. Das Europa von heute setzt sich aus selbstbewussten Nationen zusammen, die sich in der Vergangenheit oft mit Kriegen überzogen haben. Dabei spielten bis ins 17. Jahrhundert Religionskriege eine große Rolle (Zeitalter der Glaubensspaltung). Die Erkenntnis aus der Geschichte besteht darin, dass stabile Staaten säkular sein müssen. So hat sich in den modernen westlichen Gesellschaften der Staat von der Religion getrennt. Zwar sind die Kirchen auch heute noch im öffentlichen Raum gegenwärtig, aber sie sind nunmehr Teil einer pluralistischen Ordnung.

Aus diesem Blickwinkel wird ein Konflikt sichtbar, der in den letzten Jahren an Bedeutung gewonnen hat. In der islamischen Welt gibt es ein Identitätsverständnis, das sich vom westlichen Lebensgefühl erheblich unterscheidet. Der islamische Fundamentalismus hat in den letzten Jahrzehnten überall in der arabischen Welt Zulauf erhalten. Diese religiös-politische Bewegungen fordern die Identität von Religion und Staat. Sie kämpfen zum Teil friedlich, zum Teil gewalttätig für die Errichtung eines Gottesstaates unter islamischen Vorzeichen.

Werteordnung

Zu Beginn des 21. Jahrhunderts gibt es eine verbindliche europäische Werteordnung. Diese ist mit der liberalen Demokratie verknüpft, die sich nach dem Zweiten Weltkrieg – zunächst nur im Westen – durchgesetzt hat. Der Prozess der europäischen Integration auf demokratischer Grundlage nahm vor dem Hintergrund des Ost-West-Konfliktes seinen Anfang. Er wurde nachhaltig von den USA gefördert. Die Bedrohung, die von der Sowjetunion ausging, wirkte wie ein Katalysator für die Einigungsbestrebungen. Totalitäre Herrschaftsformen wie das nationalsozialistische Regime bis 1945 oder die kommunistischen Diktaturen bis 1989/90 sind mit dem „Projekt Europa" nicht zu vereinbaren. Zu den unantastbaren Fundamenten der europäischen Wertegemeinschaft gehören: Parlamentarismus, Mehrparteiensystem, freie Wahlen, Gewaltenteilung, Rechtsstaatlichkeit und Freiheitsrechte.

M 2 Das gemeinsame Erbe Europas

Der Journalist Michael Schmidt-Klingenberg geht der Frage nach, worauf sich ein vereintes Europa berufen kann:

Ist es das von Kirche und Konservativen lange verklärte christliche Abendland, das sich mal im Kampf gegen Muslime auf der spanischen Halbinsel oder Türken vor Wien zusammenfand, mal zu Kreuzzügen gen Jerusalem aufbrach und daheim Hexen verbrannte? Ist es das Europa der Aufklärung, das Freiheit, Gleichheit und Brüderlichkeit predigte, Demokratie und Menschenrechte auf seine Fahnen schrieb – und im Wahn des Tugend-Terrors seine Ideale auf Tötungsmaschinen exekutierte? Ist es die Kultur des wissenschaftlichen Denkens europäischer Schule, die nahezu alle bahnbrechenden Erfindungen der Neuzeit hervorbrachte – und sich mit ihrer Hilfe, für eine Epoche des Kolonialismus und Imperialismus, fast den gesamten Rest der Welt Untertan machte?

Wo immer auf Europas Vergangenheit für zukünftige Ziele zurückgegriffen wird, droht Mythenbildung und selektive Wahrnehmung. Der Vorkämpfer der Paneuropa-Bewegung, Richard Graf Coudenhove-Kalergi, einer der geistigen Väter der europäischen Einigung nach dem Zweiten Weltkrieg, behauptete 1923: „Das alte Griechenland war das erste Europa. Sein Gegensatz zu Persien schuf die Spannung zwischen Europa und Asien, schuf die europäische Idee." Dabei störte den Grafen nicht, dass der Makedonier-König Alexander der Große, der den persischen Großkönig besiegte und bis zum Hindukusch vordrang, ebenso ein grausamer Despot war: Er unterjochte zuvor die griechischen Städte, als Demokratien ein weiterer Hort europäischer Ideale.

Die Abgrenzung zum Orient ist ein Jahrtausende überdauernder Topos [Formel] europäischer Identitätsstiftung. Noch bei der Frage des Beitritts der Türkei zur EU versteckt sich hinter allen Debatten über die Einhaltung von Menschenrechten oder die Öffnung von Arbeitsmärkten der Glaube, ein nicht christlicher Staat gehöre nicht in die Gemeinschaft.

Wenn die Attentate des 11. September ein Angriff auf „unsere Zivilisation" waren, so etwa Politiker wie Kanzler Gerhard Schröder, und „die vielleicht letzte Gelegenheit" ist, so Intellektuelle wie der „Merkur"-Mitherausgeber Kurt Scheel, „dass der Westen sich und der Welt klar macht, wofür er steht und was er zur Verteidigung seiner Werte zu unternehmen gedenkt" – dann bekommt die Frage nach dem Spezifischen der europäischen Tradition plötzlich wieder eine ungeahnte Aktualität und Brisanz.

Plötzlich rückt wieder ins Bewusstsein, dass die auf den Erfahrungen europäischer Geschichte basierenden Werte auch nach dem Zusammenbruch des Sowjetkommunismus keineswegs weltweit so anerkannt sind, wie es der Glaube an den Universalismus der vom alten Kontinent ausgehenden Ideen vorspiegelte.

Freiheit, Recht und Demokratie – diese Grundpfeiler europäischer Gesellschaftsorganisation werden nicht nur immer wieder von diktatorischen Bösewichtern missachtet. Sie sind offenbar auch für viele Menschen anderer Kulturkreise nicht so selbstverständlich, besonders wenn sie sich in speziellen Ausformungen verbreiten wie dem freien Handel auf globalisierten Märkten oder der Trennung von Staat und Kirche.

M. Schmidt-Klingenberg, Europas Erbe: So fern, so nah, in: St. Aust u. a. (Hg.), Experiment Europa, Stuttgart 2003, S. 13 f.

M 3 Der Dämon der Gewalt

Der Historiker Karl Schlögel lenkt den Blick auf europäische Katastrophen im 20. Jahrhundert:

Niemand konnte sich im Frühjahr 1945 vorstellen, dass Europa sich je wieder von diesem Krieg erholen würde. Heute erinnert nichts mehr an das Schlacht- und Ruinenfeld, das Europa noch vor gut einem halben Jahrhundert war. Das Leben ist berechenbar. Überraschungen sind selten. Was morgen sein wird, ergibt sich aus dem Heute, nur ein wenig besser. Es gibt Katastrophen, aber meist weit weg. Krieg ist etwas, das man vom Hörensagen kennt oder von den Bildern im Fernsehen – bis in die allerjüngste Vergangenheit wenigstens.

Mindestens zwei europäische Generationen haben sich angewöhnt, Frieden als Normalzustand anzusehen. [...]

Nichts ist Europa im Krieg erspart geblieben – außer der Atombombe. Sie fiel auf Hiroshima und Nagasaki, nicht auf Berlin, das von der Roten Armee schon eingenommen war. Stefan Zweig[1], der im brasilianischen Exil aus dem Leben schied, hat in seinen Erinnerungen diese Erfahrung festgehalten: „Wir haben den Katalog aller nur denkbaren Katastrophen durchgeackert von einem zum anderen Ende. Alle die fahlen Rosse der Apokalypse sind durch mein Leben gestürmt, Revolution und Hungersnot, Geldentwertung und Terror, Epidemien und Emigration."

Man kann Europa auf vielfältige Weise definieren: als glücklichen Geburtsort der Menschenrechte und der Emanzipation der Menschheit aus selbstverschuldeter Unmündigkeit, als Laboratorium einer unstillbaren Neugier und Erkenntnislust, die auch vor Selbstverschuldung nicht zurückschreckt. Aber für das 20. Jahrhundert gilt gewiss, dass Europa zum Schauplatz der größten Kriege und Massaker geworden ist, der größten gewaltsamen Menschen- und Völkerverschiebungen, welche die Welt bis dahin kennengelernt hat. Schließlich auch: zum Ort einer merkwürdigen Rettung.

1 österreichischer Schriftsteller (1881–1942), emigrierte 1938 aus dem nationalsozialistischen Deutschland

K. Schlögel, Der Dämon der Gewalt, in: Stefan Aust u.a. (Hg.), Experiment Europa, Stuttgart 2003, S. 163 ff.

M 4 Europäischer Islam

Bassam Tibi, syrischer Sozialwissenschaftler, der seit Jahrzehnten auch in Deutschland lehrt, skizziert eine europäische Leitkultur:

Unter Euro-Islam verstehe ich eine Interpretation des Islam, die offen ist und im Zeichen der hochislamischen Aufklärung sowie des islamischen Rationalismus steht. Ein Euro-Islam ist vereinbar mit drei europäischen Verfassungsnormen: 1) Laizismus (Trennung zwischen Religion und Politik), 2) säkulare Toleranz (Freiheit Andersdenkender und des Glaubens) und schließlich 3) Pluralismus. Im Sinne der letzten Norm müssen muslimische Migranten lernen, dass ihre Glaubensgemeinschaft nur eine unter anderen ist und kein Monopol auf die Wahrheit besitzt. Toleranz gegenüber den Muslimen erfordert eine islamische Toleranz gegenüber anderen Religionsangehörigen, aber auch Offenheit, einschließlich Offenheit und Pluralität innerhalb des Islam selbst. Ich muss es offen sagen: Es gibt keine inner-islamische Toleranz. Zudem müssen die in Europa lebenden Muslime auch im Sinne des inneren Friedens auf ihre religiöse Doktrin und Tradition der Verbindung von Migration und missionarischer Verbreitung des Islam unzweideutig verzichten.
Vor dem Hintergrund der Tatsache von 15 Millionen Muslimen, die in Europa leben, lautet die Frage nicht „Islam oder kein Islam", sondern „Euro-Islam oder Fundamentalismus". Der Islam ist schon europäische Realität; die politischen Optionen beziehen sich also ausschließlich auf Gestaltungsmöglichkeiten. Für einen Euro-Islam einzutreten ist der erforderliche demokratische Integrationsbeitrag der Muslime. Die Leistung der Europäer muss in der Entfaltung einer Integrationspolitik bestehen, die es den muslimischen Migranten ermöglicht, sich mit Europa zu identifizieren.

B. Tibi, Europa ohne Identität? Die Krise der multikulturellen Gesellschaft, München 1998, S. 257.

M 5 Europäische und nationale Identität

Der Historiker Hartmut Kaelble hat den Unterschied zwischen europäischer und nationaler Identität herausgearbeitet:

Europäische Identität und nationale Identität in Europa lagen und liegen weit auseinander. Sie unterscheiden sich in mehreren wesentlichen Elementen ihres Grundcharakters. Die europäische Identität kann nicht einfach als eine Wiederholung des Nationalismus in einem weiteren geografischen Raum angesehen werden. Die europäische Identität lässt sich daher auch nicht immer mit den Methoden untersuchen, die die Nationalismusforschung entwickelt hat. Sieben wesentliche historische Unterschiede zwischen nationaler und europäischer Identität lassen sich festmachen:
1. Das moderne europäische Selbstverständnis orientierte sich stärker als die Nationalismen an klar bestimmten Zielen wie Demokratisierung, innere Friedenssicherung und internationale Verantwortlichkeit, Wohlstand und soziale Sicherheit. Die europäische Identität stützt sich daneben anders als die Nationalismen kaum auf Symbole wie Denkmäler, Hymnen, Mythen, Feiertage, Straßennamen, die Hauptstadt, Sportveranstaltungen, vor allem auch nicht, wie viele Nationalismen, auf eine einheitliche Sprache. Emotionen binden an Nationen, aber viel weniger an Europa. [...]
2. Das moderne europäische Selbstverständnis entstand nicht wie viele Nationalismen aus einer militärischen Auseinandersetzung oder einer gewaltsamen Widerstandsaktion gegen eine andere Nation, wie die amerikanische Identität in den Auseinandersetzungen mit England während der amerikanischen Revolution, die deutsche Identität in den napoleonischen Kriegen, die dänische Identität in den militärischen Konflikten mit Deutschland, die italienische oder tschechische Identität im Ringen mit der Habsburger Monarchie. [...] Die moderne europäische Identität entstand vielmehr als Lehre aus zwei innereuropäischen Kriegen. Nicht ein militärischer Sieg oder eine heroische Niederlage gegen andere, sondern innere Kriegsverheerungen sind das Geburtsmerkmal des modernen europäischen Selbstverständnisses.

3. Dieses Selbstverständnis ist gleichzeitig weit älter und jünger als die europäischen Nationalismen. Europäische Identitäten entwickelten sich schon in der Entstehungszeit Europas während des Mittelalters. Das moderne europäische Selbstverständnis ist dagegen kein Produkt des 19. Jahrhunderts wie der Nationalismus, sondern eine Konsequenz des katastrophalen ersten Teils des 20. Jahrhunderts, nicht viel älter als ein halbes Jahrhundert. Es bezieht sich daher auch auf einen anderen historischen Kontext. [...]

4. Die europäische Identität entstand nicht statt, sondern neben nationalstaatlichen Bindungen und baut oft auf ihnen auf, erhält sie, verändert sie auch. Sie ist normalerweise eine Mehrfachidentität, entstand nur in Verbindung mit anderen Identitäten. Die innere Vielfalt ist ein wesentlicher Bestandteil des europäischen Selbstverständnisses. Anders als in nationalen Identitäten, in denen die Eroberung, Annektierung, Unterwerfung, Assimilierung einzelner Regionen in der Regel Kernbestandteile der Geschichte sind, [...] entstand die Europäische Union durch freiwilligen Zusammenschluss, durch Beitritt von Nationalstaaten, nicht selten durch Volksabstimmungen. [...]

5. Das moderne europäische Selbstverständnis sieht sich auch viel weniger als die Nationalismen als Modell. [...]

6. Das europäische Selbstverständnis hat sich in seinen verschiedenen Arten seit dem späten 18. Jahrhundert anders entwickelt als das nationale Selbstverständnis in Europa. [...] Diese verschiedenen Arten von europäischen Identitäten sind nicht einfach eine Wiederholung von nationalen Identitäten. Sie sind vielmehr besondersartig europäisch, und zwar schon deshalb, weil sie den Vergleich mit außereuropäischen Zivilisationen, dem Islam, den USA, Asien, Afrika ziehen, während sich die nationalen Identitäten in Europa dagegen in der Regel mit anderen europäischen Nationen vergleichen. Andersartig sind die europäischen Identitäten weiterhin deshalb, weil auch jede einzelne Art dieses europäischen Selbstverständnisses keine simple Wiederholung von nationalen Identitäten ist. [...]

7. Das moderne europäische Selbstverständnis bezieht sich darüber hinaus auch auf andere Institutionen als die nationalen Identitäten. Die nationalen Identitäten orientierten sich an etablierten, jahrzehnte- oder sogar jahrhundertealten Institutionen des jeweiligen Staates. Dort, wo ganz neue Staaten entstanden, wie etwa nach dem Zweiten Weltkrieg die alte Bundesrepublik, wurden sie in die Geschichte nationalstaatlicher Institutionen eingeordnet. Die europäische Identität konnte sich dagegen nicht auf derartige wirklich europäische Institutionen beziehen. [...]

H. Kaelble, Europäische und nationale Identität nach dem Zweiten Weltkrieg, in: W. von Kieseritzky/K.-P. Sick (Hrsg.), Demokratie in Deutschland, Chancen und Gefährdungen im 19. und 20. Jahrhundert, München 1999, S. 396 ff.

M 6 Europa-Allegorie 1588
Aus: Sebastian Münster, Cosmographia oder Beschreibung der gantzen Welt, Ausgabe Basel 1588

Aufgaben

1. Arbeiten Sie die historischen Wurzeln der europäischen Zusammengehörigkeit heraus.
   → Text, M2
2. Erläutern Sie die Werteordnung der europäischen Gegenwartskultur.
   → Text, M2, M4
3. Analysieren Sie, wodurch die europäische Integration nach 1945 vorangetrieben wurde.
   → Text, M2, M3
4. Erörtern Sie die Frage, wie die wachsende Zahl von Muslimen in die europäische Kultur integriert werden kann.
   → Text, M4
5. Charakterisieren Sie die europäische Identität in Abgrenzung von der jeweils nationalen Identität.
   → Text, M5

2. Griechenland

Leo von Klenze, Baumeister des bayerischen Königs Ludwig I., malte 1846 eine rekonstruierte Ansicht der Akropolis von Athen: Rechts der prachtvolle Tempel der Athena Parthenos (das Heiligtum der jungfräulichen Athena), in der Mitte die Propyläen, so bezeichnete man in der griechischen Architektur große Torbauten, dahinter erhebt sich die – nicht mehr erhaltene – Bronzestatue der Athena Promachos, der Vorkämpferin, mit Lanze und Schild, ein Werk des Phidias, des berühmtesten Bildhauers der griechischen Klassik des 5. Jahrhunderts vor Christus. Diese Statue war in Erinnerung an die erfolgreiche Abwehr der persischen Feldzüge aufgestellt worden. Im 5. Jahrhundert v. Chr. war Athen zum politisch führenden Stadtstaat (polis) und zum geistigen Zentrum Griechenlands aufgestiegen. Der Ausbau der Akropolis von Athen unter seinem bedeutendsten Staatsmann Perikles zeugt sowohl von der Religiosität als auch vom politischen Machtwillen des attischen Staates.

Eine Akropolis (Hochstadt) findet sich in den meisten griechischen Städten, zumindest dort, wo es die Topografie zuließ. Die ausgebaute Anhöhe diente als Ort der Zuflucht, der militärischen Verteidigung, aber auch als Kultstätte und Ziel religiöser Prozessionen.

Marathon, Salamis und Plataä sind geografische Bezeichnungen, aber mehr noch symbolisieren sie die Siege der Griechen über die traditionelle orientalische Monarchie der Perser. Erst diese Siege ebneten den Weg für die Entfaltung der griechischen Stadtkultur und damit einer Lebensform mit (für damalige Verhältnisse) außergewöhnlicher Freiheit und relativer Gleichheit. Jede Beschäftigung mit dem antiken Griechenland ist eine Zeitreise zu den Ursprüngen der europäischen Zivilisation. In Griechenland wurde vor etwa 2500 Jahren zum ersten Mal systematisch über die Organisation menschlichen Zusammenlebens nachgedacht, über die Frage, wie Bürgerkriege zu vermeiden seien, wie die hemmungslose Durchsetzung der politischen Macht des Stärkeren zu verhindern sei, kurzum: Die Griechen gelten als „Erfinder" der Demokratie und damit eines Politikmodells, zu dem sich heute die europäischen Staaten bekennen.

Aber nicht nur die Politik verbindet die Gegenwart mit der griechischen Antike. Auch „Logos" ist ein griechisches Wort und meint so viel wie das geordnete Denken, modern gesprochen: Vernunft und Verstand. Griechenland wurde auch darin zur Geburtsstätte des Abendlandes, weil hier Logik, Wissenschaft, Philosophie und Geschichtsschreibung ihren Ursprung haben. Auch Kunst und Ästhetik besitzen im Griechentum Bezugspunkte – was in besonderem Maße für die Literatur und das Theater gilt. Die Tragödie (griechisch „Gesang der Böcke") ist ebenfalls eine griechische „Erfindung" und hat ihren Ursprung in den Dionysien, also den alljährlichen Festen zu Ehren des Gottes Dionysos, des griechischen Gottes der Fruchtbarkeit. Und nicht zuletzt die modernen Olympischen Spiele besitzen – aller heutigen Kommerzialisierung zum Trotz – ihren Ursprung in den panhellenischen Spielen zu Ehren des griechischen Göttervaters Zeus.

2.1 Die Polis

Als Antike wird die geschichtliche Epoche des griechischen und römischen Altertums bezeichnet, die um 2500 v. Chr. mit der minoisch-kretischen beziehungsweise der mykenischen Kultur begann und bis zur Absetzung des letzten weströmischen Kaisers Romulus Augustulus durch die Germanen dauerte (476 n. Chr.). Sie umfasst die Gesamtheit der griechischen und römischen Kultur. Räumlich meint Antike den Mittelmeerraum und die angrenzenden Länder. Über die Jahrhunderte hin hat die griechische Antike auf nahezu alle Bereiche von Kultur, Wissenschaft und Politik ihren Einfluss ausgeübt.

Der geografische Raum

Die Ägäis bildet mit ihren unzähligen Inseln, die verstreut zwischen den Küsten Nordgriechenlands und Kretas, zwischen dem westlichen Europa und dem Orient liegen, das Herz der Geschichte und der Kultur Griechenlands.

In diesem Raum lebten, durch Berge oder das Meer voneinander getrennt, binnenländische Bauernvölker neben Seefahrer- und Handelsstaaten, die kaum Austausch miteinander pflegten. Die Entfaltung staatlichen Lebens war nur möglich, weil die meisten Städte neben Acker- und Weideland auch über Zugang zum Meer verfügten.

Auf dem Hintergrund dieser geografischen Zersplittung, die zum Teil unterschiedliche Wirtschaftsweisen und soziale Verhältnisse bedingten, entstand der für Griechenland typische Stadtstaat, Polis genannt.

Während in Ägypten oder in Mesopotamien eine große Bevölkerung einem einzigen Herrscher unterworfen werden konnte, fehlte also im antiken Griechenland eine zentrale politische Verwaltungs- und Kontrollinstanz sowie eine territorial zusammenhängende einheitliche Wirtschaft.

Die Polis: Entstehung und Funktion

Im 8. und 7. Jahrhundert v. Chr. entstand aus noch nicht endgültig geklärten Ursachen eine Vielzahl von kleineren Staatsgebilden, wobei wohl auch die geografischen Gegebenheiten eine Rolle gespielt haben dürften. Diese waren keine Staaten im Sinne eines Landes mit einer Hauptstadt und weiteren Städten und Dörfern, sondern im Wesentlichen Stadtstaaten oder Gemeindestaaten. Ein solcher Staat bestand aus einer Stadt mit ihrem Um- und Hinterland. Mit dem Begriff Polis meint man Stadtstaat und Bürgerschaft. Die einzelnen Poleis (Plural von Polis) waren außerordentlich verschieden nach Fläche, Bevölkerungszahl und politischen Institutionen. Neben diesen Stadtstaaten erhielten sich in West- und Mittelgriechenland aber auch einige Stammesstaaten, die sich um ein Kulturzentrum ohne städtischen Mittelpunkt verbanden. Die Polis war zugleich religiöse Kultgemeinde und politische Einheit. Das politische Ideal der Polis zielte auf Autarkie und Autonomie, das heißt in diesem Zusammenhang so viel wie politische und wirtschaftliche Unabhängigkeit.

In der griechischen Polis bildeten sich die Anfänge der europäischen Stadt. Sie war nicht Sitz eines absoluten Herrschers, eines Gottkönigs wie zum Beispiel der ägyptische Pharao, sondern hier kristallisierte sich zum ersten Mal in der Geschichte eine Organisationsform heraus, die man als „bürgerliche Gemeinde" bezeichnen kann.

Allerdings ist die antike Stadt keine Gemeinde von Produzenten, z. B. Handwerkern, sondern von Kriegern. Der militärische Beitrag für die Wehrhaftigkeit blieb lange Zeit entscheidend für den Rang des Einzelnen. Außerdem war man nicht deshalb „Bürger“, weil man auf dem Gebiet der Polis lebte. Das Bürgerrecht erhielt man in der Regel durch Geburt. Die griechischen Stadtstaaten unterschieden strikt zwischen Inhabern des Bürgerrechts und Nichtbürgern. Große Teile der Einwohner – Frauen, Minderjährige, Sklaven und Einwanderer – besaßen einen minderen Status.

In der griechischen Polis entwickelte sich das Bewusstsein der Zugehörigkeit zu einer städtischen Gemeinschaft, wobei die Religion ein wesentliches Element der Stadtkultur ausmachte. Stadtgottheiten, Kulte und Zeremonien förderten den Zusammenhalt der Bevölkerung und bändigten die innerstädtischen Konflikte und Rivalitäten. Die Polis stellte also – im Unterschied zu den Städten der Gegenwart – eine politisch-juristisch-religiöse und militärische Einheit dar. Sie verkörperte für die folgenden Jahrhunderte das politische Griechenland.

Die Polis von Athen wurde zur Geburtsstätte der Versammlungsdemokratie. Man könnte sagen, „Demokratie“ wurde hier erfunden, denn die Athener konnten sich auf kein Vorbild berufen. Es gab kein Modell, an dem sie sich hätten orientieren können.

M 1

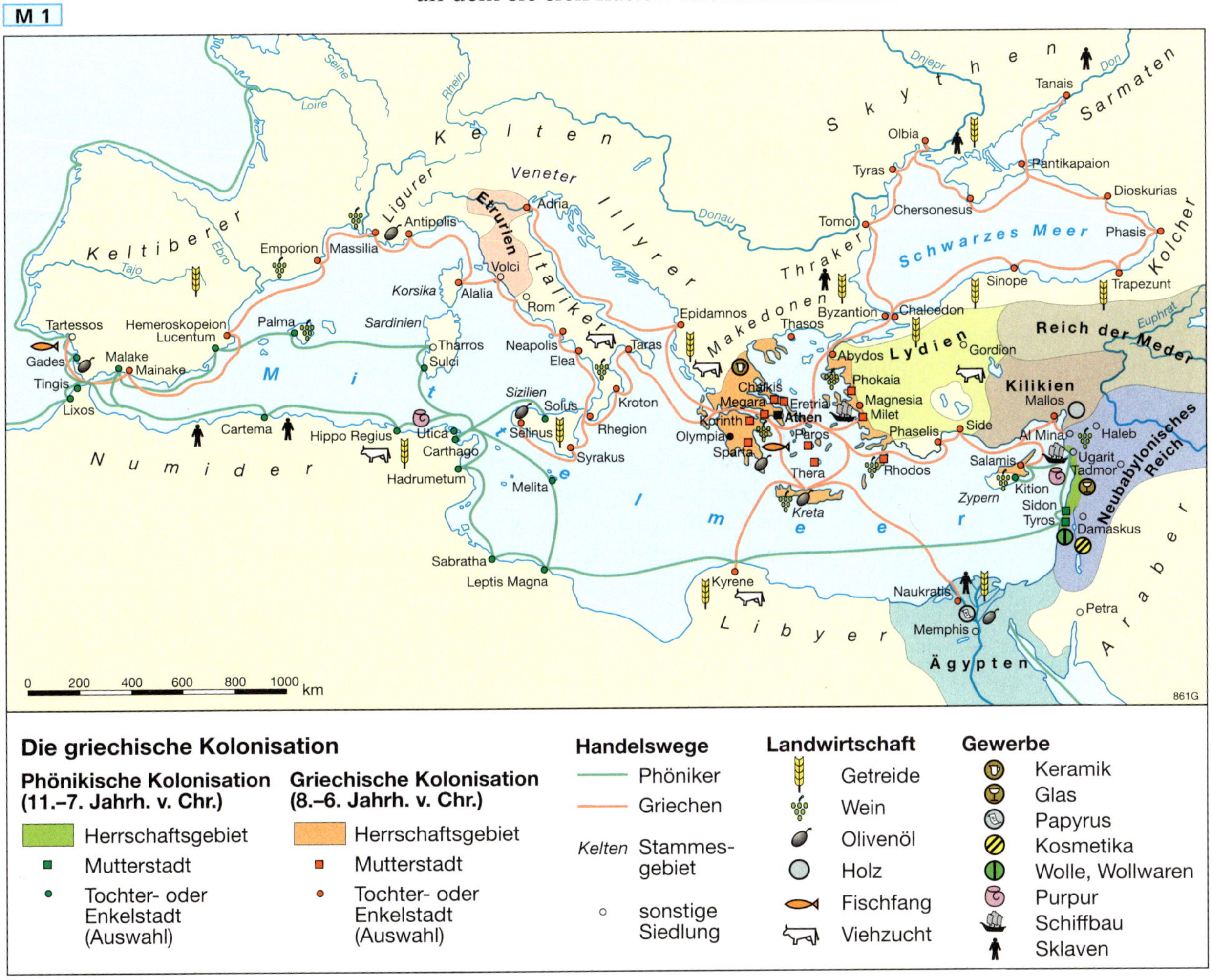

M 2 Die griechische Stadt

Der italienische Stadthistoriker Leonardo Benevolo beschreibt im Folgenden die Gestalt der griechischen Stadtstaaten:

Das Territorium einer Stadt wurde von den Bergen eingegrenzt und fast immer verfügte die Stadt auch über einen eigenen Hafen. Der Hafen befand sich zumeist weit außerhalb der Stadt, weil die Städte zum Schutz vor den Angriffen der Piraten nur selten direkt an der Küste lagen. Die Verbindungen zu anderen Städten und Ländern wurden vor allem auf dem Seeweg aufrecht erhalten.

Dieses Territorium konnte durch Eroberungen oder durch Bündnisse mit benachbarten Städten vergrößert werden. Sparta gelang es, fast die Hälfte der gesamten Peloponnes zu beherrschen, ein Gebiet von insgesamt etwa 8400 km^2; Athen besaß Attika und die Insel Salamis, d.h. insgesamt 2650 km^2. Zu Syrakus auf Sizilien gehörte ein Gebiet von 4700 km^2 bzw. 4300 km^2. Aber das waren Ausnahmen; das Gebiet der übrigen Städte war wesentlich kleiner, zum Teil sogar äußerst klein: Theben besaß ungefähr 1000 km^2 und Korinth 880 km^2. Auf den kleineren Inseln existierte jeweils nur eine einzige Stadt, so zum Beispiel auf der 85 km^2 großen Insel Aigina und auch auf Naxos und Samos mit jeweils ungefähr 450 km^2. Von den größeren Inseln gelang es nur Rhodos (1460 km^2) gegen Ende des 5. Jahrhunderts, die drei auf der Insel befindlichen Städte zu vereinigen; Lesbos (1740 km^2) war unter fünf Städten aufgeteilt und auf Kreta (8600 km^2) gab es mehr als 50 voneinander unabhängige Städte.

Die Bevölkerung dieser Städte blieb – mit Ausnahme der Sklaven und der Ausländer – immer relativ klein; und dies nicht allein wegen der Begrenztheit der zur Verfügung stehenden Ressourcen [Hilfsmittel, Einnahmequellen], sondern auch aufgrund einer politischen Entscheidung: Jedesmal, wenn die Zahl der Einwohner eine bestimmte Höhe überschritten hatte, wurde ein Expeditionskorps gebildet, das in einem fernen Land eine Kolonie gründen sollte. Athen hatte zur Zeit des Perikles ungefähr 40000 Einwohner, und nur in drei weiteren Städten, nämlich in Syrakus, Agrigent und Argos, war die Einwohnerzahl größer als 20000. [...] Sparta hatte zur Zeit der Persischen Kriege etwa 8000 Einwohner. [...]

Man sah in diesen selbstauferlegten Maßnahmen, durch die die Bevölkerungszahlen bewusst niedrig gehalten wurden, eine notwendige Voraussetzung für die Entwicklung des sozialen Lebens. Die Bevölkerung musste groß genug sein, um im Kriegsfall ein Heer aufstellen zu können, aber sie durfte nicht zu groß sein, weil sonst die Funktionsfähigkeit der Bürgerversammlungen eingeschränkt worden wäre. Die Einwohner sollten sich untereinander kennen, um besser entscheiden zu können, welche Persönlichkeiten am ehesten befähigt waren, die Geschicke des Gemeinwesens zu bestimmen. Sank die Bevölkerungszahl zu sehr ab, drohte ein Mangel an menschlicher Arbeitskraft, stieg sie aber zu sehr an, so drohte das Gemeinwesen zu zerfallen und zu einer trägen Masse zu werden – unfähig, sich selbst zu regieren. [...]

Ihre gemeinsame Kultur war ihnen bewusst, aber sie strebten keine politische Vereinigung an, weil ihre Kraft und ihre Überlegenheit auf dem Konzept der Polis beruhten, das die kollektive Freiheit innerhalb der einzelnen Gemeinwesen ermöglichte (die individuelle Freiheit war in diesem Rahmen nicht ausgeschlossen, wurde aber nicht als unbedingt erforderlich angesehen). Der Begriff Vaterland wurde wörtlich genommen: Es galt als das Land eines einzigen Vorfahren, des eigenen Vaters. Die Vaterlandsliebe konnte deshalb ein so intensives Gefühl werden, weil ihr Objekt konkret und überschaubar war. [...]

Der neuartige Charakter des sozialen Zusammenlebens in den griechischen Städten zeigt sich besonders an den folgenden vier Faktoren:

1. Die Stadt bildete eine Einheit, in der es weder Sperrbezirke noch selbstständige Stadtteile gab. Nach außen hin waren einige Städte durch Mauern von der Umgebung abgegrenzt, aber im Innern existierten keine Grenzen. Die einzelnen Wohnhäuser waren alle nach dem gleichen architektonischen Prinzip gebaut und unterschieden sich nur in ihrer Größe. Sie waren über das ganze Stadtgebiet verteilt, und es existierten keine Stadtviertel, die nur einer bestimmten Klasse oder Kaste zugänglich waren.

An einigen, hierfür besonders eingerichteten Orten – der Agora oder dem Theater – konnte sich die gesamte Bürgerschaft oder zumindest ein großer Teil von ihr versammeln, sodass sich tatsächlich jeder unmittelbar als Teil einer einzigen zusammengehörenden Gemeinschaft fühlen konnte.

2. Das Stadtgebiet war in drei Bereiche aufgeteilt: den privaten Bereich mit den Wohnhäusern, den heiligen Bereich mit den Tempeln für die Götter und den öffentlichen Bereich für die politischen Versammlungen, den Handel, Theateraufführungen, sportliche Wettkämpfe usw. Der Staat als Verkörperung der allgemeinen Interessen der Gemeinschaft war für den öffentlichen Bereich direkt verant-

wortlich und an der Verwaltung des privaten und des heiligen Bereichs beteiligt. Die Unterschiede zwischen diesen drei Bereichen ergaben sich vor allem aus ihren unterschiedlichen Funktionen.

Die Tempel hoben sich deutlich vom übrigen Stadtbild ab, aber nicht so sehr wegen ihrer Größe, sondern vor allem aufgrund ihrer Lage und ihrer architektonischen Gestaltung. Sie waren in einiger Entfernung von den übrigen Gebäuden an Orten errichtet, die von weither sichtbar waren.

[…]

3. Die Stadt stellte in ihrer Gesamtheit ein künstliches Gebilde dar, das in die sie umgebende Landschaft eingefügt wurde. […]

4. Das Gefüge der Stadt entwickelte sich im Laufe der Zeit weiter, aber an einem bestimmten Punkt erreichte es eine gewisse Stabilität, die die Bevölkerung nicht einmal mehr durch partielle Veränderungen stören wollte. Das Anwachsen der Bevölkerung führte nicht zu einer kontinuierlichen Ausdehnung der Stadt, sondern es wurde, sobald die Einwohnerzahl eine bestimmte Höhe überschritten hatte, in der unmittelbaren Umgebung eine ähnliche oder sogar größere Stadt neu erbaut.

L. Benevolo, Die Geschichte der Stadt, Frankfurt/M. 1983, S. 93 f.

M 4 Griechische Bürgersoldaten (Hopliten) ziehen in die Schlacht
Detail der sog. „Chigi-Kanne", ca. 650–640 v. Chr.

M 3 Loblied auf Athen

In seinem Drama „Die Schutzflehenden" hat Euripides 424 v. Chr. die Grundlagen der attischen Demokratie genannt:

Als der attische König Theseus vom Herold aus Theben gefragt wird, wem er die Botschaft des thebanischen Königs Kreon überbringen könne – „Wer ist hier der absolute König?" –, da setzt Theseus zu einem Loblied auf Athen an:

Nichts ist dem Volke so verhasst wie ein Tyrann.
Dort gelten nicht als Höchstes die gemeinsamen
Gesetze; einer schaltet als Gesetzesherr
Ganz unumschränkt, und das ist keine Gleichheit mehr.

Doch werden die Gesetze schriftlich festgelegt,
genießt der Arme wie der Reiche gleiches Recht;
die freie Rede steht dem Armen zu wie dem
vom Glück Gesegneten, wenn er beleidigt wird,
und hat er recht, besiegt der kleine Mann den großen.
So klingt der Ruf der Freiheit: „Wer will einen Rat, der unsrem Staate nützt, vor die Versammlung bringen?"
Und wer es wünscht, der erntet Ruhm, wer nicht, kann schweigen.
Wo gibt es größere Gleichheit noch in einem Staat?

zit. nach: H. Vorländer, Demokratie, München 2003, S. 13.

Aufgaben

1. Zeigen Sie auf, unter welchen Besonderheiten des geografischen Raumes sich die politische Kultur der Griechen entwickelte.
   → Text, M2
2. Charakterisieren Sie die politischen Merkmale der griechischen Polis.
   → Text, M3, M4

2.2 Athen: Ablösung des Adelsstaates

Wandel der militärischen Organisation

Jahrhundertelang beherrschte der Adel das politische Geschehen Athens. Die entscheidende Ablösung der aristokratischen Herrschaft war bedingt durch einen Wandel in der Militärorganisation. Seit dem 7. Jahrhundert traten an die Stelle der ritterlichen Einzelkämpfer schwerbewaffnete Infanteristen (Hopliten), die in einer geschlossenen Kampfreihe, der Phalanx, den Feinden entgegentraten. Da sich die Hopliten auf eigene Kosten ausrüsten mussten, setzte dies eine angemessene wirtschaftliche Existenz voraus. Die Hopliten rekrutierten sich überwiegend aus der Bauernschaft und den vermögenden Mittelschichten aus Gewerbe und Handel. Die Bürgerschaftszugehörigkeit bestimmte sich aus der Übernahme von Bürgerpflichten und vornehmlich aus der eigenen Anschaffung von Waffen und Ausrüstung. Durch die neue Militärorganisation wurden Herrschaftsrechte auf weitere Bevölkerungskreise übertragen. Dies veränderte die politische Struktur der Polis. Somit war nicht mehr ausschließlich die Herkunft, sondern das Einkommen eines Bürgers für die politische Stellung ausschlaggebend.

Schuldknechtschaft

Der Übergang von der Natural- zur Geldwirtschaft war eine Voraussetzung für das Kreditwesen. Großgrundbesitzer verliehen – gegen hohe Zinsen – Geld an Pächter, ärmere Bauern und Besitzlose. Dies führte zu drückenden sozialen Abhängigkeiten. Da die Zinspflichtigen mit ihrer persönlichen Freiheit hafteten, gerieten sie vielfach in Schuldknechtschaft, was bedeutete, dass sie als Sklaven verkauft werden konnten, obwohl sie staatsrechtlich freie Bürger gewesen waren. Diese Entwicklung führte in den vornehmlich agrarisch strukturierten Stadtstaaten zu tief greifenden sozialen Krisen.

Die in Not geratenen Tagelöhner und Kleinbauern sowie das gestärkte Selbstbewusstsein der reicheren Mittelschichten (Händler und Gewerbetreibende) drängten auf eine Änderung der herrschenden Zustände. Die inneren Organisationsformen des sozialen Gefüges waren fraglich geworden. In vielen Stadtstaaten kamen die Aristokraten den Forderungen der Bürger nach Aufhebung der Willkürjustiz sowie dem Wunsch nach Rechtsgleichheit und Unterstellung aller unter ein gemeinsames Gesetz nach. Mit besonderen Vollmachten ausgestattet, schufen Männer wie der sagenhafte Lykurg (Gesetzgeber in Sparta) oder Drakon (in Athen) eine größere Rechtssicherheit.

Drakon hat das bestehende Recht durch neue Bestimmungen erweitert (621 v. Chr.) und zur Durchsetzung dieser Rechtsordnung Strafen von besonderer Härte angedroht („drakonische Strenge"). Dies war der erste Schritt zu einer verfassungsgemäßigen Ordnung in Athen.

Verfassungsreform

In Athen hatten sich zu Beginn des 6. Jahrhunderts v. Chr. die sozialen Spannungen verschärft. Um einem Umsturz durch einen Tyrannen zuvorzukommen, beriefen die Adligen ihren Standesgenossen Solon zum Archonten (höchsten Beamten) mit außerordentlichen Vollmachten. Er sollte als Schiedsrichter und Versöhner einen Ausgleich zwischen den Ständen schaffen. Solon sollte die Krise entschärfen und die Gefahr eines Bürgerkrieges abwenden.

Solon (ca. 640–560 v. Chr.)
Kolorierter Holzstich nach antiker Porträtbüste

Solons Reformen bestanden aus einem umfangreichen Gesetzgebungswerk. Seine wichtigsten zivil- und wirtschaftsrechtlichen Maßnahmen waren:

- Entschuldung der Bauern,
- Verbot der Schuldknechtschaft, das heißt niemand durfte mehr seine Person zum Pfand für ein Darlehen geben,
- Freikauf von bereits in die Sklaverei verkauften attischen Bürgern,
- Festsetzung eines Höchstmaßes an Grundbesitz (dies sollte die Erhaltung kleinerer Bauernhöfe begünstigen; an eine generelle Neuverteilung des Bodens war dabei aber nicht gedacht),
- Maßnahmen zur Förderung von Handel und Gewerbe unter anderem durch eine Münzreform und Einführung spezialisierter Gewerbe durch Übersiedlung fremder Handwerker in die Stadt.

Solons Verfassungsreform baute auf der schon bestehenden Heeresordnung auf. Die von Solon geschaffene politische Ordnung koppelte die Finanzkraft eines Bürgers mit dessen militärischer Funktion und politischer Mitsprache. Eine solchermaßen abgestufte Gesellschaftsordnung bezeichnet man als Timokratie (time [gr.] = Vermögen). Mit ihr wird die Herrschaft der so genannten vornehm Geborenen (Aristokratie) durchbrochen.

Mit den Solonischen Reformen wurden die ersten Fundamente der griechischen Demokratie gelegt, indem sie die Bürger für den Staat verantwortlich machten. Darüber hinaus ist Solon als das Urbild des politischen Reformers in die Geschichte eingegangen, der mit Mäßi-

M 1

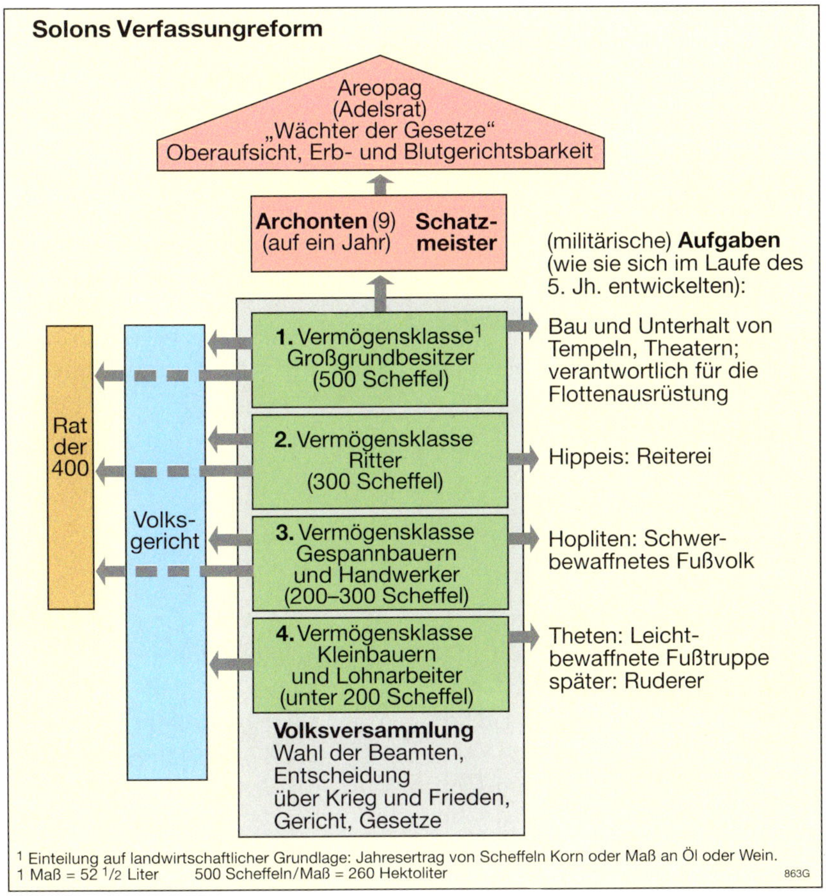

1 Einteilung auf landwirtschaftlicher Grundlage: Jahresertrag von Scheffeln Korn oder Maß an Öl oder Wein.
1 Maß = 52 1/2 Liter 500 Scheffeln/Maß = 260 Hektoliter
863G

gung und Klugheit gesellschaftliche Spannungen abzubauen sucht. Als Mittler zwischen Volk und Adel, zwischen Armen und Reichen blieb Solon auf den gesellschaftlichen Ausgleich bedacht. Seine ihm angetragene Rolle nutzte er nicht für eigene politische Ambitionen. Vielmehr verließ er Athen, nachdem die Bürger die neue Verfassung durch ihren Eid anerkannt hatten.

Die Tyrannis des Peisistratos in Athen

Solons Bestreben, ein Gleichgewicht zwischen den Ständen wiederherzustellen und eine dauerhafte Ordnung zu begründen, befriedigte keine Partei. Aus den Auseinandersetzungen, die auch nach den Solonischen Reformen fortdauerten, ging der Adlige Peisistratos, gestützt auf die Kleinbauern und die niederen städtischen Bevölkerungsschichten, als Alleinherrscher hervor.

Äußerlich hielt Peisistratos an der bestehenden Ordnung fest. Das Solonische Gesetzgebungswerk ließ er weitgehend unangetastet. Er besetzte die wichtigsten Staatsposten mit seinen Gefolgsleuten. Den Adel schwächte er. Der Areopag und die hohen Beamten verloren an Einfluss.

Er unterstützte Religion und Kunst (Tempelbauten) und bot durch umfangreiche Programme für öffentliche Bauten den Lohnabhängigen Verdienstmöglichkeiten an. Durch umfangreiche Aktivitäten in der Außen- und Wirtschaftspolitik legte er den Grundstein für die spätere Stellung Athens als Handelsmacht.

Nach dem natürlichen Tod des Peisistratos ging die Gewaltherrschaft auf seine Söhne Hippias und Hipparch über. Die Tyrannis des Hippias wurde gewaltsam durch die Spartaner beendet, die eine ihnen genehmere Regierung in Athen wünschten (510 v. Chr.).

Die Macht der Adelsgeschlechter war auch nach dem Sturz der Peisistratiden nicht gebrochen. Die Kraft zur Vertreibung des Tyrannen ging nicht vom Volke aus, sondern von reichen Adelsfamilien mit fremder Hilfe (König von Sparta).

Das Aufkommen der Tyrannis in Athen zeigt, dass die Reformen Solons nicht ausreichten, um die politischen und sozialen Gruppierungen zu versöhnen. Dennoch kann gesagt werden, dass die von den Zeitgenossen überwiegend günstig beurteilte Tyrannis des Peisistratos die folgende Demokratisierung insofern mitvorbereitete, weil sie die Adelsmacht weiter schwächte und die übrigen Bevölkerungsgruppen gewissermaßen einander annäherte.

Chronologie

ca. 700 v. Chr.	Athen schließt sich mit den Städten Attikas zu einer politischen Einheit zusammen.
ca. 683 v. Chr.	Athen wird zu einer aristokratischen Republik, die von jährlich zu wählenden Archonten regiert wird.
621 v. Chr.	Drakon erlässt das erste geschriebene Gesetz in Athen.
594 v. Chr.	Solon leitet eine Verfassungsreform in Athen ein.
561–510 v. Chr.	Tyrannis in Athen
510 v. Chr.	Sturz des Tyrannen

M 2 Ein Markstein in der Militärgeschichte der alten Welt

Der Altphilologe und Historiker Karl-Wilhelm Weeber erläutert, welche politischen Konsequenzen die neue Militärtaktik der Phalanx hatte:

Der folgenreichste Wandel ereignete sich im militärischen Bereich. Noch Homer beschreibt im 8. Jahrhundert fast ausschließlich den ruhmreichen Streit der Einzelkämpfer, der vornehmen Helden und Recken. [...] Ehre und Ruhm werden hier individuell erworben. Gegen Ende des 7. Jahrhunderts ändert sich das fundamental. Es sind die Spartaner, die in den entbehrungsreichen, jahrzehntelangen Kämpfen gegen ihre messenischen Gegner eine neue Schlachtordnung erfinden. Der Name der neuen Taktik ist vielsagend: Phalanx, zu deutsch „Walze". Die Phalanx ist eine dicht geschlossene, mehrere Glieder tief gestaffelte lineare Kampfformation. Mann neben Mann, oft einige Dutzend nebeneinander in mehreren Gliedern im Abstand von anderthalb Metern hintereinander aufgestellt, rückt das Schrecken erregende Kampfesviereck gegen den Gegner vor. Die Bewegungen aller müssen exakt aufeinander abgestimmt sein, äußerste Disziplin wird vom Einzelnen verlangt, damit das Ganze nicht auseinanderreißt. Im Gleichschritt „wälzt" sich die Front nach vorn und wirft sich gegen die Feinde. Fällt ein Krieger in der ersten Reihe, so muss sein Hintermann sogleich nachrücken, um die Lücke zu schließen, bevor die feindlichen Krieger eine Bresche in die Schlachtordnung treiben können. Die Durchschlagskraft der neuen Formation ist gewaltig. Dank ihrer Erfindung gelingt es den Spartanern, ihre Gegner niederzuzwingen und Messenien zu versklaven. Der Erfolg der Phalanxtaktik spricht sich in Windeseile herum [...]. Alle griechischen – und dazu viele nichtgriechische – Städte und Völker übernehmen die neue Taktik.
Das bleibt nicht ohne weit reichende Folgen. Denn schlagartig ist es nun mit dem Ruhm des adligen Einzelkämpfers vorbei. Die alten Tugenden der Adelsethik weichen neuen Werten: Einordnung des Individuums in die anonyme Masse, strikter Gehorsam, Selbstdisziplin und Verzicht auf spektakuläre Einzelaktionen sind nun gefragt. [...]
Ein unerhörter Schlag für das Selbstbewusstsein der Adligen! Doch nicht genug damit. Die Phalanx ist um so wirkungsvoller, je mehr Kämpfer sie hat. Je länger die Front und je zahlreicher die Reihen, um so größere Stoßkraft entwickelt sie. Es galt also, mehr Kämpfer als zuvor aufzustellen. Wer aber kam dafür in Frage? Nicht etwa der einfache Mann aus dem Volke, sondern nur derjenige, der sich die kostspielige Ausrüstung eines Schwerbewaffneten selbst kaufen konnte. Dazu gehörten der große Schild, griechisch to hóplon – weshalb sich die Krieger der neuen Formation Hopliten nannten –, Helm, Panzer, Beinschienen, Schwert und Handspeer. „Bürgerliche", die reich genug waren, diese Waffen zu erwerben, gehörten fortan auch zu den Verteidigern des Staatswesens. Das Verteidigungsmonopol des Adels gehörte der Vergangenheit an – und damit auch der politische Anspruch, der sich auf den militärischen stützte. Allmählich ging den Hopliten auf, dass sie für ihre neuen Pflichten auch neue Rechte beanspruchen konnten. Und das hieß: Mitsprache bei allen politischen Entscheidungen!

K.-W. Weeber, Athen, Düsseldorf 1979, S. 47 ff.

M 3 Die Schuldentilgung und Abschaffung der Abhängigkeit der Bauern

Von Solon sind Gedichte überliefert, in denen er seine Handlungen als oberster Schiedsrichter kommentierte (594 v. Chr.):

Und habe ich nicht alles, wofür ich das Volk zusammenschloss, erreicht und bis zum Ziel geführt? Das möge mir vor dem Richterstuhl der Zeit die große Mutter aller Götter im Olymp[1] bezeugen, die schwarze Erde, der ich einst Schuldsteine ausriss, hundertfältig eingepflockt, die vorher eine Sklavin war, jetzt aber frei. Und viele habe ich nach Athen in die gottgewollte Heimat zurückgeführt, die verkauft worden waren, der eine zu Recht, der andere ohne Recht, oder geflohen waren vor der Schuldenlast, deren Zunge schon unattisch ging, denn vielfach irrten sie umher. Die anderen, die Schmach und Knechtschaft hier erlitten und die Launen der Herren fürchteten, habe ich zu Freien gemacht. Das habe ich mit der Macht des Gesetzes getan, habe Gewalt und Recht vereint, und es wie versprochen zu Ende gebracht. Gesetze schrieb ich in gleicher Weise für den Geringen und den Vornehmen und fügte für jeden gerades Recht. Hätte statt meiner sonst wer diesen Lenkerstab ergriffen, schlechten Willens und auf Geld bedacht, er hätte nicht das Volk gebändigt. Denn hätte ich gewollt, worum sich meine Gegner einst bemüht hatten, [...] dann wäre diese Stadt vieler Männer beraubt worden. Deshalb habe ich nach allen Seiten hin gekämpft, wie ein von Hunden eingekreister Wolf sich dreht.

1 gemeint ist die Erde, Gaia, die Vorfahrin der olympischen Götter

Zit. nach: M. Austin, P. Vidal-Naquet, Gesellschaft und Wirtschaft im alten Griechenland, München 1984, S. 192.

M 4 Aristoteles: Die Gesetzgebung Solons

Aristoteles (384–322 v. Chr.): „Der Staat der Athener" – eine Schrift, die erst 1890 auf einem ägyptischen Papyrus wiedergefunden wurde:

Als Solon die Macht in die Hände bekommen hatte, befreite er das Volk für alle Zukunft von der Sklaverei, indem er ein für allemal die leibliche Haftbarkeit der Schuldner für ihre Schulden aufhob. Er verfügte ferner einen Erlass sämtlicher Schuldforderungen, der staatlichen wie der privaten. [...]

Schon vorher war das gesamte Volk nach dem Vermögen in vier Steuerklassen eingeteilt worden, in die Pentakosiomedimnen [Großgrundbesitzer] die Hippeis [Ritter], die Zeugiten [Bauern] und die Theten [Lohnarbeiter]. Solon behielt diese Einteilung bei. Zutritt zu den Staatsämtern gewährte er aber nur den drei ersten Steuerklassen, den Pentakosiomedimnen, den Hippeis und den Zeugiten. Der vierten Steuerklasse, den Theten, verlieh Solon nur den Anteil an der Volksversammlung und am Volksgericht. In der ersten Klasse musste jeder steuern [Steuern bezahlen], der auf eigenem Grund und Boden, sei es an Früchten, sei es an Flüssigkeiten, einen jährlichen Ertrag von zusammen fünfhundert Scheffeln, in der zweiten, wer jährlich dreihundert Scheffel produzierte, nach einer andern Angabe, wer ein Pferd zu halten vermochte. Zur dritten Klasse gehörte ein jeder, der mindestens zweihundert Scheffel erntete. Alle übrigen bildeten die vierte Steuerklasse, die von den Staatsämtern ausgeschlossen war.

Die Besetzung der Ämter sollte durch das Los erfolgen, und zwar sollte jede von den vier Phylen [Geschlechterverbänden] auf dem Wege der Wahl eine größere Zahl geeigneter Leute zur Auslosung bestimmen. Für die neun Archonten bezeichnete jede Phyle zehn Männer, aus denen dann die Auslosung erfolgte. Solon setzte ferner einen Rat von vierhundert Mitgliedern ein, je hundert aus jeder Phyle. Dem Areopag [Adelsrat] wies er die Aufgabe zu, die verfassungsmäßige Handhabung der Gesetze zu kontrollieren, wie er ja schon früher die Aufsicht über das ganze staatliche Leben geführt hatte. Und so war er befugt, in den meisten und wichtigsten politischen Angelegenheiten das letzte Wort zu sprechen; insbesondere konnte er Fehlbare zur Verantwortung ziehen mit dem Recht, auch zu büßen und sonst zu bestrafen. Die eingehenden Geldbußen überwies er der Staatskasse, brauchte aber den Grund der Bestrafung nicht anzugeben. Außerdem besaß er die Gerichtsbarkeit über Verschwörungen zum Umsturze der demokratischen Staatsordnung.

Im Hinblick auf die politischen Parteikämpfe und auf die bei manchem Bürger vorhandene leichtsinnige Neigung zur Gleichgültigkeit erließ Solon ein eigenes Gesetz: Jeder, der beim Ausbruch von Unruhen nicht unter die Waffen träte und sich nicht einer Partei anschlösse, sollte die bürgerliche Ehre und alle politischen Rechte verlieren. [...]

Nachdem Solon die Verfassung geordnet hatte, überliefen ihn die Leute teils mit Beschwerden, teils mit Bitten um Auskunft über die Gesetze. Er wollte jedoch der Notwendigkeit entgehen, sie abzuändern oder sich bei seinen Mitbürgern unbeliebt zu machen. Daher unternahm er eine Reise nach Ägypten, zugleich zu Handelszwecken und um Land und Leute kennen zu lernen. Viele aus der Adelspartei verdachten ihm den Schuldenerlass; auch entsprach die Neuordnung der Verhältnisse den Erwartungen beider Parteien nicht. Das Volk hatte auf eine allgemeine Güterverteilung gerechnet, während die Adeligen vorausgesetzt hatten, er werde die alte Ordnung der Dinge belassen oder doch nur unwesentlich abändern.

G. Guggenbühl (Hg.), Quellen zur Geschichte des Altertums, Zürich 1964, S. 43 ff.

Aufgaben

1. Untersuchen Sie, inwiefern die Einführung der Phalanx-Taktik einen Wandel in der Militärgeschichte bedeutete. Welche sozialen und politischen Folgen ergaben sich daraus?
   → Text, M2
2. Beschreiben Sie die Maßnahmen des solonischen Reformwerks. Erklären Sie Solons Vorhaben der Schuldentilgung.
   → Text, M1, M3, M4
3. Interpretieren Sie die folgenden Gedanken Solons zur Verfassungsreform:
   „Rechte verlieh ich dem Volke, genau in dem richtigen Maße, nahm ihm an Ansehen nichts, reichte zu viel ihm nicht dar; auch den Großen des Landes, die Macht und Schätze besaßen, schrieb ich ein neues Gesetz: keinen Besitz ohne Recht!"

2.3 Aufstieg Athens zur griechischen Vormacht

Die Perserkriege

Die Kriege zwischen den Griechen des Mutterlandes und den Persern wurden durch einen Aufstand der in Kleinasien lebenden Griechen ausgelöst. Das Streben der Perserkönige nach Ausdehnung ihres Reiches nach Westen hatte dazu geführt, dass die ionischen Griechen, die bisher relativ frei lebten, von den durch die persischen Eroberer gestützten Stadttyrannen politisch und wirtschaftlich unterdrückt wurden. Nur Eretria (auf der Insel Euboia) und Athen, das seine Getreideversorgung aus dem Schwarzmeergebiet bedroht sah, kamen den bedrängten Griechen in Kleinasien zu Hilfe. Nach griechischen Anfangserfolgen brach der Aufstand zusammen. Der ionische Aufstand sollte eine Reihe kriegerischer Auseinandersetzungen zwischen Griechen und Persern auslösen, die erst mit den Feldzügen gegen die Perser unter Alexander dem Großen (334/330 v. Chr.) ihr Ende fanden.

Griechenlands Geschichte erinnert in manchen Aspekten an die Geschichte Europas, in der auch die einzelnen Staaten sich wechselseitig bekriegt und kooperiert haben. Die Griechen lebten politisch segmentiert in Kleinstaaten (Poleis) und blieben doch durch die gemeinsame Kultur, Religion und Sprache verbunden. Angesichts der Bedrängnis durch die Perser fanden sich aber die meisten griechischen Städte zur Abwehr bereit und legten ihre internen Konflikte bei.

Die Geschichte der Perserkriege ist die Geschichte eines völlig unerwarteten Sieges Davids über Goliath. Nach dem Sieg des athenischen Heeres über die Perser bei Marathon (490 v. Chr.) plante der persische Großkönig Xerxes, diese „Schmach" wettzumachen. Die

M 1

antike Weltmacht der Perser setzte sich zehn Jahre danach mit einer Riesenstreitmacht in Bewegung. Damit schien das Ende eines politisch unabhängigen Griechenlands besiegelt zu sein.

Flottenbau

Die systematische Vorbereitung des neuen Feldzugs war den Griechen natürlich nicht verborgen geblieben. In ihrer Not befragten die Athener das Orakel von Delphi, das – angeblich – empfahl, sich mit einer „Mauer aus Holz" zu verteidigen. In einer scheinbar ausweglosen Situation brachte es der attische Staatsmann Themistokles (ca. 524–459 v. Chr.) fertig, diesen Spruch „richtig" zu interpretieren und den Bau einer Flotte zu veranlassen, der 483 v. Chr. begann.

Themistokles (ca. 524–459 v. Chr.)
Porträtbüste aus Marmor, Kopie eines zeitgenössischen Originals

Themistokles machte das überwiegend agrarisch orientierte Athen gegen die Opposition der Großgrundbesitzer zur Seemacht. Das Flottenbauprogramm (200 Kriegsschiffe) und die Verstärkung der Befestigungsanlagen belasteten die Stadt finanziell. So musste zum Beispiel auf die übliche Verteilung der Erträge der Silberminen von Laurion an die Bürger verzichtet werden. Eine wesentliche Bedingung für die Vormachtstellung Athens gegenüber den anderen hellenischen Stadtstaaten war eng verknüpft mit dem Besitz dieser reichsten Silberminen Griechenlands im Süden Attikas. Das von nahezu 30 000 Sklaven im Bergbau gewonnene Silber ermöglichte auch die Prägung der im „internationalen" Handel angesehenen Münzen, die erheblich zur wirtschaftlichen Blüte beitrugen.

Der Flottenbau sorgte aber auch für Dauerarbeitsplätze durch Wartung und Ausbesserung der Schiffe. Darüber hinaus entfaltete sich der Hafen auch zu einem wichtigen Zentrum der Handelsschifffahrt. Die Entscheidung zum Bau einer mächtigen Kriegsflotte sollte sich im Nachhinein als richtig erweisen, denn angesichts der persischen Übermacht blieb nur die Räumung der Stadt und des umliegenden Landes sowie die Flucht auf das Wasser.

Der Rückzug der Flotte zur (Athen vorgelagerten) Insel Salamis, der Seesieg der griechischen Flotte in der dortigen Meerenge (480 v. Chr.), zerstörte zunächst die persische Seemacht, was dann ein Jahr später seine Entsprechung in der Landschlacht von Plataä (479 v. Chr.) finden sollte.

Weltgeschichtliche Einordnung

Viele Historiker haben den Abwehrkampf der Griechen gegen die Perser als Kampf zweier Weltanschauungen interpretiert: hier die griechische Polis-Freiheit, dort der vorderasiatische Despotismus, hier Demokratie, dort Tyrannei. Unabhängig von der Problematik solcher klischeehafter (moderner) Zuordnungen kann aber festgehalten werden, dass die antike und damit letzten Endes auch die europäische Geschichte anders verlaufen wäre, wenn die Griechen militärisch besiegt und ihre politische Kultur unterdrückt worden wären.

So gesehen war die Seeschlacht von Salamis eine jener „Sternstunden der Weltgeschichte", die die Weichen derselben gestellt haben. Denn vor allem die nachfolgende Epoche führte zur Entfaltung der griechischen Kultur, was sich für Europa insgesamt als grundlegend erweisen sollte.

Der Attisch-Delische Seebund

Die Griechen hatte den Kampf gegen die Perser mit einem gemeinsamen Heer unter Spartas Führung und einer Flotte, deren Hauptkontingent Athen stellte, geführt. Da Sparta sich nach den Siegen über die Perser

M 2 Attische Silbermünze aus dem 5. Jahrhundert v. Chr.
Die Eule, das Wappentier Athens, galt als Vogel der Klugheit. Auf diese Münze bezieht sich das weitverbreitete Sprichwort von den Eulen, die man nach Athen trägt, womit ein sinnloses Tun gemeint ist (weil es sie dort schon im Überfluss gibt).

auf die Peloponnes zurückzog, schied es als Schutzmacht griechischer Städte in Kleinasien aus. An seine Stelle trat nunmehr Athen, das zum Befreier Griechenlands geworden war. Die neue Führungsmacht leistete sich selbst in Zeiten drückender Finanznot eine riesige Flotte, zum Beispiel Mitte des 4. Jahrhunderts 349 Trieren (lat. Dreiruderer). Diese Seestreitmacht bildete das Instrument athenischer Großmachtpolitik.

Die Athener schlossen mit der überwiegenden Zahl der Insel- und Küstenstädte Einzelbündnisse ab und bauten so ihre Machtsphäre aus. Diese Entwicklung führte schließlich zu einem Gesamtbündnis, dem so genannten Attisch-Delischen Seebund (Delos, griechische Insel). Obwohl alle Mitglieder im Bundesrat gleiches Stimmrecht erhielten (mit Delos als Bundessitz), wurde schon bald Athen zur führenden Macht dieses mächtigen Flottenbündnisses. Im Laufe der Zeit wurde die Abstimmung im Bundesrat eingestellt, und die athenische Volksversammlung entschied über Gesetze, zog Gerichtsbefugnisse an sich und befand über die Abgaben, die früher von den Mitgliedsstaaten freiwillig geleistet wurden. Schließlich wurde die Bundeskasse von Delos gegen den Widerstand der anderen Bundesgenossen nach Athen gebracht (454 v. Chr.). Ein Großteil des Geldes floss zweckentfremdet in die athenische Staatskasse, unter anderem für die Beamtenbesoldung und den Ausbau der Akropolis.

Athen setzte den Kampf gegen die Perser fort und beendete schließlich die Kriege mit dem Frieden des Kallias (Name des Leiters der athenischen Friedensdelegation). In diesem Frieden wurde den griechischen Städten in Kleinasien eine gewisse Eigenständigkeit vom Perserkönig zugesichert und die Ägäis – Zeichen athenischer Dominanz – zum griechischen Meer erklärt. Aber als Reaktion auf das außenpolitische Vormachtstreben galt Athen vielen Zeitgenossen als neuer „Tyrann Griechenlands“.

Seekriegsführung

Im 5. und 4. Jahrhundert besaß Athen die größte Flotte unter den griechischen Staaten. Die Flotte hatte zeitweise einen höheren militärischen Stellenwert als das Heer. Ursprünglich hatten die Kriegsschiffe ein oben offenes Deck, auf dem sich die Ruderer auf einer Ebene mit

M 3 Moderner Nachbau einer klassischen Triere
Der wichtigste Typ des antiken Kriegsschiffes war der „Dreiruderer" (Triere). Er konnte unter Segel gehen, aber auch, besonders im Gefecht, von Ruderern bewegt werden. Im Kampf kam es darauf an, in geschlossenem Stoß – ähnlich wie in der Hoplitenphalanx – die gegnerischen Schiffe mit dem im Bug befindlichen Rammsporn zu versenken oder ihre Ruderreihen zu zerstören. Dazu waren höchste Präzision und Abstimmung vonnöten. Die Ruderer rekrutierten sich aus den ärmeren Schichten. [H.-J. Gehrke]

den kämpfenden Soldaten befanden. Die Schiffstypen wurden nach der Anzahl der Ruderer benannt. Die Entwicklung der Triere revolutionierte die Seekriegsführung. Die Kampfstärke des neuen 40 bis 50 m langen und 5 m breiten Kriegsschiffes lag nicht mehr in der Anzahl der auf dem Schiff befindlichen Hopliten und Bogenschützen, sondern in der Leistung des Ruderwerks (Schnelligkeit, Reaktionsfähigkeit beim Manövrieren). Denn nunmehr zielte die Seekriegsführung darauf, das feindliche Schiff zu rammen und somit zu versenken. Für die in drei Reihen übereinander versetzt arbeitenden Ruderer benötigte man eine wesentlich zahlreichere Rudermannschaft als vorher. Ungefähr 200 Mann, davon 170 Ruderer, gehörten zur Schiffsmannschaft.

Zur Zeit der Perserkriege bestand die athenische Flotte fast ausschließlich aus Trieren. Als Personal für den Ruderdienst verpflichteten die Athener die Theten, die zur untersten Vermögensklasse gehörten. Ruderdienst galt als militärischer Dienst. Da politische Rechte in einem engen Verhältnis zu den militärischen Funktionen der Bürger standen, schöpften die Theten aus ihrem militärischen Beitrag politisches Selbstbewusstsein. Dieser Umstand führte in der weiteren Entwicklung dazu, dass die bei Solon noch politisch diskriminierten Theten allmählich in die Gemeinschaft der vollberechtigten Bürger aufgenommen wurden. Später griff man auch auf Metöken (= Zugewanderte) und Sklaven zurück.

Chronologie

499 v. Chr.	Die ionischen Griechen erheben sich gegen die Herrschaft der Perser.
494 v. Chr.	Der ionische Aufstand bricht zusammen.
493 v. Chr.	Themistokles, gewählter Archon von Athen, beginnt den Hafen von Piräus zu befestigen.
490 v. Chr.	Dareios von Persien greift das griechische Festland an. Beginn der Perserkriege. In der Schlacht von Marathon werden die Perser zurückgeschlagen.
483 v. Chr.	Ein reicher Silberfund im Berg Laurion erschließt Athen die Geldmittel zum Ausbau seiner Flotte.
481 v. Chr.	Die griechischen Staaten treten unter der Führung Spartas zusammen, um ein gemeinsames Vorgehen gegen die Perser zu planen.
480 v. Chr.	Die Griechen werden bei den Thermopylen überwältigt und gewinnen danach die Schlacht bei Salamis.
479 v. Chr.	Die letzten größeren Schlachten des Krieges bei Plataä und Mykale enden mit einer Niederlage für die Perser.
478–477 v. Chr.	Unter der Führung Athens formiert sich der Attisch-Delische Seebund.
468 v. Chr.	Der Delische Bund zerstört die persische Flotte.
449 v. Chr.	Abschluss des Kalliasfriedens beendet die Epoche der Perserkriege.

Aufgaben

1. Fassen Sie Ursache, Verlauf und Ergebnis der Perserkriege zusammen.
2. Begründen Sie, inwiefern der Ausbau der athenischen Kriegsflotte eine politische und soziale Umformung des Staatswesens in Athen mit sich brachte.

2.4 Die attische Demokratie

Ein neues Modell der Politik

Wer entscheidet über das politische Leben? Je nachdem, wie diese Frage beantwortet wird, ergeben sich unterschiedliche politische Organisationsformen. Das Besondere an der Geschichte Athens ist dessen – relativ gut dokumentierte – Hervorbringung eines neuen Modells politischer Ordnung, das in der Selbstregulierung der Gemeinschaft seinen Kern besaß. Nach antiken Maßstäben war die Herrschaft im Stile eines traditionalen orientalischen Stadtkönigs der Normalfall. In der attischen Polis hingegen weitete sich die Mitsprache des Volkes immer mehr aus, bis sich die bürgerliche Solidargemeinschaft insgesamt als Gesetzgeber formierte. Feste Regeln, Gesetze, hielt man auf

M 1

dauerhaftem Material, zum Beispiel Stein, fest und statuierte ihre Verbindlichkeit für alle. Die Herrschaft des Gesetzes und die Herrschaft der gewählten Staatsmänner auf Zeit sind bis heute Teil des politischen Vermächtnisses der Griechen. Das Funktionieren eines solchen (alternativen) Politikmodells der Selbstverwaltung war an mehrere Voraussetzungen geknüpft:

- Die griechische Polis besaß eine überschaubare Größenordnung. Man schätzt die wehrfähige männliche Bevölkerung Athens auf zirka 30 000 zur Zeit der Perserkriege. Die Gesamtbevölkerung des athenischen Staates errechnet sich aus der Addition der Anzahl der Familienangehörigen (Frauen, Kinder, Alte), den fest ansässigen Fremden (Metöken) sowie den Sklaven. Schätzungen für das 5. Jahrhundert v. Chr. gehen von einer bürgerlichen Bevölkerung von 120 000 aus, von 30 000 Metöken und etwa 100 000 Sklaven. Die Gesamtzahl von einer Viertelmillion Bewohnern bezieht sich auf die Stadt Athen und das Umland Attika.
- Die männliche erwachsene Bevölkerung, die mit vollen politischen Rechten ausgestattet war, machte also nur einen kleinen Teil der Gesamtbevölkerung aus. Aber sie bildete den Kern der bürgerlichen Solidargemeinschaft. Ihre Identifikation mit der Polis schuf den inneren Zusammenhalt. Die Funktionsfähigkeit der Selbstverwaltung war zweifellos an eine maximale Größe und Überschaubarkeit gekoppelt.
- Dass das Volk überhaupt zum Souverän aufsteigen konnte, hing ganz wesentlich mit den militärischen Anstrengungen des Kleinstaates zusammen. Attische Demokratie und allgemeine Wehrpflicht müssen letztlich als zwei Seiten der gleichen Medaille betrachtet werden. Der Bürger, der seine Ausrüstung selbst stellte und als bewaffneter Infanterist (Hoplit) die Phalanx bildete, forderte zwangsläufig Mitsprache in den öffentlichen Angelegenheiten. Wehrfähigkeit und Vollbürgertum gehörten nach damaliger Anschauung aufs Engste zusammen.
- Wer mitregieren wollte, der musste dafür Zeit haben. Die direkte Demokratie setzt die Abkömmlichkeit der Teilnehmer voraus, was sicherlich für Wohlhabende im Kontext der Sklavenarbeit ein geringeres Problem darstellte. Um auch ärmeren Bürgern die Teilnahme an der Selbstverwaltung zu ermöglichen, wurden im Zuge der Demokratisierung Diäten gezahlt, also Aufwandsentschädigungen für die Teilnahme am Rat und an den Volksgerichten, später auch an den Volksversammlungen.

Kleisthenes: Neuordnung des athenischen Staates

Kleisthenes, ein reicher Adliger, setzte sich nach der Vertreibung der Tyrannen (Familie der Peisistratiden) im Kampf um die Macht in Athen gegen seine Widersacher erfolgreich durch. Er brachte die Mehrheit der einfachen Bevölkerung durch weitgehende Zugeständnisse, die auf eine radikale Verfassungsänderung abzielten, auf seine Seite. Der Kern der Reform (508/07 v. Chr.) bestand in einer Auflösung der herkömmlichen Phylenverbände. Phylen waren vom Adel beherrschte Sippenverbände. Die Phylenreform zielte darauf, traditionelle Sippenbindungen zu zerschlagen und die adligen Geschlechter von ihrer lokalen Anhängerschaft zu trennen.

Durch diese Umbildung wurde die Bevölkerung „gemischt“, die Interessengegensätze weitgehend ausgeglichen und der kultisch-

M 2 **Tyrannenmörder**
Harmodios und Aristogeiton im Augenblick der Tötung des Tyrannen Hipparchos (514 v. Chr.). Ein politisches Denkmal, das seinen Platz auf der Agora von Athen hatte und an den Durchbruch zur demokratischen Ordnung erinnern sollte. Die Statuen sind Teil einer Legendenbildung. Lediglich der Bruder des Tyrannen, Hippias, wurde Opfer eines Eifersuchtsdramas. Die Nacktheit des wohlgeformten männlichen Körpers ist ein Charakteristikum der griechischen Kunst. Vermutlich besteht ein Zusammenhang mit dem männlichen Sport, der ebenfalls nackt ausgeübt wurde, Replik einer Plastik aus dem Jahre 477/476 v. Chr.

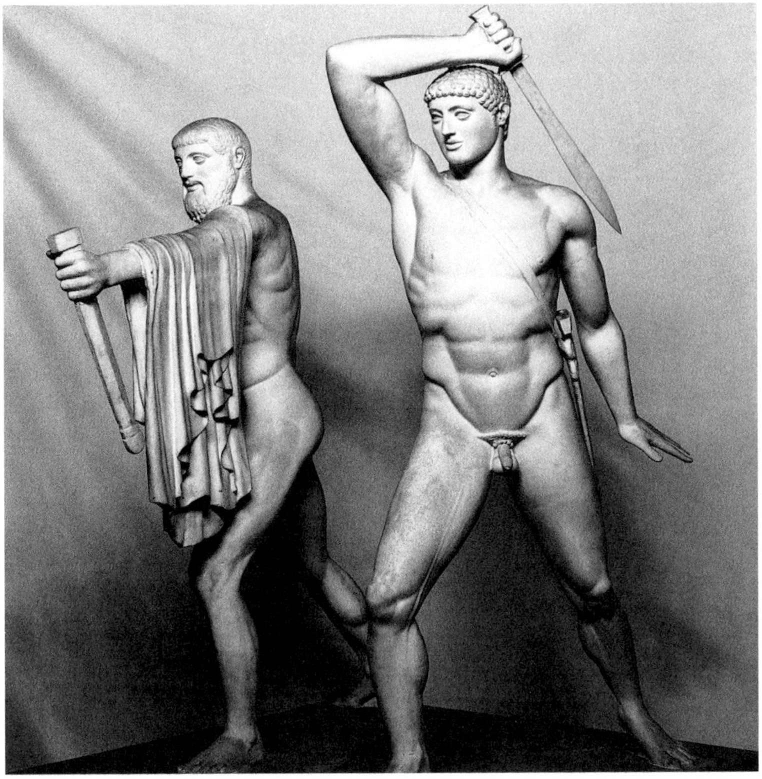

politische Einfluss der Aristokratie gebrochen. Die Exekutive blieb zunächst den vermögenden Schichten vorbehalten.

Isonomie

Nur die Volksversammlung erfuhr eine Aufwertung. In ihr wurde über alle wichtigen Angelegenheiten entschieden und das Gemeinwesen unter die Kontrolle durch die Allgemeinheit gebracht. In der Volksversammlung regierte das Volk sich selbst. Im Prinzip war die Kleisthenische Staatsordnung eine Oligarchie (= Herrschaft der Wenigen), die aber mit wesentlichen demokratischen Elementen erweitert war. Die Entwicklung der Demokratie in Athen wurde von staatstheoretischen Diskussionen über die Vorzüge und Nachteile monarchischer, oligarchischer und demokratischer Herrschaft begleitet. Insbesondere der Gedanke der Isonomie, der Gleichheit, spielte dabei eine entscheidende Rolle. Die grundsätzliche staatsbürgerliche Gleichheit konnte für Kleisthenes nur in die Tat umgesetzt werden, wenn sie sich in der Beteiligung breiter Schichten an der Politik, also durch Mitreden, Mitbestimmen und Kontrollieren, ausdrückte.

Unter Kleisthenes wurde die bis dahin übliche Wahl von Beamten teilweise durch das Losverfahren abgelöst. Man sah darin eine Verwirklichung der Isonomie. Zudem schloss es Wahlmanipulationen aus. Von dieser demokratischen Einrichtung des Auslosungsverfahrens waren nur das Strategenamt, einige Finanzbeamte und die Opferpriester ausgenommen. Dem Strategenamt kam eine besondere Bedeutung zu, weil mit diesem Amt auch eine politische Führungsrolle verknüpft war. Darum trachteten viele nach dem Amt des Strategen.

Seit Kleisthenes wurde jedes Jahr je ein Mann aus jeder der zehn Phylen als Stratege (Feldherr) bestimmt. Diese Männer hatten den Oberbefehl über das Heer und die Flotte. Täglich wechselten sie in der Befehlsführung miteinander ab. Aus militärischen Gründen führte später ein Stratege den Oberbefehl über die anderen neun.

Kleisthenes versuchte das Prinzip der Identität von Regierten und Regierenden zu verwirklichen. Er wurde somit zum eigentlichen Begründer der athenischen Demokratie.

Ostrakismos

Eine dem heutigen Betrachter seltsam erscheinende Einrichtung war das von Kleisthenes angeregte Scherbengericht (Ostrakismos). Durch das Scherbengericht in Art einer Volksabstimmung sollten Männer, die in Verdacht standen, nach Alleinherrschaft zu streben, ohne Gerichtsverfahren und ohne Verlust an Ansehen, Bürgerrechten und Vermögen für zehn Jahre aus Athen und Attika verbannt werden. Jedes Jahr wurde in einer Volksversammlung geprüft, ob eine Abstimmung gegen einen der Tyrannis Verdächtigen durchzuführen sei. Falls dies notwendig erschien, wurde in einer zweiten Befragung der betreffende Name ermittelt.

M 3 **Tonscherbe**
Sie ist mit dem Namen Themistokles beschriftet. Der Ostrakismos, ursprünglich eine Schutzvorkehrung gegen die Tyrannis, wurde im 5. Jahrhundert zu einem Instrument der politischen Auseinandersetzungen im Rahmen der attischen Demokratie.

Die Abstimmung erfolgte auf der Agora (Marktplatz) nach Phylen. Als Stimmzettel dienten Tonscherben (Ostraka), in die der Name des Betroffenen eingeritzt wurde. Eine Mindestbeteiligung von 6000 abgegebenen Stimmen war die Voraussetzung dafür, dass jemand verbannt werden konnte. Ostrakisiert wurde derjenige, auf den die Mehrheit der abgegebenen Stimmen entfiel. Ursprünglich zur Stabilisierung der Demokratie gedacht, wurde der Ostrakismos zunehmend aus egoistischen Erwägungen zum Machtmittel zwischen mehreren rivalisierenden Politikern.

Als einer der ersten hatte der Feldherr und Staatsmann Themistokles zur Zeit der Perserkriege (500–479 v. Chr.) die Waffe des Ostrakismos gegen seinen konservativen Widersacher Aristeides, der seine Flottenpolitik bekämpfte, erprobt. Aristeides wurde auf Veranlassung von Themistokles verbannt (482 v. Chr.). Ironischerweise wurde Themistokles, der Held der Perserkriege, selbst durch das Scherbengericht politisch entmachtet (471 v. Chr.). Die Gegner warfen ihm übermäßigen Stolz und Selbstgefälligkeit vor. Die Institution des Ostrakismos wurde 417 v. Chr. abgeschafft.

Die Herausbildung der radikalen attischen Demokratie

Mit Perikles (ca. 495–429 v. Chr.) betrat ein Staatsmann die politische Bühne Athens, mit dessen Namen die Glanzzeit in der Geschichte der Stadt verbunden ist. Die Zeit seiner Staatsführung (461–429 v. Chr.) heißt auch das Perikleische Zeitalter. Athen wurde in dieser Epoche nicht nur zur unbestrittenen ersten Staatsmacht in Griechenland, sondern vor allem durch die Initiative von Perikles zum kulturellen Zentrum.

Perikles, zunächst als Führer der demokratischen Partei ohne eigentliche politische Funktion, verdankte seine beherrschende Stellung zum einen dem Strategenamt, in das er von 443 v. Chr. Jahr um Jahr gewählt wurde, zum anderen seiner Autorität beim Volke.

Den Abschluss der demokratischen Entwicklung in Athen bildeten die von Ephialtes und – nach dessen Ermordung – von Perikles veranlassten Verfassungsreformen (von 462–461 v. Chr.). Danach wurden dem Areopag, der letzten aristokratischen Institution, die Oberaufsicht über die Staatsverwaltung entzogen und dem Rat der 500 übertragen. Die Geschworenenrichter, jetzt von allen vier Volksklassen (auch den Theten) gewählt, bekamen größere Machtbefugnisse. Darüber hinaus führte Perikles ein System von Diäten (Tagegeldern) für die Ratsmitglieder, die Beamten und ebenso für Geschworenenrichter ein. Dadurch sollte niemand aus wirtschaftlichen Gründen von einer politischen Betätigung ausgeschlossen sein. Auch für Theaterbesuche gab es „Schaugeld", das heißt der Staat erstattete den bedürftigen Bürgern die Eintrittspreise.

Die Einführung der Diäten, die Verteilung von Lebensmitteln und Geld führten aber zum Teil dazu, dass viele Athener sich auf den staatlichen Unterhalt verließen. Wenn auch die Diäten nur das Existenzminimum deckten, so war zum einen die Summe bei der großen Zahl der Empfänger doch beträchtlich, zum anderen erzeugten die „fürsorgestaatlichen" Maßnahmen (Vergünstigungs- und Versorgungsleistungen) bei den Bürgern eine Bindung an das Gemeinwesen.

Nachdem das passive Wahlrecht für das Archontenamt auch auf die dritte Volksklasse (die Zeugiten) erweitert worden war, wandelte sich der athenische Staat zur radikalen oder vollendeten Demokratie.

Allerdings schloss die Demokratisierung die Nichtvollbürger aus. Nach dem Bürgerrechtsgesetz von 451 v. Chr. blieben generell die Frauen und die Metöken (Zugewanderte), Freigelassene und Sklaven ohne staatsbürgerliche Rechte. Mit dem einschränkenden Bürgerrechtsgesetz sollte unter anderem die Zahl der Kostgänger der athenischen Polis beschränkt werden.

Möglichkeiten und Grenzen der attischen Demokratie

Die attische Polis ist die Wiege der demokratischen Verfassung. Sie wurde in Athen durch die Reformen des Kleisthenes (508/507 v. Chr.) begründet und später nur unwesentlich geändert. Es gab dafür keine Vorbilder. Der Begriff Demokratie setzt sich aus den griechischen Wörtern Demos (Volk) und Kratos (Macht) zusammen. Unter Demokratie versteht man im Idealfall die Beteiligung des ganzen Volkes an der Herrschaft.

Als die entscheidenden Grundelemente der attischen Demokratie zu Zeiten des Perikles sind festzuhalten: die direkte Mitwirkungsmöglichkeit bei jeder politischen Entscheidung, der Zugang zu fast allen politischen Ämtern für jeden über 30 Jahre alten Bürger und die Zuteilung zu diesen Funktionen durch das Los. Alle männlichen Vollbürger, Arme und Reiche, waren gleich(berechtigt). Jeder Bürger hatte das Rede-, Antrags- und Abstimmungsrecht in der Volksversammlung (Ekklesia).

Die Volksversammlung war das Herz der Demokratie. Regierende und Regierte wechselten sich im politischen Entscheidungsprozess ab. Die Qualifikation der Beamten, das heißt ihre Würdigkeit, konnte in öffentlichen Verfahren überprüft werden. Am Ende ihrer Amtszeit waren die Beamten zur Rechenschaft verpflichtet.

6000 Vollbürger, die ausgelost wurden, bildeten das Volksgericht. Für die Beteiligung an dem in Einzelgerichte aufgegliederten Volksgericht wurden Diäten gewährt. Später gab es auch für die Ratsmitglieder Aufwandsentschädigungen.

Einerseits kann man die Verfahrensweisen als folgerichtige Umsetzung eines radikalen Demokratieverständnisses begreifen, andererseits dürfen aber auch nicht die ernst zu nehmenden Schwächen übersehen werden.

Nur Vollbürger waren Inhaber aller bürgerlichen Rechte. Frauen, Metöken (Zugewanderte) und Sklaven waren von jeder politischen Mitwirkung ausgeschlossen. Da die politisch berechtigten Bürger nur einen Bruchteil der attischen Bevölkerung ausmachten, war die antike Demokratie eine Herrschaft einer Minderheit über die Mehrheit. Die

Mitglieder der vornehmen Geschlechter (Adel) hatten in der Volksversammlung zwar dieselben Rechte wie jeder andere Bürger, sie behielten aber wegen ihres Vermögens und ihrer politischen Erfahrung meist die Führung in der Volksversammlung. Der mangelhafte Bildungsstand der überwiegenden Zahl der Bürger ließ die Tüchtigen oft resignieren, wenn das Los Unfähige an die Macht brachte. Die Masse konnte leicht durch Demagogen verführt werden. Hinzu kam ein übertriebener Individualismus, der dazu führte, das gewährte Maß an Freiheit und Recht zu missbrauchen und die staatliche Fürsorge maßlos zu beanspruchen. Die attische Demokratie kannte keine Gewaltenteilung im modernen Sinne; es gab auch keine Berufsrichter. Da die Regierung jährlich wechselte, fehlte die Chance für eine kontinuierliche Politik.

Grundbesitz

Die Bürger mit Grundbesitz bestimmten das politische Leben in der griechischen Demokratie. Vermögenslosen Freien, Fremden und insbesondere Sklaven wurde die Wirtschaft überlassen.

Die Stellung eines autarken (= unabhängigen) und freien Grundbesitzers galt als Ideal eines griechischen Bürgers, während fast alle anderen wirtschaftlichen Tätigkeiten, der Handel und vor allem die körperliche Arbeit, gering geachtet wurden.

Insgesamt nahm die Arbeit bei den Griechen nie einen herausragenden inneren Wert ein. In dieser Hinsicht war es verständlich, dass die griechischen Bürger einen Großteil der eigenen Arbeit auf Sklaven abzuwälzen versuchten.

Sklaverei

Die Vorstellung, dass die Ursache für den Abstieg der griechischen Gesellschaft die Auseinandersetzung zwischen den Vollbürgern und den Sklaven gewesen sei, trifft nicht zu. Einmal bildeten die Sklaven keine einheitliche soziale Klasse und zum anderen waren sie an den politischen und sozialen Konflikten der besitzenden und nichtbesitzenden Bürger untereinander nicht beteiligt. Der Historiker Michael Austin schrieb dazu: „In Wirklichkeit war es die Sklaverei, die die Existenz dieser Gesellschaft erst ermöglichte, indem sie die Freiheit des Bürgers garantierte.“

M 4 **Arbeiter in einer Tongrube**
Die Rohstoffgewinnung war hart und gefährlich, so dass in den Bergwerken überwiegend Sklaven eingesetzt wurden. Korinthisches Votivtäfelchen, um 550 v. Chr.

Versklavt wurden vor allem Nichtgriechen und traditionellerweise Kriegsgefangene. Sklaven finden wir in fast allen Berufen: Sie waren in der Landwirtschaft, in handwerklichen Betrieben und Bergwerken ebenso tätig wie als Erzieher oder Ärzte. Zur Zeit der am weitesten entwickelten Demokratie in Athen, als die Vollbürger ein Höchstmaß an politischen Rechten und Freiheit genossen, stand die Sklaverei in ihrem höchsten Stadium.

„Griechischer Sonderweg"

Trotz der Einschränkungen bleibt aus heutiger Perspektive die Erkenntnis eines „griechischen Sonderwegs" – so formulierte es der Althistoriker Christian Meier. Abweichend von der sie umgebenden Welt bauten die Griechen eine politische Ordnung auf, die sich aus der Bürgerschaft heraus formte. Dass die prinzipiell gleich gestellten Bürger – ohne Rückgriff auf eine Monarchie – sich selbst verwalten, dies war alles andere als selbstverständlich. Die damalige Norm für Herrschaft verkörperte sich vielmehr in den persischen Königen und ägyptischen Pharaonen. Diese gottgegebenen beziehungsweise gottgleichen Herrscher verlangten nichts als kritiklose Unterwerfung. Erst vor diesem Hintergrund erhält das auf Selbstbestimmung zielende politische Denken der Griechen sein ureigenes Gewicht.

Nach dem Niedergang der attischen Polis lebte die Idee der Demokratie erst wieder in der Zeit der Aufklärung (18. Jahrhundert) auf. Damals wurde die Gleichheit der Menschen wieder zum Grundsatz erhoben (Jean-Jacques Rousseau, Gotthold Ephraim Lessing, Immanuel Kant). Im Zuge der Amerikanischen und der Französischen Revolution nahm schließlich die Idee der Gleichheit politische und verfassungsrechtliche Gestalt an.

Vor allem unter den Gründungsvätern der USA fand eine heftig geführte Diskussion über eine Verfassung statt, die den Machtmissbrauch verhindert. In diesem Zusammenhang wurde die unmittelbare Demokratie nach dem Vorbild Athens abgelehnt. Man erkannte hierin die Gefahr einer Tyrannei (Gewaltherrschaft), weil sich die Mehrheit über die Freiheitsrechte des Einzelnen hinwegsetzen könnte. Als Alternative zu den Volksversammlungen der attischen Demokratie zog man die indirekte Demokratie mit gewählten Abgeordneten vor. Dieses repräsentativ genannte Demokratiemodell wurde in der amerikanischen Verfassung durch ein ausgeklügeltes System der „checks and balances" (wörtlich: Kontrollen und Ausgleich) ergänzt.

Chronologie

508/507 v. Chr.	Reformen des Kleisthenes
462–461 v. Chr.	Reformen des Perikles: Ausbildung der Demokratie in Athen
461–429 v. Chr.	Perikleisches Zeitalter in Athen
457 v. Chr.	Die Langen Mauern werden zum Schutze Athens gebaut.
454–453 v. Chr.	Der Schatz des Delischen Bundes wird von Delos nach Athen überführt, wodurch die Vorherrschaft Athens deutlich wird.
451 v. Chr.	Athen beschränkt die Vergabe des Bürgerrechts. Die Bezahlung der Geschworenen wird eingeführt.
ca. 448 v. Chr.	Athens Herrschaft erreicht ihre größte Ausdehnung.
447 v. Chr.	Mit der Niederlage der Athener bei Koroneia (gegen die Boioter) beginnt der Verfall des Reiches.
445 v. Chr.	Athen und Sparta unterzeichnen einen Friedensvertrag für die Dauer von 30 Jahren.

M 5 Die Verfassung des Kleisthenes

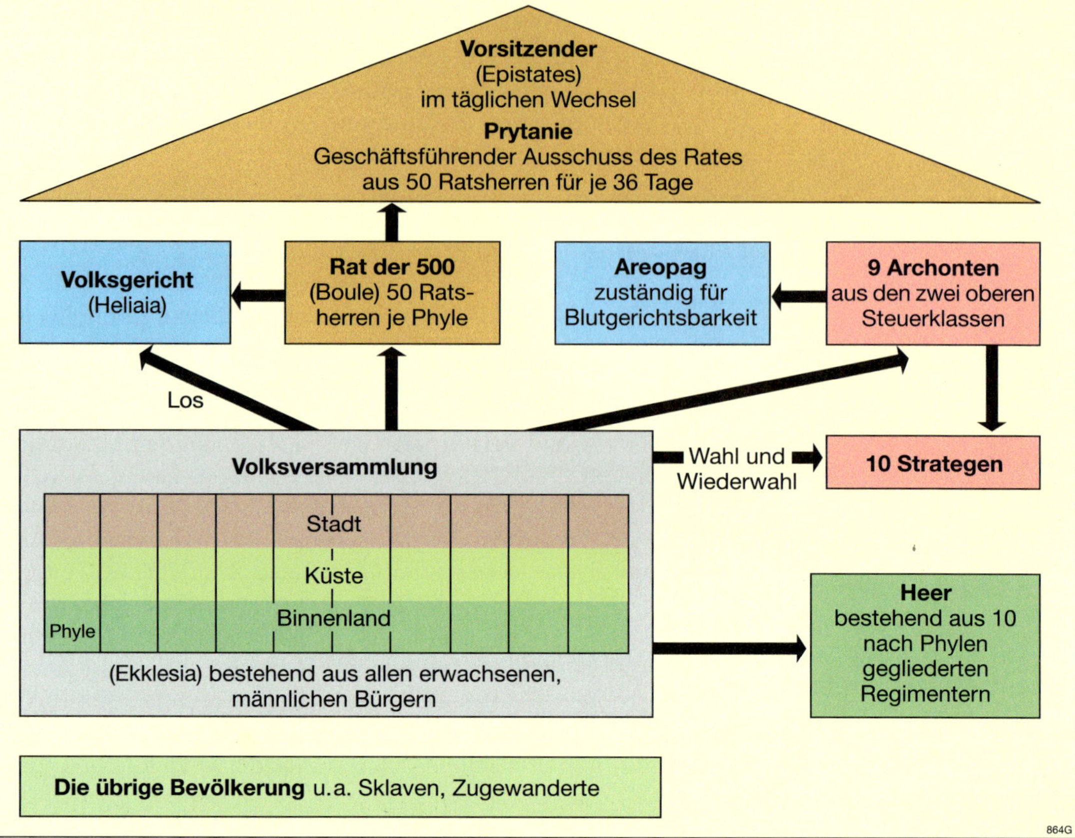

M 6 Die attische Volksversammlung

Den Verlauf von Volksversammlungen schildert der Altphilologe und Historiker Karl-Wilhelm Weeber:

Das Zentrum demokratischer Willensbildung war die Volksversammlung. Hier wurde über die Richtlinien der attischen Politik leidenschaftlich debattiert, hier lieferten sich die führenden Politiker packende Rededuelle und hier traf der souveräne Demos schließlich die Entscheidungen über das Wohl und Wehe des eigenen Staates.

Nicht Improvisation und hektische Geschäftigkeit bestimmten das Bild einer attischen Volksversammlung. Alles vollzog sich vielmehr nach festgelegten Grundsätzen. Zunächst trat die Boulé [Rat] in Aktion. Erinnern wir uns: Hierhin entsandten seit den Reformen des Kleisthenes alle zehn Phylen insgesamt 500 Bürger, die im Allgemeinen einen repräsentativen Querschnitt des ganzen Volkes darstellten. Jeweils 50 von ihnen hatten als Prytanie die Geschäftsführung für ein Zehntel des Jahres inne. Auf den Schreibtisch der Ratsmitglieder gelangten sämtliche Anträge, die in den nächsten Volksversammlungen zur Debatte gestellt werden sollten. Jeder Bürger hatte das Recht, solche Anträge zu stellen. Der Rat traf freilich die Entscheidung darüber, was tatsächlich auf die Tagesordnung kam. Offensichtlich unsinnige Anträge wanderten sofort in den Papierkorb. Es ist aber kein Fall bekannt, dass die Boulé eine politische Zensur ausgeübt hätte, die missliebige Begehren einzelner Bürger unterdrückte. Zu allen Tagesordnungspunkten bereitete der Rat eine Resolution vor, eine so genannte Proboúleuma. [...] Fünf Tage vor jeder Volksversammlung veranlasste der Rat die öffentliche Bekanntgabe der Sitzung. Zeit, Ort und Tagesordnung wurden genau angegeben, sodass sich jeder Bürger über die Themen informieren und sich darüber klar werden konnte, ob für ihn der Besuch der Volksversammlung lohnend sein werde.

Am Ende des 5. Jahrhunderts kam das Volk viermal in jeder Prytanie, also im Jahr insgesamt an 40 Tagen, zusammen. Dazuzurechnen sind noch die außerordentlichen Volksversammlungen, die einberufen wurden, wenn plötzliche politische Entwicklungen oder dringende Terminsachen eine aktuelle Entscheidung erforderten. In solchen Situationen zeigte sich, dass die Beschlussfassung

blitzschnell vonstatten gehen konnte. Keine bürokratischen oder systembedingten Verzögerungen behinderten dann schnelle Entschlüsse.
Gewöhnlich aber ging alles seinen vorgeschriebenen Gang. Die erste ordentliche Ekklesia [Volksversammlung] jeder Prytanie hatte ein festes Programm. Zunächst stimmte man darüber ab, ob ein Beamter wegen irgendwelcher Verfehlungen unverzüglich aus dem Dienst zu entfernen sei. Dann folgte ein Referat des zuständigen Behördenleiters zum Stand der Getreideversorgung – ein untrügliches Indiz für die als sehr belastend empfundene Abhängigkeit von den Kornimporten! Der nächste Punkt war eine Art Bericht zur Lage der Nation. Besonders die Frage der Sicherheit des Staates interessierte die Besucher der Ekklesia. Danach bestand die Gelegenheit, Anklagen offiziell anzumelden, Vorwürfe wegen verfassungsfeindlicher Bestrebungen, Hochverrats und Spionagetätigkeit wurden erhoben, begründet und protokolliert. Schließlich teilte ein Beamter der versammelten Menge die Konfiskationen [Beschlagnahmungen] und Erbansprüche mit, die er in den vergangenen Wochen registriert hatte.
Die Versammlung begann am frühen Morgen. Wer sich einen guten Platz in der Nähe der Rednertribüne sichern wollte, musste zeitig aufstehen und den Weg zur Agorá oder zur Pnyx, einem Hügel gegenüber der Akropolis, wo die Volksversammlung gewöhnlich stattfand, antreten. Nur selten tagte man woanders; manchmal in Piräus, wenn es um Fragen der Flotte und des allgemeinen Seewesens ging. Von überall strömten die Athener zum Versammlungsplatz. Bestimmte Plätze gab es nicht; jeder stellte oder setzte sich dorthin, wo es ihm passte. Mitunter bildeten allerdings Grüppchen von Interessenvertretern eine Einheit, um so ihre Solidarität den anderen und sich selbst zu demonstrieren.

K.-W. Weeber, Athen, Düsseldorf 1979, S. 274 ff.

M 7 Was ist ein Bürger?

Aristoteles (384–322 v. Chr.) definiert den Staatsbürger in seiner „Politika" folgendermaßen:

Da nun aber der Staat (polis) zu den zusammengesetzten Dingen gehört, geradesogut wie jedes andere, das zwar ein Ganzes bildet, aber doch viele Teile in sich schließt, so ist klar, dass man erst nach dem Staatsbürger fragen muss, denn der Staat ist eben eine Vielheit von Staatsbürgern. Also das ist zunächst die Frage, wen man Staatsbürger zu nennen hat und wer ein Staatsbürger ist. Denn auch darüber ist man keineswegs einig, und keineswegs wird überall einer und derselbe als Staatsbürger anerkannt, vielmehr wer es in einer Demokratie ist, ist es damit noch vielfach nicht auch in einer Oligarchie. Diejenigen nun, welche auf irgendeine außerordentliche Weise zu dieser Bezeichnung gelangen, wie z.B. die mit dem Bürgerrecht Beschenkten, haben wir hierbei ganz aus dem Spiel zu lassen. Aber auch durch das Wohnen an einem Ort wird man noch nicht zum Bürger daselbst, denn auch Metoiken und Sklaven haben mit den Bürgern den Wohnort gemeinschaftlich, und auch noch nicht dadurch, dass man an der Gerichtsbarkeit eines Staates in der Weise Teil hat, dass man vor Gericht gezogen werden oder sich Recht verschaffen kann, denn das kommt auch denjenigen zu, die Kraft besonderer Verträge an einem Staat teilnehmen[1], sofern in solchen Verträgen auch dies mit eingeschlossen ist, – an vielen Orten ist freilich selbst den Metoiken vollständig nicht einmal dieses Recht eingeräumt – sondern sie müssen sich einen Vertreter bestellen, sodass sie also an dieser Art von Gemeinschaft nur unvollständig Anteil haben. Vielmehr steht es hiermit ähnlich, wie man auch schon die Bürgersöhne, die wegen ihres Alters noch nicht in die Bürgerliste eingetragen, und die Greise, die bereits von der Ausübung ihrer bürgerlichen Pflichten entbunden sind[2], auch noch in gewisser Weise Bürger nennen muss. […]
Der Staatsbürger schlechthin lässt sich nun durch nichts anderes bestimmen, als dadurch, dass er am Richten und an der Regierung teilnimmt.

1 bezieht sich auf den rechtlichen Schutz von Fremden

2 die keinen Kriegsdienst mehr leisten mussten

Zit. nach: M. Austin, P. Vidal-Naquet, Gesellschaft und Wirtschaft im alten Griechenland, München 1984, S. 233 f.

M 8 Perikles als Führer der Politik

Aus einer Biografie des Schriftstellers Plutarch (ca. 46–120 n. Chr.):

Schließlich aber musste Perikles den Kampf mit Thukydides[1] im Scherbengericht wagen, verdrängte seinen Gegner und löste den politischen Klub seines Gegners auf [443 v. Chr.]. So waren die politischen Zwistigkeiten behoben, Friede und Eintracht in der Stadt eingekehrt. Nun war die Zeit gekommen, da Perikles Athen und alles, was zu ihm gehörte, in seine Hände nahm: Einkünfte, Flotte und Heer, Kriegsschiffe, Inseln und Meer, das weite Reich im Lande der Griechen und im Lande der Barbaren, die ganze Herrschaft, die unter dem Schutz unterworfener Völker, befreundeter Könige, verbündeter

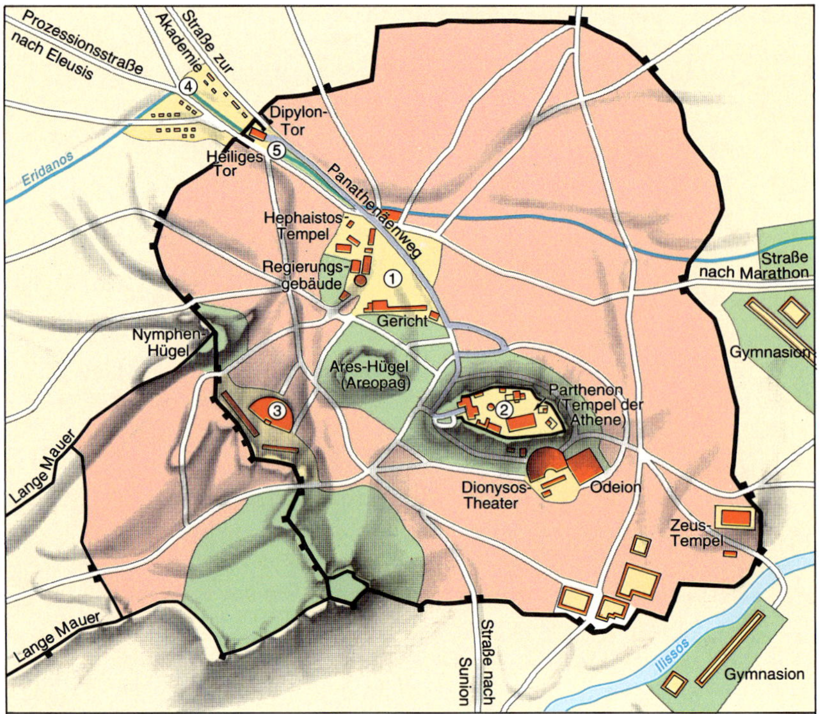

Athen in klassischer Zeit (5.-4. Jahrhundert v. Chr.)

Öffentliche Gebäude und Plätze
Wohngebiete
Grünanlagen, Freiflächen
Straßen
Mauern, Befestigungen

① Agora (Marktplatz)
② Akropolis (Tempelberg)
③ Pnyx (Versammlungsplatz)
④ Kerameikos (Friedhof)
⑤ Pompeion (Ausgangspunkt des Panathenäen-Umzugs)

0 500 m

Fürsten stand. Aber nun war er nicht mehr derselbe Mann, zeigte sich nicht mehr so gefällig gegen das Volk, nicht mehr so geneigt, dem Verlangen des großen Haufens zu folgen und nachzugeben wie ein Schiff dem Winde, sondern die bisherige schlaffe und oft nachgiebige, um Volksgunst buhlende Regierung kam ihm vor wie eine zärtliche und weichliche Melodie; so stimmte er sie um in eine aristokratische und königliche Herrschaft. Und da er seine Macht zum Besten des Staates untadelig und redlich gebrauchte, so ließ sich das Volk von ihm eigentlich immer gern durch die überredende und belehrende Kraft seines Wortes führen. Es gab freilich auch Zeiten, in denen es ihm grollte; dann zog er die Zügel an und zwang es mit seiner Stärke zu seinem eigenen Guten, wie ein Arzt, der bei einer langwierigen schweren Krankheit bald mit harmlosen Leckerbissen, bald mit scharfen Mitteln und bitteren Arzneien zu heilen versucht. […]

1 Innenpolitischer Gegner des Perikles, nicht zu verwechseln mit dem berühmten Geschichtsschreiber des Peloponnesischen Kriegs

Zit. nach: W. Lautemann, M. Schlenke (Hg.), Geschichte in Quellen, Altertum, München 1965, S. 189.

M 9 Perikles: Rede auf die Gefallenen

Perikles (ca. 495–429 v. Chr.), oft als größter athenischer Staatsmann bezeichnet, hielt 431 v. Chr. eine Rede auf die ersten Gefallenen im Krieg zwischen Athen und Sparta. Der Text stammt vom griechischen Geschichtsschreiber Thukydides (ca. 455–396 v Chr.):

Das größte Wachstum des Staates aber haben wir selbst, wir Zeitgenossen von heute, und besonders wir, die wir jetzt gerade noch im besten Mannesalter stehen, zustande gebracht und ihn befähigt, den Anforderungen des Krieges wie des Friedens völlig zu genügen. Wie das alles durch Kriegstaten erworben worden ist und wie wir selbst oder unsere Väter in tapferer Abwehr gegen Barbaren und Hellenen es geschirmt haben, darüber mag ich unter Männern, die es selbst wissen, nicht lange reden. Wie aber und durch welche Bestrebungen wir so weit gekommen sind und durch welche Staatseinrichtungen und Grundsätze wir diese Größe erreicht haben, darüber will ich zuerst reden und dann zum Lobe dieser Toten übergehen. […]

Wir besitzen eine Verfassung, die keine Nachbildung auswärtiger Gesetze ist; viel häufiger dienen wir selbst manchen als Vorbild, als dass wir andere nachahmen. Mit Recht heißt sie Demokratie, weil sie nicht auf wenigen, sondern auf der großen Menge beruht. In eigenen Sachen hat nämlich jeder gleiches Recht mit dem andern, und was die öffentlichen Würden betrifft, so wird nicht bevorzugt, wer einer besonderen Klasse angehört, sondern jeder, je nachdem er in irgendeiner Beziehung Wertschätzung genießt oder tüchtig ist. Der ärmste Bürger wird, wenn er nur dem Staat nützen kann, durch seinen unansehnlichen Stand nicht gehindert, zu Ehren und Würden zu gelangen. In freisinnigem Geiste handeln wir in unseren Staatsangelegenheiten und im täglichen Verkehr, der so leicht gegenseitiges Misstrauen erzeugt. Wir verdenken es dem Nachbarn nicht, wenn er seiner Lust einmal die Zügel schießen lässt und zeigen keinen Ärger, der, wenn er auch keine Strafe nach sich zieht, doch dem Auge wehe tut. Im täglichen Umgang

bewegen wir uns also frei von lästiger Strenge und überschreiten doch dem Staate gegenüber die Vorschriften nie. […]
Auch zahlreiche Erholungen von Mühe und Arbeit haben wir dem Geiste bereitet durch Kampfspiele und feierliche Opferfeste, die sich durch das ganze Jahr hinziehen, ebenso durch geschmackvolle Einrichtung des häuslichen Lebens, dessen täglicher Genuss die Schwermut verscheucht. Wegen der Größe der Stadt erfolgt eine beständige Einfuhr von allerlei Gütern dieses Lebens aus allen Gegenden der Welt, und wir können die Vorteile anderer Völker ebensogut als unser Eigentum genießen wie unsere eigenen Landesfrüchte. Wir unterscheiden uns aber auch in der Handhabung des Kriegswesens von unseren Gegnern darin, dass wir unsere Stadt einem jeden offen stehen lassen, und nie verwehren wir einem Fremden durch Ausweisung, Dinge zu erfahren und zu sehen, die, da sie nicht geheimgehalten werden, ein Feind bemerken, aus denen er Nutzen ziehen könnte; wir vertrauen weniger auf gewisse Pläne und Kniffe als auf unsere eigene Tatenlust und Tapferkeit. […]
Wir lieben das Schöne, aber ohne Prunksucht; wir trachten nach geistiger Bildung, lassen uns aber dabei nicht verweichlichen. Reichtum gebrauchen wir als Mittel zum Zweck, nicht um mit ihm zu prahlen. Armut einzugestehen, ist bei uns nicht schimpflich; wohl aber ist es bedenklich, wenn jemand sich nicht aus ihr herauszuarbeiten vermag. Die gleichen Männer widmen sich bei uns persönlichen und öffentlichen Angelegenheiten, und obwohl sie sich verschiedenartig beschäftigen, sind sie doch der staatlichen Angelegenheiten nicht unkundig; denn wer an eben dieser gar keinen Anteil nimmt, den halten wir hier in Athen allein nicht für einen so genannten ruhigen Bürger, sondern für einen unnützen Menschen. […] Wenn ich alles zusammenfassen soll, so sage ich, dass Athener überhaupt die Hochschule von Hellas und jeder einzelne aus unserer Mitte am meisten befähigt ist, seine Persönlichkeit nach den verschiedensten Richtungen hin in anmutiger Leichtigkeit zur voll genügenden Ausbildung zu bringen. […]
Wir brauchen dabei zum Lobredner keinen Homer noch irgendeinen Dichter, der mit seinen Gesängen zwar für den Augenblick ergötzt, dessen Betrachtungen der Dinge die Wirklichkeit aber bald Lügen strafen wird; vielmehr hat zu allem Land und Meer unsere Kühnheit sich den Weg gebahnt, wobei sie sich unvergängliche Denkmale im Guten und im Bösen stiftete. Für eine solche Stadt sind somit die hier im tapferen Kampfe gefallen, entschlossen, sich ihrer nicht berauben zu lassen, und von den Überlebenden ist jeder mit Recht bereit, ihretwegen Mühen und Gefahren zu erdulden.

Zit. nach: G. Guggenbühl (Hg.), a. a. O., S. 94 ff.

Porträt des Perikles (ca. 495–429 v. Chr.)
Der Helm weist auf das Amt des Strategen hin, er soll aber auch dazu gedient haben, eine Schädeldeformation zu verbergen (römische Kopie).

M 10 Von der Andersartigkeit griechischer Demokratie

Der Althistoriker Fritz Gschnitzer beschäftigt sich mit den Unterschieden zwischen attischer und moderner Demokratie:

Die demokratischen Staaten Griechenlands waren Klein- und Zwergstaaten:

Was bedeutet diese – für uns fast unvorstellbare – Kleinheit der griechischen Staaten, die Fremdartigkeit griechischer Demokratie? Zunächst einmal, dass alle Verhältnisse klein, bescheiden und überschaubar waren; den griechischen Staaten fehlt z. B. die Bürokratie. Dann, dass alle Bürger gesellschaftlich, vielfach geradezu persönlich aufs Engste miteinander verbunden waren; mit einiger Übertreibung kann man sagen, dass in einem griechischen Staat jeder jeden kennt, wie bei uns im Dorf oder in der Kleinstadt. Daraus ergibt sich ein in unseren heutigen Demokratien undenkbares Maß an Solidarität aller Bürger (im günstigsten Fall), aber auch an ganz persönlicher Zerstrittenheit und Verfilzung (im weniger günstigen Fall); das Phänomen der fast ständigen staseis (inneren Unruhen) gerade in den kleineren griechischen Staaten ist nur von hier aus zu verstehen. Die Kleinheit der griechischen Staaten bedeutet schließlich auch, dass es Politik in unserem Sinn eigentlich nicht gibt. Für uns Heutige ist Politik etwas ziemlich Abstraktes und Lebensfernes, wofür wir uns zwar gelegentlich ereifern und begeistern können – meistens stehen wir eher gleichgültig oder wie neugierige, aber innerlich unbeteiligte Zuschauer beiseite –, das aber unser tägliches Leben direkt kaum berührt (der schwerwiegenden indirekten Wirkungen sind wir uns nur selten bewusst). Ganz anders sieht Politik aus, wo sie sich im Rahmen einer einzigen (im Durchschnitt kleinen) Stadt oder weniger Nachbarstädte abspielt: Politik und tägliches Leben sind hier nicht mehr leicht zu trennen; die Politik wird Teil des täglichen Lebens, sie greift tief ins Privatleben ein. [...]

Die moderne Demokratie entfaltet sich vor allem im Frieden; Krieg wird auch heute, was die Befehls- und Führungsstrukturen betrifft, nicht viel anders geführt als in den Zeiten der absoluten Monarchie, und auch die zivile Regierungsgewalt wird im Krieg gestrafft und konzentriert, sie nimmt mehr oder weniger autoritäre Formen an. Und der einzelne Bürger hört, wenn er die Uniform anlegt, weitgehend auf, ein freier Bürger zu sein, er wird zum willenlosen Befehlsempfänger (nicht erst im Krieg!). Im Gegensatz dazu ist altgriechische Demokratie die Lebensordnung einer Kriegergesellschaft. Die grundsätzliche wie die praktische Bedeutung dieses kriegerischen Grundcharakters kann nicht leicht überschätzt werden. [...]

Der Willensbildungsprozess in der griechischen Demokratie:

Nun erst kommen wir auf Fragen der eigentlichen Verfassung zu sprechen. Auch hier gibt es einige ganz erhebliche Unterschiede zwischen der griechischen Demokratie und der unseren. Man pflegt die antike Demokratie als „unmittelbare" Demokratie der heutigen „repräsentativen" Demokratie gegenüberzustellen und meint damit, dass in jener die Bürgerschaft (als Volksversammlung) tatsächlich regiert, in dieser das Volk nur alle paar Jahre einmal das Parlament oder auch etwa den Präsidenten wählt und dadurch indirekt die großen Linien der Politik (nicht deren Einzelheiten) bestimmt. Ganz so groß ist der Unterschied in Wahrheit wohl nicht. Man kann nämlich die Dinge auch so sehen, dass der antiken Dreiheit Magistrate – Rat – Volksversammlung die moderne Dreiheit Regierung – Parlament – Wählervolk entspricht. Insoweit besteht also doch eine grundsätzliche Übereinstimmung; die Gewichte sind allerdings nicht gleich verteilt, und insbesondere hat das moderne Wählervolk eben doch viel weniger zu sagen als die antike Volksversammlung. Es kommt dazu, dass heute im Allgemeinen nur alle vier bis fünf Jahre gewählt wird, im Altertum wechseln die Magistrate alle Jahre, vielfach amtieren sie sogar nur 1/2 oder ein 1/4 Jahr. – Für uns sehr merkwürdig, wirklich fremdartig ist die große Bedeutung des Loses bei der Besetzung der Ämter und anderer öffentlicher Funktionen; dadurch wird zwar der Wählerwille ausgeschaltet, zugleich erhöhen sich die Chancen des kleinen Mannes, zu Amt und Würden zu kommen, beträchtlich, und es wird ferner zum Ausdruck gebracht, dass der Inhaber des Losamtes nur ein beliebiges, zufälliges, gewissermaßen unpersönliches Ausführungs- und Repräsentationsorgan der Bürgerschaft ist (bzw. des Rates, wenn um Funktionen im Rat unter dessen Mitgliedern gelost wird). Im Ganzen darf man wohl sagen, dass im antiken System der Schwerpunkt der Willensbildung weiter unten liegt als bei uns: Die Bürgerschaft ist viel stärker, der Rat etwa ebenso stark wie unser Parlament, aber viel schwächer gegenüber der Bürgerschaft und dafür viel stärker gegenüber den Amtsträgern (der Regierung); die antiken Magistrate sind viel schwächer als die moderne Regierung.

Der Freiheitsbegriff in der griechischen Demokratie:

Es gibt noch einen anderen grundsätzlichen Unterschied zwischen antiker und moderner Demokratie, von dem zum Mindesten in der Literatur viel Aufhebens gemacht wird: Die antike Freiheit sei etwas ganz anderes gewesen als das, was wir heute unter Freiheit verstehen. Man bezieht sich dabei auf einen Vortrag von Benjamin Constant [französischer Schriftsteller u. Politiker, 1767–1830] aus dem Jahre 1819. [...] („Das Ziel der Alten war die Aufteilung der Staatsgewalt unter alle Bürger eines Gemeinwesens: Das war es, was sie „Freiheit" nannten. Das Ziel der Neueren ist der ungestörte, sichere Genuss des Privatlebens; „Freiheit" nennen sie die institutionellen Garantien, die ihnen diesen Genuss gewährleisten. So traten der Begriff der politischen Freiheit und der der individuellen Freiheit einander gegenüber.")

An dieser Gegenüberstellung ist so viel richtig, dass wir Heutige, wenn wir von bürgerlicher Freiheit sprechen, in der Tat vor allem die Freiheit vom Staat, die freie Entfaltung des Privatlebens meinen; ohne diese können wir uns Freiheit gar nicht vorstellen; umgekehrt ist für die alten Griechen Freiheit zunächst einmal dort (und nur dort) gegeben, wo der Bürger in einem nach außen freien, also keinen Herrn unterworfenen Gemeinwesen an der Regierung (grundsätzlich) seinen Anteil hat wie jeder andere Bürger auch – gleichgültig, wie viel Freiheit der betreffende Staat seinen Bürgern in der Gestaltung ihres Privatlebens lässt. In diesem Sinn ist also der Spartiat (der Vollbürger Spartas) ebenso „frei" wie der Athener. Aber die Verfechter der griechischen Demokratie haben doch sehr bald erkannt, dass es eine zweite Art von Freiheit gibt, die nun eben als charakteristisch für die Demokra-

tie gilt: die Freiheit, sein eigenes Leben nach Gutdünken zu gestalten. […]
Wie das Prinzip der Freiheit, so ist auch das der Gleichheit der antiken und der modernen Demokratie gemeinsam. Es muss allerdings hinzugefügt werden, dass die antike Demokratie die Gleichheit der Bürger meint, die moderne Demokratie mehr und mehr auf die Gleichheit der Menschen abzielt.

F. Gschnitzer, Von der Fremdartigkeit griechischer Demokratie, Karlsruhe 1985.

M 11 Rekonstruktion einer athenischen „Losmaschine" aus perikleischer Zeit

Das Losprinzip war einer der wichtigsten Grundsätze der attischen Demokratie. Der Gedanke der Gleichheit aller Bürger kommt darin sinnfällig zum Ausdruck. In den Gerichtsverfahren erfolgte die Auswahl der Richter und die tägliche Zuweisung an die einzelnen Gerichtshöfe nach einem höchst ausgeklügelten Losverfahren, das in Aristoteles' Schrift vom „Staat der Athener" minutiös beschrieben ist. Die Personen aus der 6000 Mann umfassenden Geschworenenliste steckten ihre Kennmarken in die Schlitze von „Losmaschinen". Mit dem Öffnen einer Röhre, in der weiße und schwarze Kugeln gemischt waren, wurde festgelegt, welche Reihe eingesetzt wurde (weiß bedeutete ja, schwarz bedeutete nein). Auf diese Weise sollte Bestechung verhindert und ein fairer Prozess ermöglicht werden. Angesichts der Bedeutung der Geschworenengerichte auch in politischen Fragen war dies ein wesentlicher Beitrag zur Gerechtigkeit im Sinne des demokratischen Selbstverständnisses.

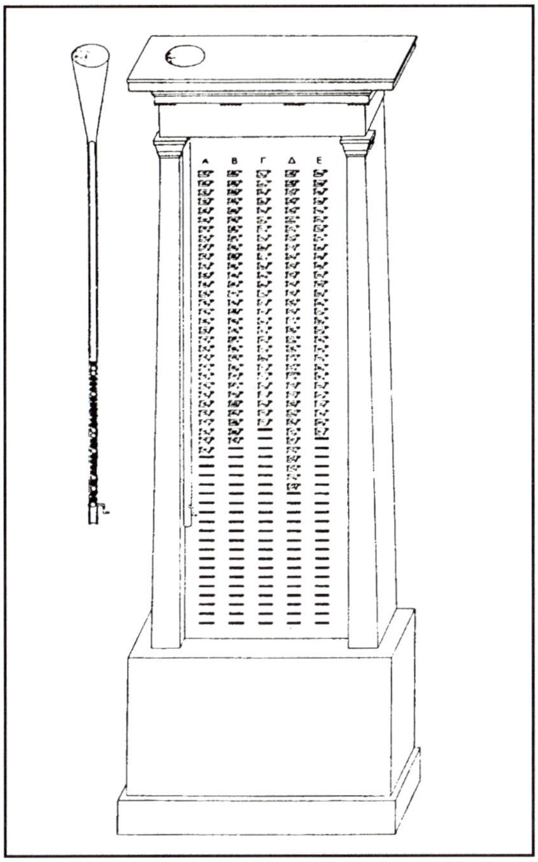

[oben die trompetenförmige Röhre für die schwarzen und weißen Kugeln].

H.-J. Gehrke, Kleine Geschichte der Antike, München 1999, S. 123.

Aufgaben

1. Beschreiben Sie die Organisation der Polis.
   → Text, M1, M4
2. Untersuchen Sie die Rolle, die die Reformen des Kleisthenes für die Entstehung der athenischen Demokratie spielten.
   → Text, M2, M11
3. Bestimmen Sie, welche Veränderungen sich nach der Verfassung des Kleisthenes in den einzelnen politischen Institutionen gegenüber der Solonischen Verfassung ergeben. → M5
4. Beschreiben Sie den Ablauf einer Volksversammlung in Athen.
   → M6
5. Erklären Sie den Ostrakismos. Welche politischen Absichten lagen ihm zugrunde?
   → Text, M3
6. Zeigen Sie auf, wie Aristoteles einen Staatsbürger definierte.
   → M4, M7
7. Stellen Sie die grundlegenden Werte dar, die Perikles mit der Demokratie verband.
   → Text, M8, M9
8. Zeigen Sie anhand der Verfassungen von Solon, Kleisthenes und Perikles, wie sich die attische Polis demokratisiert hat.
9. Charakterisieren Sie den Unterschied zwischen der antiken Demokratie und unserer modernen Staats- und Gesellschaftsordnung.
   → M10

Wurde Sokrates ein Opfer der attischen Demokratie?

M 1 **Porträt des Sokrates (469–399 v. Chr.)**
Römische Kopie

Im Jahre 399 v. Chr. stand der Philosoph Sokrates vor Gericht. Drei Bürger – der Dichter Meletos, der Gerber Anytos und der Redner Lykon – hatten ihn angeklagt. Im Unterschied zu heute gab es im damaligen Athen keine staatliche Strafverfolgungsbehörde. Es war ein Bürgerrecht, eine öffentliche Anklage zu erheben. Allerdings hatte der Gesetzgeber dafür eine Schranke errichtet, nicht zuletzt um einem Missbrauch entgegenzuwirken. Falls weniger als ein Fünftel der Richter der Klage zustimmten, ereilte den Kläger eine erhebliche Geldstrafe. Außerdem ging er seines Klagerechtes verlustig.

Die Klage, die gegen Sokrates vorgebracht wurde, lautete auf Gottlosigkeit. Zudem würde er – Sokrates – die Jugend verderben. Der Vorwurf, die Staatsgötter zu missachten, hatte in der Regel einen politischen Hintergrund. Sokrates stand nicht ganz zu Unrecht im Verdacht, kein Freund der Demokratie zu sein.

An einem Morgen des Jahres 399 v. Chr. trat das Volksgericht zusammen – zusammengesetzt aus 500 Bürgern. Sie waren nach dem Losverfahren aus den 6000, die jährlich dafür vorgesehen waren, ermittelt worden. Die Größe der Gerichte konnte bis zu 1500 Richter umfassen. Die große Zahl sollte unlautere Beeinflussung verhindern und Fehlurteilen vorbeugen. Gesetzgebende und Recht sprechende Gewalt waren also noch nicht getrennt. Macht und Recht entsprangen der gleichen Körperschaft. Es existierte noch keine Gewaltenteilung; die Justiz bildete keine eigene Sphäre. Anders als in Rom gab es im antiken Griechenland keine Juristen. Jeder – also Kläger und Angeklagter – vertrat sich selbst vor Gericht; man konnte sich nicht durch einen Anwalt vertreten lassen. Gegen das Urteil des Geschworenengerichts ließen sich keine Rechtsmittel einlegen.

Sokrates trat vor dem Gericht mit großem Stolz und ironischer Überlegenheit auf. Er bat nicht um Nachsicht. Der Schuldspruch fiel mit 280 zu 220 Stimmen noch relativ knapp aus. Da es kein Gesetz gab, das das Strafmaß vorschrieb, kam es darüber zu einer zweiten Abstimmung. Die Ankläger hatten die Todesstrafe beantragt. Grundsätzlich hatte das Gericht auch die Möglichkeit, für eine Geldbuße oder die Verbannung zu stimmen. In einer zweiten Rede reizte Sokrates seine Richter geradezu und bat nicht einmal um eine mildere Strafzumessung. Im Gegenteil, er stieß sie vor den Kopf, indem er die höchste Ehre für sich forderte, die vonseiten der Stadt zu vergeben war: die Speisung im Prytaneion, dem Rathaus. Nach dieser offenkundigen Provokation wurde nunmehr das Todesurteil mit deutlicher Stimmenmehrheit (360 zu 140) ausgesprochen. Eine später sich bietende Fluchtmöglichkeit lehnte der siebzigjährige Sokrates ab. Er trank bereitwillig den Schierlingsbecher – im damaligen Athen die übliche Hinrichtungsmethode.

M 2 **„Der Tod des Sokrates"**
Gemälde von Jacques Louis David, 1781

M 3 Verteidigung des Sokrates

Platon, ein Schüler des Sokrates, war während des Prozesses anwesend. Er verfasste einen Dialog mit dem Titel „Apologie" (Verteidigung):

„Komm her, Meletos. Ich habe eine Frage. Das ist dir doch sehr wichtig, dass die Jugend gut erzogen wird?"
„Ja."
„Dann erzähl doch den Richtern mal, wer sie denn gut erzieht. Den Verderber hast du ja nun gefunden. Das bin ich. Aber wer macht es denn besser?"
Meletos schweigt.
„Siehst du, Meletos, du schweigst und weißt es nicht. Ist das nicht eine Schande und Beweis genug für das, was ich sage, dass du dich darum nie gekümmert hast? Sag doch, mein Freund, wer macht die Jugend besser?"
„Die Gesetze."
„Danach hab' ich nicht gefragt. Welcher Mensch, der natürlich auch die Gesetze kennt?"
„Diese hier, Sokrates, die Richter."
„Willst du sagen, Meletos, sie sind fähig, die Jugend zu erziehen und besser zu machen?"
„Ja, sicher."
„Alle? Oder nur einige von ihnen? Und andere nicht?"
„Alle."
„Großartig. Eine gute Nachricht. Da sind also eine Menge Leute, die die Jugend besser machen. Und was meinst du über die Zuhörer da? Machen die sie auch besser?"
„Auch die."
„Und die im Rat der Fünfhundert?"
„Ja, die verbessern die Jugend auch."
„Aber die Mitglieder der Volksversammlung, die verderben sie? Oder verbessern sie die Jugend auch?"
„Sie verbessern sie."
„Also alle Athener machen die Jugend gut und edel. Nur ich nicht. Ich allein verderbe die Jugend. Das meinst du?"
„Ja, das genau meine ich."
„Ein großes Unglück, in das du mich verdammst. Aber noch eine Frage. Wie ist es denn mit Pferden? Ist es da auch so, dass alle sie besser machen und nur einer sie verdirbt? Oder ist es nicht genau umgekehrt? Einer kann gut mit ihnen umgehen, oder jedenfalls nur wenige, die guten Reiter, während die meisten die Pferde verderben, wenn sie mit ihnen umgehen? Ist es nicht so bei allen Tieren, Meletos? Egal, was du nun dazu sagst. Die Jugend wäre schon sehr glücklich, wenn es wirklich nur einer wäre, der sie verdirbt, und alle anderen könnten gut mit ihnen umgehen. Mit dem, was du sagst, Meletos, zeigst du, dass du dich nie mit dem Problem beschäftigt hast. Deine Gleichgültigkeit beweist, dass du keine Ahnung hast von dem, dessen du mich hier anklagst."

zit. nach: U. Wesel, Geschichte des Rechts, München 1997, S. 129 f.

M 4 Freiheit und ihre Grenzen

Der Politikwissenschaftler Hans Vorländer beleuchtet die Unterschiede zwischen attischer und moderner Demokratie:

Der Prozess um Sokrates und auch die Reaktion der Philosophie Platons auf seinen Tod verweisen auf jene neuralgischen [kritischen] Punkte der athenischen Demokratie, die von ihren zeitgenössischen Kritikern wie auch den Theoretikern in der Neuzeit immer wieder ins Feld geführt worden sind. Ein Recht auf Meinungsfreiheit konnte sich Sokrates nicht ausbedingen, ein solches war nicht bekannt. Als politisch aktiver Bürger hätte er ein Recht auf abweichende Meinung innerhalb der Beratung in der Volksversammlung geltend machen können, isegoria [gleiches Recht der Rede] galt auch für ihn. Gleichzeitig aber galt für ihn auch die isonomia, die Gleichheit vor dem Gesetz. Deshalb musste er sich den Gesetzen des athenischen Demos unterwerfen. Eine Freiheit außerhalb des durch die athenischen Gesetze und die Herrschaft des Demos definierten Bereichs aber war nicht denkbar. Es gab kein Recht auf Opposition. Unveräußerliche Menschenrechte, etwa das auf Meinungsfreiheit, die auch gegen die Mehrheitsherrschaft in der Demokratie behauptet und durchgesetzt werden konnten, kannte die Antike nicht [... Diese] sind erst eine Errungenschaft der modernen Verfassungs- und Grundrechtedemokratie [...] Gleichheit, wie die Athener sie verstanden, kann deshalb auch nicht in eins gesetzt werden mit der Gleichheit an individuellen, vor allem personal verstandenen Rechten. Der Einzelne definierte sich durch seine Mitgliedschaft in der athenischen Polis – hier, in der Polis, war er frei und gleich. Der Status als Bürger definierte sich politisch über die Mitgliedschaft, er war aber nicht unabhängig von der Polis als personale oder juristische Eigenschaft des Individuums denkbar. Hier sind die Grenzen des Modells der athenischen Polisdemokratie markiert.

H. Vorländer, Demokratie, München 2003, S. 33 f.

M 5 Die Rechtsfrage

Der Althistoriker Alexander Demandt untersucht die Frage, ob sich Sokrates schuldig gemacht habe:

Betrachten wir den Sokratesprozess unter dem Aspekt von Macht und Recht, so finden wir allzu rasch die Macht aufseiten der Athener, das Recht aufseiten des Sokrates. [...]

Tatsächlich hat Sokrates die herrschenden Autoritäten, d. h. die Götter, die Eltern und die Demokratie infrage gestellt. Am wenigsten vielleicht noch das Ansehen der Staatsgötter, obschon auch sie für ihn eher Ausdrucksformen eines obersten göttlichen Prinzips waren. Er spricht immer namenlos von „dem" Gott, wie wir von „Gott" reden. In einzelnen Fällen hat Sokrates nachweislich die Ehrfurcht der jungen Männer vor ihren Vätern untergraben, so im Fall des Anytos. Seinem Sohne verdarb er die Lust, die väterliche Gerberei zu übernehmen. Und in wesentlichen Punkten wich Sokrates vom Glauben der Demokraten an die Demokratie ab.

Es gehört zum Wesen der Demokratie, dass der Wille des Volkes unantastbar, die Mündigkeit des Bürgers unbestreitbar ist. An diesen Dogmen [starren Glaubenssätzen] hat Sokrates gerüttelt. Er stellte die individuelle Rationalität über die kollektive Tradition und erklärte, zum Regieren geeignet sei nicht, wer die Wählerstimmen besitze oder wen das Bohnenlos träfe, sondern wer über den erforderlichen Sachverstand verfüge. Es wäre ungereimt, einen Steuermann, einen Baumeister, einen Flötenspieler nach dem Können auszuwählen, aber die Staatsführer der Volksgunst oder dem Los zu unterwerfen. Das Volk sei in seiner leidenschaftlich-kurzsichtigen Interessenpolitik so heruntergekommen, dass ein anständiger Mensch im bestehenden Staatswesen kein Amt ausüben könne. Denn entweder müsse er dem Volk nach dem Munde reden, oder aber er werde zum Opfer des Volkszornes.

A. Demandt, Sokrates vor dem Volksgericht von Athen 399 v. Chr., in: ders. (Hg.), Macht und Recht, München 1990, S. 24 f.

Aufgaben

1. Analysieren Sie die Methode, mit der sich Sokrates gegen Meletos verteidigt.
→ M3
2. Beschreiben Sie den Ablauf des Gerichtsverfahrens.
→ Text
3. Erörtern Sie, ob ein solcher Prozess in heutiger Zeit denkbar ist. Begründen Sie ihre Auffassung. → Text, M3
4. Wie beurteilen Sie das Verhältnis von Macht und Recht im Sokrates-Prozess?
→ Text, M4, M5

2.5 Athen: kultureller Mittelpunkt

Das Perikleische Zeitalter

„Klassik“

Der Begriff des Klassischen kann sich einmal auf den Wert beziehen, zum anderen kann er einen Stil bezeichnen. Werke der Philosophie, der Kunst, der Literatur oder der Architektur einer so genannten klassischen Epoche gelten nach Form und Gehalt als vorbildhaft, vollkommen und allgemeingültig. Humanismus und Renaissance im 15. und 16. Jahrhundert, die Übergangszeit vom Mittelalter zur Neuzeit, erhoben die Antike in den Rang des Klassischen. Während die griechische Demokratie erst im 19. Jahrhundert entdeckt wurde, war also die griechische Kultur schon lange zuvor als Ideal gewürdigt worden.

Architektur

Im Rahmen der Entwicklung Athens wurde das 5. Jahrhundert v. Chr., das Zeitalter des Perikles, als Höhepunkt griechischer Kultur verstanden. Nach dem Sieg über die Perser begannen die Athener einmal aus Dankbarkeit gegenüber den Göttern, zum anderen aber auch um die Zerstörung durch den Krieg zu beseitigen, eine rege Bautätigkeit zu entfalten. Nachdem die Stadt bereits durch die so genannten Langen Mauern (mit Piräus und Phaleron verbunden) zu einer uneinnehmbaren Festung ausgebaut worden war (462–445 v. Chr.), folgten nun unter Perikles die Monumentalbauten auf der Burg (Akropolis = Hochstadt). Unmittelbar nach Beendigung des Perserkrieges (448 v. Chr.) ließ Perikles die zerstörten Heiligtümer auf der Akropolis wieder aufbauen. Zwischen 447 und 432 v. Chr. entstanden der Parthenon, der gewaltige Tempel der jungfräulichen (= Parthenos) Stadtgöttin Athene und die Propyläen, die Durchgangshallen am Eingang zur Akropolis. Es folgten später das Erechtheion (nach dem sagenhaften König Erechtheus benannt), das bedeutendste Heiligtum, und schließlich der Tempel der Athene Nike als Zeichen des endgültigen Sieges über die Perser.

Bildhauerei

Der Bildhauer Pheidias, ein Freund des Perikles, war für die künstlerische Gesamtgestaltung der Akropolis verantwortlich. Architekten, Bildhauer und Handwerker haben auf der Akropolis unvergleichliche Bauten von Ästhetik und Harmonie vollbracht, die uns heute noch in ihren Ruinen mit Staunen erfüllen.

Im 5. Jahrhundert überwanden die Bildhauer die starre, frontale und symmetrische Haltung der Statuen der archaischen Zeit (8.–6. Jahrhundert v. Chr.) durch die mustergültige Verwendung des Gegenspiels von Bewegung und Ruhe, von Spannung und Entspannung. Diese Darstellungsart verleiht den Skulpturen Eleganz und Natürlichkeit. Kennzeichnend für die klassische Großplastik war das Schönheitsideal der Hellenen, der nackte männliche Körper, der auch im Alltag eine große Rolle spielte (zum Beispiel wurden Gymnastik und sportliche Wettkämpfe stets nackt durchgeführt). Die Frau wurde bekleidet dargestellt; erst im 4. Jahrhundert v. Chr. stellte zum Beispiel Praxiteles die Göttin Aphrodite unbekleidet dar.

Pheidias (lat. Phidias, ca. 495 – ca. 430 v. Chr.) war nach Ansicht seiner Zeitgenossen der größte Bildhauer der Zeit. Als seine bedeu-

M 1 Akropolis von Athen

Wie die Akropolis zu Beginn des 4. Jahrhunderts v. Chr. ausgesehen haben könnte. Neben den großen Heiligtümern auf dem Gipfelplateau standen viele Schreine aus der Bronzezeit an den Seiten des Hügels.
① Propyläen; ② Bronzestandbild der Athene des Bildhauers Pheidias; ③ Parthenon: Tempel der Stadtgöttin Athene; ④ Erechtheion: Tempel des attischen Gottes Erechtheus; ⑤ Tempel der Athene Nike (der Siegreichen)

tendsten Skulpturen (aus Bronze, Marmor, Elfenbein) gelten das Standbild der Athene Promachos (Vorkämpferin) auf der Akropolis, die Athene Parthenos im Inneren des Parthenontempels und die Goldelfenbeinstatue des Zeus im Tempel zu Olympia, die später zu den Weltwundern zählte. Vor einigen Jahren wurde die Werkstätte des Pheidias in Olympia ausgegraben. Bedeutende Künstler neben Pheidias waren der Plastiker Polyklet und der Bronzegießer Myron.

Im 5. Jahrhundert entstanden große Wandgemälde, die der Nachwelt verloren gegangen sind. Die bemalte Keramik (rotfigurige Vasen) dieser Epoche vermittelt nur einen schwachen Abglanz der Malerei.

Theater

Die griechische Tragödie hat sich aus Volksbräuchen anlässlich des Dionysoskultes entwickelt (Dionysos = Gott der Fruchtbarkeit und des Weines). Alljährlich feierten die Athener zu Ehren des Dionysos ein freudiges Fest, die Dionysien. Nach einem Festzug wetteiferten ursprünglich nur an einem Tag, später an drei aufeinanderfolgenden Tagen Chöre, Tänzer und Dichter um ausgesetzte Preise.

Die Aufführungen fanden unter freiem Himmel in der runden Orchestra (dem Tanzplatz) statt, in deren Mitte der Dionysosaltar stand. Den Zuschauern wurden drei Tragödien und ein Satyrspiel eines jeweils anderen Dichters dargeboten, das den Stoff der vorangegangenen Tragödien heiter-ironisch umbildete (parodierte). Später wurden auch Komödien bei den Großen Dionysien aufgeführt.

Bronzemaske (um 450 v. Chr.)
Sie wurde von Schauspielern bei Aufführungen von Tragödien getragen. Alle Rollen wurden von Männern gespielt.

Die Festlichkeiten wurden vom Staat ausgerichtet, die Inszenierung der Spiele wurde von vermögenden Privatpersonen besorgt. Ihre Blütezeit erreichte die griechische Tragödie mit den Werken von Aischylos, Sophokles und Euripides. Die gemeinsam begangenen Festlichkeiten und Theateraufführungen stärkten das Zusammengehörigkeitsgefühl der städtischen Gemeinde.

Die Tragödie behandelte mythologische Vorgänge und gelegentlich historische Ereignisse. In ihr wird ein unüberbrückbarer Konflikt zwischen dem tragischen Helden und seinem unausweichlichen Schicksal gezeigt. Die Auseinandersetzung mit dem Schicksal diente dazu, dass die Menschen veranlasst werden sollten, sich den Göttern zu beugen und ihr Schicksal anzunehmen. Sinn der griechischen Tragödie war es, die Zuschauer zu erschüttern und sie durch die auf der Schaubühne dargestellten Leidenschaften, zum Beispiel Selbstherrlichkeit und Maßlosigkeit, zu läutern.

Von Aischylos (ca. 525–456 v. Chr.) sind uns 90 Titel von Tragödien beziehungsweise Satyrspielen bekannt. Erhalten geblieben sind sieben. Die bedeutendsten sind: Die Perser, Sieben gegen Theben, Der gefesselte Prometheus und die Orestie. Durch Sophokles (ca. 497–406 v. Chr.) erreichte die attische Tragödie ihre höchste Ausprägung. Von seinen 123 Dramen sind uns nur sieben vollständig erhalten: Aias, Antigone, Elektra, Oidipos tyrannos, Oidipos auf Kolonos, Trachinierinnen und Philoktet.

Grundriss des Dionysos-Theaters in Athen

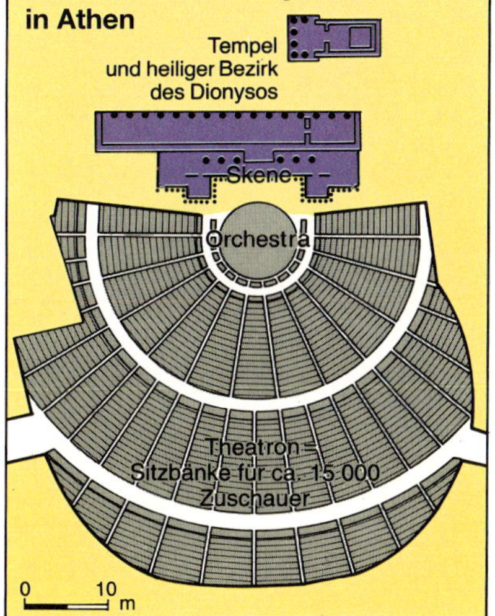

Euripides (ca. 485–406 v. Chr.), der dritte der klassischen Tragiker in Athen, wich von seinen Vorgängern dadurch ab, dass er sich nicht streng an die Mythen hielt und Konflikte der Gegenwart wirklichkeitsnäher darstellte. Er schrieb 75 Dramen, von denen 19 erhalten sind. Seine wichtigsten sind: Alkestis, Medea, Hippolytos, Iphigeneia in Aulis und Iphigeneia in Tauris.

Die politischen und sozialen Bezüge, die in den Tragödien verdeckt enthalten sind, werden in den Komödien offen ausgesprochen. Aristophanes (ca. 455–388 v. Chr.), der geistreichste griechische Komödiendichter und Satiriker, verfasste 44 Stücke (elf davon sind erhalten), zumeist mit aktuellem Hintergrund, in denen er das Theater als politische Waffe benutzte, um alle gesellschaftlichen Bereiche zu kritisieren.

Die Entwicklung der Komödie war nur unter einer demokratischen Herrschaftsform möglich. Obwohl es für kurze Zeit eine Einschränkung der Offenheit der Sprache gegen persönliche Angriffe in der Komödie gab, bestand volle Freiheit der Kritik und der Beschimpfung. Die griechische Tragödie nahm hinsichtlich der politischen Kritik eine wichtige Funktion ein. Trotz mancher Abwandlungen hat die klassische Form des attischen Dramas den nachfolgenden Epochen der Weltliteratur als Vorbild gegolten.

Geschichtsschreibung

Das älteste vollständig erhaltene griechische Geschichtswerk stammt von Herodot aus Halikarnassos in Kleinasien (484–425 v. Chr.). Herodot stellte in seinem Werk die gesamte griechische Geschichte dar. Seine letzten drei Bücher sind der geschlossenen Darstellung der Perserkriege gewidmet. Neben der eigenen Erkundung und Deutung griff er auch auf die Aussagen älterer Autoren zurück. Herodot suchte die historische Wahrheit zu ermitteln, wodurch er im eigentlichen Sinne zum ersten Historiker geworden war. Der Römer Cicero bezeichnete ihn als den Vater der Geschichtsschreibung.

Thukydides (455–396 v. Chr.) schilderte in seinem acht Bücher umfassenden Werk die Geschichte des Peloponnesischen Krieges. Er selbst nahm am Kriege als athenischer Flottenkommandeur teil. Während in früheren Zeiten die Götter als Lenker der Geschichte angesehen wurden, beschränkte sich Thukydides in seiner Darstellung auf strenge Sachlichkeit, da für ihn die Wahrheit in den Tatsachen selbst begründet lag. Darüber hinaus suchte er aber auch das von ihm als wahr Erkannte zu deuten. Seine genaue Unterscheidung von Anlass und tatsächlichen Ursachen für ein Ereignis ist eine Grundkategorie der Geschichtswissenschaft geblieben.

Thukydides wird zum ersten Historiker Europas, der Geschichte kritisch wertet. Thukydides' Werk bricht im Jahre 422 v. Chr. ab. Hier knüpfte Xenophon (430–355 v. Chr.), ein Schüler von Sokrates, an und stellt die griechische Geschichte über das Ende des Peloponnesischen Krieges bis zur Zeit der Hegemonie Spartas dar. Xenophon ist der einzige Geschichtsschreiber des 4. Jahrhunderts, dessen Werk erhalten geblieben ist.

Philosophie

Zu den ersten Philosophen gehörten Thales, Anaximandros und Anaximenes aus Milet (6. Jahrhundert v. Chr.). Ihre Spekulationen über die Urkraft, die das Universum bewegt, fußten auf Naturbeobachtungen und Deutung physikalischer Erscheinungen. Empedokles (483–444 v. Chr.) aus Sizilien versuchte den Streit dieser älteren Naturphilosophen, die jeweils einen Grundstoff für das Entstehen der Welt annahmen, dadurch zu lösen, dass er Feuer, Wasser, Luft und Erde als Elemente des Kosmos zugrunde legte. Mit Demokrit (460–370 v. Chr.) aus Abdera in Thrakien, einem der größten Universalgelehrten der Antike, erreichte die naturwissenschaftliche Philosophie ihre höchste Entwicklung und gewissermaßen auch ihren Abschluss. Nach der Lehre Demokrits besteht die Welt aus unendlich vielen, unendlich kleinen Substanzen, den Atomen, die sich in ständiger Bewegung befinden. Neben den Stoffatomen existieren noch die Seelenatome, die die Stoffe beleben. Demokrit forderte mit seiner Atomistik, in der Körper und Seele gleichwertig nebeneinander stehen, den Idealisten Platon zur Kritik heraus.

Sokrates (ca. 470–399 v. Chr.)

Neben der Naturphilosophie beschäftigte man sich auch mit der Ethik. Gesetze wurden nicht mehr allgemein als gottgegeben anerkannt, sie werden diskutierbar. Der Mensch sollte aus der selbst gewonnenen Erkenntnis heraus tugendhaft handeln. Sokrates (ca. 470–399 v. Chr.) suchte nach dem Wahren, Schönen und Guten. Er entwickelte den Dialog, eine besondere Methode, mit der er seine Zuhörer befragte, um ihnen die Unzulänglichkeiten vieler ihrer Behauptungen bewusst zu machen. Solche Überlegungen führten zur Abkehr von mythologischen Vorstellungen über den Kosmos und zu Zweifeln am tradierten Glauben. Sehr oft wurden Lehrer und ihre Schüler ihres kritischen Hinterfragens wegen der Gotteslästerung bezichtigt. Auch Sokrates wurde wegen Gottesverachtung angeklagt und dazu verurteilt, den Schierlingsbecher (Gift) zu trinken.

Platon (427–347 v. Chr.)

Die Kenntnis über die Philosophie des Sokrates verdankt die Nachwelt den Aufzeichnungen von Platon. Platon (ca. 427–347 v. Chr.), der zum Schülerkreis des Sokrates gehörte, begründete eine eigene Philosophieschule. Er verfasste, häufig in sokratischer Dialogform, seine Vorstellungen über den Staat und dessen politischen und kulturellen Aufgaben (Politeia = der (Ideal-)Staat und Nomoi = die Gesetze).

Das Ziel der Sophisten (Weisheitslehrer) war es ursprünglich, durch ihren Unterricht der politischen und gesellschaftlichen Praxis der (vornehmlich reicheren) heranwachsenden Jugend gegen hohe Bezahlung zu dienen. Die Lehrgebiete umfassten Philosophie, Literatur, Kunst, Mathematik, Astronomie und Staatslehre. Darüber hinaus entwickelten die Sophisten auch eine eigene Lehre (Sophistik) und beeinflussten in hohem Maße das griechische Geistesleben. Namhafte Sophisten waren unter anderen Protagoras, Gorgias, Prodikos und Hippias. Die Sophistik verneinte eine allgemein gültige und objektive Wahrheit, wirkte aufklärerisch und richtete sich auch gegen die Religion. Platon wandte sich insbesondere gegen ein von vordergründiger Nützlichkeit geprägtes Denken, das in der Aussage von Protagoras, einem engen Vertrauten des Perikles, gipfelte, wonach der Mensch selbst das Maß aller Dinge sei. Diesem Lehrsatz stellte Platon seine Erkenntnis von den Ideen gegenüber, nach der das höchste Gut die Tugend (Weisheit, Gerechtigkeit, Besonnenheit, Tapferkeit) sei.

Aristoteles (384–322 v. Chr.), ein Schüler aus der Akademie des Platon, erweiterte die wissenschaftliche Forschung auf vielen Gebieten durch die mehr empirisch-naturwissenschaftliche Ausrichtung seiner Arbeit. Aristoteles gilt als der Begründer der wissenschaftlichen Logik (Begriffsbestimmung, Urteilsbildung, Schlussfolgerung). Sein Werk umfasste die Metaphysik, die Ethik und Abhandlungen über die Politik („Politika" und „Staat der Athener"). Aristoteles gilt als der größte politische Theoretiker der Antike. Er wirkte unter anderem auch als Erzieher des späteren Alexander des Großen von Makedonien. Obwohl die Athener die große Bedeutung seiner philosophischen Leistung schon zu seinen Lebzeiten erkannten, wurde Aristoteles der Gottlosigkeit angeklagt und zum Verlassen der Stadt gezwungen.

Das Werk des Aristoteles kann in seiner Bedeutung für das abendländische Denken kaum hoch genug eingestuft werden. Im Unterschied zu seinem Lehrer Platon, der die erfahrbare Wirklichkeit als Scheinwelt geringschätzte, wandte sich Aristoteles auf analytisch-systematische Weise der Realität zu. Er ist somit zu einem Mitbegründer des modernen wissenschaftlichen Denkens geworden. Außerdem verdankt ihm die Nachwelt historisch bedeutsame Sammlungen von Gesetzen und von über 150 griechischen Verfassungen. Nach ihrer Übersetzung ins Lateinische wurden die Schriften des Aristoteles im Mittelalter sehr intensiv studiert. Sie bildeten ein Fundament für die Scholastik, jener philosophischen Hauptströmung des Mittelalters, die die Harmonisierung von Wissen und Glauben anstrebte.

Rhetorik

Unter dem Einfluss der Sophisten entwickelte sich die die gesamte griechische Geisteskultur prägende Kunst der Beredsamkeit. Die stilvolle Rede als Kunst ausgebildet und die Kunst lehrbar gemacht zu haben, war insbesondere für die demokratische Betätigung in Athen von besonderer Bedeutung. Nach ihrer Bestimmung unterschied man die Volks- und Staatsrede, die Gerichtsrede und die Fest- und Prunkrede. Die Rhetoren nahmen darüber hinaus auch Einfluss auf die Jugenderziehung. Die bekanntesten waren Gorgias (485–375 v. Chr.) und sein Schüler Isokrates (436–338 v. Chr.) als Festredner, der Gerichtsredner Lysias (445–380 v. Chr.) und der berühmte Staatsredner Demosthenes (384–322 v. Chr.).

M 2 **Die Philosophenversammlung in der Akademie von Athen**

zeigt das oben abgebildete Mosaik, das in einer Villa von Pompeji gefunden wurde. Der griechische Philosoph Platon, der aus adeligem Geschlechte stammte, hatte im Jahre 387 v. Chr. die Akademie gegründet. Ursprünglich handelte es sich um einen dem Heros Akademos geweihten Hain bei Athen, zu dem auch Anlagen für gymnastische Übungen gehörten. Nach der Gründung der Akademie konnten diese zum Promenieren benutzt werden, wobei sicher diskutiert und Fachfragen erörtert wurden. Außerdem befanden sich dort Diskussions- und Aufenthaltsräume sowie Wohnungen für den Schulvorsteher und sogar für einen Teil der Schüler. Die Mittel hatte Platon anfänglich seinem Privatvermögen entnommen, später jedoch mussten die Beiträge wahrscheinlich von den Schülern selbst getragen werden. Platon und Aristoteles waren die Hauptvertreter der griechischen Philosophie. Die von ihnen gegründeten Schulen bestanden bis zum Ende der Antike.

Die Schüler des Aristoteles nennt man bis heute Peripatetiker, abgeleitet von Peripatos, der Wandelhalle im Apollonheiligtum in Athen, dem Ort, wo die Schule des Aristoteles lag.

Nach: H. Pleticha (Hg.), Im Schatten des Olymp, Gütersloh 1988, S. 246.

M 3 Klassische griechische Kunst

Die griechische Kunst der klassischen Zeit (5./4. Jahrhundert v. Chr.) brachte Neuerungen mit sich, die die europäische Zivilisation bis in die Gegenwart tief greifend beeinflusst haben. Was sich veränderte, wird an der Plastik am deutlichsten. Die Plastiken in der archaischen Zeit orientieren sich noch an orientalischen und ägyptischen Vorbildern und übernehmen deren schematische Körperdarstellung. Die Kunst der klassischen Zeit basiert dann auf einer anatomisch genauen Wahrnehmung und Gestaltung des unbekleideten menschlichen Körpers, Bewegung und Emotionen werden dargestellt. Die Künstler wollen ein Idealbild des Menschen zeigen, das durch Schönheit und Gleichmaß gekennzeichnet ist. Dahinter steht die Leitvorstellung der Ausgewogenheit von Körper und Geist, der Übereinstimmung von innerer moralischer Qualität, Bildung und äußerem Erscheinungsbild. Der diesseitige, selbstbewusste Mensch steht im Mittelpunkt: Das bildet sich darin ab, dass die Plastik zur Freifigur (aus Bronze oder Marmor) wird. Sie wird nicht mehr umgrenzt, wird von allen Seiten gleichmäßig wichtig genommen und gestaltet. Und vor allem ändert sich die Haltung, in der die menschliche Standfigur dargestellt wird. An die Stelle der Achsensymmetrie tritt der Kontrapost [die unterschiedliche Gestaltung der beiden Körperhälften]. Die Last des Körpers ruht auf einem Standbein, das Spielbein bleibt frei und beweglich. Dadurch ergibt sich ein Wechsel von Bewegung und Gegenbewegung.

Mit der Schrägstellung des Beckens (Standbeinseite höher) korrespondieren die entgegengesetzte Schrägstellung der Schultern und das leichte Anwinkeln des Kopfes zur Standbeinseite hin. Beim Doryphoros [Speerträger] kommt die Armhaltung hinzu:

Der Arm auf der Standbeinseite hängt frei, der andere, der ursprünglich den Speer hielt, ist angewinkelt und gespannt. Die gleichmäßige Gewichtsverteilung gibt ein lebendiges, harmonisches Bild des Menschen.

M. Sauer, Bilder im Geschichtsunterricht, Seelze-Velber 2000, S. 180 f.

M 4 Der Speerträger des Polyklet
Bronzestatue von ca. 440 v. Chr.

Aufgaben

1. Fassen Sie die wesentlichen kulturellen Leistungen der Griechen zusammen.
   → Text, M1
2. Erklären Sie die Ursprünge des europäischen Theaters.
   → Text
3. Halten Sie fest, welche wichtigen Ideen die Nachwelt der griechischen Philosophie verdankt.
   → Text, M2
4. Beschreiben Sie den Speerträger des Polyklet, und erläutern Sie die Ästhetik der griechischen Plastik.
   → Text, M3, M4

3. Rom – vom Stadtstaat zum Weltreich

Das Bild von Giovanni Paolo Pannini „Roma Antica" von 1757 zeigt eine Galerie mit Bildern von antiken Bauwerken in Rom. In Rom, der „ewigen Stadt", wie sie auch respektvoll genannt wird, hatten viele antike Gebäude überdauert, zum Teil im Zustand der Ruine, zum Teil versunken im Schutt nachfolgender Jahrhunderte. Das Forum Romanum, der Kuppelbau des Pantheon, der Triumphbogen des Septimius Severus, das Colosseum, das Mausoleum des Kaisers Hadrian, Thermen, Tempel und Basiliken – das Ensemble dieser Baudenkmäler beeindruckt auch noch den heutigen Betrachter und zeugt von der Größe der römischen Kultur. Für viele Romreisende seit dem 19. Jahrhundert wurden die Ruinen des alten Rom geradezu zum Sinnbild für die historische Vergänglichkeit.

Noch im Mittelalter war die Achtung vor antiken Bauwerken gering. Diese dienten oft nur als Steinbruch. Daran änderten auch Renaissance und Humanismus und die „Wiederentdeckung" der antiken Kultur wenig, wenn auch langsam der Respekt vor der antiken Architektur wuchs. Erst seit dem 19. Jahrhundert kann man von systematischen Ausgrabungen und Restaurierungen sprechen. Die sichtbaren Hinterlassenschaften der Römer sind aber keineswegs auf die ehemalige Hauptstadt des Römischen Weltreiches beschränkt, vielmehr ist die Welt der Römer im gesamten Herrschaftsbereich außerordentlich präsent. Überall lassen sich zivilisatorische und technische Leistungen finden, die das politische Leben des Römischen Reiches überdauert haben: Amphitheater, Thermen, Tempel, Straßen, Brücken und so weiter.

Neben der Architektur und der Bautechnik haben vor allem die militärische Organisation, die lateinische Sprache und die römische Rechtsauffassung Spuren hinterlassen. Darüber hinaus ist die Christianisierung des Abendlandes unzertrennlich mit dem Römischen Reich verbunden, denn erst die durch Kaiser Konstantin verkündete Religionsfreiheit (313) verhalf der christlichen Religion zum Durchbruch. Unter Kaiser Theodosius wurde das Christentum zur Staatsreligion (381).

Römische Geschichte erzählt vom Aufstieg und (Ver-)fall eines Weltreiches, des Imperium Romanum, das die gewaltige Zeitspanne von etwa einem Jahrtausend umfasste. Es ist auch die Geschichte von einem Stadtstaat, der – faktisch durch eine Kette von Kriegen – zum Weltreich heranwuchs.

Die Ausstrahlung des Römischen Reiches und der Glanz, der vom römischen Kaisertum ausging, setzten Maßstäbe für die nachfolgenden Dynastien. Die Anknüpfung an das Römische Reich wurde im Streben mittelalterlicher Könige nach der Kaiserwürde sichtbar, die es über Jahrhunderte nur in Rom (beim dortigen Bischof) zu erhalten gab. Beginnend mit Karl dem Großen (800) und fortgesetzt durch die Ottonen und die nachfolgenden Dynastien etablierte sich der Romzug mit dem Ziel, die Würde eines römischen Kaisers zu erringen. Das Heilige Römische Reich – seit dem 15. Jahrhundert auch mit dem Zusatz „deutscher Nation" versehen – hatte bis 1806 offiziellen Bestand.

3.1 Die römische Republik

Die Anfänge des römischen Staates

M 1

Auch aus heutiger Perspektive kann es noch faszinierend sein zu verfolgen, wie aus einer kleinen Siedlung in Mittelitalien das Zentrum eines Weltreiches wurde, das Mittel- und Westeuropa sowie den gesamten Mittelmeerraum umfasste.

Kein Staat der Antike hatte eine solche Ausdehnung erreicht und so tief greifende politische, zivilisatorische und kulturelle Spuren hinterlassen.

Das Römische Reich besaß gewaltige Ausmaße und hatte im 2. Jahrhundert seine größte Ausdehnung. Es erstreckte sich vom Atlantik bis zum Euphrat und von Britannien bis Nordafrika. Die Entwicklung dieses mächtigen Staates hatte sich langsam und schrittweise vom kleinen Stadtstaat in Mittelitalien (um 500 v. Chr.) über die Beherrschung ganz Italiens (um 270 v. Chr.) bis zum Weltreich vollzogen.

Die Geschichte der römischen Republik, die sich über den Zeitraum von 500 v. Chr. bis 30 v. Chr. erstreckte, wird gewöhnlich unter dem Gesichtspunkt der politischen und verfassungsrechtlichen Entwicklung in drei Phasen unterteilt:

- Die erste Phase der „frühen Republik" (500–287 v. Chr.) wurde insbesondere durch die Ständekämpfe geprägt. Dabei ging es um die Bestrebungen von wohlhabenden und ehrgeizigen Plebejern, gegen den Widerstand des traditionellen Adels ihren sozialen Aufstieg zu erwirken.
- In der zweiten Phase, der „klassischen Republik" (287–133 v. Chr.), wurde Rom zur Großmacht.
- Die dritte Phase, die „späte Republik" (133–30 v. Chr.), stand ganz im Zeichen von tief greifenden Veränderungen in der Wirtschaft und in der Gesellschaft. Diese wurde zunehmend durch soziale Spannungen polarisiert. Der Zusammenhalt der römischen Gesellschaft ging verloren, weil des Eigentum, insbesondere an bebaubarem Land, extrem ungleich verteilt war. Die Zustände führten zu gewalttätigen Ausbrüchen und ließen den Ruf nach einem „starken Mann" laut werden.

M 2 **Die kapitolinische Wölfin** verkörpert den Gründungsmythos der Stadt Rom. Der Sage nach waren die Zwillinge Romulus und Remus, Söhne des Kriegsgottes Mars und der Rea Silva, auf Befehl des Amulius ausgesetzt worden, womit dieser eine rechtmäßige Thronfolge zu verhindern trachtete. Doch eine Wölfin, das heilige Tier des Mars, säugte sie und ermöglichte das Überleben der kommenden Stadtgründer. Später erschlug Romulus seinen Bruder und regierte danach als erster König. Als offizielles Gründungsdatum wird von der römischen Geschichtsschreibung das Jahr 753 v. Chr. angegeben, was mit den archäologischen Funden in etwa im Einklang steht. Die Bronzestatue der Wölfin stammt aus dem 5. Jahrhundert v. Chr., die Zwillinge wurden im 15. Jahrhundert ergänzt, nachdem sie von einem Blitz im Jahre 65 n. Chr. zerstört worden waren.

Die soziale Struktur der römischen Gesellschaft

Senat

Ein aus einem vornehmen Geschlecht stammender Stadtkönig (rex) regierte den Stadtstaat Rom. Dieser besaß die Aufgabe, die Verbindung mit den Göttern zu sichern und die militärische Führung auszuüben. Seine Macht (imperium) wurde durch die Volksversammlung und durch den Senat (senex = der Greis; Rat der Alten) eingeschränkt. Der Senat setzte sich aus Vertretern angesehener Familien zusammen. Die römische Gesellschaft kannte eine offizielle soziale Schichtung nach Standeszugehörigkeit. An der Spitze der römischen Gesellschaft standen in der Frühzeit der Republik die Patrizier. Diese setzten sich aus den vornehmen Familienoberhäuptern (patres) zusammen und schlossen sich völlig von der übrigen Bevölkerung ab. Dieser alte Adel bildete einen durch Tradition und gemeinsames Interesse einheitlichen Stand. Die Plebejer, die übrige nicht-adlige Bevölkerung, unterschieden sich durch scharfe wirtschaftliche und soziale Gegensätze. So konnten wohlhabende und ärmere Plebejer kaum ein einheitliches politisches Bewusstsein entwickeln. Nach den Ständekämpfen unterschied man Senatoren, Ritter (Equites) und Plebs. Darüber hinaus war die Bürgerschaft Roms in Verwaltungsbezirke (Tribus) eingeteilt und gleichzeitig verschiedenen Vermögensklassen zugewiesen.

Die Zuordnung zu den Vermögensklassen spiegelte die Rangordnung im Militär (Reiter, Schwer- und Leichtbewaffnete, militärische Hilfsdienste) wider. Das Wehr-, Bürger- und Wahlrecht war somit eng an die Zuordnung zur Vermögensklasse geknüpft. Darüber hinaus bestanden Vereinigungen und zunftähnliche Zusammenschlüsse von

M 3

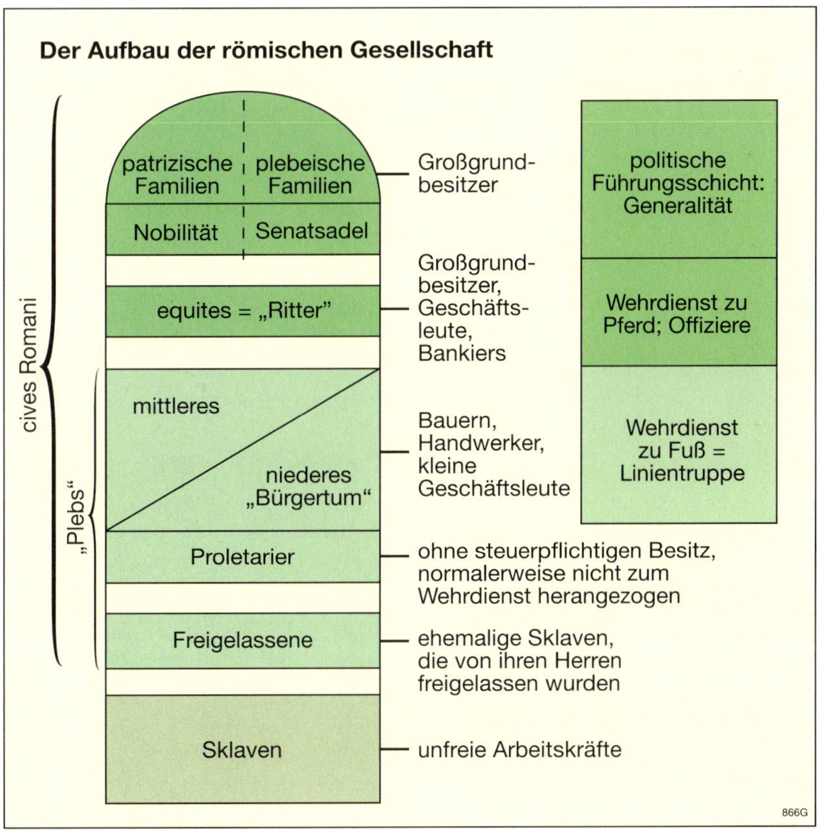

Handwerkern, denen weniger eine berufsständische als vielmehr eine religiös-kultische Bedeutung zukam.

Die soziale Grundstruktur wurde aber unabhängig von der ständischen Gliederung von einem Geflecht privater Absprachen und Bündnisse zwischen einzelnen Familien durchzogen, das sich im politischen Leben nachhaltig auswirkte, zum Beispiel bei Senatsentscheidungen und Volksabstimmungen oder bei Wahlen zu wichtigen Staatsämtern. Neben den Verbindungen von sozial und wirtschaftlich Gleichgestellten bestimmten Zusammenschlüsse zwischen ungleichen Personen das gesellschaftliche und politische Leben. Höhergestellte versuchten ihre Machtposition dadurch zu stärken, dass sie gesellschaftlich tiefergestellte oder Schutz suchende Personen (Klienten) um sich scharten. Die patrizischen (und ab dem 3. Jahrhundert auch die plebejischen) Senatoren bildeten die Gesellschaftsspitze, sie besetzten die hohen Staatsämter und die einflussreichen Priesterstellen. Ihre politische Macht wurzelte in der Familientradition, im Großgrundbesitz und in den zahlreichen Klienten.

Ritter

Unter den Senatoren standen die Ritter, die dank ihrer wirtschaftlichen Stärke indirekt das politische Leben maßgeblich beeinflussten. Unter Rittern verstand man in der römischen Geschichte die Gruppe der zu Reichtum gekommenen Kaufleute, Unternehmer und Bankiers. Dieser Gruppe, die ungefähr 20 000 Familien umfasste, gelang der gesellschaftliche Aufstieg nicht zuletzt deshalb, weil dem senatorischen Adel Geldgeschäfte verboten blieben. Im Verlauf der römischen Geschichte schoben sich die Ritter zwischen Senatoren und Volk und bildeten einen Verdienstadel.

Plebejer

Die unterste Stufe in der gesellschaftlichen Hierarchie nahmen die niedrig geborenen Plebejer ein, die Bürger ohne steuerpflichtigen Besitz. Die Plebejer stellten die Masse der römischen Bürger. Sie waren als Kleinbauern, Kaufleute und Handwerker tätig. Auch das Heer rekrutierte sich überwiegend aus dem Plebejerstand. Nachdem die Plebejer im Ständekampf schrittweise die gesellschaftspolitische Gleichstellung mit dem Patriziat erzwungen hatten, spalteten sie sich. Wenigen gelang der Aufstieg in politische Ämter. Während der späteren Republik sanken große Teile der Plebejer zu besitzlosen Proletariern ab.

Zur römischen Gesellschaft gehörten neben den Bürgern mit vollen beziehungsweise eingeschränkten Bürgerrechten noch die Gruppe der Freigelassenen, das heißt der ehemaligen Sklaven sowie die Masse der rechtlosen Sklaven als Arbeitskräfte.

Sklaverei

Die Sklaverei in Form des Besitzrechtes an der Person eines anderen reicht bis in die Frühzeit der Antike zurück. Die Versklavung von Menschen war fast immer das Ergebnis von Gewaltanwendung. Nach Kriegen wurden gefangene Soldaten oder auch die Bevölkerung ganzer Landstriche in die Sklaverei gezwungen. Auch Verschuldung, zum Beispiel gegenüber dem Grundherrn, konnte in die Sklaverei führen. Infolge der Eroberungen und der damit verbundenen Zunahme von Grundbesitz für die Aristokratie stieg der Bedarf an Sklaven als Arbeiter auf den großen Landgütern (Latifundien) rapide an. Jetzt bedienten sich die Römer nach griechischem Vorbild der Kaufsklaverei. Jagd auf Menschen und der organisierte Verkauf von Menschen als Ware auf Sklavenmärkten wurden üblich.

Inhumane Behandlungsweisen sind überall dort nachzuweisen, wo Sklaven in Massen auftraten, zum Beispiel auf großen landwirtschaftlichen Gütern oder im Bergbau. Andererseits wird aus zahlreichen Quellen deutlich, dass eine Art privater Fürsorge für Sklaven und Freigelassene auch oft üblich war. Das galt insbesondere für solche Sklaven, die in enger Gemeinschaft mit der Herrenfamilie lebten. Selbstverständlich war aber eine Teilnahme am politischen Leben ausgeschlossen. Obwohl sich die ethische Einstellung gegenüber der Sklaverei im 1. Jahrhundert n. Chr. wandelte und auch ein mäßigendes Einwirken des Christentums (grundsätzlich aber keine Ablehnung) festzustellen ist, blieb die Einrichtung der Sklaverei in der Antike trotz mancher Einwände unangefochten.

Sklavenaufstände

Unmut und Erbitterung der unterdrückten und entrechteten Sklaven entluden sich seit Beginn des 2. Jahrhunderts v. Chr. in gewalttätigen Aufständen. In den Jahren 135–132 v. Chr. fand in Sizilien ein regelrechter Krieg zwischen aufständischen Sklaven und regulären römischen Truppen statt. Die etwa 200 000 Sklaven blieben zunächst erfolgreich, eroberten einige Städte und gründeten einen eigenen Staat. Erst nach drei Jahren konnte Rom den Sklavenstaat in Sizilien unterwerfen. Zur gleichen Zeit erschütterten Sklavenerhebungen auch in vielen anderen Regionen das Römische Reich.

Sklavenmarke mit Inschrift
„Halte mich, wenn ich fliehe, und bring mich meinem Herrn Viventius auf den Landsitz des Callistus zurück".

Während der Abwehrkämpfe gegen die einfallenden Kimbern und Teutonen (113–101 v. Chr.) waren es erneut sizilische Sklaven, die sich aus römischer Knechtschaft zu befreien suchten (105–101 v. Chr.). Erst nach vier Jahren entschieden die Römer den 2. Sizilischen Sklavenkrieg für sich.

Von 73 bis 71 v. Chr. stand der legendäre Sklave und Gladiator Spartacus an der Spitze eines nach Zehntausenden zählenden Sklavenheeres, hielt ganz Italien in Schach und bedrohte sogar die Hauptstadt Rom. Aber auch diese Revolte wurde niedergeschlagen. Nur unter großen Mühen konnte die römische Armee unter Pompeius und Crassus den für Rom gefährlichsten Sklavenkrieg beenden. Dieser Krieg wurde auf beiden Seiten mit größter Brutalität geführt. Allein 6 000 Sklaven ließen die siegreichen Römer an der Via Appia ans Kreuz schlagen.

Ständekämpfe

Die militärischen Lasten der vielen Kriege, die der Staat seinen Bürgern auferlegte, drückten insbesondere die wirtschaftlich schwächeren Plebejer. Diese formierten sich seit dem 5. Jahrhundert in der Phalanxtaktik, bei der in mehreren eng geschlossenen Reihen gekämpft wurde. Diese militärische Operationsform ließ sich nur mithilfe der plebejischen Volksmassen bewerkstelligen. Die Plebs wurde sich des Missverhältnisses zwischen ihrer militärischen Leistung und ihres niederen politischen und sozialen Ranges innerhalb der römischen Gesellschaft immer bewusster. Die Forderungen der Plebejer nach politischer, militärischer und privatrechtlicher Gleichstellung mit den Patriziern führte zu einem annähernd 200 Jahre währenden Ringen um die innere Ordnung. Vor allem die zu Wohlstand gekommenen Plebejer fühlten sich durch ihren Ausschluss von der Mitarbeit in der Volksversammlung diskriminiert. Sie wollten politischen Einfluss und die Vormacht der Patrizier brechen.

Nach harten Auseinandersetzungen erzwangen die Plebejer zunächst ein eigenes plebejisches Amt, das Volkstribunat. Die Volkstribunen standen der Versammlung aller Plebejer vor. Sie waren durch ein religiöses Tabu, das jeden Angriff auf ihre Person zum Frevel werden ließ, als unantastbare Volksbeamte gegen den Zugriff der patrizischen Behörden abgesichert.

Im weiteren Verlauf der Ständekämpfe erzwang die Plebs die Aufzeichnung des geltenden Rechts (Zwölftafelgesetz 451 v. Chr.). Den ehemals minderberechtigten Plebejern gelang der soziale Aufstieg. Dies äußerte sich in der Gleichstellung mit den Patriziern durch die Aufhebung des Eheverbots zwischen Patriziern und Plebejern. Plebejer konnten nunmehr in die höchsten Staatsämter einrücken, zum Beispiel hatten sie Zugang zum Konsulat.

Das nach Q. Hortensius, damals Diktator, benannte Hortensische Gesetz von 287 v. Chr. beendete die Ständekämpfe. In diesem wurde festgehalten, dass alle in der plebejischen Volksversammlung beschlossenen Entscheidungen (plebis scitum) Gesetzeskraft erhielten. Das Patriziat bildete nunmehr zusammen mit den angesehenen plebejischen Familien die neue sozial privilegierte Adelsschicht, die Nobilität.

Frauen

Die römische Gesellschaft kannte keine Gleichheit der Geschlechter. Die soziale Bedeutung einer Frau lag innerhalb ihres jeweiligen Familienverbandes als Gattin, Mutter oder Tochter. Einfluss konnte sie als Vertraute oder Ratgeberin ihres Mannes ausüben, aber juristisch blieb sie in der Regel der Macht (potestas) des Vaters, Ehemannes oder eines Vormunds unterworfen. Ein rechtswirksames Handeln ohne deren Ermächtigung wurde ihr normalerweise verwehrt.

Im Unterschied zum antiken Griechenland waren Frauen in der römischen Öffentlichkeit zwar auf vielfache Weise präsent, hatten aber keinen Anteil an der politischen Entscheidungsgewalt. Die Volksversammlung war eine rein „männliche Veranstaltung“.

Statue der Julia Flavia
Tochter des Kaisers Titus und der Marcia Furnilla, Ende 1. Jahrhundert

Verfassung und Herrschaftsausübung

Auch wenn der Regierungsprozess auf verschiedene Institutionen verteilt war, fiel dem Senat die entscheidende Macht zu. Die Mitglieder des Senats (300 beziehungsweise später 600) kamen ursprünglich aus dem Geburtsadel der Patrizier, später trat der Amtsadel der Plebejer hinzu. Ferner hatten ehemalige Inhaber hoher Wahlämter (Konsuln bis Quästoren) Zugang zum Senat. Während der republikanischen Zeit kontrollierte der Senat die Staatsfinanzen, bestimmte die Außenpolitik und konnte den Notstand ausrufen.

Obwohl der Senat nicht direkt in die Regierungsgeschäfte eingreifen konnte, beeinflusste er die Regierungsentscheidungen. In der Praxis wurden den Volksversammlungen gewöhnlich keine Beschlüsse vorgelegt, die der Senat nicht vorher gebilligt hatte. Letztlich konnte sich nur der von einem breiten Konsens der römischen Führungsschicht getragene politische Wille durchsetzen.

Die politische Basis der römischen Staatsverfassung bildete nominell das römische Gesamtvolk. Allerdings war den Römern die Vorstellung demokratischer Gleichheit sehr fremd. Der politische Rang eines Bürgers hing von dessen Fähigkeit ab, sich auf eigene Kosten als Reiter beziehungsweise Schwer- oder Leichtbewaffneter auszurüsten. Diese Einordnung in eine Vermögensklasse (census) bestimmte auch das Gewicht in den Volksversammlungen.

Die Bürger Roms konnten in drei unterschiedlichen Versammlungsformen zusammentreten, wobei den Zenturiatskomitien die größte Bedeutung zukam. Diese nach der Heeresordnung formierte Volksversammlung traf sowohl die Entscheidungen über Gesetze und Kriege als auch über die Besetzung der höchsten Ämter (Magistrate).

Das Abstimmungsverfahren war so gestaltet, dass gegen den Willen der oberen Censusklassen, also der Vermögenden und größeren Landbesitzer, keine Entscheidung getroffen werden konnte. Nicht durch die demokratische Abstimmung nach Köpfen wurde die politische Ordnung Roms charakterisiert, sondern durch ausgeklügelte timokratische Entscheidungsverfahren. Das timokratische Prinzip sicherte den politischen Vorrang der Begüterten.

Während die Besetzung der Magistrate (Amt beziehungsweise Amtsinhaber) jährlich wechselte, blieben die Senatsmitglieder lebenslang in ihrer Stellung. Dadurch wurde eine kontinuierliche, vom Senat bestimmte Politik gesichert. In der Kaiserzeit hatte der Senat meist nur repräsentative Funktion. Seine politische Bedeutung nahm deutlich ab.

Um die Wiederkehr monarchischer Willkürherrschaft zu verhindern, waren die oberen römischen Beamten an das Prinzip der Annuität gebunden, das heißt, die Amtszeit durfte (bis auf wenige Ausnahmen) nicht länger als ein Jahr dauern. Außerdem galt das Prinzip der Kollegialität, das heißt, die Ämter waren durch mindestens einen zweiten gleichrangigen Amtsinhaber zu besetzen. Darüber hinaus besaß jeder Amtsträger das Recht, durch Einspruch (Veto) die Maßnahmen des anderen Kollegen aufzuhalten. Die Amtsbefugnisse waren durch strikte Unterordnung unter das Gesetz geregelt. Nach Ablauf der einjährigen Amtszeit konnte der Beamte zur Rechenschaft gezogen werden. Die hohen Beamten hatten außerdem keinen Anspruch auf Besoldung, ihre Tätigkeit war ehrenamtlich. Jedem Bürger stand das Recht zur Berufung zu, das heißt, er konnte eine von einem Konsul oder Prätor gegen ihn verhängte Strafe vom Volk überprüfen lassen.

Ämterlaufbahn

Die Wahl der Magistrate war an eine Reihe von Vorschriften gebunden. In ihnen wurden genaue Altersgrenzen für die einzelnen Ämter festgelegt. Das Amt des Prätors hatte dem des Konsuls vorauszugehen, und zeitliche Abstände von zwei Jahren zwischen zwei aufeinanderfolgenden hohen Staatsämtern waren einzuhalten. Außerdem war es nicht zulässig, dasselbe Amt wiederholt zu bekleiden. Vor dem Eintritt in die Beamtenlaufbahn musste ein Wehrdienst (zehn Jahre) abgeleistet werden. Die Ämterlaufbahn war durch eine verbindliche Reihenfolge festgelegt. Obwohl es nach dem Gesetz keinerlei Beschränkung für die Auswahl der Kandidaten gab, blieben die höchsten Beamtenstellen Bewerbern adliger Abkunft vorbehalten. Nur selten glückte es einem so genannten homo novus, einem Aufsteiger, bis in die höchsten Magistratspositionen zu gelangen. In Ausnahmefällen (zum Beispiel Krisensituationen) wurden die hohen Magistratsbeamten durch einen Diktator ersetzt, der höchstens für sechs Monate, von einem Konsul ernannt, mit der Staatsführung beauftragt wurde (eine Art Notstandsregelung).

Konsul mit Amtsdienern
Jeder Konsul wurde von sechs Amtsdienern, den Liktoren, begleitet. Rutenbündel und Beil waren das Zeichen von Strafgewalt.

Ein weiteres außerordentliches Amt bestand in der Einrichtung des Zwischenkönigs, der vom Senat für fünf Tage bestellt, zum Beispiel bei Ausfall der beiden Konsuln vor Ablauf ihrer Amtszeit, für Neuwahlen und korrekte Amtsübergabe der höchsten Staatsämter zu sorgen hatte.

In der Verfassungswirklichkeit des republikanischen Regierungssystems lag die eigentliche politische Macht in den Händen einiger weniger herrschender Familien (30 Familien stellten im Wesentlichen die Konsuln). Innerhalb der Führungsschicht gab es ständig Kämpfe um den politischen Einfluss. Diese Familien bemühten sich unentwegt, Verbündete (Klienten) und Wähler für sich zu gewinnen. Durch Veranstaltungen von Spielen und Festen sowie auch oft durch Bestechung versuchten sie, Anhänger an sich zu binden. In der Praxis war die römische Republik eine Adelsrepublik.

Das römische Verfassungssystem war also nicht von politischen Parteien im modernen Sinn geprägt. Erfolgreiche Politik war nur auf der Grundlage gegenseitiger und vielseitiger Klientelverpflichtung möglich.

Im Unterschied zur modernen Demokratie kannte der römische Staat keine Gewaltenteilung zur Verhinderung des politischen Machtmissbrauchs, keine Wahlen durch das Volk und keine parlamentarische Opposition. Struktur und Regierungspraxis der römischen republikanischen Verfassung sind bis zu ihrer Auflösung unter dem Diktator Caesar (46 v. Chr.) im Grundsätzlichen nicht verändert worden.

Bürgerrecht

Als Hauptinstrument zur Herrschaftsausübung diente das Heer, bestehend aus den Kerntruppen des Bürgeraufgebots von Rom und den Soldaten der Bundesgenossen. Auch das Bürgerrecht setzten die Römer geschickt zur Herrschaftsausübung ein. Mit dem vollen Bürgerrecht waren zum einen politische Rechte verbunden, wie zum Beispiel das Wahlrecht in der Volksversammlung, die Bekleidung öffentlicher Ämter oder auch der Militärdienst. Zum anderen konnte der Vollbürger gegen Gerichtsurteile Berufung einlegen, rechtsgültige Geschäftsbeziehungen eingehen und über Grundeigentum verfügen. Außerdem war seit 167 v. Chr. mit dem römischen Bürgerrecht die Steuerfreiheit verbunden. Nur im Falle der Ächtung oder bei schweren Verbrechen konnte das Bürgerrecht entzogen werden.

Den besiegten Völkerschaften erkannte man zunächst ein eingeschränktes Bürgerrecht zu, das sie vom aktiven wie passiven Wahlbeziehungsweise Stimmrecht in der Volksversammlung ausschloss. Außerdem konnten sie verpflichtet werden, in den römischen Legionen zu dienen. Eine andere Praxis bestand darin, besiegten Gegnern die politische Selbstständigkeit zu belassen, sie aber zur Heeresfolge (unter eigenem Kommando) und zum Verzicht auf eine selbstständige Außenpolitik zu zwingen. Wenn möglich, vermieden die Römer bewaffnete Auseinandersetzungen. Sie versuchten vielmehr, ein Volk gegen das andere ausspielend, in ausgeklügelten Abmachungen die Völker an sich zu binden. Die Verträge waren somit einseitig und unauflöslich. Allmählich wuchsen die Bundesgenossen Roms vom rechtlosen besiegten Feind zu gleichberechtigten römischen Mitbürgern auf. Aus der Wehrgemeinschaft entwickelte sich eine politische Rechtsgemeinschaft. Die Verleihung des römischen Bürgerrechts an die einzelnen Völker erwies sich als wichtiges Integrationsinstrument.

Insgesamt handelte es sich hierbei um eine Form der Herrschaftsorganisation, die die zentrale Funktion Roms wahrte und gleichzeitig den Abhängigen eigene Ordnungs- und Verwaltungsbefugnisse beließ. Diese indirekte Art der Machtausübung über die Bundesgenossen ergab sich aus dem Fehlen einer ausgebildeten Bürokratie und aus den ungeheuren Kosten, die Rom eine direkte Verwaltung abverlangt hätte.

Das Heer

Das römische Heer war während der Zeit der Republik ein Milizheer; jeder männliche Bürger war vom 17. bis zum 46. Lebensjahr aufgrund der allgemeinen Wehrpflicht zugleich auch Soldat. Es gab kein stehendes Heer. Erst mit der Heeresreform des Marius (Konsul des Jahres 107 v. Chr.) wurde das Milizsystem durch Berufssoldaten mit einer durchschnittlich 20-jährigen Dienstzeit abgelöst. Die Zahl der unter Waffen stehenden Bürger wuchs mit der territorialen Expansion. Mit der Verleihung des Bürgerrechts an alle italischen Bundesgenossen (nach dem so genannten Bundesgenossenkrieg 91–88 v. Chr.) dürfte es eine Million wehrtauglicher Bürger gegeben haben. Um die Wirtschaft nicht zu gefährden, haben die Römer ihr Wehrpotenzial nur in Krisenzeiten ausgeschöpft.

M 4 Römische Legionäre vor dem Lager
Zwischen ihnen zwei Cohorten-Feldzeichen, Relief der Trajanssäule in Rom, 107–117 n. Chr.

Mit der Einführung einer Berufsarmee erfuhr die römische Expansionspolitik einen weiteren Impuls: Eroberungskriege boten Beschäftigung und versprachen Beute für die Berufssoldaten.

Jahrhundertelang waren die Römer Bürger und zugleich Soldaten. Dieser Zustand prägte ihre innere Einstellung. Die meisten Römer blieben auch in ihrem Zivilleben soldatischen Wertvorstellungen verhaftet. Dieses militarisierte Denken förderte nicht unwesentlich den römischen Expansionsdrang.

Chronologie

753 v. Chr.	Sagenhafte Gründung Roms
um 510 v. Chr.	Vertreibung des etruskischen Königs; Rom wird Republik.
451 v. Chr.	Zwölftafelgesetz: Kodifizierung des geltenden Rechts
445 v. Chr.	Lex Canuleia: Aufhebung des Eheverbots Patrizier–Plebejer
387 v. Chr.	Galliereinfall in Oberitalien
367 v. Chr.	Licinisch-sextinische Gesetze: Zwei Konsuln, je einer Patrizier und Plebejer. Schuldenermäßigung und Festsetzung einer Höchstgrenze für Grundbesitz aus Staatsland
295 v. Chr.	Sieg der Römer über die Samniten
287 v. Chr.	Lex Hortensia: Ende der Ständekämpfe
um 270 v. Chr.	Römische Vormacht bis zum Apennin sowie in Unteritalien

Die Republikanische Verfassung nach Abschluss der Ständekämpfe
(2./3. Jahrhundert v. Chr.)

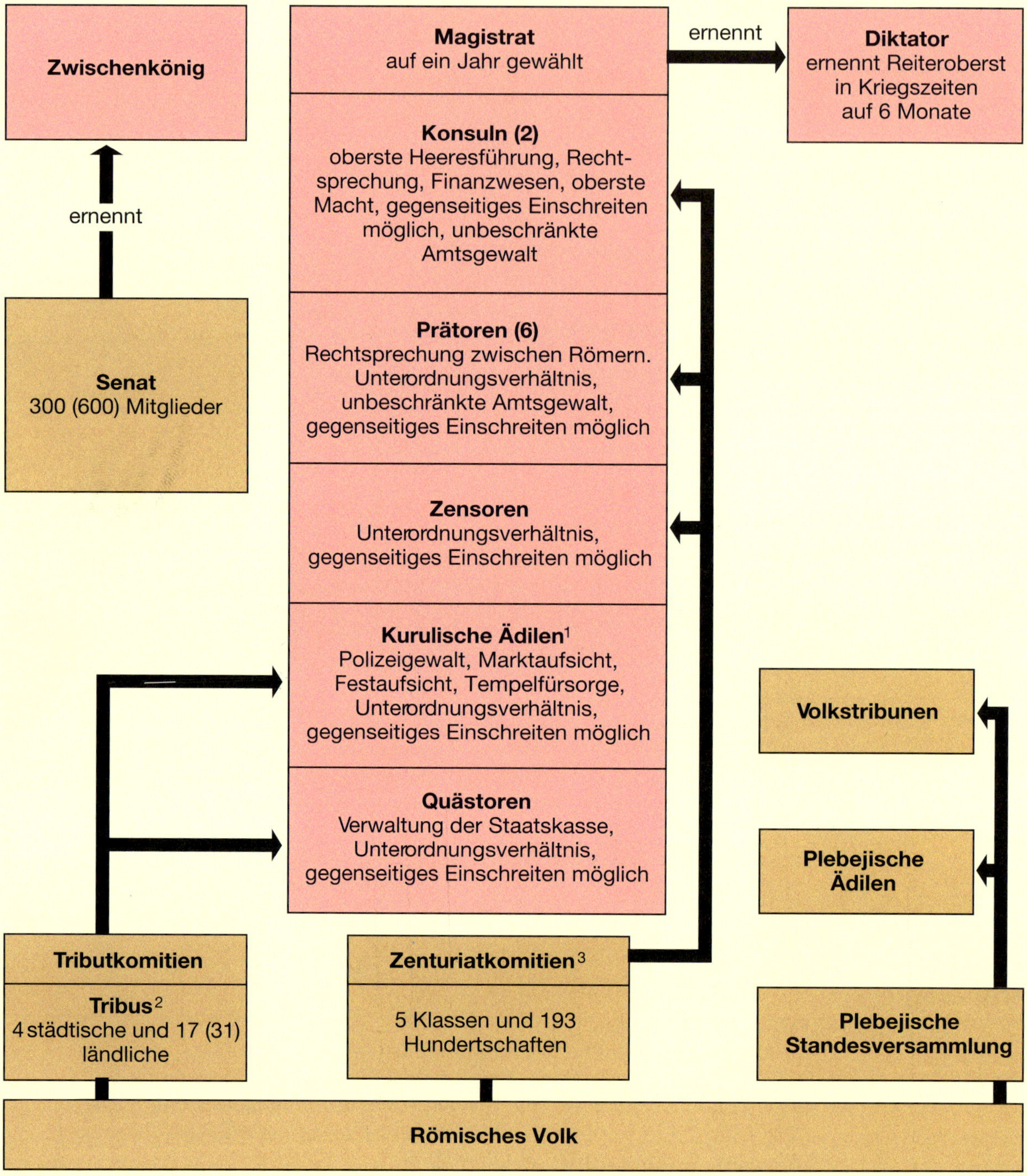

[1] kurulisch = patrizisch
[2] tribus = Verwaltungsbezirk, Organisationseinheit der römischen Bürgerschaft
[3] Komitien = Versammlungen zur Abstimmung über Gesetze, Wahlvorschläge und Strafanklagen

865E_1

M 5

M 6 Die römische Verfassung im 2. Jahrhundert v. Chr.

Der griechische Historiker Polybios (ca. 200–120 v. Chr.) sah eine Ursache für den politischen Erfolg Roms in dessen „idealer" Verfassung:

[...] Die meisten, die uns eine Verfassungslehre haben geben wollen, unterscheiden drei Verfassungsformen, die sie Königtum, Aristokratie und Demokratie nennen. Man kann aber [...] mit Recht an sie die Frage richten, ob sie uns diese als die einzigen oder vielmehr als die besten vorstellen. In jenem wie in diesem Falle sind sie meines Erachtens gleichermaßen im Irrtum. Denn es ist klar, dass als die beste Verfassung die anzusehen ist, die alle drei genannten Einzelverfassungen in sich vereinigt. [...]

Es gab [...] drei Teile, die im Staat Gewalt hatten. So gerecht und angemessen aber war alles geordnet, waren die Rollen verteilt und wurden in diesem Zusammenspiel die staatlichen Aufgaben gelöst, dass auch von den Einheimischen niemand mit Bestimmtheit hätte sagen können, ob die ganze Verfassung aristokratisch, demokratisch oder monarchisch war. Und so musste es jedem Betrachter ergehen. Denn wenn man seinen Blick auf die Machtvollkommenheit der Konsuln richtete, erschien die Staatsform vollkommen monarchisch und königlich, wenn auf die des Senats, wiederum aristokratisch, und wenn man auf die Befugnisse des Volkes sah, schien sie unzweifelhaft demokratisch. Die Bereiche des Staatslebens nun, in denen jedes dieser drei Elemente den bestimmenden Einfluss hatte, damals und auch jetzt noch mit geringen Ausnahmen, sind diese:

[...] Solange die Konsuln in Rom anwesend sind, das heißt, ehe sie ins Feld ziehen, haben sie in der Stadt die Entscheidung über alle staatlichen Angelegenheiten. Denn alle anderen Beamten, mit Ausnahme der Volkstribunen, sind ihnen untergeordnet und zum Gehorsam verpflichtet. Sie führen die Gesandtschaften in den Senat ein; ferner berichten sie über alle wichtigen Sachen an den Senat und befragen ihn nach seiner Meinung; in ihrer Hand liegt die Ausführung der Beschlüsse. In allen politischen Fragen, in denen die Entscheidung beim Volke liegt, haben sie das Notwendige zu veranlassen, die Volksversammlung einzuberufen, Vorschläge zu machen und Anträge einzubringen und für die Ausführung der Beschlüsse der Mehrheit zu sorgen. In der Vorbereitung und Rüstung für den Krieg und in der gesamten Führung der Operationen besitzen sie eine fast unumschränkte Gewalt. [...]

Der Senat sodann hat erstens die Finanzhoheit. Er verfügt über alle Einnahmen und ebenso über die Ausgaben. Denn unter keinem einzigen Titel können die Quaestoren Zahlungen leisten, ohne dass ein Senatsbeschluss dafür vorliegt, mit Ausnahme der Zahlungen an die Konsuln. Ebenso hat der Senat die Entscheidung über die bei weitem größten und wichtigsten Aufwendungen, die die Censoren alle vier Jahre für die öffentlichen Arbeiten, Reparaturen und Neubauten, machen; er muss ihnen das Geld bewilligen. Alle Verbrechen in Italien ferner, die eine staatliche Untersuchung notwendig machen, zum Beispiel Verrat, Verschwörungen, Giftmord, Meuchelmord, unterliegen der Jurisdiktion des Senats. [...]

In allen diesen Dingen hat das Volk nicht das Geringste zu sagen. Infolgedessen erscheint die Verfassung, wenn man während der Abwesenheit der Konsuln nach Rom kommt, als rein aristokratisch [...]. Und doch bleibt [dem Volke] immer noch ein Anteil, und ein äußerst wichtiger. Denn allein das Volk entscheidet über Ehrung und Bestrafung, hat also das Band in der Hand, das allein obrigkeitlich gelenkte wie konstitutionelle Staaten und überhaupt das gesamte menschliche Leben zusammen und in Ordnung hält. [...] Das Volk verhängt oft eine Geldstrafe, wenn dies der Schwere des Vergehens entspricht, vor allem auch gegen Männer, die die höchsten Ämter bekleidet haben. Das Todesurteil aber kann es allein aussprechen. [...]

Im Vorstehenden habe ich dargelegt, wie die staatlichen Kompetenzen auf die drei Faktoren der Verfassung verteilt sind. Nun will ich zeigen, in welcher Weise sie wiederum, wenn sie wollen, einander entgegenwirken oder sich gegenseitig unterstützen können. Wenn der Konsul im Besitz der geschilderten Machtvollkommenheit an der Spitze des Heeres ins Feld zieht, scheint er unumschränkte Gewalt zur Durchführung seiner Pläne zu haben, in Wirklichkeit aber bleibt er auf Volk und Senat angewiesen und ist ohne diese nicht in der Lage, seine Unternehmungen zu einem guten Ende zu bringen. Denn selbstverständlich bedarf das Heer dauernder Versorgung, ohne den Willen des Senats aber kann ihm weder Brotgetreide noch Kleidung noch Sold geliefert werden, sodass die Operationspläne der Feldherren undurchführbar werden, wenn der Senat sie vereiteln oder sabotieren will. Und auch das hängt vom Senate ab, ob der Befehlshaber seine Pläne und Unternehmungen vollenden kann. Denn in der Macht des Senates liegt es, wenn das Amtsjahr abgelaufen ist, ihm einen Nachfolger zu schicken oder ihm das Kommando zu verlängern. [...] Die Triumphe [...], durch welche die Feldherrn den Bürgern den Ruhm ihrer Taten sinnfällig vor Augen stellen, können diese nicht in würdiger

Form begehen, ja manchmal überhaupt nicht durchführen, wenn der Senat sie nicht genehmigt und die Mittel dafür bewilligt. Vollends ist es für sie notwendig, die Gunst des Volkes zu gewinnen, auch wenn sie noch so weit von der Heimat entfernt sind. Denn das Volk hat, wie gesagt, alle Abkommen und Friedensverträge zu bestätigen oder abzulehnen. Vor allem aber muss der Konsul bei der Niederlegung seines Amtes vor dem Volk Rechenschaft über seine Handlungen ablegen. [...]

Der Senat wiederum, der doch so große Macht hat, ist erstens in allen politischen Angelegenheiten gezwungen, auf die Stimmung des Volkes zu achten und seine Wünsche zu berücksichtigen. Er kann die Untersuchung und Ahndung der schwersten Verbrechen gegen den Staat, auf die Todesstrafe steht, nicht durchführen, wenn das Volk nicht die Vorentscheidung des Senats bestätigt. [...]

Ebenso ist wiederum das Volk vom Senat abhängig und muss sich nach ihm richten, im staatlichen wie im privaten Leben. Für alle öffentlichen Arbeiten, die in ganz Italien von den Censoren vergeben werden zur Wiederherstellung oder Neuerrichtung von Bauten – es wäre nicht leicht, sie alle aufzuzählen –, für alle Pachtungen von Zöllen an Flüssen und Häfen, von Gärten, Bergwerken, Ländereien, kurz allem, was der römischen Herrschaft untersteht, für all dies kommen die Unternehmer aus der breiten Masse des Volkes auf, und sozusagen fast jeder Bürger ist an diesen Submissionen und Pachtungen beteiligt. [...] Die Entscheidung aber über all diese Dinge liegt beim Senat. Er kann Zahlungsaufschub bewilligen, bei einem Unglück Nachlass gewähren, oder wenn ein Hindernis die Ausführung der Arbeit gänzlich unmöglich macht, von den Verpflichtungen aus dem Werksvertrag ganz entbinden. So hat der Senat vielerlei Möglichkeiten und Gelegenheiten, den Unternehmern großen Schaden zuzufügen und bedeutende Vorteile zuzuwenden. [...] Was aber die Hauptsache ist: aus den Reihen der Senatoren werden die Richter gewählt für fast alle öffentlichen und privaten Prozesse, soweit es sich um schwer wiegendere Fälle handelt. Da also alle Bürger sich der richterlichen Entscheidung der Senatoren anvertrauen müssen und angesichts der Ungewissheit des Ausgangs in Furcht leben, hüten sie sich wohl, den Wünschen des Senats Widerstand zu leisten und entgegenzuwirken. Ebenso finden sie sich nicht leicht bereit, den Plänen der Konsuln Hindernisse in den Weg zu legen, weil jeder Einzelne und alle insgesamt im Felde ihrer Befehlsgewalt unterstehen.

Obwohl jeder der drei Teile solche Macht hat, einander zu schaden oder zu helfen, so wirken sie doch in allen kritischen Situationen so einträchtig zusammen, dass man unmöglich ein besseres Verfassungssystem finden kann.

Zit. nach: W. Lautemann, M. Schlenke (Hg.), Geschichte in Quellen, Altertum, München 1965, S. 417 ff.

Aufgaben

1. Skizzieren Sie die wichtigsten Etappen, die zur Ausweitung der römischen Herrschaft in Italien führten.
   → Text
2. Beschreiben Sie die gesellschaftliche Stellung und die ökonomische Lage der einzelnen sozialen Schichten in Rom.
   → Text, M3
3. Bestimmen Sie die Bedeutung des römischen Klientelwesens. Vergleichen Sie dieses gesellschaftspolitische Beziehungssystem mit anderen Ihnen aus Geschichte oder Gegenwart bekannten Formen.
   → Text
4. Kennzeichnen Sie die soziale und politische Entwicklung des Patriziats und der Plebs von der frühen Republik bis zum Ende der Ständekämpfe.
   → Text
5. Stellen Sie Aufgaben und Stellung der einzelnen Institutionen der Römischen Republik (2./3. Jahrhundert v. Chr.) dar.
   → Text, M5, M6
6. Vergleichen Sie die römischen Staatsinstitutionen mit denen der Bundesrepublik Deutschland. Bewerten Sie die Unterschiede.
7. Erklären Sie die Besonderheit der römischen Verfassung. Wodurch erhielt sie ihre Funktionsfähigkeit?
   → M6

3.2 Krise der römischen Republik

Nach Beendigung der Ständekämpfe (287 v. Chr.) und der politischen und militärischen Zusammenfassung der italienischen Festlandbewohner zu einer Wehrgemeinschaft, setzte Roms imperiale Expansionspolitik ein.

Folgen der Expansion

Der Übergang vom bäuerlichen Stadtstaat zum Weltreich wirkte sich in Rom einschneidend auf das Sozial- und Wirtschaftsgefüge aus. Die militärischen Erfolge brachten reiche Beute und Tribute aus den Provinzen. Die Römer verfügten über die Kornkammern der Mittelmeerwelt und erschlossen sich Sklavenmärkte.

Die Großgrundbesitzer und Kaufleute begrüßten die fortwährenden Kriege. Andererseits erlitten die freien Kleinbauern, wenn sie nach jahrelangem Kriegsdienst und der bäuerlichen Arbeit entwöhnt auf ihre verwahrlosten Höfe zurückkehrten, wirtschaftliche Einbußen durch die zunehmende Konkurrenz der Großbauern. Viele Kleinlandwirte gingen zugrunde, gaben gezwungenermaßen ihre Höfe auf, wurden zu Pächtern oder gerieten in Schuldknechtschaft. Viele zogen nach Rom und vermehrten dort die Masse der mittellosen Bürger (Proletarii). In der Stadt waren sie durch die ständige Ausdehnung der Sklavenarbeit zur Arbeitslosigkeit verurteilt.

Durch die ständig wachsende Zahl der Besitzlosen nahm die Zahl der Wehrpflichtigen ab, weil nach römischem Recht die Wehrpflicht an Besitz gebunden war. Es bereitete immer größere Schwierigkeiten, die Bürgersoldaten zu rekrutieren.

Das Agrarproblem in Verbindung mit der Heeresverfassung löste somit die grundlegende Krise der späten Republik aus.

Soziale Krise

Im Jahre 133 v. Chr. kam es zur ersten offenen Auseinandersetzung innerhalb der römischen Bürgerschaft. Tiberius Gracchus, der aus der römischen Oberschicht stammte, wurde als hoher Beamter auf seinen Reisen durch Italien und die spanische Provinz mit der bedrückenden Lage der armen Landbevölkerung und den weiten verödeten Landstrichen konfrontiert. Es wurde ihm dabei bewusst, dass den Bauern im Zuge einer Siedlungspolitik mehr Land zur Verfügung gestellt werden müsste.

Zum Volkstribun gewählt, setzte Tiberius Gracchus gegen den Widerstand des Senats, allein auf das Votum der Volksversammlung gestützt, eine Neuverteilung des Staatslandes durch, das sich überwiegend in den Händen der Großgrundbesitzer befand. Gegen dieses Vorhaben legte der Amtskollege ein Veto ein. Tiberius Gracchus ließ diesen durch die Volksversammlung abwählen. Dies war staatsrechtlich möglich, aber seit Jahrhunderten außer Übung gekommen.

Als Tiberius Gracchus versuchte, sich für ein weiteres Jahr zum Volkstribun wählen zu lassen, wurden er und zahlreiche seiner Anhänger umgebracht.

Sein Bruder Gaius Gracchus, 123 v. Chr. zum Volkstribun gewählt, nahm die Reformpolitik wieder auf und schlug ein weiter gehendes Wirtschafts- und Sozialprogramm vor. Neben der erneuten Forderung nach Neuverteilung des Staatslandes verlangte er ein Getreidegesetz, durch das die Plebs in der Stadt Rom mit verbilligtem Getreide versorgt werden sollte. Vor allem seine Forderungen, den Latinern das Vollbürgerrecht und allen italischen Bundesgenossen das eingeschränkte Bürgerrecht zu verleihen, brachten Senat und Bürgerschaft gegen ihn auf. Die niederen Volksschichten wollten ihre Privilegien keineswegs mit den Neubürgern teilen. Auch Gaius Gracchus und seine Anhänger wurden wegen ihrer Reformvorhaben umgebracht.

Optimaten und Popularen

Das Volkstribunat wurde während der Zeit der Gracchen zum wichtigsten politischen Instrument der Opposition gegen den Senat.

Die Anhänger der Gracchen griffen auf die mögliche unmittelbare Inanspruchnahme des Volkes bei der Gesetzgebung zurück. Diese politische Praxis war zwar legal, widersprach allerdings der Gepflogenheit, weitreichende Entscheidungen von der Zustimmung der Senatsmehrheit abhängig zu machen.

Die Vertreter einer solchen „popularen" Politik, deren Ziel es war, die Macht der an starren Traditionen festhaltenden Aristokratie zu überwinden, wurden als Popularen bezeichnet; ihre Gegner nannten sich Optimaten (die Besten). Sie bestanden auf der althergebrachten Autorität des Senats. Beide politische Interessengruppen stützten sich bei Abstimmungen weitgehend auf die gleichen Bevölkerungsgruppen; ihre maßgeblichen Führer gehörten überwiegend der Oberschicht an. Es wäre verfehlt, die Popularen etwa als Volkspartei zu bezeichnen (im Gegensatz etwa zur aristokratischen Senatspartei), da das Volk keine einheitliche politische Gefolgschaft darstellte. Ehrgeizige Politiker setzten vielmehr die Interessen der unteren Bevölkerungsschichten für sich ein.

Militärische Krise

Langwierige Kriege führten zu militärpolitischen Konsequenzen und verschärften die Polarisierung zwischen Optimaten und Popularen, da die Missstände in der Landwirtschaft nicht behoben werden konnten. Außerdem gelang es auch nicht, die Zahl der römischen Bürgersoldaten aufrechtzuerhalten.

Marius (156–86 v. Chr.), ein „Homo novus", also ein Mann ohne adlige Vorfahren, Führer der Popularen und erfolgreicher Feldherr, reformierte das Heer durch Aufnahme besitzloser Proletarier als lang dienende Berufssoldaten. Er brach folglich mit der Tradition eines Bürgerheeres. Die ungelöste Agrarfrage stellte sich jetzt erneut, da das Hauptziel der Soldaten darin bestand, nach dem Militärdienst mit Ackerland belohnt zu werden (Anrecht auf Versorgung nach 16-jähriger Dienstzeit). Gegen den Widerstand des Senats setzte er die Ansiedlung seiner Veteranen (ausgediente Soldaten) als freie Bauern durch.

Mit den Reformmaßnahmen des Marius wurde eine Politik eingeleitet, die in die spätere Auflösung der Republik führen sollte: Erfolgreiche Militärs, gestützt auf von ihnen abhängige Soldaten, griffen zunehmend in die Politik ein. Die persönliche Bindung gegenüber dem Feldherrn wurde stärker als die gegenüber dem Staat. Das ist der Grund dafür, dass nunmehr innere Konflikte in Bürgerkriegen mit regulären Armeen ausgetragen wurden.

Diktatur Sullas

Die eine Seite wurde von Sulla geführt, einem Patrizier und erfolgreichen Feldherrn, die Gegenseite von Marius. Sulla und die Senatspartei gingen aus dem Krieg als Sieger hervor.

M 1 Lucius Cornelius Sulla (138–78 v. Chr.) entstammte einem alten Patriziergeschlecht. Er war Konsul im Jahr 88 v. Chr.

Nach Sullas Tod wurde der römische Staat für eine Reihe ehrgeiziger Männer, die über große Heere und starke Gefolgschaft bei den Volksmassen verfügten, zum Gegenstand der Ausbeutung. Aufgrund der innen- und außenpolitischen Bedrohungen übertrug der Senat Pompeius (106–48 v. Chr.), einem Günstling Sullas und erfolgreichen Militär, außerordentliche Befehlsgewalt. Pompeius bekämpfte die im Mittelmeer operierenden Seeräuber, erfocht militärische Siege im Osten des Reiches und schlug Aufstände in der spanischen Provinz nieder. Zur gleichen Zeit wurde Crassus wegen seiner militärischen Siege und als wohlhabender Geschäftsmann bekannt.

Pompeius und Crassus strebten als siegreiche Feldherrn nach dem Konsulat. Obwohl sie Rivalen waren und sich auf eigene Truppen stützen konnten, verfolgten sie ein gemeinsames Ziel. Sie versuchten, die Gesetze Sullas rückgängig zu machen und das Volkstribunat wiederherzustellen.

M 2 Gnaeus Pompeius (106–48 v. Chr.) (links) und Marcus Licinius Crassus (115–53 v. Chr.) (rechts)
Pompeius wurde als Feldherr populär durch die Ausrottung der Seeräuber, die die Lebensmittelversorgung Roms gefährdeten. Die Frisur soll an sein großes Vorbild Alexander den Großen erinnern.
Crassus, Konsul der Jahre 70 und 55, galt als reichster Mann Roms und war in der Lage, seine Privatarmee zu finanzieren. Er bezahlte auch die Wahlkämpfe Caesars.

Alleinherrschaft Caesars

Im Jahre 60 v. Chr. trat der plebsfreundliche Politiker Gaius Julius Caesar (100–44 v. Chr.) in den Blickpunkt des politischen Geschehens. Er entstammte einer alten patrizischen Familie (Geschlecht der Julier) und war ein Neffe des Popularen Marius.

Zusammen mit Pompeius und Crassus bildete er ein Triumvirat. Die Einrichtung eines Triumvirats, einer Kommission von drei Männern zur Erledigung politischer Angelegenheiten, wurde in Rom oft praktiziert. Demgegenüber war das 1. Triumvirat von Caesar, Pompeius und Crassus eine private Verabredung von nicht gewählten und nicht gesetzlich bestätigten Männern. Nach Ablauf seines Amtsjahres als Konsul (59 v. Chr.) erhielt Caesar als Prokonsul die Provinzen Gallia Cisalpina und Illyrien (von 58 bis 51 v. Chr. eroberte er schließlich ganz Gallien). Nach dem Tode von Crassus trat die Rivalität zwischen Caesar und Pompeius offen zutage. Pompeius war inzwischen auf die Seite der Optimaten getreten und konnte in Rom seine einflussreiche Stellung durch starke Anlehnung an den Senat ausbauen. Caesar versuchte in Abwesenheit sich für das Konsulat zu bewerben, scheiterte aber am entschiedenen Widerstand seines ehemaligen Verbündeten Pompeius, der Optimaten und des Senats (50/49 v. Chr.). Als auf Betreiben des Pompeius der Senat von Caesar die Auflösung seiner Legionen und die

M 3

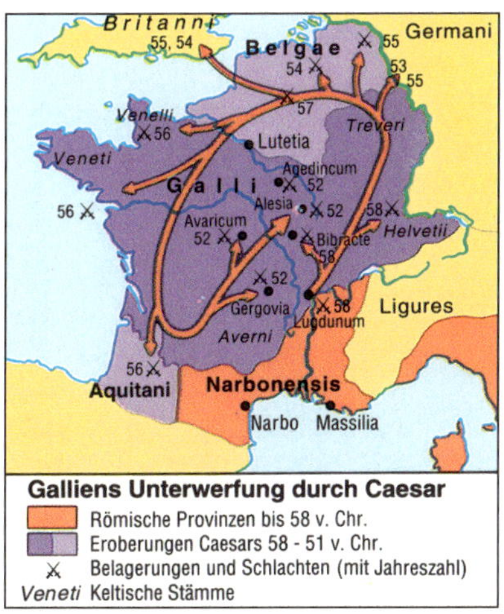

Niederlegung seines militärischen Kommandos verlangte, entschied sich Caesar für den Militärputsch und überschritt die Grenze zwischen Gallien und Italien (am Flüsschen Rubikon) und löste damit erneut einen Bürgerkrieg aus.

Caesar besetzte Rom, besiegte Pompeius und schlug dessen Generäle im Osten des Reiches, in Afrika und in Spanien. Er regierte nun formal nach der republikanischen Verfassung, praktisch aber unbeschränkt. Er vereinigte die höchsten Staatsämter in seiner Person: Konsul, Diktator, Tribun, Zensor und ständiger Oberbefehlshaber (Imperator). Seine Stellung als Diktator (zunächst auf zehn Jahre, zuletzt auf Lebenszeit) lief auf eine verschleierte Form der Monarchie hinaus. Die faktische Alleinherrschaft Caesars wurde durch eine Vielzahl von Ehrungen gefördert. Triumphe und Feste zu seinen Gunsten erwiderte Caesar mit „Geschenken" an das Volk in Form von Spielen, Prachtbauten und Speisungen. Schon zu Lebzeiten entwickelte sich ein Kult um seine Person, der auf eine Divinisierung (Vergöttlichung) hinauslief.

Die Missachtung der republikanischen Verfassung provozierte die traditionsbewusste Opposition unter den Senatoren und führte schließlich in einer Senatssitzung zu seiner Ermordung (44 v. Chr.).

M 4 **Die Ermordung Caesars,** Gemälde, 19. Jahrhundert

Chronologie

133–121 v. Chr.	Versuche einer Land- und Sozialreform durch Tiberius Gracchus und Gaius Gracchus
104 v. Chr.	Heeresreform des Marius
88 v. Chr.	Ausbruch des Bürgerkrieges zwischen den Anhängern des Marius und Sulla (Popularen gegen Optimaten)
82–79 v. Chr.	Diktatur Sullas
60 v. Chr.	1. Triumvirat: Caesar, Pompeius und Crassus
59 v. Chr.	Caesar Konsul
58–51 v. Chr.	Eroberung Galliens durch Caesar
49–45 v. Chr.	Bürgerkrieg
46 v. Chr.	Caesar Diktator auf 10 Jahre
44 v. Chr.	Caesar Diktator auf Lebenszeit Ermordung Caesars (15. März)
43 v. Chr.	2. Triumvirat: Octavian, Antonius und Lepidus
31 v. Chr.	Sieg Octavians über Antonius und Kleopatra (bei Actium/Griechenland)

M 5 Zunehmende Kluft zwischen Arm und Reich

Auf die wirtschaftlichen und sozialen Wandlungen im 2. Jahrhundert v. Chr. weist der griechisch-römische Historiker Appian (um 150 v. Chr.) hin:

Die Römer eroberten allmählich Italien; nach jedem Kriege nahmen sie einen Teil des gewonnen Landes für sich weg, erbauten darauf Städte oder führten [...] Ansiedler hin [...]. Diese Kolonien sollten die Stelle von Festungen zur Sicherung des Landes vertreten. Was sich die Römer in den eroberten Gebieten jedesmal zu urbarem Lande zugeeignet hatten, wurde sogleich an die Neuangesiedelten frei ausgeteilt oder verkauft oder verpachtet. Sie nahmen sich aber keine Zeit, das zu verlosen, was wegen des Krieges oft unangebaut lag, sondern erklärten es als Gemeindegut, sodass jedem gestattet war, es zu bebauen; nur musste er eine jährliche Abgabe vom Ertrage entrichten, und zwar den zehnten Teil von den Saatfrüchten und den fünften von den Baumfrüchten. Überdies lag auf der Viehfrucht [Weidenutzung] eine Abgabe von größeren und kleineren Tieren. Dies tat man alles zur Vermehrung des sehr ausdauernd scheinenden italischen Volksstammes, um aus dem eigenen Lande Bundesgenossen zu haben.

Die Folge war gerade das Gegenteil. Denn die Reichen hatten sich der meisten dieser allgemeinen Ländereien bemächtigt. Sie vertrauten den Zeitumständen, dass das Land ihnen nicht mehr abgenommen werde, und kauften zum Teil die in ihrer Nähe gelegenen Stücke der Armen mit deren Willen, zum Teil nahmen sie ihnen diese mit Gewalt, sodass sie nunmehr weit ausgedehnte Ländereien statt einzelner Felder bebauten. Sie gebrauchten dabei Sklaven zum Landbau und zur Viehzucht, weil ihnen freie Leute von der Arbeit weg zum Kriegsdienst einberufen worden wären. Der Besitz von Sklaven brachte ihnen gleichzeitig auch noch großen Gewinn, weil sich diese wegen ihrer Befreiung vom Kriegsdienst ungefährdet vermehren konnten und eine Menge Kinder erzeugten. So zogen die Mächtigen durchweg allen Reichtum an sich, und das ganze Land wimmelte von Sklaven. Die Italiker dagegen schmolzen zusammen, und ihr männlicher Mut schwand, weil sie durch Armut, Abgaben und Kriegsdienst aufgerieben wurden. Traten aber auch Zeiten des Friedens ein, so sahen sie sich in Untätigkeit versetzt, weil die Reichen im Besitze des Bodens waren und statt freier Arbeiter Sklaven zum Ackerbau verwendeten.

Zit. nach: G. Guggenbühl (Hg.), Quellen zur Geschichte des Altertums, Zürich 1964, S. 199.

M 6 Caesar als Alleinherrscher

Der Althistoriker Christian Meier zeichnet ein Bild von der Machtposition Caesars, nachdem dieser 45 v. Chr. den Bürgerkrieg gegen Pompeius und dessen Anhänger gewonnen hatte:

Caesar war nach seinem Sieg so mächtig wie kein Römer vor ihm. Er konnte kommandieren, verfügen, verbieten, Institutionen einsetzen, abschaffen, verändern, Gesetze geben, umgehen, brechen, Magistrate wählen und suspendieren lassen [entlassen], wie er es wollte. Er hätte auch töten, verbannen und wie auch immer sonst bestrafen können, wenn er es gewollt hätte; wie er begnadigen und Rückkehr nach Rom bewilligen konnte. Für verschiedene dieser Handlungen war er sogar formell bevollmächtigt worden. Er hatte den Oberbefehl über die römischen Armeen, das Recht, über die Finanzen zu verfügen. Er durfte bindende Empfehlungen bei den Wahlen aussprechen, Patrizier ernennen (was sonst nur die Könige gedurft hatten, und nachdem das Patriziat 400 Jahre lang geschlossen gewesen war), ferner den Senat ergänzen. Er hatte das außerordentliche Amt der Sittenaufsicht, erst auf Jahre, dann auf Lebenszeit und war zum Diktator auf zehn Jahre und endlich auf immer ernannt worden. Die Magistrate mußten nach ihrer Wahl einen Eid schwören, gegen keine der caesarischen Verfügungen zu handeln.

Caesar hat dann auch ungeheuer viel ins Werk gesetzt. [...] Darunter sind so großartige Leistungen wie die Gründung zahlreicher Kolonien in weitesten Teilen des Herrschaftsbereichs, die Ansiedlung vieler Zehntausender von Bürgern, Veteranen und Angehörigen des Stadtproletariats, die Verbesserung der öffentlichen Sicherheit und die geschickte Ordnung vieler Gebiete der Administration durch

M 7 Gaius Julius Caesar (100–44 v. Chr.)

Konsul, erfolgreicher Feldherr und Prokonsul in Gallien, Diktator auf Lebenszeit, fiel am Ende der aristokratischen Opposition zum Opfer. Auf seine Initiative bildete sich im Jahre 60 v. Chr. das Triumvirat mit dem Ziel, „dass nichts in der römischen Politik geschehen sollte, was einem der drei missfalle."

neue Gesetze. Der Kalender wurde neu geordnet, eine Bibliothek wurde gestiftet, die die gesamte griechische und römische Literatur sammeln sollte, das Recht sollte kodifiziert, der Isthmos von Korinth durchstochen, die Pontinischen Sümpfe [bei Rom] trockengelegt, Straßen und Häfen ausgebaut werden. Auf dem Marsfeld sollte der größte Tempel der Welt, am tarpejischen Felsen das größte Theater der Welt gebaut werden. All dies war mindestens in der Planung schon ernsthaft betrieben worden.

Aber eben ob er eine Monarchie hat begründen wollen, wissen wir auch nicht. Wir wissen nur, daß er wie ein Monarch – und in vielen Hinsichten sehr absolut – gewaltet und monarchische Vollmachten besessen hat. Und wir wissen auch, dass man ihm unerhörte Ehren erwies, die teilweise an Königliches, teilweise aber auch an Göttliches anknüpften, ohne dass er freilich dadurch schon als König oder Gott ausgezeichnet gewesen wäre. Caesar hatte etwa das Recht bekommen, den (auf den königlichen zurückgehenden) Triumphalornat [Festgewand] auch außerhalb des Triumphzuges zu tragen. Er hatte die Titel Imperator [Oberfeldherr, Kaiser], Liberator [Befreier] und Pater Patriae [Vater des Vaterlandes] erhalten. Sein Geburtstag war zum öffentlichen Feiertag erklärt, sein Geburtsmonat Quinctilis (den 5. Monat vom März an betreffend) in Julius umbenannt worden. Seine Statue wurde neben die der sieben Könige und des Befreiers Brutus gestellt. Eine andere wurde im Götterumzug mitgeführt (womit er wohl unter Victorias [Siegesgöttin] Schutz gestellt wurde). Sein Triumphwagen samt einer weiteren Statue, zu deren Füßen eine Weltkugel lag, wurde auf dem Kapitol aufgestellt. Durch noch eine Statue wurde er zum „Tempelgenossen" des Romulus. Um von vielem anderen abzusehen: Noch zu seinen Lebzeiten wurde der Beschluss gefasst, Caesar nach seinem Tode zu vergotten und kultisch zu verehren.

Manches an diesen Ehrungen (die ihre Vorbilder in den verschiedensten Bereichen, zumeist dem hellenistischen, hatten) mutet schwindelhaft an. Aber es lag dennoch ein Stück Wahrheit darin. Man fasst in ihnen die äußere, nahezu konsequente Darstellung dessen, als was Caesar letztlich zu verstehen war. Der Übergang zwischen Mensch und Gott war in der Antike (nicht nur bei den Griechen) fließend. Der Mensch konnte nahe an die Götter heranreichen, wie er auch sehr weit von ihnen entfernt bleiben konnte. Beide lebten gleichsam im gleichen Raum. Der antike Mensch war nicht so grundsätzlich von den Göttern geschieden und so grundsätzlich allen anderen Menschen darin gleich wie der abendländische gegenüber dem christlichen Gott. Diese Unterschiede der Menschen in einem mit den Göttern gemeinsamen Raum bedingten die Sklaverei so gut wie die Annäherung an die Unsterblichkeit. So konnte es sehr naheliegen, eine außergewöhnliche Erscheinung wie diejenige Caesars nach den hellenistischen Mustern zu ehren. Es bestand jedenfalls ein Bedürfnis, sie irgendwie auch zur Repräsentation zu bringen, sie damit festzulegen und sinnlich verständlich zu machen.

Doch gerade diese unerhört hohen Ehrungen lassen daran zweifeln, daß Caesar eine Monarchie habe einrichten wollen. Denn sie konnten ja nur dem einzigartigen, die Grenzen der Sterblichkeit berührenden Menschen Caesar und (worauf sie oft direkt Bezug nahmen) seinen ungeheuren Taten seiner übermenschlichen Leistungs- und Siegesfähigkeit gelten. Es ist nicht zu sehen, wie dieser Caesar einen Nachfolger hätte finden können. So wie er geehrt wurde, gab es nur einen Caesar und so leicht keinen zweiten. Dieser überragende Mann, der auch den Bürgerkrieg eröffnet hatte, der clementia [Milde] hatte walten lassen, der Sieger war unwiederholbar.

Chr. Meier, Entstehung des Begriffs Demokratie, Frankfurt 1981, S. 131 ff.

Aufgaben

1. Untersuchen Sie die Folgen der Expansion für das römische Sozial- und Wirtschaftsgefüge.
   → Text
2. Analysieren Sie die soziale, militärische und politische Krise der römischen Republik.
   → Text
3. Bestimmen Sie, welche Auswirkungen die Krise hatte. → Text, M5
4. Beschreiben und analysieren Sie die monarchisch-göttliche Verehrung, die Caesar zuteil wurde.
   → M6

3.3 Die römische Kaiserzeit

Prinzipat

Nach dem Tode Caesars entbrannte ein Bürgerkrieg um die Nachfolge in der politischen Führung. Aus diesen Machtkämpfen ging schließlich Caesars Adoptivsohn Octavian als Sieger hervor. Der Übergang von der römischen Republik zur Monarchie verbindet sich mit seinem Namen. Er setzte der Selbstzerfleischung der politischen Eliten Roms ein Ende und wurde darum als Retter des Vaterlandes gefeiert. Seine Maßnahmen zielten darauf ab, den Ausbruch eines neuen Bürgerkrieges zu verhindern. Er suchte den Ausgleich mit dem Senat und gab ihm formell die Macht zurück. Sein Programm hieß: „res publica restituta“ – also die Wiederherstellung der republikanischen Staatsordnung. Octavian erhielt den Titel „Augustus“ (der Erhabene) als Ehrenbezeichnung vom Senat zugesprochen. Er übernahm nicht nur verschiedene republikanische Amtsgewalten auf Lebenszeit (u.a. das prokonsularische Imperium und das Volkstribunat), Augustus bekam auch die unmittelbare Herrschaft über nicht befriedete Provinzen (Gallien, Spanien, Syrien, Ägypten) zugesprochen. Die Verfügung über das Staatsvermögen sicherte die Herrschaft auch finanziell ab. Er führte den inoffiziellen Titel „Princeps“, also erster Bürger, was seine Stellung in der von ihm geschaffenen neuen Ordnung nur unzureichend zur Geltung brachte. Seiner unzweifelhaften Autorität tat dies keinen Abbruch.

Der „Principat“ bezeichnet jene Epoche der römischen Kaiserzeit, die zumindest teilweise geprägt war durch die Kooperation des Kaisers mit den führenden Familien des Reiches. Der Princeps stand keineswegs über dem Gesetz. Man kann von einer Monarchie mit rechtlicher Bindung sprechen beziehungsweise von einem „Senatskaisertum“.

M 1 **Die zwei Meter hohe Statue des Augustus** wurde in der Villa seiner Frau Livia bei Prima Porta gefunden. Sie zeigt Augustus in der Pose des Siegers. Entstanden nach einem diplomatischen Sieg über die Parther, ein iranisches Reitervolk, zeigt das Relief auf dem Brustpanzer, wie der Partherkönig Phraates die 53 v. Chr. erbeuteten Feldzeichen zurückgibt.

Die tiefen Ursachen für den Übergang zur Monarchie lagen in einem strukturellen Missverhältnis. Aus den Anfängen des Stadtstaates war ein Imperium erwachsen, das unter anderem den gesamten Mittelmeerraum umfasste. Der Stadtstaat verfügte aber nicht über die angemessenen Institutionen, große Räume zu beherrschen. Die aristokratische Elite Roms allein vermochte nicht mehr die für das gesamte Reich notwendige Integration und Stabilität zu gewährleisten. Die Beherrschung eines Weltreiches verlangte den Aufbau umfänglicher Verwaltungen, die Romanisierung der Provinzen, die Konsolidierung der eroberten Gebiete und nicht zuletzt den Ausbau des kaiserlichen Hofes als integratives politisches Zentrum.

Adoptivkaisertum

Der Principat gewährleistete in den ersten beiden nachchristlichen Jahrhunderten eine stabile Ordnung. Allerdings trug der Principat in sich einen Keim des Scheiterns, weil es beim Tod des Kaisers keine verbindliche Nachfolgeregelung gab. Theoretisch sollte ein besonders befähigter Mann im Amt nachfolgen. Diese Idee spiegelt sich im Adoptivkaisertum wider. Also nicht eine verwandtschaftliche Beziehung sollte das Kaisertum begründen, sondern allein die Leistung. Insbesondere die Kaiser Nerva (96–98), Trajan (98–117), Hadrian (117–138) und Marc Aurel (161–180) gelten als gelungene Beispiele für das Adoptivkaisertum.

Die weitere Entwicklung des Römischen Reiches sollte allerdings zeigen, dass das Modell des Adoptivkaisertums unrealistisch war. Sofern Söhne vorhanden waren, haben römische Kaiser immer wieder versucht, eine Erbmonarchie zu errichten.

Ein immer größerer Einfluss wurde zudem von Seiten des Militärs ausgeübt. In letzter Konsequenz hat sich der Anspruch auf den Thron nicht gegen die Soldaten – insbesondere die Prätorianergarde in Rom – durchsetzen lassen.

Absolutismus

Die weitere Entwicklung veränderte die Kaiseridee. Das römische Kaisertum geriet immer mehr unter hellenistisch-orientalischen Einfluss. Der Princeps entrückte der bürgerlich-weltlichen Sphäre und wurde mit einem besonderem Nimbus (Heiligkeit) versehen. Die Historiker sprechen in diesem Zusammenhang von einer Sakralisierung des Kaisertums. Caligula (37–41) gilt als der erste Kaiser, der absolutistische Züge annahm. Domitian (81–96) versuchte, den Principat in eine autokratische Herrschaft umzuwandeln. Er verlangte als erster die später übliche Anrede „dominus et deus" (Herr und Gott). Kaiser Commodus (180–192) bezeichnete sich als „lebenden Gott". Das Programm einer gemeinsamen Herrschaftsausübung des Kaisers mit den im Senat vertretenen altadligen Würdenträgern trat in den Hintergrund. Der Adelsrat verlor immer mehr seine politische Macht, behielt aber seine kultische Funktion bei, die vor allem für die Beschaffung der Legitimität wichtig blieb. Auch das höchst angesehene Amt des Konsulats blieb formal erhalten und wurde oft von den Kaisern selbst bekleidet.

Sakralisierung

Die Herrschaft Diocletians (284–305) gilt allgemein als Zäsur. Diocletian steigerte die Sakralisierung des Kaisertums, was sich in der nun üblichen Anrede „dominus et deus" verdichtete. Dem Ideal des Bürgerkaisers, wie es eigentlich dem Principat entsprach, stand nun das Gottkaisertum gegenüber. Seine Insignien bestanden im Purpurmantel, dem kaiserlichen Diadem (ursprünglich ein griechisches Siegeszeichen), Zepter und Globus (Symbol der Weltherrschaft). Den Untertanen wurde nunmehr ein Kniefall (griechisch Proskynese) abverlangt. Diese Form des römischen Kaisertums erhielt die Bezeichnung „Dominat". Der Glaube an einen göttlichen Herrschaftsauftrag entwickelte sich im 4. Jahrhundert analog zum Bild von Christus als Weltherrscher. Der Kaiser regierte nach damaliger Auffassung das irdische Reich und war für das Wohlwollen der jenseitigen Mächte verantwortlich. Diese Mittlerfunktion knüpfte an die altrömische Tradition des Pontifex maximus (oberster Priester) an.

Die Geschichtsschreibung des 19. Jahrhunderts definierte den Bruch mit der Tradition des Principats als Beginn der Spätantike.

Dominat

Diese Epoche des Dominats umfasst den Zeitraum zwischen dem Herrschaftsantritt Diocletians (284) und dem Tod Justinians (565). Die Spätantike wird primär unter dem Aspekt des Zerfalls des Imperium Romanum betrachtet. Aus einer anderen Perspektive ergibt sich eine Machtverschiebung zugunsten germanischer Staaten im Frühmittelalter sowie die Abtrennung Ostroms, das als Byzanz bis 1453 fortexistierte.

M 2 **Ara Pacis**

Die Ara Pacis in Rom, der Friedensaltar, wurde zwischen 13 und 9 v. Chr. auf Senatsbeschluss zur Ehre des Augustus errichtet. An den Außenseiten des den Altar umgebenden Bauwerks befindet sich ein umlaufendes Relief, das unter anderem die Weiheprozession der Mitglieder des kaiserlichen Hauses abbildet. Die Darstellung der Gottheit [links] – vermutlich handelt es sich um die Erdgöttin Tellus – suggeriert in einer volkstümlichen Bildsprache Harmonie, Frieden und Wohlstand. Dieser Altar war Teil einer Regierungspropaganda, die – nach Jahren des Bürgerkrieges – die gesellschaftliche Sehnsucht nach Frieden und Stabilität befriedigte.

M 3 **Tatenbericht des Kaisers Augustus**

Augustus (63 v. Chr.–14 n. Chr.) hatte verfügt, dass nach seinem Tode sein „Tatenbericht" an seinem Mausoleum auf Bronzetafeln veröffentlicht werden sollte. Alle Welt sollte von den Leistungen und Aufwendungen erfahren, die er für das römische Staatswesen erbracht hatte. Nach seinem Tode wurde der Text in Latein und Griechisch im ganzen römischen Reich an öffentlichen Gebäuden angeschlagen. Eine vollständige Abschrift ist aus Ankara erhalten (Monumentum Ancyranum):

Von den Taten des Gott gewordenen Augustus, durch die er den Erdkreis der Befehlsgewalt des römischen Volkes unterworfen hat, und von den

Aufwendungen, die er für den Staat und das römische Volk gemacht hat, wie sie auf zwei ehernen in Rom aufgestellten Pfeilern eingegraben sind, [ist hier] eine Abschrift angefügt:

Im Alter von 19 Jahren [44. v. Chr.] brachte ich aus eigenem Entschluss mit eigenen Mitteln ein Heer auf, mit dessen Hilfe ich den Staat, der durch die Gewaltherrschaft [dominatio] einer Partei unterdrückt war, in die Freiheit zurückgeführt habe. Aus diesem Grunde nahm mich der Senat unter dem Konsulat des C. Pansa und A. Hirtius [43 v. Chr.] durch ehrenvolle Beschlüsse in seine Reihen auf, indem er mir für die Abstimmung den Rang eines gewesenen Konsuls gab, und gab mir die militärische Befehlsgewalt [imperium]. Dass der Staat keinen Schaden nehme [mit dieser Formulierung wurde in Rom der Ausnahmezustand verhängt], dafür hieß er mich als Propraetor [ehemaliger Konsul] zusammen mit den Konsuln Sorge tragen. Das Volk aber wählte mich im gleichen Jahre, da beide Konsuln im Kriege gefallen waren, zum Konsul und zum Triumvirn [Angehöriger des Triumvirats, der Dreimänner-Kommission] zur Ordnung des Staates. [...]

Kriege habe ich zu Wasser und zu Lande, gegen Bürger und auswärtige Gegner, auf dem ganzen Erdkreise oftmals geführt, und als Sieger habe ich alle Bürger, die um Gnade baten, verschont. Auswärtige Völkerschaften, denen man mit Sicherheit verzeihen konnte, habe ich lieber erhalten als ausrotten wollen. An römischen Bürgern haben unter meinem Fahneneide ungefähr 500 000 gestanden. Von ihnen habe ich ein gut Teil, mehr als 300 000, am Ende ihrer Dienstzeit in Siedlungsstädten [colonia] angesiedelt oder in ihre Gemeinden [municipium] entlassen und ihnen allen Äcker angewiesen oder Geld als Belohnung für den Kriegsdienst gegeben. [...]

Die Diktatur, die mir abwesend und anwesend sowohl vom Volk als auch vom Senat [...] angetragen wurde, habe ich nicht angenommen.

In meinem sechsten und siebten Konsulat [28 und 27 v. Chr.] habe ich, nachdem ich die Bürgerkriege ausgelöscht hatte, obwohl ich nach dem übereinstimmenden Wunsche aller in den Besitz der höchsten Gewalt gelangt war, den Staat aus meiner Amtsgewalt [potestas] dem Ermessen des Senats und des römischen Volkes überantwortet. Und für dieses mein Verdienst bin ich durch Senatsbeschluss „Augustus" [der Erhabene] genannt worden und mit Lorbeer sind die Türpfosten meines Hauses von Staats wegen geschmückt worden. [...] Nach dieser Zeit habe ich an persönlichem Einfluss [auctoritas] alle übertroffen, an Amtsgewalt [potestas] aber habe ich um nichts mehr gehabt als die Übrigen, die in dem jeweiligen Amte mir Kollegen gewesen sind.

Als ich zum dreizehnten Male das Konsulat innehatte [2 v. Chr.] hat der Senat und der Ritterstand und das römische Volk insgesamt mich „Vater des Vaterlandes" [pater patriae] genannt.

Zit. nach: W. Lautemann, H. Schlenke (Hg.), Geschichte in Quellen, Altertum, München 1965, S. 581 f., 584.

M 4 Glanzzeit des Römischen Reiches

Für den Kenner der römischen Geschichte, Karl Christ, stellt die Kaiserzeit der ersten beiden Jahrhunderte die Glanzzeit des Römischen Reiches dar:

Die Gesellschaftsstruktur innerhalb des Imperium Romanum wurde von Augustus und dessen Nachfolgern nicht prinzipiell verändert, die einzelnen Stände und Gruppen dagegen bewusst dem Reichsganzen dienstbar gemacht. Nach der konsequenten Ausschaltung der inneren Opposition, die sich überwiegend aus der alten Aristokratie rekrutiert hatte, wurden Senatoren und Ritter in großem Ausmaß zur Reichsverwaltung herangezogen. Neben sie traten, speziell seit Claudius, Freigelassene des kaiserlichen Hausgesindes, erst später auch Berufssoldaten, die sich in der ritterlichen Laufbahn qualifizieren konnten. In den Provinzen stützte sich das System auf das stark romanisierte Großbürgertum, das künftig in größerer Zahl in den römischen Senat aufgenommen wurde. Die wichtigsten politischen, wirtschaftlichen und kulturellen Einheiten des Reiches aber waren während des 1. und 2. Jahrhunderts n. Chr. die Städte mit ihrer Selbstverwaltung. Im Bereich der Wirtschaft ging die Bedeutung der Sklaverei zurück. Die Einstellung der Eroberungskriege und die Verkehrssicherheit innerhalb des Reiches ließen die Ergänzung des Sklavenmarktes schrumpfen. Die deshalb schon aus Profitinteressen nahe gelegte humanere Behandlung, Asylschutz und Beschwerderecht der Sklaven wie der Einfluss religiöser und geistiger Bewegungen führten dazu, dass sich die Sklaven weithin mit ihrem Los abfanden. Gegen die Sklavenflucht, die insbesondere durch Arbeitskräftemangel in der Landwirtschaft zu erklären ist, wurde seit dem 2. Jahrhundert n. Chr. die staatliche Aktivität verstärkt. Größere soziale Erhebungen sind für die hohe Kaiserzeit nicht bezeugt. Erst dank der Stabilisierung des Systems konnte das Imperium Romanum die positiven Möglichkeiten der Idee einer Vereinigung der gesamten Kulturmenschheit in einem Staat erfüllen. Es gelang, die politische und wirtschaftliche Führungsschicht der unterworfenen Provinzen und selbst große Teile des Kleinbürgertums bewusst in diese Staatsordnung zu integrieren, sie zum militärischen Schutz und zur Verwaltung des Reiches heranzuziehen. [...]

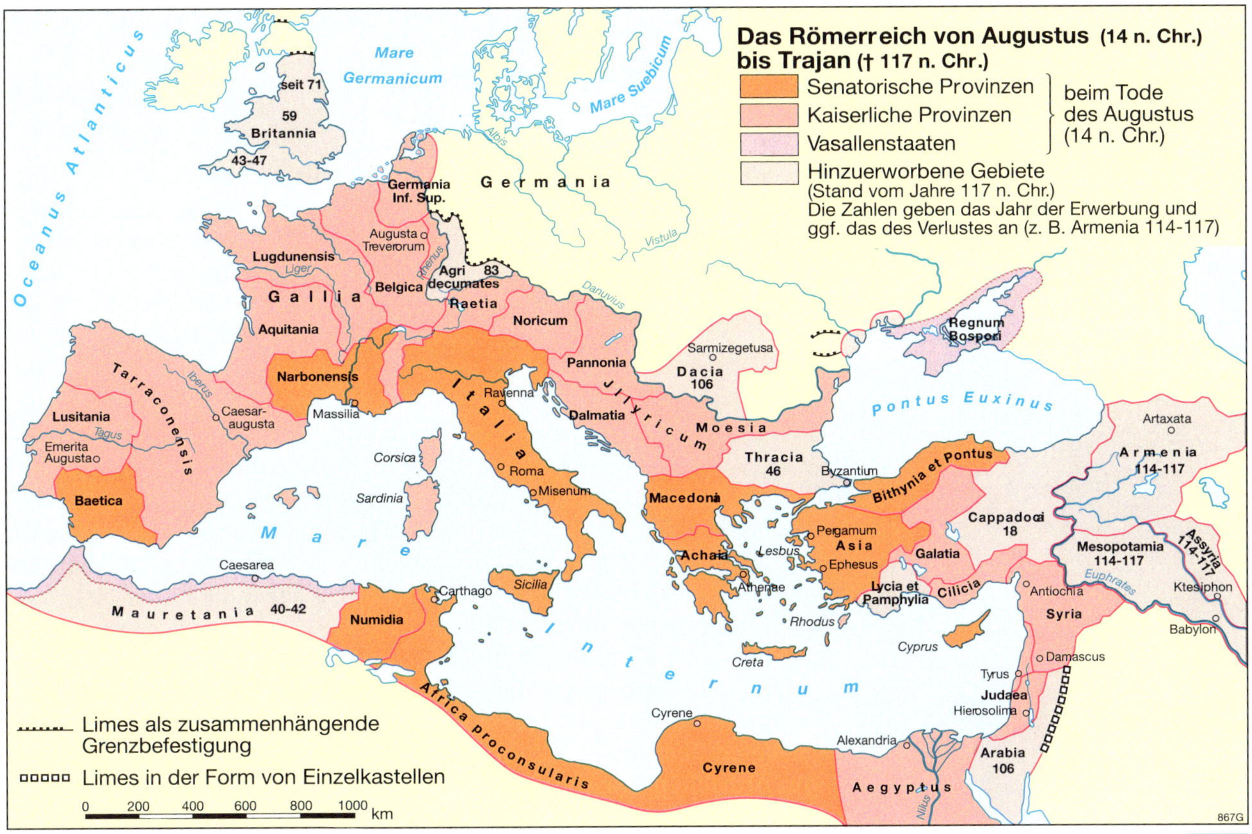

M 5

Für Rom und ganz Italien löste dieser Prozess freilich auch einschneidende Rückwirkungen aus. Schon zu Ende des 1. Jahrhunderts n. Chr. war die alte politische Führungsschicht der römischen Nobilität praktisch verschwunden. Die cives Romani [römische Bürger] der Kaiserzeit aber sind generell eine rechtlich privilegierte und überwiegend sozial höher stehende Schicht des Gesamtreiches. An die Stelle der alten, vertikalen, ständischen Gliederung innerhalb der Stadt Rom trat nun eine breite, horizontale Schichtung, die auf das gesamte Reich ausgedehnt war. [...] Selbst die politische Vorrangstellung der Stadt Rom ging schließlich verloren. Die an den Reichsgrenzen linear aufgereihten Legionen und Hilfstruppen zogen notwendig die Befehlsstellen und Versorgungsbasen an sich heran. Am Ende der Entwicklung, die mit der Errichtung der festen, peripheren [an den Grenzen des römischen Reiches liegenden] Legionslager und mit dem Bau des Limes einsetzt, stehen zu Beginn der Spätantike die vier Hauptstädte der Tetrarchie [Vierkaiserherrschaft], Trier, Mailand, Sirmium und Nikomedia [in Kleinasien], als sichtbarster Ausdruck für die Verlagerung der Gewichte.

In dieser Gesamtstruktur hielt sich das – nach modernen Schätzungen zur Zeit seiner größten Ausdehnung ca. 3,5 Millionen km² und rund 80 Millionen Einwohner (darunter 48 n. Chr. ca. 5,9 Millionen männliche römische Bürger) umfassende – Römische Reich bis in die Zeit Marc Aurels (161–180 n. Chr.).

K. Christ, Römische Geschichte, Darmstadt 1980, S. 144 ff.

Aufgaben

1. Vergleichen Sie den Prinzipat mit den späteren Formen des römischen Kaisertums.
   → Text
2. Untersuchen Sie das Bild- und Bauprogramm des Augustus. Welche Absichten verbergen sich dahinter?
   → Text, M1, M2
3. Wie beurteilen Sie den Tatenbericht und die in ihm zum Ausdruck kommende Bescheidenheit?
   → M3
4. Analysieren Sie die Darstellung, die der Historiker Karl Christ von den Auswirkungen der Prinzipatszeit gibt.
   → M4

3.4 Kulturelle Leistungen des Römischen Reiches

Städte

Die römische Kultur beruhte wie die griechische auf einer städtischen Gesellschaft. Die Römer folgten bei der Anlage neuer Städte einem regelmäßigen Plan. Hervorstechendes Merkmal römischer Stadtgründungen war die von Ost nach West verlaufende Hauptstraße, die rechtwinklig von einer Nord-Süd-Achse geschnitten wurde. Die sich rechtwinklig schneidenden Straßen wurden von einer Stadtmauer umfasst. Den Mittelpunkt einer jeden römischen Stadt bildete das Forum. Hier spielte sich das politische, wirtschaftliche und religiöse Leben ab; hier wurde auch die Gerichtsbarkeit ausgeübt.

Oft schloss sich an das Forum die Basilika an, ein mehrschiffiger überdachter Hallenbau, in dem die öffentlichen Versammlungen stattfanden. Meist in einer Achse mit dem Forum errichtete man das Kapitol, den Haupttempel. Alle übrigen Bauten wie Theater oder Thermen wurden um das Forum errichtet. Ursprünglich war das einstöckige Einzelwohnhaus die Regel, später traten in den ärmeren Stadtvierteln mehrstöckige Mietshäuser hinzu.

Die Römer waren sich der sanitären Bedeutung einer ausreichenden kommunalen Wasserversorgung bewusst. Die meisten römischen Städte verfügten über eine funktionierende Wasserversorgung mit über- und unterirdischen Wasserleitungen. Heute noch kann man Technik und Konstruktion der brückenartigen Überlandleitungen, der so genannten Aquädukte, bewundern. Eine drucklose Gefälleleitung führte das Wasser zum höchsten Punkt der Stadt. Wo Tiefgelände zu überqueren war, geschah dies mit Wasserbrücken. Ansonsten lief das Wasser in unterirdischen Kanälen, wo es im Sommer frisch, im Winter frostgeschützt war.

Die Abführung des Abwassers und die Aufnahme des Quell- und Regenwassers erfolgte in allen größeren Städten in einer ausgebauten unterirdischen Kanalisation. Am bekanntesten dürfte die Cloaca Maxima

M 1 Der römische Aquädukt von Segovia in Spanien
Er leitete das Wasser einer 16 km entfernten Quelle in die Stadt und überbrückte ihr Zentrum mit 128 Bögen. Seine Höhe beträgt 30 m.

von Rom sein. Die Gewölbebogen dieser wohl ausgedehntesten Entwässerungsanlage haben einen Durchmesser von fünf Metern. Die gepflasterten Hauptstraßen waren nachts beleuchtet. Straßenreinigung, Müllabfuhr und Feuerwehr gehörten zu jeder größeren römischen Stadt.

Die Vorliebe der Römer für die Annehmlichkeiten des Lebens dokumentieren die heute noch in gutem Zustand erhaltenen gewaltigen Thermen. Diese beheizten Badeanstalten waren nicht nur technisch hoch entwickelt bezüglich ihrer Bodenheizung, ihrer Versorgung mit kaltem und warmem Wasser und ihrer architektonischen Eleganz. Sie waren zum Teil mit Marmor, Mosaiken, Standbildern und Säulenhallen ausgestattet. In den Großthermen konnten Tausende täglich baden. Die Bäder bildeten auch einen gesellschaftlichen Mittelpunkt. In ihnen konnten Leseräume, Bibliotheken und Sportanlagen benutzt werden. Als technisch vollendete Leistungen der Antike gelten die großen Thermen der römischen Kaiserzeit wie die Caracallathermen in Rom und die Kaiserthermen in Trier.

Straßen

Die berühmte Via Appia von Rom nach Capua kann noch heute wegen ihres glatten Steinbelags bewundert werden. Alte römische Heeres- und Handelsstraßen werden heute noch zum Beispiel in Süd- und Westdeutschland indirekt benutzt. Ein dem Reichsinteresse dienendes planmäßiges System von Fernstraßen, die zunächst für strategische Zwecke angelegt wurden, überzog das riesige römische Weltreich. Wissenschaftler schätzen die Länge des römischen Straßennetzes auf über 100 000 km.

M 2 **Eine römische Landstraße bei Aleppo in Syrien**
Das Bild der Landstraße zeigt noch heute, dass die Römer Meister des Straßenbaus waren.

M 3

Handel und Verkehr

Die Gestaltung des Verkehrs- und Städtewesens während der Römerzeit prägt bis heute Städte wie Köln, Bonn, Mainz und Straßburg am Rhein, Regensburg und Wien an der Donau oder Augsburg und Kempten im Inneren der früheren Provinz Rätien. Die römischen Niederlassungen befanden sich in alten Siedlungsgebieten am Mittelrhein und an der Mosel (Köln, Trier, Mainz) sowie am Oberrhein (Straßburg, Basel).

M 4

M 5 **Porta Nigra**
Die berühmte Porta Nigra, das Nordtor der alten Befestigungsanlagen Triers, entstand im 4. Jahrhundert n. Chr.

Von Römern geplante Städte (wie zum Beispiel Köln und Trier) sowie die aus Kaufmanns- und Handwerkersiedlungen in der Nähe von Legionslagern aufgestiegenen Städte (wie zum Beispiel Mainz und Neuss) trugen zur Verbreitung römischer Lebensformen aus dem Mittelmeergebiet bei. Römische Plangrundrisse sowie monumentale Ruinen wie Amphitheater, Thermen oder Verwaltungspaläste künden noch heute von der einstigen Pracht römischer Stadtkultur.

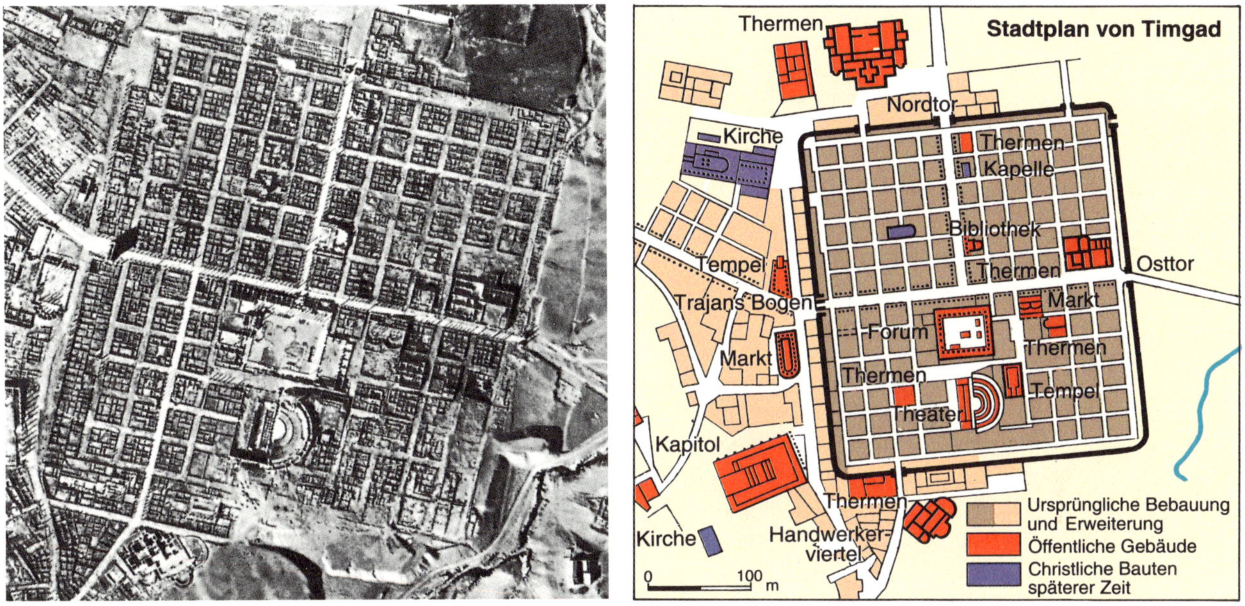

M 6 Luftaufnahme und Stadtplan von Timgad in Nordafrika
Die Stadt wurde um 100 n. Chr. als römische Kolonie gegründet und im 7. Jahrhundert von den Arabern zerstört. Der schachbrettartige Grundriss zeigt die Anlage nach Plan. Ausgrabungen um 1900 legten mehrere Tempel, Forum, Markt, Thermen und Theater frei. Die Gründung erfolgte vermutlich als Schutz gegen Stämme der Numidier.

Die Römer bauten die zumeist schon vorhandenen Wege zu guten Straßen aus, die nicht nur den militärischen Transporten dienten, sondern auch dem zivilen Handel. Ausgrabungen dokumentieren einen umfangreichen Güteraustausch zwischen den Mittelmeerregionen und den Gebieten nördlich der Alpen. So fanden zum Beispiel Öl, Datteln, Feigen, Gewürze und Wein den Weg ins Rheinland. Die Germanen jenseits der Grenzen bezogen Schmuck, Glasprodukte und Keramik von den zivilisatorisch überlegenen Römern und lieferten ihrerseits landwirtschaftliche Produkte, Vieh, Felle und Honig.

Das Gebiet des heutigen deutschen Südwestens gehörte den beiden römischen Provinzen Rätien und Obergermanien an. Der obergermanische Stadthalter (procurator) residierte in Mainz (Mogontiacum), der Prokurator von Rätien in Augsburg (Augusta Vindelicum). Archäologische Forschungen weisen insbesondere für diesen südwestdeutschen Raum Gutshöfe (villae rusticae) mit ausgedehnten Wohn- und Wirtschaftsgebäuden nach. Diese großen Landgüter bildeten die Zentren der Agrarproduktion. Sie brachten einen landwirtschaftlichen Fortschritt in diese Region.

Auf diesen Latifundien, die mit Sklaven und später auch mit unfreien Bauern bewirtschaftet wurden, entwickelte sich im Folgenden die Agrar- und Sozialstruktur des Mittelalters.

M 7 **Ein Modell der Stadt Rom im 4. Jahrhundert nach Chr.**
von Italo Gismondi (Museo della Civiltà Romana).

M 8 Das neue Rom des Augustus (31 v. Chr.–14 n. Chr.)

Den Ausbau der städtischen Infrastruktur schildert die Historikerin Marion Giebel:

„Die Hauptstadt, die nicht der Würde des Reiches entsprechend ausgebaut war und oft durch Hochwasser und Großfeuer Schaden nahm, verschönerte Augustus in solchem Maße, dass er sich zu Recht rühmen durfte, er hinterlasse eine Stadt aus Marmor an Stelle der aus Ziegeln, die er vorgefunden habe. Für die Sicherheit Roms aber sorgte er, soweit es nach menschlicher Voraussicht möglich war, sogar bis in die Zukunft hinein." (Sueton, ca. 70–140 n. Chr., röm. Gelehrter). Die städtebaulichen Vorhaben bildeten ein gewaltiges Investitionsprogramm für fast zwei Jahrzehnte. Für die Bauten wurden die Marmorbrüche von Carrara erschlossen. [...] Weniger spektakulär, aber vielleicht noch wichtiger waren die groß angelegten Urbanisierungsmaßnahmen. Sie kamen den einfachen Bürgern zugute, die nachts nicht ruhig schlafen konnten, weil sie Feuer, Hochwasser oder den Einsturz ihrer bis in schwindelnde Höhen gebauten Quartiere fürchteten.

Ganz Rom wurde in einzelne Distrikte eingeteilt, denen Freigelassene als Bezirksvorsteher vorstanden. Die zahlenmäßig große, aber gering geschätzte Klasse der Freigelassenen erfuhr damit eine Aufwertung. [...] Die Bezirksaufseher waren für die Aufrechterhaltung der öffentlichen Ordnung und Sicherheit verantwortlich.

Polizeistreifen patrouillierten des Nachts, um Überfälle zu verhindern und Brände im Aufflakern zu ersticken, bei Tag hatten sie unter anderem Neubauten zu überwachen, damit die erlaubte Geschosshöhe der Mietshäuser von 20 Metern nicht überschritten und kein minderwertiges Baumaterial verwendet wurde. Wasserinspektoren sorgten für die Verbreiterung und die Reinhaltung des Tiberbettes. Das Abwassernetz der cloaca maxima wurde erneuert und ausgebaut. Die Verbesserung der Trinkwasserversorgung war das Werk des großen Baumeisters Agrippa. Er ließ eine Wasserleitung aus der Gegend von Tivoli bis nach Rom legen, die Aqua Vergine, die noch heute die berühmten Brunnen Roms speist, darunter die Fon-

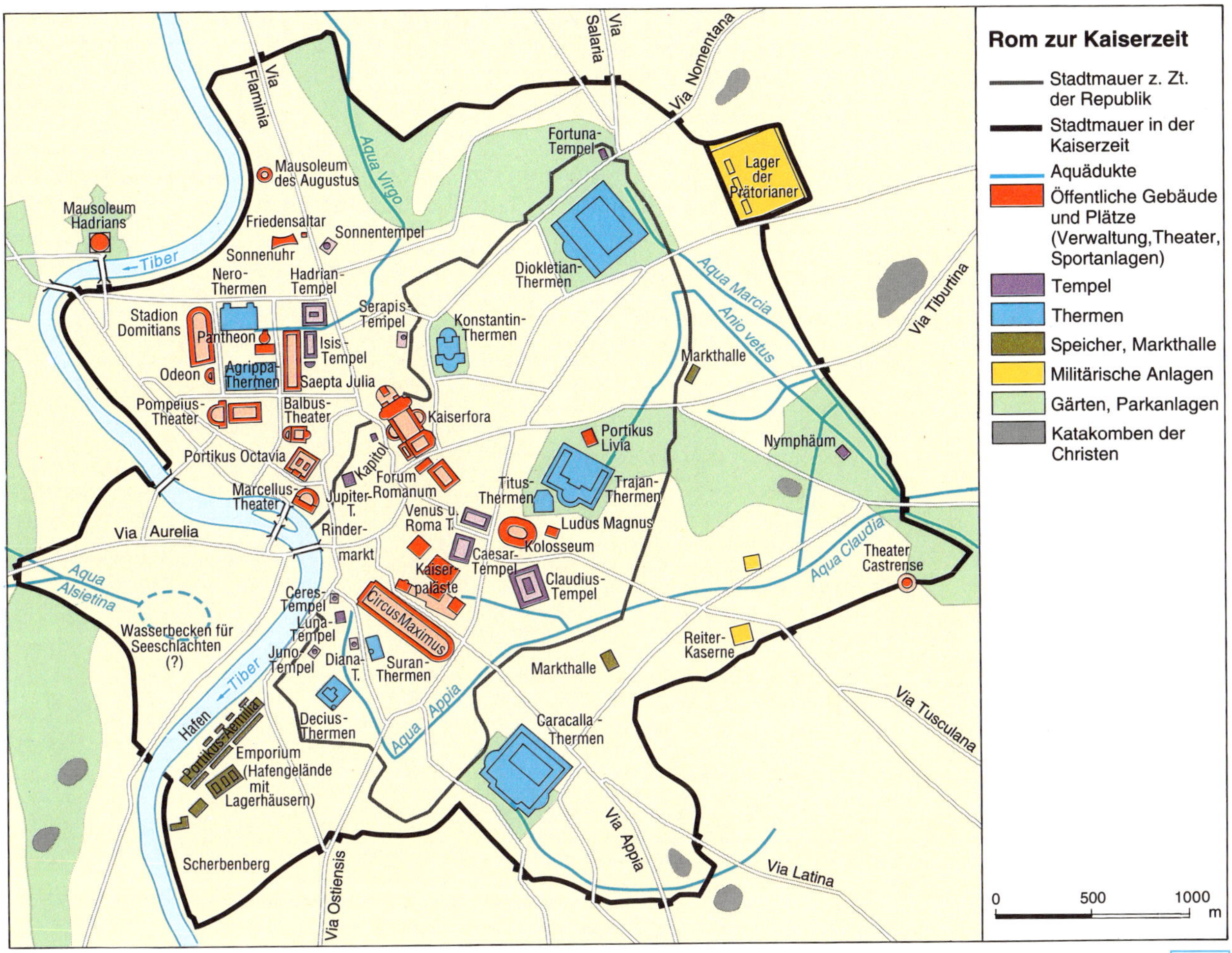

M 9

tana dei Trevi. Dank Agrippa gab es in Rom eine so großzügige Wasserversorgung auch für Privathaushalte, wie sie erst wieder in unserer Zeit erreicht wurde. Die Arbeiten wurden unter der Leitung des bedeutenden Architekten und Wasserbau-Ingenieurs Vitruv [Autor der berühmten „zehn Bücher über die Baukunst"] ausgeführt.

Für die Instandhaltung der weit verzweigten Systeme bedurfte es einer Wasseraufsichtsbehörde, und um Beschädigungen und Verunreinigungen zu verhindern, mussten Verordnungen und Gesetze erlassen werden, wie sie uns aus dem Werk des Frontinus [Schriftsteller und Direktor der Wasserversorgungsbetriebe] über die Wasserleitungen Roms überliefert sind.

An diesen vorbildlichen und zukunftsweisenden Urbanisierungsmaßnahmen ist eine Entwicklung abzulesen, die nicht nur für Rom typisch ist. Soziale Maßnahmen erfordern einen immer stärkeren Ausbau des staatlichen Verwaltungsapparates samt einer Flut von Gesetzen und einengenden Regelungen aller Art: je mehr Wohlfahrt, desto mehr Staat. Allzuviel Luxus und Bequemlichkeit aber führen zu Überdrusserscheinungen. [...] Die Römer aber, die in engen, stickigen Mietwohnungen hausten, sehnten sich nicht „zurück zur Natur". Sie waren dankbare Benutzer der Thermen, die Agrippa für sie erbaute. Mit ihnen begann die einzigartige römische Badekultur, die sich bald bis in die äußersten Provinzen des Reiches ausbreitete.

M. Giebel, Augustus, Hamburg 1985, S. 92 ff.

Aufgaben

1. Stellen Sie die zivilisatorischen Leistungen der römischen Ingenieure, Architekten und Städteplaner dar.
   → Text, M1, M2, M4–M9
2. Identifizieren Sie mithilfe der Karten die wichtigsten Gebäude Roms.
   → M7, M9
3. Stellen Sie dar, inwiefern die Errungenschaften der Römer in der europäischen Kultur weiterwirkten.
   → Text, M1–M9

3.5 Römisches Erbe

Das Römische Imperium, das weltgeschichtlich einzigartig an Dauer und Machtentfaltung dasteht, hat nachfolgenden Generationen immer wieder als Orientierung gedient. Während vor allem die Philosophie als herausragende kulturelle Leistung der griechischen Antike angesehen wird, so entfaltete die römische Antike ihre größte Wirkung in den Bereichen des Staates und des Rechts.

Reichsidee

Die Idee des Reiches, des Imperiums, blieb bis in die Neuzeit für viele Herrscher der Maßstab für ihr politisches Selbstverständnis. Noch lange nach dem Untergang des Imperium Romanum orientierten sich Europas Könige und Kaiser am römischen Vorbild. Auch nachdem sich das mittelalterliche Königtum auf die Gebiete nördlich der Alpen verlagert hatte, sprach man immer noch vom „Heiligen Römischen Reich“ – erst seit Ende des 15. Jahrhunderts mit dem Zusatz „deutscher Nation“. In dieser Bezeichnung offenbarte sich zum einen der Anspruch, in der Nachfolge des Imperiums zu stehen. Zum anderen wird das mittelalterliche Reich als Ergebnis eines göttlichen Heilsplanes aufgefasst und legitimiert. Vom Imperium Romanum ging eine starke Faszinationskraft aus, sodass weltliche und kirchliche Herrscher – Könige und Päpste – ihren Herrschaftsanspruch mit antiken Symbolen untermauerten.

Papsttum

Zum europäischen Erbe gehört ohne Zweifel auch das Papsttum. Es überlebte als Institution gestärkt den Untergang des weströmischen Reiches. In Rom, das von den Kaisern verlassen wurde, etablierte sich das Papsttum als neue Ordnungsmacht mit halbstaatlichem Charakter. Es übernahm weltliche Herrschaftsaufgaben. Der Bischof von Rom eignete sich den kaiserlichen Titel „Pontifex maximus“ an, verlangte – wie die Kaiser – die Proskynese (den Kniefall) und verwendete auf Urkunden die rote Tinte der römischen Kaiser. Später – im 8. Jahrhundert – fälschte die römische Kurie eine Urkunde, die als „Konstantinische Schenkung“ in die Geschichte eingegangen ist. Nach seinem Umzug nach Konstantinopel habe Kaiser Constantin dem Papst die Herrschaft über das Westreich übertragen. Mit diesem Dokument sollte der kirchlich-päpstliche Anspruch auf die Fortsetzung des weltlichen Kaisertums untermauert werden. In der Folge forderten die Päpste das alleinige Recht auf Verleihung der Kaiserwürde. Damit eröffneten sie eine Entwicklung, die im Jahre 800 mit der Kaiserkrönung Karls des Großen ihren ersten Gipfelpunkt erreichte und stilbildend für das gesamte Mittelalter wurde.

Renaissance

Die Renaissance des 15. und 16. Jahrhunderts verdankt ihren Namen der Wiederentdeckung der kulturellen Leistungen von Griechen und Römern. Aus der Aneignung von Texten und Kunstwerken erwuchs ein Bildungsbegriff, der bis in die Neuzeit eine normative Geltung entfaltete. Europas Sprachen, Literatur, Architektur und Kunst besitzen in der Antike ihre Wurzeln – genauso wie Philosophie und Recht.

M 1 **Das Kapitol in Washington** wurde zwischen 1793 und 1864 in drei Bauphasen errichtet.

Republik

Stand über Jahrhunderte die römische Kaiserzeit im Mittelpunkt, so änderte sich das im 18. Jahrhundert. Im Zeitalter der Aufklärung „entdeckte“ das wachsende bürgerliche Selbstbewusstsein die demokratisch-republikanischen Vermächtnisse der Antike. Während der fürstliche Absolutismus naturgemäß im Kaisertum sein großes Vorbild sah, richteten die französischen und amerikanischen Aufklärer ihren Blick auf die attische Demokratie und die römische Republik. Vor allem die führenden Köpfe der amerikanischen Unabhängigkeitsbewegung orientierten sich an den Idealen der römischen Republik, wobei bürgerliche Freiheiten und staatliche Gewaltenteilung im Mittelpunkt standen. Begriffe wie „Senat“ und „Kapitol“ zeugen davon bis heute - genauso wie die Architektur der auf dem Reißbrett entstandenen Hauptstadt Washington.

Recht

Die Grundlagen des Rechts geschaffen zu haben, das gilt als bleibende Leistung und bedeutendster Beitrag der römischen Kultur.

Die Römer hatten das Recht zu einer eigenen Wissenschaft ausgebaut. Es waren Spezialisten gewesen - Juristen - , die Rechtsgutachten für Prozesse lieferten, zuständige Prätoren berieten und Verträge formulierten. Für die weit reichenden Auswirkungen des römischen Rechts war entscheidend, wie die Nachwelt dieses Recht aufgenommen hat. Von größter Bedeutung erwies sich in diesem Zusammenhang ein Werk, das unter der Bezeichnung „Corpus Iuris“ in die Geschichte eingegangen ist.

Der oströmische Kaiser Justinian (527–565) hatte während seiner Herrschaft eine Kommission unter der Leitung von Tribonian beauftragt, das überlieferte Recht systematisch zu erfassen. Der Zweck des Unternehmens bestand darin, das vorhandene Rechtschaos zu überwinden und durch die Vereinheitlichung des Rechts die Herrschaft zu sichern. Das 534 publizierte Werk war in lateinischer Sprache abgefasst und gliederte sich in vier Teile: Institutionen (allgemeine Prinzipien des römischen Rechts), Digesten (systematische Zusammenstellung von Rechtsentscheidungen), Codex Iustinianus (Sammlung von Gesetzen des Kaisers) und Novellen (neuere Gesetze).

Die Schriften blieben über Jahrhunderte verschollen und wurden erst Ende des 11. Jahrhunderts wiederentdeckt. Auf ihrer Basis entstand im oberitalienischen Bologna die europäische Rechtswissenschaft. Hier wurde im Jahre 1119 auch die älteste Rechtsschule des Abendlandes gegründet.

Eine Ursache für den Siegeszug des römischen Rechts liegt in seiner Systematisierung. Man unterscheidet vier Bereiche: Privatrecht, Strafrecht, Prozessrecht und Staatsrecht. Das Staatsrecht bezieht sich auf das Verhältnis des Bürgers zum Staat, während das Privatrecht die Beziehungen der einzelnen Bürger untereinander regelt. Ausgehend von Privateigentum und dem freien Willen des Rechtssubjektes sind wesentliche Bestimmungen des römischen Privatrechts bis in die Gegenwart wirksam. Darüber hinaus haben die Römer strafrechtliche Normen entwickelt, die bis heute in Rechtsstaaten gültig sind: niemanden ohne Anhörung zu verurteilen, niemanden für die gleiche Tat zweimal zu bestrafen, keine Verurteilung ohne vorheriges Gesetz zuzulassen.

Das römische Recht wurde unter der geläufigen Bezeichnung „Corpus Iuris Civilis" seit dem 16. Jahrhundert auch von deutschen Juristen übernommen. Auf dieser Basis bildete sich das so genannte Gemeine Recht, das in Deutschland bis ins 19. Jahrhundert gültig blieb. In der Regel ergänzte die Übernahme des römischen Rechts die jeweils regionale Rechtstradition. Mit dem Jahr 1900 trat im Deutschen Reich das Bürgerliche Gesetzbuch (BGB) in Kraft. Auch diese Säule des heutigen Zivilrechts ruht auf dem Fundament römischer Rechtsgrundsätze.

M 2 Lotharkreuz im Aachener Domschatz (Ausschnitt)

Das reich verzierte Kreuz ist ein Geschenk Ottos III. an das Aachener Münster. Auf der schmucklosen Rückseite, die der Kaiser anblickte, wenn er hinter dem Kreuz schritt, ist der gekreuzigte Christus zu sehen, die prunkvolle Vorderfront schmückt ein antiker Augustuskameo [Edelsein mit figürlicher Darstellung]. Unter Augustus wurde Christus, der neue Herr der Welt, geboren, als dessen irdischer Stellvertreter sich Otto III. fühlte. Das Lotharkreuz symbolisiert die Kontinuität zwischen dem heidnisch-antiken und dem mittelalterlich-christlichen Kaisertum.

Aus: H.K. Schulze, Hegemoniales Kaisertum, Berlin 1991, S. 276.

M 3 Römisches Vermächtnis

Der britische Historiker Nathaniel Harris gibt einen Überblick der langfristigen Auswirkungen des Römischen Reiches:

Der postume Einfluss des antiken Rom ist in der Geschichte ohne Parallelen. Die Barbaren, die das Reich fast unbeabsichtigt gestürzt hatten, bestaunten seine Werke und imitierten sie, so gut sie konnten. Noch Jahrhunderte später galt jede Verbesserung in der westlichen Kultur als Wiederbelebung römischer Institutionen, Stile und Werte. 800 n. Chr. überquerte der Frankenkönig Karl der Große die Alpen und wurde vom Papst zum Kaiser gekrönt. Karl der Große galt als neuer „römischer" Kaiser und das mitteleuropäische Heilige Römische Reich Deutscher Nation blieb für die nächsten 1000 Jahre auf der Landkarte bestehen. Die schwierige Beziehung zwischen seinen Kaisern und den Päpsten war das Hauptthema der mittelalterlichen Politik. Als Bischof von Rom war der Papst auch Nachfolger der römischen Kaiser, von denen er den Titel des *pontifex maximus* [oberster Priester] übernommen hatte, und dass er in der Hauptstadt der alten Welt residierte, machte einen Großteil seiner Autorität aus. Zur Wiederherstellung der Kultur fiel Männern wie Karl dem Großen nichts Besseres ein, als die Antike zu imitieren wie in der Kathedrale zu Aachen, einer abgespeckten Kopie von San Vitale in Ravenna. Herrscher der Dunklen Jahre [gemeint ist vor allem das 6. und 7. Jahrhundert] verwendeten weiterhin die römische Währung, den Solidus [Goldmünze], und kopierten ihn, als sie gefestigt genug waren, um ihre eigenen Münzen zu prägen. Die Literatur und Bildung der Antike blieben durch Mönche weitgehend erhalten, die das Erbe der Zivilisation trotz ihres Misstrauens gegenüber der Moral und den Botschaften der heidnischen Autoren zu bewahren suchten. [...]

Intellektuell gesehen waren sie jedoch noch immer von den römischen und griechischen Quellen abhängig (Letztere hauptsächlich in lateinischen Versionen). Überall im mittelalterlichen Westen war Latein die Sprache der Bildung, des Rechts, der Theologie, der Diplomatie und der Debatte, obwohl sie als Volkssprache längst „tot" war.

Mit der Renaissance kam es zu einem neuen Kult der Antike. Petrarca [1304–1374] wurde wie römische Dichter auf dem Kapitol mit Lorbeer gekrönt. [...] Architekten studierten Vitruv [lebte im 1. Jahrhundert v. Chr.] und bauten Kirchen mit hohen Türmen und Landhäuser. Künstler wie Michelangelo [1475–1564] wurden von römischen Kopien griechischer Meisterwerke inspiriert. Von Italien aus verteilte sich die Renaissance über ganz Europa und nahm verschiedene Formen an. [...]

Die Sprache der Kunst im 16. und 17. Jahrhundert war klassisch. [...]

Am Ende des 18. Jahrhunderts war der Einfluss der Antike unverändert. Rousseaus Gesellschaftsvertrag, der oft als Leitfaden der französischen Revolutionäre gilt, diskutierte politische Themen fast nur an Beispielen aus der griechischen und römischen Geschichte. Die Revolutionäre, teils beeinflusst von der Malerei des Klassizismus, imitierten Brutus [den Verschwörer gegen Caesar] und Cato [die Idealgestalt des echten Republikaners], während ihre Frauen (nachdem sich die Lage beruhigt hatte) „klassische" Gewänder trugen. Napoleon, Erster Konsul und Kaiser der Franzosen, mit seiner Ehrenlegion, seinem Triumphbogen und seinen Adlern, sah sich in der Rolle des antiken Helden.

Weder das Ersetzen des Lateinischen durch einheimische Sprachen noch der Aufstieg der Wissenschaft und die Industrielle Revolution konnten das Festhalten an der Antike im westlichen Gedankengut erschüttern. Im 19. Jahrhundert waren Griechisch und Latein Teil der Ausbildung der oberen Klassen, und der Klassizismus in Kunst und Architektur lehnte alles Neue ab. [...]

Zwar mögen Technologie und Postmoderne das römische Erbe „irrelevant" [bedeutungslos] gemacht haben, aber seine Überreste halten sich hartnäckig in unserer heutigen Sprache und unseren Vorstellungen. Senat, Kapitol und Diktatoren weilen immer noch unter uns. Apollo landet auf dem Mond und Mars grüßt uns aus der Ferne!

N. Harris, Römisches Reich, Wien 2001, S. 184 f.

Aufgabe

1. Fassen Sie in Form einer Übersicht das römische Erbe zusammen.
   → Text, M1–M3

4. Das Mittelalter

Der Mensch des Mittelalters verstand sich als Christ. Und als solcher war sein Leben auf den entscheidenden Augenblick ausgerichtet: den Jüngsten Tag. Dieses Motiv wurde in unzähligen Werken der mittelalterlichen Kunst aufgegriffen. Das Bild stammt von einer Gedenktafel aus dem Jahre 1470, und bildet den Stifter (als Skelett) angesichts des Jüngsten Gerichts ab. Solche Bilder hatten in früheren Jahrhunderten die Funktion, die Nachgeborenen zu warnen und zur Fürbitte zu Gunsten des Toten zu veranlassen.

Das Bild ist typisch für die mittelalterliche Ikonografie mit ihrer dualistischen Ausrichtung. Das irdische Dasein wird als Übergangsstadium gedeutet, es folgt die Auferstehung der Toten, die ewiges Leben oder auch Verdammnis erwartet. Engel und Dämonen (außerhalb des Bildausschnittes) weisen die Wege, wobei oft auch die Päpste der Hölle nicht entgehen, was wohl nach heutigen Maßstäben eine Form der politischen Kritik bedeutet.

Im Leben selbst erscheint der Mensch als Spielball im Kampf der (guten und bösen) Mächte, wobei – trotz der Existenz des Satans – kein Zweifel daran gelassen wird, dass die Schöpfung als solche göttlichen Ursprungs ist. Jesus, Gottes Sohn, steht im Mittelpunkt.

Im Unterschied zu unserer Gegenwart, in der – im Zeichen von Pluralismus und Individualismus – viele verschiedene Lebensentwürfe und Ideen nebeneinander existieren und miteinander konkurrieren, muss man in Bezug auf das Mittelalter von einem ziemlich einheitlichen christlichen Menschenbild ausgehen.

Diese Epoche war durchdrungen von Religiosität und kirchlich vermittelter Heilserwartung. Es gab keinen Bereich des gesellschaftlichen Lebens, der nicht von christlichen Vorstellungen durchdrungen war.

Das Mittelalter war und ist immer einer starken Wertung ausgesetzt gewesen. „Mittelalterlich" ist heute gleichbedeutend mit „rückständig". Das lässt sich durch die Begriffsgeschichte erklären. Der Ursprung des Begriffs „Mittelalter" liegt in der Renaissance (um 1500), als man die Zeit zwischen der Antike und der damaligen Gegenwart als „kulturlos" und „barbarisch" abwerten wollte. Später hat der Begriff seine weitere Prägung erhalten im bürgerlich-aufklärerischen Kampf gegen die Herrschaft von Adel und Kirche. Die Aufklärer bewerteten dabei das 18. Jahrhundert als das „Zeitalter des Lichts", um es umso deutlicher vom „finsteren Mittelalter" abzugrenzen.

Die Romantiker des 18. und 19. Jahrhunderts neigten hingegen dazu, das Mittelalter aufzuwerten. Sie idealisierten es vielfach als Höhepunkt der deutschen Kultur und des Deutschen Reiches. Eine ähnliche Verklärung des Mittelalters ließ sich später im Rahmen der nationalsozialistischen Ideologie feststellen.

Die Datierung des Mittelalters ist umstritten. Im Allgemeinen bezeichnet man mit dem Begriff das Jahrtausend von etwa 500 bis 1500 n. Chr., wobei ein dreigliedriges Periodisierungsschema zugrunde gelegt wird: Altertum – Mittelalter – Neuzeit.

Gibt es eine Aktualität des Mittelalters?

Das Mittelalter ist für viele Menschen offenkundig ein interessantes Thema. Davon zeugen erfolgreiche Ausstellungen, Filme und Bücher. Umberto Ecos Roman „Der Name der Rose“ (1980) erzielte wider Erwarten eine Millionenauflage, und die Verfilmung erreichte ein noch ungleich größeres Publikum. Was sind die Ursachen für eine solch massenhafte Hinwendung zu einer weit zurückliegenden Zeit? Die amerikanische Historikerin Barbara Tuchman nannte ihren Besteller über das 14. Jahrhundert tiefsinnig „Der ferne Spiegel“.

Was spricht heute dafür, dass man sich mit einer so weit zurückliegenden Zeit noch beschäftigt?

Es ist gewiss umstritten, ob beziehungsweise inwieweit uns die Beschäftigung mit der mittelalterlichen Geschichte eine Orientierung vermitteln kann. Die Erkenntnis hingegen, dass wir heutigen Menschen in geschichtlichen Zusammenhängen stehen, die sich über Jahrhunderte hinweg rekonstruieren lassen, ist in jedem Fall von Belang. Jede Geschichte ist zugleich auch Vor-Geschichte. „Wir sind, was wir geworden sind.“ Diese simple Tatsache gilt für das unglückselige 20. Jahrhundert wie auch für das Mittelalter. Burgen, Dorf- und Stadtbilder, Kirchen und Klöster, Kunstwerke und Bücher, Denk- und Glaubensformen dokumentieren auf vielfältigste Art die Gegenwart des Vergangenen.

Bei der Beschäftigung mit mittelalterlicher Geschichte kann es einerseits interessant sein, Ähnlichkeiten beziehungsweise Parallelen zur Gegenwart herauszufinden, zum Beispiel im Hinblick auf politische Machtkämpfe, Umweltprobleme oder Verfolgung von Minderheiten. Die Ähnlichkeit der Probleme damals lässt eventuell Rückschlüsse auf die epochenübergreifende Funktionsweise von menschlichem Zusammenleben zu. Andererseits versteht sich die neuzeitlich-westliche Welt als bewusste Abkehr vom „finsteren Mittelalter“. Die Redewendung vom „Rückfall ins Mittelalter“ beinhaltet einen sehr ernsten Vorwurf. In diesem Zusammenhang assoziiert man mit dem Mittelalter Primitivität, Anarchie, Inquisition und Hexenverfolgungen.

Die Beschäftigung mit dem Mittelalter vermittelt uns heute eine eigene Lebensform. Der Reiz einer Annäherung an eine andersartige Welt kann auch darin liegen, auf diese Weise unsere modernen Lebensumstände besser zu verstehen: die (relative) Sicherheit und den (relativen) Überfluss. Generationenlang ist gebetet worden: „Vor Pest, Hunger und Krieg bewahre uns, o Herr!“ Diese Heimsuchungen sind in Dürers Bild von den „apokalyptischen Reitern“ verewigt worden. Der Tod stand den mittelalterlichen Menschen sehr viel näher als uns heute. Die Gefährdung des Lebens durch Dürren, verhagelte Ernten, (damals) unheilbare Krankheiten und Seuchen war sehr konkret. Andererseits zeigt uns das „Nachdenken über das Mittelalter“ einen Menschentyp, der sein Bedürfnis nach einer stabilen und sinngebenden Weltanschauung zu befriedigen wusste. Das Christentum gab ihm jenen Halt im Leben, mit dem er die permanente Existenzbedrohung seelisch bewältigen konnte. Der Blick für die Besonderheit der modernen Zivilisation kann auch dadurch geschärft werden, dass man das Fremde, Trennende und Andersartige als solches erkennt.

M 1 **Luftbild der ehemaligen Reichsstadt Nördlingen,** die ihr mittelalterliches Aussehen bewahren konnte.

M 2 **Nachwirkungen**

Der Historiker Thomas Nipperdey erläutert im Folgenden, wie das Mittelalter die moderne Welt geprägt hat:

Die mittelalterliche Christlichkeit nun hat die Moderne ganz entscheidend geprägt, hier liegen religions-soziologische Grundlagen unserer politischen, gesellschaftlichen wie geistigen Welt, die weithin unserem Bewusstsein entschwunden sind.
Zum einen: Weltliche Herrschaft und geistliche Gewalt stehen einander selbstständig gegenüber, sie fallen nicht zusammen oder sind einander über- oder untergeordnet wie in anderen Systemen, im Bereich der Orthodoxie, des Islam, der asiatischen Religionen. Die Kirche ist seit Cluny freie Kirche, sie verteidigt ihre Freiheit, die libertas ecclesiae.
Zum zweiten: Das Christentum hat den unendlichen Wert der Person des Einzelnen, der zu seinem Heil oder Unheil bestimmt ist, scharf eingeprägt und in – und trotz! – aller rituellen und institutionellen, von Herrschaft und Rechtssätzen erfüllten Kirchlichkeiten doch niemals auf Dauer untergehen lassen. Das Christentum bleibt eine Gewissensreligion. […]
Mit der mittelalterlichen Christlichkeit hängt zusammen, dass Bildung und Wissenschaft, institutionalisiert in der Universität, zu einer fundamentalen Struktur Europas geworden sind. […]
Das Mittelalter begründete die Rolle von Schule und Buch, Lesen und Schreiben, die für die moderne Welt so konstitutiv ist. Und dazu gehört – wiederum unerhört wichtig – die Entwicklung einer eigenen Klasse der Gebildeten, aus dem Klerus zunächst und der Universität, die dann bei den Juristen zuerst über den Klerikerstand hinausreicht, dann die Beamten und die freien Berufe hervorbringt, von der Herkunft her die wichtigste Gruppe sozialer Mobilität (von unten nach oben), und zugleich ein Potenzial der Veränderungen. […]
Die lange Partikularisierung [Zersplitterung] Deutschlands (im Unterschied zu Frankreich) und das Fehlen eines Adelsparlaments (im Unterschied zu England) wiederum hat bei uns die Einwurzelung der Demokratie im 19. Jahrhundert erschwert, die unglückliche Gleichzeitigkeit der zur Lösung anstehenden Fragen – der nationalen, der konstitutionellen, der sozialen – bewirkt und damit die Demokratie geschwächt.
Sodann: Von der ständischen Repräsentation der feudalen Systeme führt eine Linie in den modernen konstitutionell parlamentarischen Staat, das englische Parlament oder der württembergische Landtag sind bekannte Beispiele. […]

T. Nipperdey, Die Aktualität des Mittelalters, in: GWU, Nr. 7 (1981), S. 424 ff.

Aufgaben

1. Erklären Sie die Formulierung, das Mittelalter sei ein „ferner Spiegel".
2. Arbeiten Sie heraus, welche Verknüpfungen der Historiker Thomas Nipperdey zwischen dem Mittelalter und der Moderne sieht.

4.1 Raum, Zeit und Lebensgefühl

Mensch und Raum

Es gilt heute als eine ziemlich gesicherte Erkenntnis, dass vom 8. bis zum 12. Jahrhundert in Mitteleuropa ein mildes Klima herrschte, das den Ackerbau begünstigte. Die damit einhergehende Zunahme der agrarischen Produktivität stellte die Basis für ein stärkeres Bevölkerungswachstum dar. Da es für die damalige Zeit keine Statistiken gibt, lässt sich die Bevölkerungszahl nur grob schätzen.

Mit dem Bevölkerungswachstum änderte sich auch der Raum. Die Landschaft erhielt ein anderes Aussehen. Eine rege Rodungs- und Siedlungstätigkeit drängte die Wälder zurück. Mit diesem Landesausbau war das Anlegen von Wegen sowie die Zunahme des Verkehrs verbunden. Dennoch blieb das Reisen noch auf lange Zeit beschwerlich und risikoreich.

Mentalität und Lebensgefühl

Vermutlich kann man das europäische Mittelalter nicht begreifen, wenn man seine religiösen Grundlagen nicht berücksichtigt. Alle Ideen und Handlungen waren auf die eine oder andere Weise mit der christlichen Religion verknüpft. Kunst und Architektur zeugen noch heute davon.

Wir müssen uns den mittelalterlichen Menschen als jemanden vorstellen, dessen Existenz durch das Gefühl der Unsicherheit geprägt wurde. Die Willkür der Natur, das Fehlen einer staatlichen Ordnungsmacht, die dauerhaften Schutz vermitteln konnte, ließen eine Grundstimmung kollektiver Angst entstehen.

In einer Gesellschaft, die von der Überzeugung der Existenz Gottes sowie der Unsterblichkeit der Seele geleitet wurde, stellte folglich die Kirche die wichtigste Institution dar. Nur sie konnte mit ihrer Autorität dem Menschen jene Geborgenheit und jene Sicherheit geben, deren er so dringend bedurfte.

Das mittelalterliche Weltbild war stark dualistisch geprägt: Gott und Teufel, Himmel und Erde, Seele und Körper standen sich gegenüber. Die Macht des Bösen war für den mittelalterlichen Menschen eine Realität. Der Teufel stand dem Seelenheil im Weg. Das irdische Leben wurde folglich als derjenige Ort gedeutet, an dem der Kampf um die Seelen stattfand. Auf der einen Seite stand der Satan; auf der anderen die Kirche, die den Gnadenschatz verwaltete, der sich vom Opfertod Christi herleitet. Außerhalb der Kirche gab es kein Seelenheil. Die Kirche rückte somit in das Zentrum des Lebens.

Gerade Notzeiten wie Kriege und Naturkatastrophen steigerten die Abhängigkeit der Menschen des Mittelalters von der „Mutter Kirche“. Sie bildete den Rahmen für die verschiedenen Formen religiöser Hingabe, wie zum Beispiel Gelöbnisse, Opfer, Fastenübungen, Ablässe und Totenmessen. Die Kirche war die Heilsanstalt, denn nur über ihre Vermittlung war die für den mittelalterlichen Menschen so wichtige Nähe zu Gott zu erreichen.

Priester, Reliquien, aber auch die Fürbitte von Heiligen vermittelten den Weg zur Erlösung am Tage des Jüngsten Gerichts. Das irdische Leben hatte unter diesen Voraussetzungen keinen Eigenwert. Es wurde nur als Durchgangsstation begriffen. So wie das irdische Leben in seiner Bedeutung als zweitrangig erschien, so erfuhr das Körperlich-

Materielle eine Abwertung, weil es das Schlechte, Unreine und Lasterhafte repräsentierte. Die konsequenteste Ausformung erhielt diese Weltsicht im Ideal des mönchischen Lebens mit der Enthaltsamkeit (Askese) und der Absage an die äußere, materiell geprägte Welt.

Zeit- und Geschichtsbewusstsein

Weil das Christentum das gesamte mittelalterliche Leben durchdrang, beeinflusste es auch nachhaltig das Zeitbewusstsein. Die Zeit erschien dem mittelalterlichen Menschen als von Gott geschaffen: Sündenfall, die Kreuzigung Christi sowie das Jüngste Gericht stellten die Marksteine der christlich-mittelalterlichen Geschichtsauffassung dar. Dem lag die Vorstellung zugrunde, dass die Weltgeschichte nach einem festen Plan verlaufe, an dessen Ende der Weltuntergang und das Jüngste Gericht ständen. Viele mittelalterliche Generationen wähnten sich diesem Ende nahe. Das Gefühl, in einer Endzeit zu leben, war weit verbreitet. Insbesondere soll um das Jahr 1000 eine Untergangsstimmung um sich gegriffen haben.

Das Bewusstsein von der Endlichkeit der irdischen Welt und die Erwartung des Jüngsten Gerichts veranlassten die Menschen immer wieder darüber zu spekulieren, wann der Zeitpunkt des großen Zusammenbruchs kommen werde. Die Angst vor dem Reich des Antichrists, das – in der Version der alttestamentarischen Apokalypse – der endgültigen Erlösung vorausgehen werde, beschäftigte und belastete die Gläubigen. Das hinderte die Menschen aber andererseits nicht, sich dem Problem der alltäglichen Zeitmessung auf pragmatische Weise zu nähern. Da es zum damaligen Zeitpunkt noch keine standardisierte Zeitmessung gegeben hatte, konnte es „Zeit“ als gemeinsame menschliche Erfahrung nur regional geben. Bis zum 14. Jahrhundert waren Uhren sehr selten. Die Tage wurden noch nicht in gleiche Stunden aufgeteilt. Vielmehr begriff man die Stunden ursprünglich als ungleich in ihrer Länge. Tag und Nacht wurden in jeweils zwölf Stunden unterteilt, sodass im Sommer die Tagesstunden länger, im Winter kürzer waren. Der Rhythmus der Natur, die Jahreszeiten und der Wechsel von Helligkeit und Dunkelheit bestimmten in einem agrarisch geprägten Leben das Zeitbewusstsein. Erst die Verbreitung mechanischer Uhren führte langsam zur Messung von immer gleich langen Stunden.

M 1 **„Von der Verlierung der Zeit“**, Holzschnitt des Petrarca-Meisters, Augsburg 1520. Die Sanduhr auf dem Tisch läuft ab. Die Zeiger beider Räderuhren, der Turmuhr rechts und der Wanduhr hinten, zeigen unterschiedliche Zeiten an. Dass die Zeit zu Ende geht, verrät auch das angezeigte Tierkreiszeichen der Fische, das letzte im Jahr.

M 2 Das Wägen der Seelen
Das Wägen der Seelen – gute Taten gegen schlechte, Schutzengel gegen den Teufel – wird sehr häufig in der bildenden Kunst dargestellt. Der Erzengel Michael fungiert als Führer beim Jüngsten Gericht. Er passt auf, dass der Teufel nicht in betrügerischer Absicht die Waage hinunterzieht. Eine gerettete Seele findet anschließend den Weg ins Paradies, Szene auf dem Altar einer Kirche in Katalonien aus dem 13. Jahrhundert.

M 3 Welt- und Menschenbild

Die folgende Erzählung „Vom Lebenslauf des Menschen" stammt aus den Gesta Romanorum (Taten der Römer), einer Sammlung von lateinischen Kurzgeschichten aus der Zeit um 1300:

Man liest von einem König, der wollte vor allem die Natur des Menschen kennenlernen. In seinem Reich war ein sehr scharfsinniger Philosoph, nach dessen Rat handelten viele. Als der König von ihm hörte, sandte er ihm einen Boten, er solle unverzüglich zu ihm kommen. Der Philosoph vernahm den Willen des Königs und kam. Der König sprach zu ihm: „Meister, ich will von dir Weisheitslehre hören. Sag mir zuerst: Wie geht es dem Menschen?" Jener sprach: „Der Mensch ist elend die ganze Zeit seines Lebens. Betrachte deinen Anfang, deine Mitte und dein Ende, und du wirst finden, dass du voller Elend bist. Darum sagt Hiob (14, 1): Der Mensch ist vom Weibe geboren usw. Wenn du den Anfang betrachtest, wirst du finden, dass du armselig und hilflos warst. Wenn du die Mitte betrachtest, wirst du finden, dass die Welt dich ängstigt und vielleicht deine Seele verdammt. Wenn du das Ende betrachtest, wirst du finden, dass dich die Erde aufnehmen wird. Und darum, mein Herr König, richte dein Sinnen nicht auf Hochmut!" Der König sagte: „Meister, nun stelle ich dir vier Fragen; wenn du sie gut löst, will ich dich zu Würde und Reichtum erheben. Die erste Frage lautet: Was ist der Mensch? Die zweite: Wem gleicht er? Die dritte: Wo befindet er sich? Die vierte: Mit welchen Gefährten lebt er?"

Der Philosoph sprach: „Herr, ich will auf die erste Frage antworten. Wenn du fragst, was der Mensch ist, sage ich: Er ist ein Knecht des Todes, ein Gast im Raum, ein Wanderer unterwegs. Ein Knecht heißt er, weil er dem Zugriff des Todes nicht entrinnen kann; weil ihm der Tod alle Arbeiten und Tage wegnimmt; weil er nach Verdienst Lohn oder Marter erhalten wird. Ferner ist der Mensch ein Gast im Raum, weil er dem Vergessen überliefert wird. Ferner ist er ein Wanderer unterwegs; ob er schläft oder wacht, isst oder trinkt oder etwas anderes tut, immer eilt er dem Tode zu. Deshalb müssen wir uns für die Reise mit Lebensmitteln versorgen, nämlich mit guten Eigenschaften. – Die zweite Frage lautet: Wem gleicht der Mensch? Er gleicht dem Eis, weil er sich bei Wärme rasch auflöst. So löst sich der Mensch, der aus Erde und Elementen zusammengefügt ist, in der Hitze der Krankheit rasch auf und verdirbt. Ferner gleicht er einem jungen Apfel. Der junge Apfel, der am Baum hängt, soll das gehörige Wachstum erreichen; indessen wird er von einem geringen Wurm im Innern zernagt, fällt plötzlich herunter und ist wertlos. Ebenso wächst der Mensch in seiner Kindheit heran, und plötzlich entsteht drinnen Krankheit, die Seele entweicht und der Leib verdirbt. Warum also ist der Mensch hochmütig? – Die dritte Frage heißt: Wo befindet sich der Mensch? Ich sage: Im vielfachen Krieg, nämlich gegen Welt, Teufel und Fleisch. – Die vierte: Mit welchen Gefährten lebt der Mensch? Ich antworte: Mit sieben, die ihn ständig bedrängen. Das sind Hunger, Durst, Hitze, Kälte, Müdigkeit, Krankheit und Tod."

Zit. nach: A. Borst, Lebensformen des Mittelalters, Frankfurt/M. – Berlin 1979, S. 29 f.

M 4 Das Jüngste Gericht
Das Jüngste Gericht vom Fürstenportal des Bamberger Doms aus dem 13. Jahrhundert zeigt auf der rechten Seite die Verdammten: Papst, König

und Bischof als Vertreter der Stände, Typen, die zum Teil auch auf der Seite der Seligen Platz nehmen. Zwischen dem zur Hölle verdammten Papst und dem König lugt jedoch eine Person hervor, deren Platz unmöglich unter den Geretteten zu finden wäre: ein Wucherer, mit einem von runden Geldstücken prallen Geldsack bewehrt, den er auf der Kette des Teufels absetzt [13. Jahrhundert].

Aus: H. Fuhrmann, Überall ist Mittelalter, München 1996, S. 137.

Im Weltbild der Menschen im Mittelalter nahm das Jüngste Gericht einen zentralen Platz ein. Christus als Weltenrichter trennt die Erlösten von den Verdammten.

Die Vorstellung vom Weltgericht am Ende der Zeiten gehörte zum Inbegriff christlichen Menschseins. Ihre bildliche Darstellung fehlte in kaum einer Kirche.

[F. B.]

Aufgaben

1. Erläutern Sie, aus welcher Zeitperspektive der mittelalterliche Mensch das zeitliche Geschehen betrachtete.
   → Text, M1
2. Kennzeichnen Sie das Weltbild des mittelalterlichen Menschen.
   → Text, M2–M4
3. Beschreiben Sie, in welcher Form dieses Weltbild seinen Ausdruck in den Abbildungen findet.
   → M2–M4
4. Begründen Sie, warum die Seelennot des mittelalterlichen Menschen so weit verbreitet war.
   → M2–M4
5. Der Pfarrer Helmold schrieb im 12. Jahrhundert: „Wer weiß nicht, dass die Kriege, die Stürme, die Pest, all das Leid, was fürwahr über das Menschengeschlecht herniedergeht, durch die Tätigkeit von Dämonen geschieht?“ – Welcher Unterschied zur wissenschaftlichen Weltsicht des modernen Menschen kommt zum Ausdruck?
6. Beurteilen Sie die mittelalterliche Religiosität im Vergleich zu den religiösen Einstellungen in der Gegenwart.

4.2 Frühes Mittelalter

Vom Untergang Roms bis zum Zerfall des Karolingerreiches: ein Überblick

Merowinger

Im Zuge der Völkerwanderung drangen germanische Völker in das bereits innerlich geschwächte Römische Reich ein und brachten es zu Fall. Im 5. Jahrhundert entstand eine Koexistenz zwischen den Römern und den germanischen Invasoren, wobei letztere von den zivilisatorischen Erungenschaften der Römer profitierten.

Auf dem Gebiet des heutigen Frankreich – genauer zwischen Loire und Seine – bildete sich gegen Ende des 5. Jahrhunderts das fränkische Reich der Merowinger, das man als Bindeglied zwischen der römischen Antike und dem Mittelalter ansehen kann.

Von mehreren fränkischen Kleinkönigen gelang es Chlodwig, einem skrupellosen Machtmenschen, sich durchzusetzen und zum Begründer einer fränkischen Monarchie zu werden. Im Laufe des 6. Jahrhunderts expandierte die merowingische Monarchie in weite Gebiete Westeuropas (Burgund, Provence, Oberrhein).

Weltgeschichtlich wichtig war Chlodwigs Übertritt zum Christentum, den er nach einem Sieg über die Alemannen vollzog. Dieser Schritt erwies sich als grundlegend für die Schaffung eines römisch-christlichen Europas. Denn nunmehr blieb die führende Macht der Kirche trotz des Zusammenbruchs des Römischen Reiches erhalten. Große Schenkungen der fränkischen Könige ließen im 7. Jahrhundert ihre Macht noch anwachsen. Von den mehr als 400 Klöstern, die es gegen Ende des 7. Jahrhunderts im fränkischen Reich gab, gingen starke Impulse zur Missionierung Europas aus.

Karolinger

Das 8. Jahrhundert brachte mit dem Niedergang der Merowinger-Dynastie den Aufstieg der Hausmeier; das waren zunächst königliche Stellvertreter in den Teilreichen. Einer von ihnen – Karl – setzte sich durch. Er übernahm die Regentschaft über das Merowingerreich (714), dehnte es nach Osten aus und verteidigte es gegenüber den vordringenden Arabern. In der Schlacht von Tours und Poitiers (732) gelang ihm und den fränkischen Panzerreitern ein Sieg über die Araber, die – von der iberischen Halbinsel kommend – nach Norden vorgestoßen waren. Diesem erfolgreichen Abwehrkampf verdankt Karl den Beinamen Martell („der Hammer"). Die Schlacht von Tours und Poitiers ist insofern von weltgeschichtlicher Bedeutung, als sie den Endpunkt der arabischen Expansion nach Westeuropa markiert.

Karls Sohn Pippin wurde zum Stammvater der neuen Monarchie der Karolinger. Er ließ sich zum König der Franken wählen und verbannte den letzten merowingischen König ins Kloster. Dieser „Staatsstreich" erhielt eine besondere Bedeutung durch die Zustimmung des Papstes (Zacharias), der Pippin salbte und ihm den Titel „Patricius romanorum" (Schutzherr der Römer) verlieh, den vorher der Stellvertreter des Kaisers (von Byzanz) innegehabt hatte. Mit der Verchristlichung des Königtums wurde der Grundstein für eine lange Tradition gelegt. Das Bündnis zwischen dem Papst und der fränkischen Monarchie entsprang dem politischen Kalkül und wurde zu beiderseitigem Vorteil geschlossen. Denn die neu begründete fränkische Monarchie bedurfte der Legitimation beziehungsweise der höheren Weihe. Dem Papst hingegen war zum einen daran gelegen, die Oberherrschaft des byzantinischen Kaisers abzuschütteln; zum anderen brauchte der Papst eine Schutzmacht, die ihn gegen die in Oberitalien ansässigen Langobarden verteidigte. Pippin erfüllte die ihm zugedachte Rolle und sicherte dem Papst außerdem die byzantinischen Gebiete Mittelitaliens zu, die zum Ausgangspunkt der Gründung des Kirchenstaats wurden (Pippin'sche Schenkung).

Karl der Große

Karl, der Sohn Pippins, muss als die überragende Figur des frühen Mittelalters angesehen werden. 43 Jahre regierte er als Alleinherrscher das fränkische Reich. Er setzte die Politik seiner Vorgänger fort, indem er die Bindung an das Papsttum beibehielt und durch den Sieg über die Langobarden die Lombardei, das heißt Oberitalien, in das Frankenreich integrierte. Die Araber im Südwesten konnten ebenso abgewehrt werden wie die Anstürme des nomadischen Reitervolks der Awaren im Osten. Auf rechtsrheinischem Gebiet wurde die Unterwerfung germanischer Stämme und deren gewaltsame Christianisierung vorangetrieben.

Im Vergleich zum Merowingerreich verlagerte sich unter Karl dem Großen das Reich nach Osten, wobei die Grenze bis an die Elbe vorgeschoben werden konnte (Sachsenkriege).

Aufgrund eines erneuten Hilfegesuchs des Papstes (Leo III.) zog Karl der Große im Jahr 800 nach Rom, wo er vom Papst zum Kaiser gekrönt wurde. In diesem Akt kam die Idee von der „Erneuerung des Römischen Reiches" zum Ausdruck. Die Übernahme des Kaisertitels erfolgte streng genommen widerrechtlich und fand erst zwölf Jahre später eine eingeschränkte Anerkennung durch den Kaiser von Byzanz.

Zu Beginn des 9. Jahrhunderts befand sich Karl auf dem Höhepunkt seiner Herrschaft. Nach seinem Tod (814) wurde er in Aachen beigesetzt. Nachfolgende Generationen haben seine Herrschaft idealisiert. Der spätere Kaiser Otto III. (980–1002) ließ das Grab Karls des Großen öffnen, dessen Gebeine später als kostbare Reliquien verehrt wurden.

Den Nachfolgern Karls gelang es nicht, das Reich zusammenzuhalten. Dafür waren verschiedene Faktoren ausschlaggebend:

- Die karolingischen Erbschaftsgesetze kannten nicht die Erbfolge des ältesten Sohnes (Primogenitur), sondern bedachten alle Söhne gleichmäßig. Die Folge davon waren mehrere Reichsteilungen, wobei der Vertrag von Verdun (843) im Nachhinein die Umrisse der späteren Nationen Frankreich, Deutschland und Italien erkennen lässt.

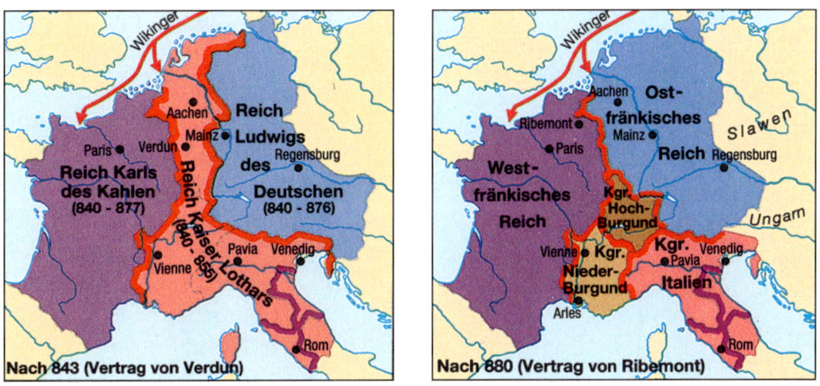

M 1 Reichsteilungen
Nach dem Tod Lothars I. einigten sich die ost- und westfränkischen Herrscher auf eine Zweiteilung des Reiches nördlich der Alpen.

- Es fehlte eine überragende Herrscherpersönlichkeit, die in der Lage gewesen wäre, der Verselbstständigung der Reichsteile Einhalt zu gebieten.
- Es fehlte zudem die technische und wirtschaftliche Infrastruktur, um den Zusammenhalt eines so großen Territoriums zu bewerkstelligen.
- Vielmehr bildete sich östlich des Rheins ein Zusammengehörigkeitsgefühl auf der Basis von verschiedenen Stammesherzogtümern (Bayern, Schwaben, Sachsen, Franken).
- Der karolingische Adel sowie die großen Grafenfamilien strebten nach mehr Unabhängigkeit von der Zentralgewalt und verstärkten somit die partikularistischen, das heißt zur territorialen Aufsplitterung hinzielenden Tendenzen.
- Im 9. Jahrhundert erwies sich angesichts der Normanneneinfälle die Schwäche des spätkarolingischen Reiches. Das schwerfällige fränkische Heer war den Wikingern, die mithilfe von schnellen Schiffen unversehens an Küsten und Flussläufen auftauchten, nicht gewachsen. Für über ein Jahrhundert wurden die Wikinger zum Inbegriff von Raub, Plünderung und Grausamkeit.

Mit dem Aussterben der ostfränkischen Karolinger wurde zu Beginn des 10. Jahrhunderts ein neues Königtum begründet, das auf der Grundlage der Stammesherzogtümer aufbaute. Mit der Wahl des Franken Konrad I. (911–918) zum König sowie der Nachfolge durch den Herzog Heinrich von Sachsen (König seit 919) kam die Verselbstständigung des ostfränkischen Teils des karolingischen Reiches zum Abschluss.

Das Reich Karls des Großen: politische, militärische und religiöse Grundlagen

Nach frühmittelalterlich-christlicher Auffassung war der Herrscher der irdische Stellvertreter Gottes und als solcher Träger des Königsheils. Seine Salbung, das heißt Heiligung, erhob ihn in eine priesterliche Stellung. So wie Siege als ein Zeichen göttlicher Gnade, so wurden andererseits Seuchen, Naturkatastrophen und Hunger als ein Verlust des Heils gedeutet.

Reisekönigtum

Mittelalterliche Könige kannten noch keine feste Residenz. Politische Herrschaft wurde zum einen auf Reisen ausgeübt, wobei die Pfalzen als vorübergehende Aufenthalts- und Regierungsorte dienten. Hier erließ Karl der Große die Kapitularien (königliche Anweisungen und Gesetze), die ihren Namen der Einteilung in Kapitel verdanken.

Verwaltung

Karl der Große versuchte mithilfe von Grafen (Stellvertretern des Königs) ein funktionsfähiges Verwaltungsnetz aufzubauen. Offensichtlich gelang ihm das nur teilweise, denn die Einrichtung von Missi dominici (Königsboten) als Kontrollinstrument lässt darauf schließen, dass der Gehorsam der Grafen immer aufs Neue angemahnt werden musste. Die Grafen, die sich aus den Großen des Reiches rekrutierten, stellten für die Herrscherautorität eine ständige Herausforderung dar. Das Bündnis zwischen Herrscher und Adel war dauernd gefährdet. Dieses Spannungsverhältnis erklärt sich aus dem Streben der Mächtigen nach Unabhängigkeit von der Zentralgewalt. Der König seinerseits bedurfte allerdings der Großen des Reiches, um das Land zu regieren. Denn einen Staat im Sinne eines festen organisatorischen Verwaltungsgerüstes gab es noch nicht.

M 2

Das Reich Karls des Großen (768 – 814)

Kaiserkrönung

Der Aufstieg Karls des Großen zur herausragenden Herrschergestalt des frühen Mittelalters gipfelte in der Kaiserkrönung im Jahre 800, die ihrem Ablauf nach ein Werk des Papstes war. Die Form, in der diese Würde verliehen wurde, warf eine Frage auf, die den weiteren Verlauf mittelalterlicher Geschichte nachhaltig beeinflussen sollte. Wem gebührt der Vorrang: dem Kaiser oder dem Papst?

Kriege

Der Aufbau und die Expansion des fränkischen Reiches konnten nur mithilfe eines erfolgreichen Heeres vollzogen werden. Karl der Große war in erster Linie ein Mann des Krieges. Während seiner Herrschaft gab es – zumindest in den Sommermonaten – fortwährend Krieg. Jahrzehntelang befahl Karl der Große den Kriegsauszug, oft führte er auch persönlich das Heer. Die Feldzüge richteten sich gegen die Nachbarn der Franken in allen Himmelsrichtungen: Aquitanier, Awaren, Baiern, Langobarden, Sachsen. Die überlieferten Quellen („Reichsannalen“) geben als Kriegsursachen Grenzstreitigkeiten oder Beutezüge der Nachbarn an. Oft wird aber auch der Krieg mit der „unchristlichen“ Einstellung eines Volkes legitimiert.

Bis ins Hochmittelalter zählten die Heere selten mehr als zehn- bis zwanzigtausend Krieger. Der Heerbann umfasste das militärische Aufgebot aller waffenfähigen Freien, wobei das Wort „Bann“ den Strafanspruch des Königs unterstreicht, falls der Aufgeforderte nicht Folge leistete. Diese Pflicht zum Kriegsdienst war offenbar eine Quelle großer Unzufriedenheit.

Kirchen und Klöster

Karl der Große verstand sich als ein christlicher Herrscher. Seine Herrschaft war sowohl eine über die Kirche als auch mit der Kirche. Weltliche Herrschaft und Kirche bildeten dabei im Wesentlichen eine Einheit (Staatskirche). Karl verfügte nicht nur über die Domänen (königlichen Güter), sondern als oberster Kirchenherr bediente er sich auch der Erträge aus den Kirchengütern. Er setzte Bischöfe und Äbte in ihre Ämter ein und ließ sich im Gegenzug den Treueid schwören. Die Verwaltung des Reiches wurde weitgehend von Geistlichen ausgeübt, da zunächst nur sie in der Lage waren, die Amtsgeschäfte in der lateinischen Sprache zu führen. Die Kleriker bewahrten und praktizierten die Schriftlichkeit in einer Gesellschaft, in der die Alphabetisierung noch nicht weit fortgeschritten war.

Die Klöster, die mit umfangreichen Ländereien ausgestattet wurden, entwickelten sich zu kulturellen Mittelpunkten, wo Kunsthandwerk und Schriftgelehrsamkeit gepflegt wurden. Den klösterlichen Kopierstuben verdankt die Nachtwelt die Überlieferung vieler antiker Schriften. Eine neue Schriftart, die karolingische Minuskel (Kleinbuchstabe), sorgte für Vereinheitlichung und somit bessere Lesbarkeit von Texten. Die Klöster waren auch Ausgangspunkt der Missionare, die die Christianisierung der unterworfenen germanischen und slawischen Völker vorantrieben.

Sachsenkriege

Vor diesem Hintergrund sind auch die Sachsenkriege zu sehen. In der Unterwerfung der heidnischen Sachsen vermischten sich die Antriebe traditioneller Machterweiterung mit denen des Religionskrieges. Zwischen 772 und 780 besiegte das fränkische Heer in mehreren Feldzügen die Sachsen. Extrem grausame Kämpfe gingen dabei mit Massentaufen einher. Am Ende stand die Integration Sachsens in den karolingischen Reichsverband.

Gewiss verstand sich der tiefreligiöse Karl als Verteidiger und Mehrer des katholischen Glaubens. Die politische Dimension der Christianisierung ist aber auch darin zu sehen, dass die Religion zur Kontrolle der unterworfenen Völkerschaften diente und auch ein bindendes Element im karolingischen Vielvölker-Reich darstellte.

Chronologie

476	Absetzung des letzten weströmischen Kaisers durch Odoaker, einen Heerführer germanischer Hilfstruppen der Römer
486	Sieg der Franken (unter Chlodwig) über die Römer bei Soissons; der letzte römische Statthalter in Gallien wird abgesetzt.
498	Übertritt des fränkischen Königs Chlodwig zum Christentum
732	Karl Martell, fränkischer Hausmeier, bringt bei Poitiers den arabischen Vorstoß zum Halt.
751	Pippin der Jüngere (Sohn Karl Martells) lässt sich zum König der Franken wählen. Absetzung der Merowinger
745	Pippinsche Schenkung
742–814	Karl der Große
800	Kaiserkrönung Karls des Großen in Rom
843	Vertrag von Verdun: Die Aufteilung des karolingischen Reiches wird Ausgangspunkt einer Verselbstständigung der Reichsteile.
911	Tod Ludwigs des Kindes; damit endet die Karolingerherrschaft im ostfränkischen Teil des Reiches.

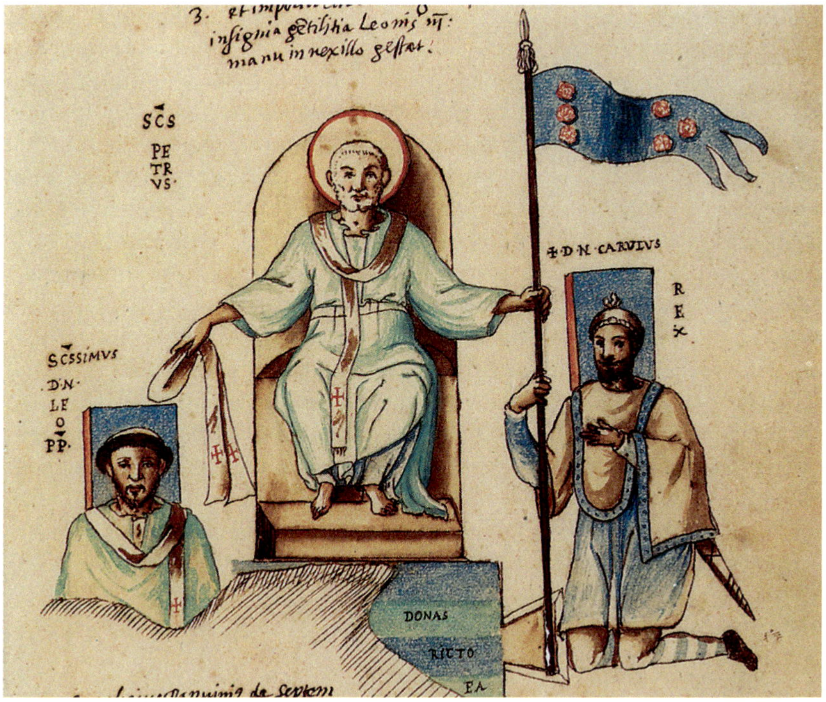

M 3 **Krönung Karls des Großen (800)**
Alle Gewalt geht von Petrus, dem ersten Papst, aus. Er übergibt Papst Leo III. das Pallium, Zeichen des geistlichen Amts, und Karl die Fahne der Stadt Rom, die die politisch-militärische Macht symbolisiert, Farblithographie des 16. Jh. nach dem um 800 ausgeführten Mosaik im Lateranpalast in Rom.

M 4 **Die Kaiserkrönung Karls aus zwei Perspektiven:**

a) Im römischen Krönungsbericht steht:

Am Tage der Geburt unseres Herrn Jesu Christi [hier: 25. Dezember] waren alle in der schon genannten Basilika des heiligen Apostels Petrus wiederum versammelt. Und da krönte ihn [Karl] der ehrwürdige und segenspendende Vorsteher eigenhändig mit der kostbarsten Krone. Darauf riefen alle gläubigen und getreuen Römer, die den Schutz und die Liebe sahen, die er [Karl] der römischen Kirche und ihrem Vertreter gewährte, einmütig mit lauter Stimme auf Gottes Geheiß und des heiligen Petrus, des Himmelreiches Schlüsselträger, Eingebung aus: „Karl, dem Erhabenen, von Gott gekrönten großen und den Frieden schützenden Kaiser der Römer, sei langes Leben und Sieg beschieden."
Vor der heiligen Confessio des seligen Petrus ist das, unter Anrufung vieler Heiliger, dreimal ausgerufen worden, und von allen ist er als Kaiser der Römer eingesetzt worden. Auf der Stelle salbte der heiligste Vorsteher und Oberpriester mit heiligem Öl Karl, seinen hervorragendsten Sohn, an demselben Tag der Geburt unseres Herrn Jesu Christi zum König.

b) Die Krönung aus der Sicht Einhards: Einhard (ca. 770–840), Vertrauter und Biograf Karls, schrieb:

So hoch er [Karl] sie [die Stadt Rom] aber auch ehrte, so kam er während der siebenundvierzig Jahre seiner Regierung doch nur viermal dorthin, um sein Gelübde zu erfüllen und zu beten. Seine letzte Reise hatte nicht darin allein ihren Grund, sondern sie wurde auch dadurch veranlasst, dass Papst Leo durch die vielen Misshandlungen, die er von Seiten der Römer erlitten hatte, indem sie ihm nämlich die Augen ausrissen und die Zunge abschnitten, sich genötigt sah, den König um Schutz anzuflehen. Er kam also nach Rom und brauchte daselbst den ganzen Winter, um die Kirche aus der überaus großen Zerrüttung, in die sie verfallen war, zu reißen. Damals war es, dass er die Ernennung zum Kaiser und Augustus empfing; das war ihm zuerst so zuwider, dass er versicherte, er würde an jenem Tage, obgleich es ein hohes Fest war, die Kirche nicht betreten haben, wenn er des Papstes Absicht hätte vorherwissen können.

Zit. nach: W. Lautemann, M. Schlenke, (Hg.), Geschichte in Quellen, Mittelalter, München 1978, S. 70 f.

M 5 **Die Pfalzordnung unter Karl dem Großen**

Bericht von Hinkmar (ca. 806–882) Erzbischof von Reims:

Nach damaligem Brauche fand zweimal im Jahre, nicht öfter, ein Reichstag statt. Auf dem einen regelte man die Angelegenheiten des ganzen Reiches für das laufende Jahr. Von den hier getroffenen Bestimmungen wich man nur dann ab, wenn es die Gesamtlage des Reiches zur gebieterischen Notwendigkeit machte. Zu diesem Reichstage erschienen alle Großen der Kirche und des Laienadels; die Angesehensten unter ihnen, um an den Beratungen tätig teilzunehmen, die Männer geringeren Ranges, um die Beschlüsse entgegenzunehmen, und zuweilen, um selbst mitzuberaten, wobei sie sich nicht einfach der Gewalt zu beugen hatten, sondern nach ihrer persönlichen Einsicht und Überzeugung ihre Zustimmung gaben; außerdem überbrachten bei dieser Gelegenheit alle dem Könige ihre Abgaben. Zum zweiten Reichstag erschienen nur die Männer von hervorragendem Rang. Man beriet hier die Angelegenheiten des nächsten Jahres, soweit dies notwendig und möglich war oder wenn am Ende des laufendes Jahres noch unbedingt etwas für dies Jahr zu erledigen war. [...]

Die ersten Beamten wie die angesehensten Großen des Reiches erhielten für die allgemeinen wie engeren Reichstage – damit es nicht schien, sie würden zwecklos berufen – kraft königlicher Autorität die wichtigsten Gesetzes- oder Verwaltungsvorschläge in Kapitel abgeteilt, die entweder der König durch Gottes Eingebung selbst abgeteilt hatte, oder die ihm von den verschiedenen Seiten nach Schluss eines Reichstages unterbreitet worden waren. Nach Empfang erwogen sie diese Kapitel je nach ihrer Wichtigkeit einen oder mehrere Tage lang und legten inzwischen durch Boten, die aus den königlichen Unterbeamten hierfür bestimmt waren, über verschiedene Punkte dem König Fragen vor und erhielten von ihm darauf Antwort. Während der ganzen Zeit verkehrten sie mit keinem Menschen, der nicht zu ihrem Kollegium gehörte, bis sie ihre Erwägungen dem Ohr des glorreichen Fürsten vortrugen, seinen geheiligten Augen unterbreitet und alle dem beigepflichtet hatten, was er nach der ihm von Gott verliehenen Weisheit entschieden hatte. So wurde über ein, zwei oder so viele Kapitel es waren, verhandelt, bis mit Gottes Gnade alles erledigt war, was die Umstände erforderten.

Zit. nach: W. Lautemann, M. Schlenke (Hg.), Geschichte in Quellen, Mittelalter, München 1978, S. 81 f.

M 6

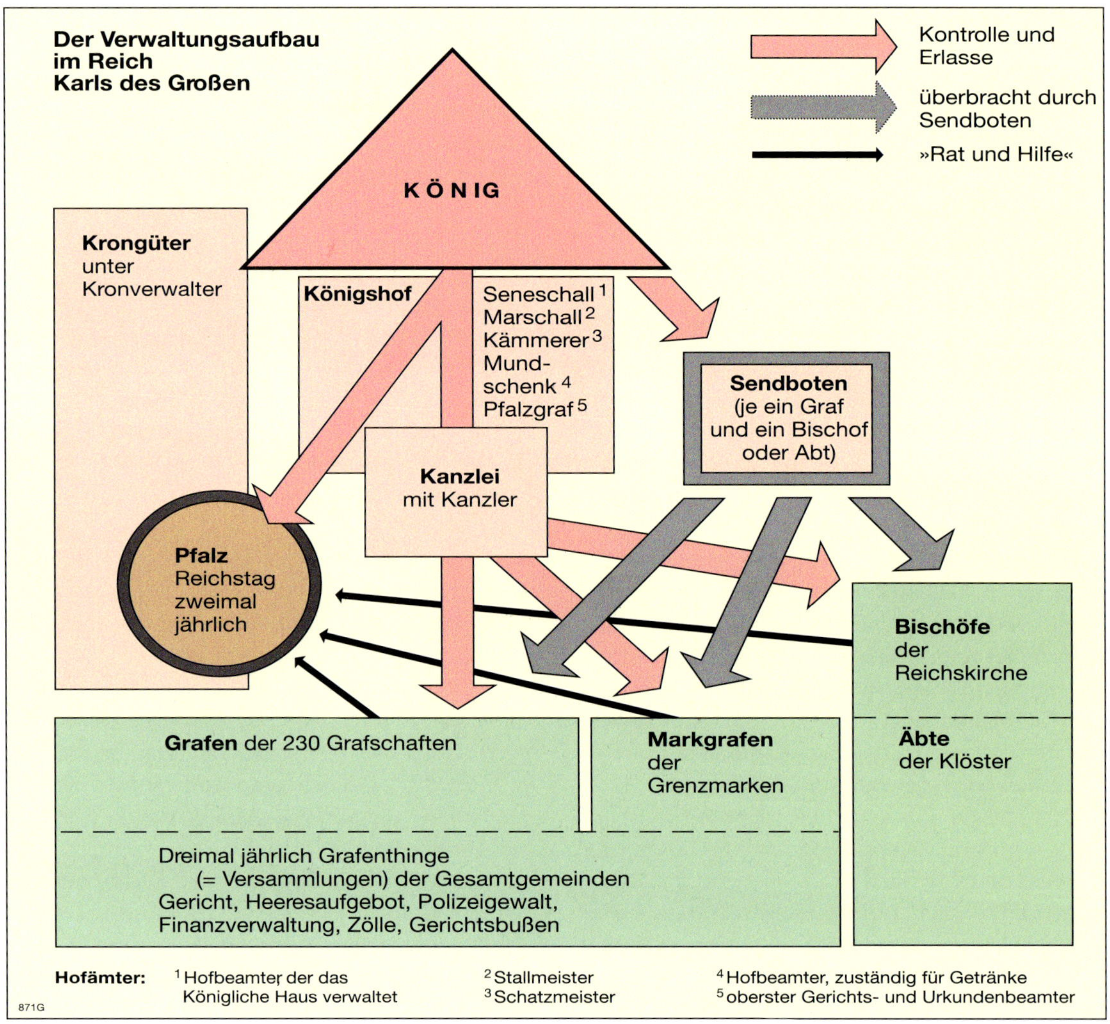

M 7 Aus dem Kapitular von Paderborn

Dieses Kapitular enthält gesetzliche Bestimmungen für die unterworfenen Sachsen (785):

[...] 3. Wenn einer gewaltsam in eine Kirche eindringt und in ihr etwas raubt oder stiehlt oder die Kirche in Brand steckt, so sterbe er des Todes.

4. Wenn einer das heilige vierzigtägige Fasten aus Missachtung des Christentums nicht hält und Fleisch isst, so sterbe er des Todes. Jedoch soll der Priester darüber urteilen, ob ihn nicht etwa die Not dazu gebracht habe, Fleisch zu essen. [...]

7. Wenn einer den Leib eines verstorbenen Menschen nach heidnischen Brauch durch das Feuer verzehren lässt und seine Gebeine zu Asche brennt, soll er mit dem Tode bestraft werden.

8. Wer hinfort im Volk der Sachsen ungetauft sich verstecken will und zur Taufe zu kommen unterlässt und Heide bleiben will, der soll des Todes sterben.

9. Wer einen Menschen dem Teufel opfert und ihn nach heidnischer Sitte den bösen Geistern als Opfer darbringt, der soll des Todes sterben. [...]

15. Zu jeder Kirche sollen die zu ihr gehörigen Gaubewohner einen Hof und zwei Morgen Landes geben, und auf je 120 Menschen, Adlige, Freie und Liten [Hörige, Halbfreie] sollen sie der Kirche einen Knecht und eine Magd zuteilen.

16. Und so ward mit Christi Segen beschlossen, dass von allem, was an den königlichen Schatz entrichtet wird, als Buße für Friedensbruch oder Banngeld [Bußgeld] der zehnte Teil den Kirchen und Priestern gegeben werde.

17. Ebenso bestimmen wir nach Gottes Gebot, dass alle den Zehnten ihres Vermögens und ihrer Arbeit den Kirchen und Priestern geben; die Adligen, die Freien und die Liten sollen nach Maßgabe dessen, was Gott jedem Christenmenschen gegeben hat, ihren Teil Gott darbringen. [...]

Zit. nach: G. Guggenbühl und O. Weiss (Hg.), Quellen zur allgemeinen Geschichte des Mittelalters, Zürich 1946, S. 50 ff.

M 8 Der Heerbann wird aufgeboten

Brief Karls des Großen an Abt Fulrad von Altaich (nach 804):

Wir teilen dir mit, dass wir in diesem Jahre den großen Reichstag nach Ostsachsen zusammengerufen haben, und zwar nach Staßfurt an der Bode. Deshalb befehlen wir dir, am 17. Juni mit allen deinen wohlbewaffneten und ausgerüsteten Leuten an dem genannten Platze dich einzustellen, also sieben Tage vor der Messe des heiligen Johannes des Täufers. Du wirst also wohl vorbereitet mit deinen Leuten an dem genannten Platze erscheinen, um von hier aus, wohin dich auch unser Befehl schicken mag, eine militärische Expedition durchzuführen; das heißt mit Waffen und Gerät und aller anderen kriegerischen Ausrüstung, mit Proviant und Bekleidung. Jeder Berittene soll Schild, Lanze, Schwert und Hirschfänger haben, dazu Bogen, Köcher und Pfeile, und eure Packwagen sollen Vorräte aller Art mitführen, Spitzhacken und Äxte, Bohrer, Beile, Spaten, eiserne Grabscheite und alle anderen Werkzeuge, die man bei einem Feldzug braucht. Die Lebensmittel müssen vom Reichstage an gerechnet drei Monate reichen, Waffen und Bekleidung ein halbes Jahr. Wir befehlen dir, streng darauf zu achten, dass du in Ruhe und Frieden den genannten Ort erreichst, durch welche Teile unseres Reiches dein Marsch dich auch führen mag, dass außer Grünfutter, Holz und Wasser keinerlei Vorräte angerührt werden; durch wessen Besitz aber eure Leute mit Packwagen und Pferden gerade marschieren, der soll immer dabei sein, auf dass nicht die Abwesenheit des Herrn seinen Besitz den Leuten preisgibt, um Unheil anzurichten, und das soll bis zur Ankunft am Ziel gelten.

Die Geschenke, die du uns auf unserem Reichstag abzuliefern hast, übersende uns Mitte Mai dahin, wo wir uns dann aufhalten werden; wenn du dei-

M 9 Die Pfalzkapelle in Aachen
Karl der Große machte Aachen zu seinem Hauptort. In der Pfalzkapelle steht der Thron Karls: vier Marmorplatten auf einem Kalksteinblock. Sechs Stufen führen zu ihm hinauf. Die Platznahme auf dem Thron war fester Bestandteil des Krönungsrituals. Als erstes deutsches Bauwerk nahm die UNESCO 1980 den Aachener Dom in die Liste des Weltkulturerbes auf.

nen Marsch so einrichten kannst, dass du sie uns bei deinem Aufbruch in eigener Person überreichen kannst, dann wird uns das um so angenehmer sein. Lasse dir dabei keinerlei Nachlässigkeit zu Schulden kommen, wenn dir an unserer Gnade gelegen ist.

Zit. nach: W. Lautemann, M. Schlenke (Hg.), a. a. O., S. 76 f.

M 10 **Auswirkungen der Wehrpflicht**

Der belgische Historiker Jan Dhondt analysiert die Militärverfassung des Karolingerreiches:

Dem Wehrdienst war grundsätzlich jeder Freie unterworfen. [...]

Für den Großgrundbesitzer war die Last erträglich, denn er ließ sich auf seinen Domänen [Gütern] durch Verwalter vertreten, die über die große Schar der Sklaven geboten. Ganz anders aber waren die Folgen des Heeresdienstes für den Kolonen [halbfreien Pächter] und den kleinen Eigentümer. Ein solcher über wenige Mittel verfügender Mann, der Jahr für Jahr gezwungen wurde, seine Felder, auf denen er unentbehrlich war, in der zwischen Aussaat und Ernte liegenden Zeit zu verlassen, musste früher oder später wirtschaftlich zugrunde gehen. Da auf diese Weise der Heeresdienst zu einer fast unerträglichen Bürde geworden war, begriff die Zentralgewalt, dass man ihn mildern musste. Die Kapitularien aus den letzten Lebensjahren Karls des Großen zeigen deutlich, dass nicht mehr die Gesamtheit der Freien zum Wehrdienst verpflichtet wurde, sondern nur diejenigen unter ihnen, die ein Minimum an Wohlstand besaßen. Als dieses Minimum wurden bald vier, bald fünf oder sechs Bauernhöfe angesehen. Die Freien mit einem noch geringeren Besitz taten sich zusammen und rüsteten dann einen aus der betreffenden Gruppe für den Krieg aus. [...]

Alles spricht jedoch dafür, dass diese Abmilderung der Wehrpflicht unzureichend war. Dem Text der Kapitularien können wir erstaunliche Methoden entnehmen, mit denen man dem Militärdienst zu entgehen versuchte. Die verständlichste war noch die, dass jemand in einen Mönchsorden eintrat, um dem gefürchteten Dienst fern bleiben zu können. Was aber jede Vorstellungskraft übersteigt, ist die Tatsache, dass manche Männer auf den Status der Freiheit verzichteten, um nicht Soldat werden zu müssen. Diese Fälle beweisen überzeugend, dass die Militärverfassung des Karolingerreiches auf die Dauer untragbar war und dass insbesondere die Masse der unbegüterten Freien durch dieses System geschädigt wurde.

J. Dhondt, Das frühe Mittelalter, Fischer Weltgeschichte, Bd. 10, Frankfurt/M., 1968, S. 47 f.

M 11 **Reiterstatuette von Karl dem Großen**
Wir wissen nicht, wie Karl der Große in Wirklichkeit ausgesehen hat. Bis ins 13. Jahrhundert wurden die Menschen nicht individuell, sondern typisierend dargestellt, Statuette aus Bronze, um 870.

Aufgaben

1. Stellen Sie die Methoden und Instrumente dar, mit denen Karl der Große das Reich regierte.
   → Text, M4–M9
2. Klären Sie, in welchem Verhältnis weltliche Herrschaft und Kirche zueinander standen.
   → Text, M3, M4, M6, M7, M9
3. Beschreiben Sie die militärische Organisation des karolingischen Reiches sowie die Probleme, die mit ihr verbunden waren.
   → Text, M8, M10

M 1 **Die Zerstörung der Irmensäule**
Kurz nach Beginn der Sachsenkriege ließ Karl der Große 772 im wichtigsten sächsischen Heiligtum die Irmensul, eine baumhohe Kultsäule, fällen. Das Historienbild deutet das Geschehen als Triumph des Christentums über das Heidentum, Fresko von Alfred Rethel im Kaisersaal des Aachener Rathauses, 1848.

Ist Karl der Große der „Vater Europas“?

Jährlich wird in Aachen, der einstigen Residenz Karls des Großen, der Karlspreis verliehen – und zwar für herausragende Verdienste um die Einheit Europas. Was verbindet den historischen Namensgeber mit der europäischen Gegenwart?

Bereits zu Lebzeiten Karls bezeichnete ihn ein unbekannter Dichter als „Vater Europas“. Diese Formulierung muss als Teil des damals üblichen Herrscherkults verstanden werden. Ganz zweifellos besaß Karl in seiner Zeit eine einzigartige und unangefochtene Position. Ihm war es gelungen, einen Herrschaftsverband unter fränkischer Führung zusammenzufügen, der sich zwischen der Elbe im Nordosten und den Pyrenäen im Südwesten erstreckte. Aus heutiger Perspektive könnte man von „Kerneuropa“ sprechen. Mit der Kaiserkrönung trat Karl die Erbschaft des Römischen Reiches an und verfügte über die höchsten weltlichen und religiösen Weihen. Die Aachener Kaiserpfalz sollte – in Anknüpfung an die Tradition der römischen Antike – zum neuen Mittelpunkt des Abendlandes werden.

M 2 **Außenansicht der Pfalzkapelle in Aachen**
Der achteckige Grundriss der Pfalzkapelle ist trotz späterer Anbauten noch deutlich erkennbar.

Es gibt aber keine Anzeichen dafür, dass mit Karls Reich eine europäische Idee im heutigen Sinne korrespondiert. Bei seinem Hofbiografen Einhard taucht der Begriff „Vater Europas“ nicht auf. Außerdem muss man davon ausgehen, dass mit „Europa“ zum damaligen Zeitpunkt nur eine recht vage geografische Vorstellung verknüpft wurde. Obgleich ein europapolitisches Programm fehlt, existiert sowohl in Deutschland als auch in Frankreich der Mythos vom europäischen Kaiser. Mit Bezug auf „Karl den Großen“ oder „Charlemagne“ versuchten französische Könige und deutsch-römische Kaiser sich eine historische Rechtmäßigkeit zu verschaffen. Im Jahre 1000 ließ Kaiser Otto III. (983–1002) sogar heimlich das Grab Karls in Aachen öffnen. Er nahm Brustkreuz und Kleider Karls als Reliquien an sich. Mit diesem Akt wollte Otto seinen Anspruch auf Weltherrschaft bekräftigen. 800 Jahre später bezog sich z. B. auch Napoleon auf Karl als Vorbild, um die Anerkennung für sein fragwürdiges Kaisertum zu erhalten. Als vorbildhafter Herrscher des Mittelalters eignete sich Karl der Große in besonderem Maße dafür, als Projektionsfläche für politische Wünsche und Ansprüche zu dienen. Obwohl Karl selbst weder Franzose noch Deutscher, sondern Franke gewesen war, machte ihn die Nachwelt zur europäischen Identifikationsfigur.

M 3 Karl der Große – ein Europäer?

Der Althistoriker Werner Dahlheim präzisiert die Leitideen des Karolingischen Reiches:

Die Geschichte kennt die Ewigkeit nicht. Was für sie in der Gestalt des augusteischen Weltreiches geschaffen schien und in der Tat so lange Bestand hatte wie die ganze Geschichte der sogenannten Neuzeit, zerfiel im 5. Jahrhundert unter dem Ansturm germanischer und arabischer Krieger und im Streit christlicher Theologen. Von nun an gingen das Mittelmeer und Zentraleuropa ihre eigenen Wege. Das 7. Jahrhundert zeichnete schließlich drei Machtzentren auf die politische Landkarte: Byzanz, die Herrschaft der Kalifen und das Reich der Franken. Dessen Gründer, Karl der Große, war als Barbar gekommen. Sein Reich aber, obwohl weder römisch noch europäisch, sondern germanisch, bildete die Basis für das mittelalterliche Europa, dessen Herrscher sich ihren Untertanen als die Nachfolger des Augustus vorstellten und ihre Macht von der römischen Kirche segnen ließen. Sie wussten wenig von einem wie immer beschaffenen Europa-Gedanken: Die Leitideen, die ihrer Regierung den Weg wiesen, waren das Reich und die Christenheit. Aber der Raum, den sie beherrschten, war die Wiege Europas.

W. Dahlheim, An der Wiege Europas, Frankfurt/M. 1999, S. 15.

M 4 Charlemagne – Karl der Große

Die Rückbesinnung auf Karl den Großen erklärt der Historiker Joachim Ehlers:

Schon Zeitgenossen nannten ihn den „Vater Europas" (pater Europae) und meinten damit die Impulse, die Karls Herrschaft dem Leben der westlichen Christenheit zwischen Irland und den noch heidnischen Slawenländern, zwischen Skandinavien und dem Mittelmeer gegeben hatte. Das fränkische Großreich [...] hatte eine Vielzahl von Völkern in seinen Verband integriert und war durch ein jahrzehntelanges Reformwerk auf neue Grundlagen gestellt worden. Reichsverwaltung und Wehrverfassung, Kirchenorganisation, Theologie und Liturgie, Recht, Wissenschaft und Literatur hatte Karl unter dem Gesichtspunkt christlich bestimmter und Gott unmittelbar verantwortlicher Herrschaft verbindlichen Normen anpassen wollen. Auf diese Weise entstand eine neue, nachantike Zivilisation, wurde Karls Regierung zur Grundfigur der europäischen Monarchie schlechthin, sowohl im Hinblick auf das geweihte Königtum (das gilt in besonderer Weise für Frankreich bis zur Revolution von 1789) als auch für das Kaisertum, von dem die deutsche Geschichte bis 1806 und noch lange darüber hinaus entscheidend geprägt worden ist.
Der Mainfranke Einhard, Karls erster Biograf und zugleich der erste Verfasser einer Herrscherbiografie im lateinischen Mittelalter überhaupt, sah in ihm den herausragendsten und größten König seiner Zeit. Dabei ist es bis heute geblieben, denn nach den beiden großen Kriegen unseres Jahrhunderts, die Europa verändert, zu großen Teilen zerstört und in seiner Substanz nachhaltig verletzt haben, war die Rückbesinnung auf diesen Vater ein mächtiger therapeutischer [heilender] Anstoß. Besonders in Deutschland machte man davon gern Gebrauch, um mit den neuen Kleidern einer alten abendländischen Autorität weniger seine Wunden als vielmehr jene Schandflecken zu bedecken, die seit dem großen Exzess [Ausschreitungen] nicht verblassen wollen [gemeint sind die beiden Weltkriege].

J. Ehlers, Charlemagne – Karl der Große, in: E. François und H. Schulze (Hg.), Deutsche Erinnerungsorte, Bd. 1, München 2001, S. 41.

M 5 Europa – eine Erfindung

Johannes Fried, Professor für Mittelalterliche Geschichte, zeichnet die Geschichte einer Idee nach:

Europa ist eine Erfindung mit einer langen Geschichte. In der Antike von ionischen [griechischen] Naturphilosophen ersonnen, vereinte es zunächst die Hälfte, sodann ein Drittteil der ihnen bekannten Welt. Zu keiner Zeit in Antike und Mittelalter wurde dieses gelehrte Konstrukt als eine politische oder kulturelle Einheit verstanden. Wann also tauchte die Idee „Europa" auf? Wer brachte sie mit Karl in Verbindung, dass er „für", nicht bloß „in" Europa handelte? Wer war das Sprachrohr dieses Konzepts? Die Antwort darauf ernüchtert noch einmal. Sie enteilt dem Karolinger um ein volles Jahrtausend. Denn die Karls-Schau verdankte sich der deutschen Romantik und verbreitete sich – durch die braune Propaganda. Zwar sahen sich Karl und Europa vereinzelt schon seit dem Mittelalter in einem Zug genannt, doch geschah es ohne nähere kulturelle oder politische Konnotation [Nebenbedeutung] des Kontinents. Und als Historiker und Philosophen begannen, „Europa" als derartige Einheit zu konzipieren, nach dem Dreißigjährigen Krieg und im Zeitalter der Aufklärung, da galt es, das Hegemoniestreben [Vormachtstreben] Einzelner zugunsten der Gleichheit aller Staaten abzuwehren.
Der fränkische Reichsschöpfer, der fremde Völker unterworfen hatte, taugte da wenig zum Vorbild. Ausdrücklich verwies beispielsweise der große Verehrer des Staatsgründers Karl, Montesquieu [1689–1755], der in Europa eine Nation erkannte, die sich aus mehreren zusammensetzte, auf die Kooperationsbedürftigkeit Frankreichs oder Englands mit Polen oder den Moskowitern, überhaupt jeder Region mit den anderen. Dieses Europa bestand aus unabhängigen Nationen und überstieg weiträumig das Reich Karls des Großen; sein „Vater" war der Franke nicht. Erst später entdeckte man im Vielvölkerreich des Karolingers oder genauer: in seinem Verfall – gleichsam in nuce [im Kern] – die Wiege des multinationalen Europa.
Erste Ahnungen finden sich 1769 bei dem schottischen Hofhistoriografen William Robertson. Doch erst im Zeitalter Napoleons gewannen diese Vorstellungen von Europa kräftigere Konturen. Napoleon dünkte sich, ein neuer Karl zu sein, nachdem er die Lombardei erobert hatte: „Je suis Charlemagne." Von „Europa" war keine Rede. Wie es scheint, hat erstmals Friedrich Schlegel [1772–1829], der deutsche Romantiker, das Bild von Karl dem Europäer, dem „Gesetzgeber für das ganze abendländische Europa", in seinen Wiener Vorlesungen von 1810 „Über die neuere Geschichte" skizziert. Der große Korse mag heimlich Pate gestanden haben. „Europa", so war Schlegel bewusst, „ist eine Idee."

J. Fried, Ein dunkler Leuchtturm, in: St. Aust u. a. (Hg.), Experiment Europa, Stuttgart 2003, S. 56 f.

M 6 Denar Karls des Großen

Nach der Kaiserkrönung 800 ließ sich Karl der Große auf seinen Münzen wie ein römischer Kaiser mit Lorbeerkranz und in Feldherrntracht darstellen. Die Umschrift KAROLVS IMP(ERATOR) AUG(USTUS) betont seinen Anspruch, ein rechtmäßiger Nachfolger der römischen Kaiser zu sein. Münzbild und -legende kopieren bewusst Prägungen des Römischen Reiches.

Aufgaben

1. Untersuchen Sie, inwiefern das Reich Karls des Großen als „Wiege Europas" gelten kann.
   → Text, M1, M2, M3
2. Wie erklären Sie sich das Bedürfnis von Politikern und Geschichtsschreibern, in Karl dem Großen einen „Europäer" zu sehen?
   → Text, M4, M5
3. Nehmen Sie zu der Frage Stellung, ob Karl der Große mit Recht als „Vater Europas" bezeichnet werden kann.
   → Text, M1–M6

4.3 Grundherrschaft und Feudalismus

Grundherrschaft

Der Begriff der Grundherrschaft, der nicht mittelalterlichen Ursprungs ist, sondern erst aus dem 18. Jahrhundert stammt, bezieht sich auf die wirtschaftliche Grundlage der mittelalterlichen Herrschaftsordnung. Damit ist eine Herrschaft gemeint, die auf der Verfügungsgewalt über Grund und Boden mit den darauf lebenden Menschen beruhte. In einer fast ausschließlich agrarisch geprägten Gesellschaft war die Verfügung über den Boden zwangsläufig die entscheidende Machtquelle.

Hörigkeit

Die Wurzeln dieser Herrschaftsform liegen zum einen im römischen Großgrundbesitz, der mithilfe von Sklaven und Kolonen (halbfreie Pächter) bewirtschaftet wurde. Die andere Wurzel ist in einem personalen Abhängigkeits- und Schutzverhältnis zu erkennen, das germanischen Ursprungs ist, woraus sich die so genannte Leibherrschaft entwickelte. Während sich noch für das frühe Mittelalter die römische Tradition der Sklaverei nachweisen lässt, vollzog sich im Laufe des Mittelalters eine rechtliche Angleichung der Bauern in der Weise, dass zwar ehemalige Sklaven ihre rechtliche Stellung verbessern konnten, aber andererseits freie Bauern in den Stand der Abhängigkeit herabgedrückt wurden. Man geht heute davon aus, dass seit dem 11. Jahrhundert der Mehrzahl der Bauern der Rechtsstatus der Hörigkeit anhaftete, das heißt sie waren halbfreie Grundholden, die an den Boden gebunden waren und unter dem Schutz eines Herrn standen; folglich hatten sie weder politische noch militärische Macht. Zu Beginn des Hochmittelalters gab es nur noch Reste eines freien Bauerntums. Wegen fehlender Statistiken ist es umstritten, bis zu welchem Anteil an der Gesellschaft die Schicht der freien Bauern geschrumpft war.

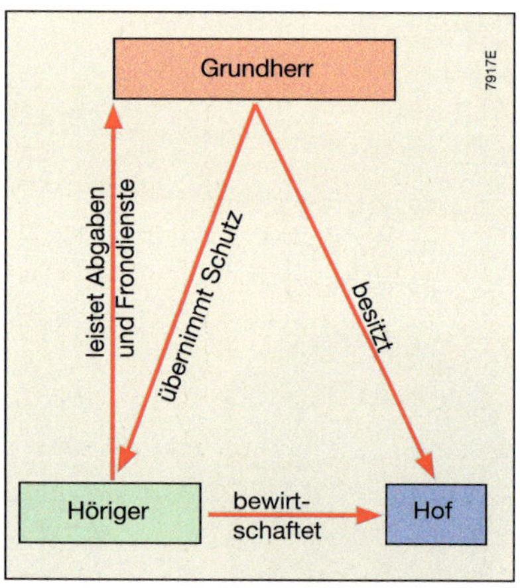

M 1

Verschiedene Gründe haben die Menschen veranlasst, sich in die Schutzgewalt eines Mächtigen zu begeben. Persönliche Not, zum Beispiel nach Ernteausfällen, Verschuldung und Armut haben die Schutzsuche ebenso gefördert wie die Bedrückung von oben oder die Nichterfüllung militärischer Pflichten.

Das besondere Merkmal der Grundherrschaft bestand darin, dass mit der Verfügung über den Boden weitere Formen der Herrschaft verknüpft waren; neben die persönliche Abhängigkeit zum Leibherrn traten zum Beispiel noch die Kirchen- und Gerichtsherrschaft, wobei die auf dem Bauern lastenden Herrschaftsrechte zersplittet oder auch in einer Hand sein konnten. Da jede Herrschaft ihre Anerkennung forderte, kann davon ausgegangen werden, dass angesichts der Häufung die Gesamtbelastung der Bauern ziemlich hoch war. Verlässliche Angaben beziehungsweise allgemeingültige Bestimmungen über die Abgabenhöhe gibt es nicht. Der jeweilige Rechtsstatus des Bauern hatte beträchtlichen Einfluss auf die Höhe der Belastungen. So konnte zum Beispiel die Fron (Dienst- und Arbeitsverpflichtung) zwischen wenigen Tagen im Jahr und drei Tagen pro Woche schwanken.

Im Verband der Grundherrschaft gab es zwei Gruppen von Unfreien: Erstens die schollengebundenen Hufenbauern (Hufe = Sammelbezeichnung für die Hofgröße eines Vollbauern), die selbstständig ein Stück geliehenes Land bewirtschafteten und dafür eine bestimmte festgelegte Fron erbringen mussten. Zweitens die so genannten servi in domo (Knechte am Hof), die Gesindedienst leisten mussten und einen minderen Status als die Hufenbauern innehatten.

„familia"

Beide Gruppen bildeten zusammen die „familia" des Grundherrn. Dabei handelte es sich um eine für das Mittelalter typische soziale Erscheinung. Das Individuum und dessen Wert zu entdecken, blieb nämlich späteren Generationen vorbehalten. Der Mensch des Mittelalters zählte hingegen nur als Angehöriger einer sozialen Gruppe. Er wurde in bestimmte Bindungen hineingeboren, beziehungsweise er begab sich in sie. Als „familia" in diesem Sinne verstand man nicht nur den Hörigenverband im Rahmen der Grundherrschaft, sondern auch Verwandtschaftsverbände oder Klostergemeinschaften. Das gleiche soziale Strukturprinzip lässt sich auch später beim Zusammenschluss von Kaufleuten und Handwerkern zu Gilden beziehungsweise Zünften erkennen.

Die Grundherrschaft stellte das wirtschaftliche Fundament dar, auf dem die mittelalterlichen Führungsschichten der Krieger und Betenden lebten. Mit der Grundherrschaft entwickelte sich eine Agrarstruktur, die bis in die Neuzeit hineinwirkte. In den Gebieten östlich der Elbe konservierte sich die bäuerliche Abhängigkeit in Form der Gutsuntertänigkeit beziehungsweise Schollenbindung der Bauern faktisch bis weit ins 19. Jahrhundert. Erst nach der Bauernbefreiung (Frankreich 1789; Preußen nach 1811) wurde der „Grundherr" endgültig zum modernen Grundeigentümer.

Feudalismus

Im heutigen Sprachgebrauch taucht das Wort „feudal" oft im Sinne von „vornehm, adlig", aber auch mit der Bedeutung von „unzeitgemäß, überkommen" auf. In der Gegenwart bezeichnet man mit „feudal" eine Gesellschaft, in der eine kleine Schicht von (adligen) Großgrundbesitzern politisch und gesellschaftlich tonangebend ist.

Der Begriff „Feudalismus" selbst stammte aus dem Umfeld der Französischen Revolution und bezog sich dort auf die vorrevolutionäre Gesellschaft des Ancien Régime (alte, absolutistische Herrschaft), die es in den Augen der Revolutionäre zu überwinden galt. So ist auch der Beschluss der französischen Nationalversammlung vom 11. August 1789 zu verstehen, der die Abschaffung des Feudalismus beinhaltete.

Grundlegend für den mittelalterlichen Feudalismus war ein persönlicher Vertrag, den zwei Freie eingingen, die nicht auf gleicher Stufe standen. Dabei unterwarf sich der Lehnsmann und verpflichtete sich zu Rat und Hilfe, worunter in erster Linie militärischer Beistand zu verstehen war. Der Lehnsherr seinerseits verpflichtete sich zu Schutz und Unterhalt. In der Regel überließ dieser dem Lehnsmann leihweise (daher Leihe beziehungsweise Lehen) Land. Ein solches Lehen (lat. feudum) konnte aber auch aus Zoll- oder Münzrechten, Gerichtsbarkeiten, später sogar aus Soldzahlungen bestehen.

Ein Lehen bedeutete also die zeitweilige Übertragung von Rechten und unterschied sich vom Eigentum formal dadurch, dass es auch wieder eingezogen werden konnte. Das Lehnswesen entstand vor allem als ein militärisches Organisationsprinzip, das der Bereitstellung einer Zahl von gepanzerten Reitern diente. Mithilfe eines Lehens wurde der Lehnsmann in die Lage versetzt, die extrem kostspieligen Rüstungen zu finanzieren und Bewaffnete bereitzustellen.

Im Mittelalter war es durchweg üblich, der „Vasall" (wörtlich: Knecht) oder „Mann" eines anderen zu sein. Das Lehnsverhältnis durchzog die Gesellschaft auf allen oberen Rangstufen. Es entstand folglich eine Lehnshierarchie, die die Lehnsfähigen umfasste und die Führungsschicht des Mittelalters darstellte.

M 2

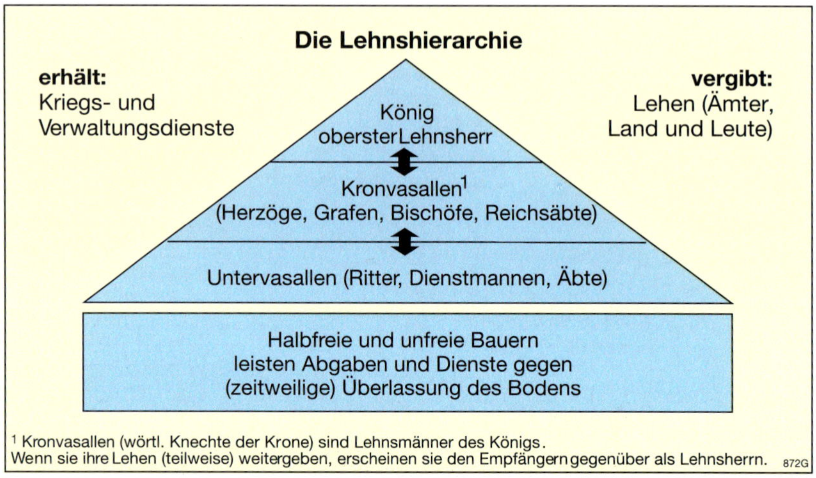

Während die Grundherrschaft auf der Basis eines personenrechtlichen Herrschaftsverhältnisses beruhte, handelte es sich beim Lehnsverhältnis um einen gegenseitigen Vertrag. Der Grundherr (König, Kirche oder Adelige) besaß hoheitliche Rechte über die Menschen, die auf seinem Land wohnten und arbeiteten. Die Herrschaft über Land und Leute schloss auch Polizei- und Gerichtsgewalt ein. Ein Lehnsverhältnis konnte hingegen nur zwischen zwei Freien eingegangen werden und endete, da es personenbezogen war, mit dem Tod oder (zum Beispiel bei Vertragsverletzung) mit der Aufkündigung des Vertrags.

In einer Gesellschaft, die, gemessen am Maßstab moderner Wirtschaftsformen, noch unterentwickelt war, stellte das Lehnswesen ein System dar, eine großräumige Herrschaft einzurichten. Denn angesichts der nur mangelhaft ausgebildeten Geldwirtschaft war es noch unmöglich, ein stehendes Heer sowie einen fest bestallten Beamtenapparat zu besolden.

Der Versuch der Könige als oberste Lehnsherrn, einen Lehnstaat zu errichten, traf aber auch auf vielfache Hindernisse. Die Vasallen ihrerseits versuchten alles, um die Erblichkeit von Lehen durchzusetzen, was ihnen im Wesentlichen auch im 12. Jahrhundert gelang. Die zentrifugalen Kräfte, die auf eine Schwächung der Königsgewalt hinausliefen, ergaben sich letztlich aus dem Autonomiestreben der Vasallen. Machtzersplitterung war eine Konsequenz dieser Entwicklung, wenn ihr nicht durch ein kraftvolles Königtum Einhalt geboten werden konnte. In England und Frankreich gelang es den Königen, eine starke Zentralgewalt durchzusetzen. In Deutschland hingegen war die weitere Entwicklung bis ins 19. Jahrhundert von Machtzersplitterung und territorialer Vielfalt bestimmt.

M 3 „Wer sich in die Knechtschaft ergibt“

Aus einem westfränkischen Urkundenformular (um 700):

An meinen Herrn soundso [ich] der soundso. Da, veranlasst, durch das Drängen meines Prozessgegners, meine Unfähigkeit [zu bezahlen] immer größer wurde, und ich in große Schwierigkeiten geriet [...] habt Ihr in Eurer Barmherzigkeit mich [...] mit Eurem Gelde losgekauft. [...]
Ich besitze nun kein Vermögen [mehr], womit ich Eure Wohltaten vergelten könnte; deshalb habe ich beschlossen, dafür den Stand meiner Freiheit Euch unterwürfig zu machen, derart, dass ich von diesem Tage an aus Eurem Dienst mich durchaus nicht begeben werde, sondern gelobe, auf Euren und Eurer Beamten Befehl alles zu tun, was Eure übrigen Knechte tun. Wenn ich dies nicht tun werde oder mich in irgendeiner Absicht Eurem Dienste entziehen will, oder unter die Herrschaft eines anderen [zu kommen] trachten will, oder eines anderen [Herrn] Geschäften mich unterziehen will, sollt Ihr das Recht haben, mich nach Eurem Ermessen mit beliebiger Strafe zu belegen oder zu verkaufen oder mit mir zu tun, was Ihr sonst beschließen wollt. Nach vollzogener Verknechtung am Tage [...].

Zit. nach: G. Franz (Hg.), Quellen zur Geschichte des deutschen Bauernstandes im Mittelalter, Ausgewählte Quellen zur deutschen Geschichte des Mittelalters, Bd. XXXI, Darmstadt 1967, S. 17.

M 4 Bericht Karls des Großen

Auf dem Hoftag des Jahres 811 n. Chr. über die Gründe, derentwegen die Bauern sich der Heeresfolge zu entziehen pflegen:

[...]
2. Die Armen [Bauern] klagen, sie würden aus ihrem Eigentum vertrieben; und diese Klage erheben sie gleichermaßen gegen die Bischöfe, Äbte und deren Vögte wie gegen die Grafen und deren Centenare.[1]
3. Sie sagen auch: Wenn jemand sein Eigen dem Amtmann oder Centenar nicht geben will, suchen sie Gelegenheiten, diesen Armen zu verurteilen und ihn immer wieder gegen den Feind ziehen zu lassen, bis er, verarmt, sein Eigentum wohl oder übel übergibt oder verkauft; andere aber, die es schon übergeben haben, bleiben ohne Belästigung durch irgend jemand zu Hause.

1 Centenar = wörtl. Vorsteher einer Hundertschaft; hier: Beamter des Grafen

Zit. nach: G. Franz (Hg.), Quellen zur Geschichte des deutschen Bauernstandes im Mittelalter, Darmstadt 1967, S. 7.

M 5 Eintritt in die Grundherrschaft

Die Chronik des aargauischen Klosters Muri schildert, wie freie Bauern ihre Selbstständigkeit aufgegeben haben (1040):

Im Wohlen[1] lebte einst ein sehr mächtiger Laie [hier: weltlicher Herr] namens Guntran, dort und andernsorts mit vielen Besitzungen begabt und gierig auf seiner Nachbarn Eigen [Eigentum]. Einige Freie nun, die in diesem Dorfe wohnten, übergaben ihm in der Meinung, er sei gütig und milde, ihr Land gegen den üblichen Zins [hier: Abgabe] mit der Bedingung, dass sie unter seinem Schutz und Schirm sicher sein könnten. Jener verlegte sich übermütig und voller Arglist sogleich darauf, diese Leute zu unterdrücken, begann zunächst, sie mit bittweisen Forderungen anzugehen, machte dann von seiner uneingeschränkten Machtfülle Gebrauch und befahl ihnen, fast als wären sie seine Grundhörigen, ihm Dienst zu leisten, und zwar in seiner Landwirtschaft, beim Schneiden und Einbringen des Heus, und bedrückte sie bei jeder Gelegenheit, wo es ihm passte. [...]
Jene, unfähig sich zu widersetzen, taten unter Zwang, was er befahl. Unterdessen kam der König zur Burg Solothurn; da zogen die Bauern dorthin und begannen wegen ihrer ungerechten Bedrückung Klage zu erheben. Doch unter einer so großen Zahl von Fürsten und wegen der unbeholfenen Rede ihrer Wortführer gelangte ihre Klage nicht vor den König. Waren sie in übler Lage gekommen, so zogen sie in noch schlimmerer wieder nach Hause. So verfuhr dieser Edle mit ihnen bis zu seinem Tode und hinterließ seiner Tochter Euphemia, diese wiederum ihrem Sohne Rudolf, das auf so ungerechte Weise erworbene Erbe.

1 Wohlen in Aargau (in der heutigen Schweiz)

G. Franz, Quellen zur Geschichte des deutschen Bauernstandes im Mittelalter, Darmstadt 1967, S. 135 f.

M 6 Der Fronhofsverband

Ausstattung und Verwaltung eines Fronhofs beschreibt der Historiker Hans-Werner Goetz:

Wurde ursprünglich der größte Teil des Besitzes von den Leibeigenen in Eigenwirtschaft bearbeitet, so ließen Streubesitz und Traditionen freier Bauern, die ihren Hof behielten, bald die „klassische“, nämlich zweigeteilte Form der Grundherrschaft entstehen, die in zwei verschiedene Wirtschaftsbereiche zerfiel: das Salland oder Herrenland, das sich um den Herrenhof gruppierte, wurde im Eigenbetrieb mithilfe der Unfreien am Hof und der zu Frondiensten

M 7

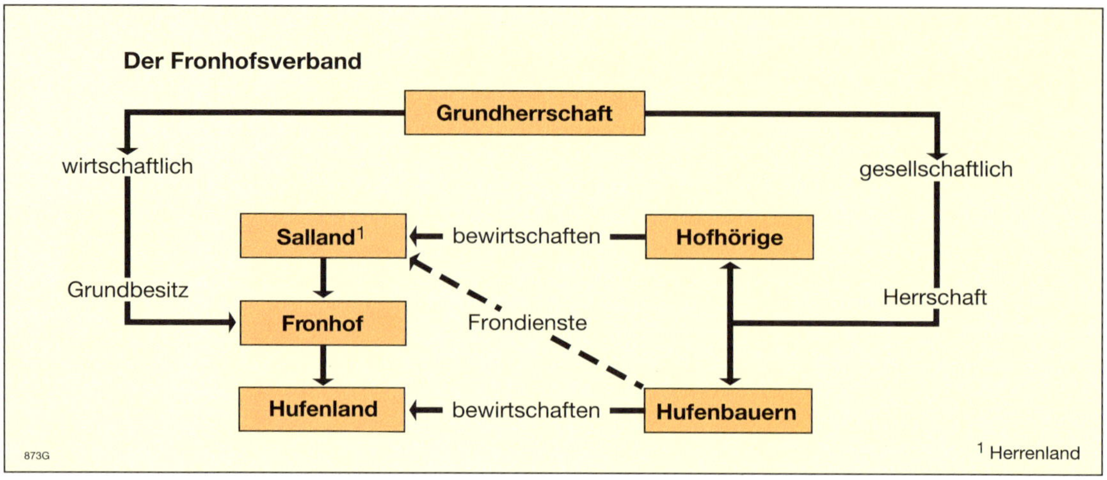

verpflichteten Hufenbauern bewirtschaftet; das Leihe- oder Hufenland (so genannt, weil es in Hufen eingeteilt war), war an abhängige Bauern ausgegeben und wurde gegen festgesetzte Leistungen von diesen bearbeitet. Im Allgemeinen überwog das Hufenland, wobei der Sallandanteil an der Gesamtfläche stark variierte. Es gab aber auch Grundherrschaften ohne Sallandbetrieb oder ohne Leiheland. Ein Teil des Gutes, oft ganze Hofverbände, war darüber hinaus als Lehen an Adlige und Ministerialen ausgegeben.
Den Mittelpunkt eines solchen Verbandes bildete die curtis, der Herren-, Sal- oder Fronhof. Über seine Gestalt informiert am besten das Inventar des Königshofes in Annappes (bei Lille), das vielleicht anlässlich eines Besuches Karls des Großen im Jahre 800 angefertigt wurde. Im Zentrum stand ein Königshaus aus Stein – in dieser Zeit noch eine Ausnahme – mit dem „Königssaal" und drei Zimmern, 11 Kammern, einem Keller und zwei Vorhallen. Innerhalb der umzäunten curtis befanden sich 17 weitere, einräumige Holzhäuser, ein Stall, eine Küche, ein Backhaus, zwei Scheuern und drei Geflügelställe. Den Eingang bildete ein Steintor mit Söller [Balkon], von dem aus die Anweisungen gegeben wurden. Im Königshaus eines anderen Hofes befand sich eine Holzkapelle. Auch die Ausstattung an Tuchen (in der Regel je ein Betttuch, Tischtuch und Handtuch), Geräten (2 Bronzeschüsseln, 2 Trinkbecher, 2 Bronze- und ein Eisenkessel, 1 Pfanne, 1 Kesselhaken, 1 Feuerbock, 1 Kienkorb) und Werkzeug (Beile, Barte [breite Axt], Bohrer, Messer, Axt, Hobel, Sensen, Sicheln und genügend Holzwerkzeug) wurde genau aufgelistet. Die Höfe waren somit auf den Empfang des Königs und anfallende Arbeiten eingerichtet. Zum Inventar gehörte auch Vieh. [...] Fronhof, Salland und Hufen bildeten eine Wirtschaftseinheit, die sich auf einen Ort konzentrieren, aber auch über das Umland erstrecken konnte. [..]
In kleineren Grundherrschaften war der Salhof zugleich Wohnsitz des Herrn; größere Grundherrschaften verfügten dagegen über eine ganze Reihe solcher Fronhofsverbände, die jeweils von Amtsträgern, dem maior (Meier) oder villicus, verwaltet wurden.

H.-W. Goetz, Leben im Mittelalter, München 1986, S. 118 ff.

M 8 Abgaben und Belastungen

In seinem Buch „Bauern im Mittelalter" beschreibt Werner Rösener die bäuerlichen Abgaben im Rahmen der Grundherrschaft:

Noch weit vielfältiger als die Fronen war die Reihe der Abgaben, die die Bauern aus ihrer Betätigung in Ackerbau, Viehzucht und Hauswirtschaft zu entrichten hatten. [...] Als Rechtsgrundlagen für die bäuerlichen Abgaben innerhalb des älteren Grundherrschaftssystems sind vor allem drei anzuführen, soweit sie überhaupt genauer auseinander zu halten sind: Erstens die eigentlich grundherrlichen Zins- und Pachtabgaben; ihre Leistung lag darin begründet, dass der Grundherr seinen Bauern Land und Hofstellen zur Nutzung überließ. Zweitens Personalabgaben, welche einen leib- und schutzherrlichen Ursprung hatten. Solche Leib- und Kopfzinsen wurden manchmal neben den dinglich begründeten Leistungen bezahlt, doch im Allgemeinen nur von solchen Leibeigenen, welche kein Bauerngut innehatten. Drittens empfingen die Grundherren auch manche Abgaben öffentlichen Ursprungs, wie Heersteuern oder kirchliche Zehnten. Zu diesen drei Hauptarten treten noch andere Abgabeformen hinzu, wie Abgaben als Entgeld für besonders gewährte Nutzungen und Rechte, z. B. Leistungen für die Benutzung herrschaftlicher Waldungen oder bäuerliche Ehrengaben für den Grundherrn bei bestimmten Festgelegenheiten. Im Laufe des Hochmittelalters vermehrten sich vor allem die bäuerlichen Zahlungen für grundherrliche Bannrechte [Gewerberechte] und die Abgaben an die Gerichts- und Territorialherren; insbesondere wiesen die Vogteilasten[1], Beden [Zahlungen an den Landesherrn] und Steuern eine steigende Tendenz auf. Aufgrund der schwierigen Berechnung der Frondienste und des fehlenden Wertmaßstabes für zahlreiche Naturalabgaben lassen sich über die Gesamtlastquote der Bauern im Fronhofsystem im Allgemeinen keine exakten Angaben machen. Die Höhe der bäuerlichen Belastung schwankte zudem von Region zu Region und von Grundherrschaft zu Grundherrschaft. Bei freier Pacht war die Forderung der Hälfte, eines Drittels oder eines Viertels des Bodenertrages üblich. Bei den verliehenen Gütern waren die Grundzinsen dagegen in der Regel fixiert, ohne einen bestimmten Teil des bäuerlichen Einkommens auszumachen.

Neben den regelmäßigen Abgaben wurden auch zahlreiche Leistungen bei besonderen Anlässen eingefordert. Am drückendsten war für viele Bauern zweifellos der so genannte Todfall, der Anspruch des Herrn auf den Nachlass des Leibeigenen. Rechtlich hatte der Herr zwar mancherorts die Möglichkeit, das gesamte bewegliche Vermögen eines verstorbenen Unfreien einzuziehen, doch empfahl sich dies zumeist nicht, weil sonst die Fortführung des Bauernbetriebes durch den Erben überaus erschwert worden wäre. Am häufigsten stoßen wir daher auf den Anspruch des Herrn auf einen Teil des Nachlasses oder nur ein Stück Vieh (Besthaupt) oder das beste Gewand beim Tode der Frau (Bestkleid). Eine andere außerordentliche Leistung des Hörigen war fällig, wenn die Heiratserlaubnis des Herrn bei unfreier Rechtsstellung eingeholt werden musste. Bei dieser Gelegenheit waren dem Leibherrn Geschenke zu übergeben, die dann später als Heiratsgebühren von bestimmter Höhe festgesetzt wurden.

1 Vogt = Verwalter, Inhaber der niederen Gerichtsbarkeit

W. Rösener, Bauern im Mittelalter, München 1985, S. 221 f.

M 9 **Bäuerliche Abgaben im Sachsenspiegel**

Das erste Bild soll an den Lämmerzehnt erinnern, der zu Walpurgis (1. Mai) fällig wird. Mit dem grünen Baum ist hier wohl ein Maibaum gemeint, der nach weit verbreiteter Sitte zu Walpurgis an Haus und Hof aufgepflanzt wurde.

Zu St. Urban (25. Mai) hat der Nutzungsberechtigte die Früchte von Obst- und Weingarten „verdient“, weil zu diesem Zeitpunkt die Frühjahrspflege beendet ist. Das Ende dieser Arbeit zeigt rechts der leere rote Arbeitskittel an.

Es folgt der Termin für den Fleischzehnt, der am Johannistag (24. Juni) fällig ist und im Bild durch ein Rind, ein Kalb, eine Ziege und einen Hahn dargestellt wird. Das Gebilde rechts ist vermutlich eine Johanniskrone.

Am St. Margarethentag (13. Juli) ist der Kornzehnt fällig. Wie in ihrer Legende fesselt die Heilige hier den Teufel. Hinter ihr liegt das Korn, „das vorher in Garben gesetzt ist“, wofür der Zehnt deshalb auch schon vorher als verdient gilt.

Kräuter- und Wurzelbündel auf dem nächsten Bild symbolisieren die Wurzmesse (15. August), den Fälligkeitstermin für den Gänsezehnt.

Aus: W. Koschorreck, Der Sachsenspiegel in Bildern, Frankfurt/M. 1976, S. 118 f.

M 10 **Mannschaftsleistung**

a) Aus einem Formelbuch (Tours, um 750):

An den großmütigen Herrn [...] Da es allen wohl bekannt ist, dass es mir an Nahrung und an Kleidung fehlt, habe ich mich bittend an Euer Erbarmen gewandt und habe frei beschlossen, mich in Eure Munt [Schutz] zu begeben oder zu kommendieren[1]. Und das habe ich getan; es soll so sein, dass Ihr mir mit Speise und Kleidung helft und mich unterhaltet, und zwar in dem Maße, wie ich Euch dienen und mir damit Eure Hilfe verdienen kann. Bis zu meinem Tode muss ich Euch dienen und gehorchen, so wie ich es als freier Mann vermag, und Zeit meines Lebens werde ich mich Eurer Gewalt oder Munt nicht entziehen können, sondern ich werde, solange ich lebe, unter Eurer Gewalt und Eurem Schutz bleiben. Und so kamen wir überein, dass der von uns beiden, der sich diesen Abmachungen entziehen wollte, seinem Vertragspartner soundsoviel Solidi zahlen muss und dass die Vereinbarung selber in Kraft bleibt. Daher schien es angebracht, dass die Parteien zwei Urkunden gleichen Inhalts verfassten und bestätigten. Und so taten sie.

1 von lateinisch se commendare = sich unter die Gewalt eines anderen begeben

Zit. nach: F. L. Ganshof, Was ist das Lehnswesen?, Darmstadt 1961, S. 5 f.

b) Bericht Galberts von Brügge, wie der Graf von Flandern seine Vasallen empfing:

Zuerst leisteten sie ihm auf folgende Weise Mannschaft: Der Graf fragte den zukünftigen Vasallen, ob er ohne Vorbehalt sein Mann werden wolle, und dieser antwortete: „Ich will es." Alsdann umschloss der Graf die zusammengelegten Hände des anderen mit seinen Händen, und sie besiegelten den Bund durch einen Kuss. Zweitens gab derjenige, der Mannschaft geleistet hatte, dem „Vorsprecher" des Grafens mit folgenden Worten sein Treueversprechen: „Ich verspreche bei meiner Treue, von nun an dem Grafen Wilhelm treu zu sein und ihm gegen alle anderen meine Mannschaft unwandelbar zu erhalten, aufrichtig und ohne Trug." Drittens bekräftigte er sein Versprechen durch einen Eid, den er auf die Reliquien der Heiligen leistete.

Zit. nach: F. L. Ganshof, a. a. O., S. 73 f.

M 11 **Darstellungen aus dem „Sachsenspiegel" der Heidelberger Bilderhandschrift**

Zwei Fürsten bieten einem Vasallen die Belehnung an. Der Vasall nimmt sie von demjenigen entgegen, der selber ein Fahnlehen hat. Da sein Lehnsherr sitzt, leistet er nach strenger Observanz [hier: Recht] kniend „Mannschaft" und legt dazu seine gefalteten Hände zwischen die des Herrn, Anfang des 13. Jahrhunderts.

Aus: W. Koschorreck, a. a. O., S. 40/41.

Aufgaben

1. Beschreiben Sie den Aufbau einer Grundherrschaft.
   → Text, M6–M9
2. Kennzeichnen Sie den Unterschied zwischen dem grundherrlichen Abhängigkeitsverhältnis und einem modernen Pachtvertrag.
3. Untersuchen Sie, welche Bedrängnisse die ehemals freien Bauern in die Abhängigkeit führten.
   → Text, M3–M5
4. Erläutern Sie die einzelnen Elemente des Lehnsverhältnisses.
   → Text, M9–M11
5. Arbeiten Sie den Unterschied zwischen der Grundherrschaft und dem Lehnsverhältnis heraus.
   → Text
6. Analysieren Sie, inwiefern sich der auf dem Lehnsverhältnis aufbauende mittelalterliche Staat („Feudalstaat") vom neuzeitlichen Staat unterscheidet.

4.4 Die Gesellschaft des Hochmittelalters

Agrartechnik

Zwischen dem 7. und 10. Jahrhundert wurden mehrere agrartechnische Neuerungen eingeführt, die in ihrem Zusammenspiel den Begriff einer landwirtschaftlichen Revolution rechtfertigen. Trotz unsicherer Quellenlage geht man davon aus, dass sich die agrarische Produktivität in dieser Zeit verdoppelte, was wiederum die Voraussetzung darstellte für eine gesamtwirtschaftliche Aufschwungsphase, die bis ins 14. Jahrhundert andauerte.

In der Zeit des 11. bis 13. Jahrhunderts wurde – gefördert von einem stetigen Bevölkerungswachstum – die Erschließung Europas vorangetrieben.

Eine intensive Rodungstätigkeit, die Kultivierung von Sumpfflächen, die Ostkolonisation und die Ausweitung der Anbauflächen für Getreide markieren eine beschleunigte Wirtschaftsentwicklung, die die Grundlage für das Wachstum der Städte bildete.

Obgleich in dieser Zeit die agrarische Produktion ausgeweitet wurde, so blieb doch der Hunger wegen der unzureichenden Vorratsbildung eine ständige Bedrohung für den mittelalterlichen Menschen. Denn wegen der ungenügenden Vorratsbildung hatten Naturkatastrophen, wie zum Beispiel Dürren oder Überschwemmungen, eine verheerende Auswirkung, zumal wenn in zwei aufeinander folgenden Jahren die Ernte gering ausfiel.

Bauern

Die Masse der mittelalterlichen Bevölkerung, das heißt etwa 90 Prozent, war in der Landwirtschaft tätig. Grundherrschaft und Unfreiheit blieben zwar der Rahmen des mittelalterlichen Bauerntums, aber zwischen dem 11. und 13. Jahrhundert gelang es den Bauern doch, ihre gesellschaftliche Position zu verbessern. Mehrere Faktoren spielten dabei eine Rolle:

- Die Auflösung des Fronhofverbandes und die Entstehung von Dörfern.
- Damit hingen sowohl die Einschränkung von Frondiensten als auch verbesserte Besitzrechte zusammen.
- Im Zuge der sich durchsetzenden Geldwirtschaft konnten die Frondienste durch Geldzahlungen abgelöst werden.
- Die Schollenpflichtigkeit lockerte sich.
- Die fortschreitende Verschriftlichung der Gesellschaft fand ihren Niederschlag in so genannten Weistümern, die die Verpflichtungen der Bauern festhielten; dadurch wurde aber auch die Willkür der Grundherrn eingeschränkt.
- Größere Freiräume eröffneten sich für die Bauern im Zusammenhang mit der Binnen- und Ostkolonisation. Die „Rodungsfreiheit" stellte dabei für den Bauern einen besonders günstigen Rechtsstatus dar.
- Nicht zuletzt die wachsenden Städte mit ihrem ständigen Bedarf an Zuwanderern boten dem Bauern eine mögliche Zuflucht, falls die Bedrückung zu groß geworden war.

Gleichzeitig mit dieser Besserstellung der Bauern (im Vergleich zum frühen Mittelalter) sowie ihrer rechtlichen Angleichung verschärfte sich die Spaltung der Gesellschaft in die Krieg führende Schicht der Ritter und in die der Bauern; letzteren entzog man nach Möglichkeit die

Waffen, womit man ihnen die Instrumente politischer Machtausübung nahm. Zwischen 1250 und 1400 verfestigte sich die Aufteilung der Gesellschaft so sehr, dass man von Ständen spricht, die sich voneinander abschließen. Obgleich die produktive Arbeit der Bauern die Voraussetzung für das höfische Leben der Ritter beziehungsweise das klösterliche der Mönche gewesen war, wuchsen sie zu einem Rechtsstand minderen Rechts zusammen. Ihr Wohnort, das Dorf, „steht außerhalb der Weltgeschichte".

Mönche und Nonnen

In einer von tiefer Religiosität geprägten Lebenswelt spiegelte sich in der mönchischen Lebensweise das Bestreben wider, Gott nahe zu sein. Der Rückzug aus der Welt in die Gemeinschaft der Mönche und Nonnen war Ausdruck von tiefer Frömmigkeit. Die Ordensregel verlangte von der mönchischen Existenz Armut, Keuschheit und Gehorsam. Eigentumslosigkeit, geschlechtliche Enthaltsamkeit und bedingungslose Unterordnung unter die Oberen bedeuteten in vollkommener Weise die Unterwerfung unter Gott. Das Dasein als solches verstand der Mönch als Gottesdienst, zu dem er sich durch ein Gelübde lebenslänglich verpflichtete. Das Kloster war der Ort, wo sich die Gemeinschaft der Mönche verwirklichte. Das mönchische Leben war eine genau geregelte Lebensweise, die nach den Grundsätzen der Strenge und Askese (Entsagung, Buße) gestaltet war.

Mönchsorden

Aufgrund der unterschiedlichen Regeln lassen sich eine Vielzahl von Mönchsorden unterscheiden. Benedikt von Nursia (ca. 480–547) gilt allgemein als der Vater des europäischen Klosterlebens. Im 6. Jahrhundert gründete er auf dem Montecassino, südlich von Rom, eine „Schule, in der man dem Herrn dient". Von ihm stammt das zum geflügelten Wort gewordene „ora et labora" (bete und arbeite). Im Wesentlichen beinhaltet seine Regel eine Dreiteilung des Tagesablaufs in Gottesdienst, Arbeit und Studium. Arbeit, sowohl als Handarbeit als auch als geistige Arbeit verstanden, bildet einen zentralen Aspekt der benediktinischen Ordensregel. „Müßiggang ist der Feind der Seele", schrieb Benedikt. Durch die Verpflichtung für die Mönche, lesen zu

M 1 Guthlac, späterer englischer Heiliger, erhält in Repton Abbey von der Hand seines Bischofs die Tonsur

Hinter dem Bischof der Schreiber mit einem Buch, rechts eine Äbtissin mit zwei Nonnen. Kahlscheren des Kopfes (lat. tondere = scheren) war in Rom das Zeichen des Sklaven. Aus dem antiken Brauch wurde in der westlichen Kirche des 7. Jahrhunderts eine eigene, die Aufnahme ins Kloster markierende Zeremonie, Zeichnung aus der „Guthlac Roll" vom Ende des 12. Jahrhunderts.

Aus: O. Borst, Alltagsleben im Mittelalter, Frankfurt/M. 1983, S. 163.

lernen, entstanden mit den Klöstern Bildungsinseln in einem noch ganz überwiegend analphabetischen Umfeld. Bibliotheken, Schulen und Skriptorien gehörten regelmäßig zu den Einrichtungen der Klöster. Es ist daher nicht verwunderlich, dass ein erheblicher Teil des Wissens, das wir heute vom frühen Mittelalter besitzen, von Mönchen stammt.

Novizen, die neu in ein Kloster eintraten, verpflichteten sich zur gemeinschaftlichen Lebensführung, zur Beständigkeit des Ortes (im Unterschied zu Wandermönchen) und zu Gehorsam gegenüber den Ordensoberen. Die benediktinische Regel wurde zur wichtigsten Richtschnur und zum Vorbild für das gesamte abendländische Mönchstum.

Im 10. und 11. Jahrhundert war das burgundische Kloster Cluny Ausgangspunkt einer kirchlichen Reformbewegung, die ganz Europa erfasste. Diese zielte unter anderem darauf, die Kirche aus der Vormundschaft von weltlichen Herrschern zu befreien. Die Cluniazenser – ein vom Adel geprägter Orden – verkörperten die reiche und herrschende Kirche. Im Mittelpunkt der mönchischen Tätigkeit standen Gottesdienst, Gebet und Gesang.

Gegen diesen Ordenstyp regte sich Widerstand, der seinen Anfang ebenfalls in Burgund, und zwar im Kloster Cîteaux, nahm (um 1100). Der Zisterzienserorden, wie er sich nach dem Urspungskloster nannte, stellte die Rückkehr zum einfachen Leben in den Mittelpunkt der mönchischen Regel. Betont wurde die körperliche Arbeit der Mönche. Folglich wurde auf die Zwangsarbeit (Fron) von unfreien Bauern verzichtet. Die Zisterzienser gründeten ihre Klöster mit Vorliebe in einsamer Wildnis. Nach Rodungs- beziehungsweise Entwässerungstätigkeiten entstanden schon sehr bald landwirtschaftliche Musterbetriebe. Die Kombination von mönchischer Askese (einfacher Lebensweise) und hoher Produktivität machte den Orden – gewissermaßen gegen seinen Willen – wohlhabend. Schon bald überstieg die Produktion das für die Selbstversorgung Notwendige. Der Erfolg der Zisterzienser zeigte sich auch darin, dass es in der zweiten Hälfte des 13. Jahrhunderts etwa 670 Klöster dieses Ordens in Europa gab.

Anfang des 13. Jahrhunderts erhielten zwei ganz neue Orden die päpstliche Bestätigung: Franziskaner und Dominikaner. Die Mitglieder dieser so genannten Bettelorden lebten nicht in weltabgeschiede-

M 2 Das Zisterzienserkloster Maulbronn im Kraichgau
– gegründet im 12. Jahrhundert – wurde von der UNESCO als Weltkulturerbe anerkannt.

nen Klöstern, sondern in Städten. Die Mönche sahen in der Predigt ihre Hauptaufgabe. Ihnen kam eine zentrale Funktion bei der Bekämpfung der so genannten Ketzerbewegung zu.

Klöster

Die Bedeutung der Klöster für die wirtschaftliche und kulturelle Erschließung Europas im Mittelalter ist kaum zu überschätzen. Im frühen Mittelalter bildeten die Klöster den Ausgangspunkt für die Christianisierung, die eine gemeinsame europäische Kulturgrundlage schuf. Die Klöster machten einen wesentlichen Teil der Grundherrschaft aus, das heißt, die Arbeit von bäuerlichen Untertanen bildete in der Regel ihr soziales Fundament.

In einer Zeit, in der die Gesellschaft noch einen weitgehend analphabetischen Charakter trug, stellten die Klöster geistige Zentren dar. In ihnen gab es Schreibstätten und Bibliotheken; hier wurden Urkunden und Chroniken verfasst. Mönche waren in den Kanzleien der Herrschenden tätig. In Klöstern pflegte man die Kunst, zum Beispiel die Buchmalerei; Heilkunde und Armenpflege spielten ebenfalls eine bedeutende Rolle.

Ritter

Die Ursprünge des Rittertums lagen im Kriegswesen. Zwei Erfindungen (Steigbügel und genageltes Hufeisen) leisteten einer militärisch-technischen Entwicklung Vorschub, die dem gepanzerten Reiter eine Überlegenheit über den bäuerlichen Fußkämpfer gab.

Die Bedeutung des Wortes „riter“ (Reiter) änderte sich in dem Maße, als eine kleine Elite von Berufskriegern, die mit Pferd und Rüstung (zum Beispiel Helm, Kettenhemd) ausgestattet war, sich vom Rest der Gesellschaft abgrenzte. Waffendienst galt als besonders ehrenvoll und wertete den Mann auf. Aus dem „Reiter“ wurde der „Ritter“, dem eine spezielle Würde zu eigen war. Dieser Prozess war um 1200 abgeschlossen, als der Abstand zu den nicht „Ritterbürtigen“ sich im Grundsatz ausdrückte, dass nur derjenige zum Ritter geschlagen werden konnte, der seinerseits ein Nachfahre von Rittern war. Diese Verfestigung zu einem Geburtsstand, den es in dieser Form im frühen Mittelalter nicht gegeben hatte, zeigte sich in der Durchsetzung der Primogenitur (Erbrecht des ältesten Sohnes) sowie der Bildung von familiären Traditionen, die im Namen und Wappen Ausdruck fanden.

Dieser sich allmählich (im 11. Jahrhundert) abschließende Geburtsstand der Ritter bildete sich in Deutschland aus der Verschmelzung von zwei unterschiedlichen Gruppen. Grundlegend war dabei, dass es der Gruppe der Ministerialen (Dienstmannen) gelang, in die Schicht der Adligen aufzusteigen. Ministerialen waren ursprünglich Hörige, also Unfreie, die aber aufgrund von wichtigen Verwaltungs- und Kriegsdiensten mit einem Dienstlehen ausgestattet worden waren. Ihr Versuch, die leibherrlichen Bindungen abzustreifen, die unfreie Herkunft vergessen zu machen und sich im Hinblick auf Lebensgewohnheiten den Adligen anzupassen, war erfolgreich. Ministerialen vermochten sich an unterster Stufe in die Lehnshierarchie einzuordnen. Sie bildeten den Kern der Ritterschaft beziehungsweise des niederen Adels.

Adel und Ritterschaft waren also zunächst nicht identisch. Die Ursprünge des Adels liegen im Dunkeln und sind quellenmäßig nicht eindeutig belegt. Zwar gab es auch im frühen Mittelalter schon bevor-

M 3 **Aufbruch in den Kampf**
Ritter ziehen in geordneter Reihe zum Kampfplatz, Manuskript aus dem 12. Jahrhundert.

rechtigte Familien, aber im 11. und 12. Jahrhundert bildete sich ein neuer Adel, der seinen Vorrang durch das Geblütsrecht legitimierte.

Ständelehre

„Stand" als ein Begriff der Soziologie (Wissenschaft von der Gesellschaft) meint eine nach rechtlichen Gesichtspunkten vorgenommene Gliederung der Gesellschaft. Die Geburt erscheint dabei als entscheidend für die Verteilung von Lebenschancen. Die Ungleichheit, zum Beispiel vor Gericht, bei der Kleidung oder beim Waffentragen, ist Ausdruck der Hierarchie. Der Möglichkeit, der Zugehörigkeit eines Standes zu entkommen, sind enge Grenzen gesetzt.

Die mittelalterliche Ständelehre vermittelte das Bild einer gottgewollten Daseinsweise, in der das Prinzip der Rangstufung fest verankert war. Ein Ausbrechen aus dieser hierarchischen Ordnung aus Klerus, Adel und Bauern bedeutete folglich eine Verletzung der von Gott gesetzten Ordnung. Während die Dreiständelehre den Vorrang des Priesters – wegen seiner Nähe zu Gott – festschrieb, wurde dem Bauern der unterste Rang zugewiesen. Dabei stand die Vorstellung Pate, dass die Arbeit ein Fluch sei, der mit der Vertreibung aus dem Paradies zusammenhinge. Für das gesamte Mittelalter galt, dass das Prestige von Arbeit in dem Maße abnahm, als der Anteil körperlicher Tätigkeit wuchs.

Die Ständelehre suggerierte eine Einheitlichkeit der einzelnen Stände, die es zu keinem Zeitpunkt gegeben hatte. Trotz rechtlicher Angleichung der ehemals freien, un- oder halbfreien Bauern differenzierte sich der Bauernstand zum Beispiel entsprechend der Hofgröße. Der Klerus seinerseits unterschied sich in eine niedere und eine hohe Geistlichkeit, wobei letztere sich zumeist aus adligen Familien rekrutierte. Der Adel selbst umfasste sowohl den König als auch den Ritter des niederen Adels, dem es unter Umständen ökonomisch schlechter ging als einem wohlhabenden Bauern.

Schließlich schob sich der zu Reichtum gekommene Stadtbürger wie ein Fremdkörper in diese ständische Gesellschaft. Wie schon hinsichtlich der Geistlichkeit so traten nunmehr berufsständische Aspekte gesellschaftlicher Gliederung neben jene der Geburt.

Die Stände, so wie sie sich zwischen dem 11. und 13. Jahrhundert herauskristallisierten, waren zu keinem Zeitpunkt gänzlich voneinander abgeschottet.

M 4 **Die drei Stände**
Der Albtraum des englischen Königs Heinrich I.: Er sieht sich durch Bauern, Ritter, Bischöfe und Äbte bedroht, Chronik des John of Worchester, Ende des 12. Jahrhunderts. [Bildausschnitt]

M 5 Mittelalterliche Gesellschaft

Das folgende Modell kombiniert die soziale Schichtung mit der Rechtsposition:

a) Das waren also die mittelalterlichen Stände: geschlossene, nach rechtlichen Gesichtspunkten gebildete Gruppierungen, in die man nicht hinein- und aus denen man nicht herauskam ohne einen

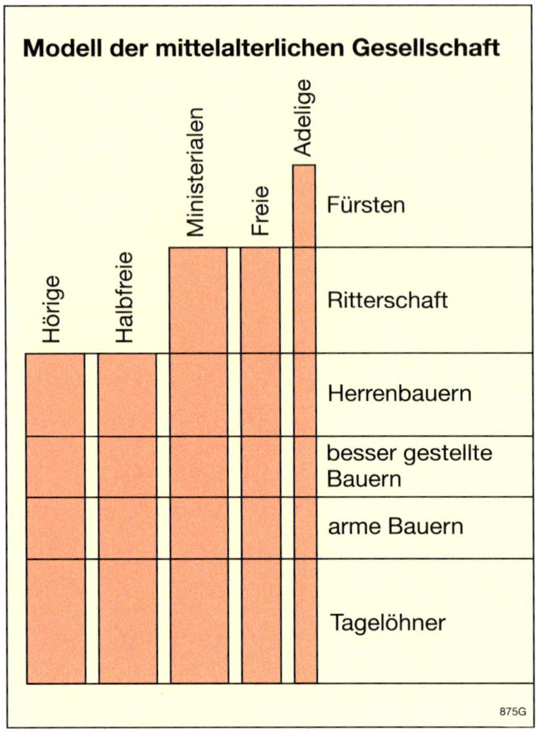

Brief, eine Urkunde oder ein anderes rechtswirksames Dokument. Wir können uns das schematisch durch einige senkrechte Säulen verdeutlichen, die von links nach rechts pauschal folgende Gruppen umfassen: Hörige, Halbfreie[1], Ministerialen, Freie, Adlige. Quer durch diese Stände gingen die sozialen Klassen von Arm bis Reich, die wir uns schematisch als horizontal übereinander liegende Schichten vorstellen wollen. Die unterste Klasse der Landbevölkerung wurde von den armen Tagelöhnern auf fremdem Land gebildet; dann kamen die armen Bauern, hörig oder nicht, mit einem Stückchen Land zur eigenen Nutzung, Land, das gewöhnlich nicht ihnen selbst, sondern ihrem Herrn gehörte; danach die etwas besser gestellten Bauern; darauf die Herrenbauern; und obenan stand die Ritterschaft mit Lehnsgütern und manchmal eigenen Gütern.

1 In der Regel werden die Begriffe „hörig" und „halbfrei" als gleichbedeutend angesehen. Grundsätzlich kann man die Bauern nach dem Grad ihrer Abhängigkeit (Eigentumsfähigkeit, Dienstleistungen, Schollenbindung usw.) abstufen.

b) Und wie das einer sozialen Klasse eigen ist, war sie gänzlich offen und sozial bestimmt. Darin unterschied sie sich also prinzipiell von den Ständen, deren Merkmal es war, dass sie geschlossen und nach rechtlichen Gesichtspunkten gebildet waren. Wenn wir nun diese beiden Erscheinungen schematisch übereinander legen, bekommen wir ein Geflecht von senkrechten Ständen, gekreuzt von horizontal gelagerten Klassen, erstere fest umrissen, letztere mit fließenden Übergängen. Die mittelalterlichen Menschen in diesem Geflecht befanden sich immer auf einer horizontalen und auf einer vertikalen Linie, also sowohl in einer Klasse als auch in einem Stand. In dieser Hinsicht gab es sehr viele Variationsmöglichkeiten.

Nachdem der Adel zu Beginn des 13. Jahrhunderts der Ritterschaft beigetreten war, bestand die Klasse aus Angehörigen dreier verschiedener Stände, die auch in ihr blieben: Ministerialen, nichtadlige Freie und Adlige. Die weniger vornehmen Stände wie Hörige und Halbhörige hatten keinen Zugang zur Ritterschaft, denn dazu musste man mindestens Dienstmann sein. Wenn aber ein höriger Bauer reich genug wurde, um sich zum „freien Dienstmann" freikaufen zu können, was tatsächlich seit dem 14. Jahrhundert oft geschah, dann stand ihm der soziale Aufstieg aus der Bauernklasse in die Ritterschaft durchaus offen.

a)–b) aus: J. M. van Winter, Rittertum, Ideal und Wirklichkeit, München 1969, S. 83 ff.

M 6 Ständelehren

a) Dreifache Einheit

Bischof Adalbero von Laon beschreibt einen harmonischen gesellschaftlichen Organismus (um 1020):

Die Gesellschaft der Gläubigen bildet nur einen Leib; der Staat aber umfasst drei. Denn das andere Gesetz, das Gesetz der Menschen, unterscheidet noch zwei weitere Klassen: Adlige und Hörige unterstehen nicht demselben Gesetz. [...] Die einen sind die Krieger, die Beschützer der Kirchen; sie sind die Verteidiger des Volkes, der Großen wie der Kleinen, kurzum aller, so wie sie gleichzeitig für ihre eigene Sicherheit sorgen. Die andere Klasse ist die der Hörigen. Diese armen Tröpfe besitzen nur, was sie sich um den Preis der Mühsal erwerben. Wer könnte, das Rechenbrett in der Hand, all ihre Plagen, ihre langen Märsche, ihre harten Arbeiten zusammenzählen? Geld, Kleidung, Nahrung, all das beschaffen die Hörigen für alle Welt; kein freier Mann könnte ohne die Hörigen sein Leben fristen. Gibt es eine Arbeit zu verrichten? Will man Aufwand treiben? Wir sehen Könige und Prälaten [geistliche Würdenträger] sich zu Hörigen ihrer Hörigen machen; der Herr wird vom Hörigen ernährt, er, der vorgibt, ihn zu ernähren. Und der Tränen und Seufzer des Hörigen ist kein Ende abzusehen. Das Haus Gottes, das man für eins hält, ist also in drei geteilt: Die einen beten, die anderen kämpfen, die dritten schließlich arbeiten. Diese drei Teile, die miteinander leben, dürfen nicht auseinandergerissen werden; die Dienste des einen sind die Voraussetzung für die Werke der anderen beiden. Jeder verpflichtet sich für sein Teil, das Los der Gesamtheit zu erleichtern. So ist diese dreifache Einheit darum doch nicht weniger einheitlich, und so hat das Gesetz obsiegen und die Welt sich des Friedens erfreuen können.

Zit. nach: J. Le Goff, Kultur des europäischen Mittelalters, München 1970, S. 425 f.

b) Allegorie

Von Eadmer von Canterbury, einem Mönch des 11. Jahrhunderts, stammt die folgende Fabel:

Beispiel von den Schafen, den Ochsen und den Hunden. Die Schafe sind da, um Milch und Wolle zu geben; die Ochsen, um die Erde zu pflügen; die Hunde, um die Schafe und die Ochsen gegen die Wölfe zu verteidigen. Erfüllt jede dieser Tiergattungen ihre Aufgabe, so beschützt Gott sie [...]. Ebenso erhält er die Stände, denen er die verschiedenen Ämter dieser Welt übertragen hat. Die einen – die Geistlichen und die Mönche – hat er bestellt, auf dass sie für die anderen beten, sie voller Sanftmut, wie die Schafe, mit der Milch der Verkündigung tränken und ihnen durch die Wolle des guten Beispiels eine glühende Liebe zu Gott einflößen. Die Bauern hat er bestellt, auf dass sie – wie die Ochsen durch ihre Arbeit – für den Lebensunterhalt ihrer selbst und der anderen Sorge tragen. Andere schließlich – die Krieger – hat er bestellt, auf dass sie im Maß des Notwendigen Macht zur Schau tragen und diejenigen, die beten, sowie diejenigen, welche die Erde bearbeiten, vor Feinden wie vor Wölfen schützen.

Zit. nach: J. Le Goff, a. a. O., S. 426.

c) Ständebild

Die gesellschaftlichen Stände in mittelalterlicher Sicht. Der auf dem Regenbogen sitzende Christus segnet die drei gottgegebenen Stände „Lehrstand, Wehrstand, Nährstand", das heißt Geistliche, Ritter, Bauern. Die ursprüngliche Zweiteilung in Kirche und Welt, in Geistlichkeit und Laienschaft, ist nach dem 9. Jahrhundert von einer Dreiteilung verdrängt worden: die Laienwelt wurde gestuft in die höhere Ritterwelt und in die niedere Sklaven-und Bauernwelt. Oberhalb des Bildes ist angegeben, dass der Heiland zu Papst, Kaiser und Bauern als den Repräsentanten der Stände spricht. Das Deutungsschema, das sich an trinitarische Gedanken anlehnt, hielt sich bis zum Ausgang des Mittelalters trotz handgreiflicher Unzulänglichkeiten, denn wo zum Beispiel war der Kaufmann und der Bürger? Die Anweisungen Christi, zugleich Beischriften im Bild, fügen sich zu einem reimenden Hexameter: „Tu supplex ora, tu protege, tuque labora" (Du verrichte Gebete, du schütze und du bestelle den Acker). – Aus dem einflussreichen astrologischen Werk „Pronosticatio in latino" des Johannes Lichtenberger von 1488, das bis 1499 in 14 verschiedenen Ausgaben erschienen ist, hier ein Holzschnitt der Ausgabe des Jacob Meydenbach (Mainz 1492) der – in Übereinstimmung zur Überschrift – an der Spitze der Geistlichkeit den Papst, an der Spitze der Laienschar den Kaiser und einen König zeigt.

H. Fuhrmann, Einladung ins Mittelalter, München 1987, zu S. 255.

d) Ungleichheit

Bischof Burchard von Worms über Herren und Knechte (um 1010):

Wegen der Sünde des ersten Menschen ist dem Menschengeschlecht durch göttliche Fügung die Strafe der Knechtschaft auferlegt worden, sodass [Gott] denen, für die, wie er sieht, die Freiheit nicht passt, in großer Barmherzigkeit die Knechtschaft auferlegt. Und obgleich die Erbsünde durch die Gnade in der Taufe allen Gläubigen genommen ist, hat der gerechte Gott das Leben der Menschen so unterschieden, indem er die einen zu Knechten, die anderen zu Herren einsetzte, damit die Möglichkeit zu freveln für die Knechte durch die Macht der Herren eingeschränkt würde.

Quellen zur Geschichte des deutschen Bauernstandes im Mittelalter, Ausgewählte Quellen zur deutschen Geschichte des Mittelalters, Bd. XXXI, 2. Auflage, Darmstadt 1974, S. 122.

M 7 Das Kloster

Ferdinand Seibt, Professor für mittelalterliche Geschichte, versteht das Kloster als utopischen Ort:

Wie viel auch immer das Christentum beitrug zur Formierung Europas, das östliche, durch die Türkenherrschaft gestörte, als auch das westliche, das sich in seiner Entwicklung unbehindert entfalten konnte: Hier wie dort beruhten seine Verbreitung, Stabilisierung, Kontinuität auf dem Mönchtum. Noch die Reformation des westlichen Christentums ging bekanntlich von Mönchen aus, vom Augustinereremiten Luther und von nicht wenigen seiner Ordensbrüder. Das hing mit den Klöstern zusammen. Hinter Klostermauern – und Kloster heißt claustrum, das Abgeschlossene – verbarg sich eine andere Welt. Eine Welt aus Stein, ein Gebäudekomplex mit Wohn-, Bet-, Arbeitsräumen, die ein Menschendasein ausfüllen können, eine Welt, in der man „alles Nötige finde, auch Wasser, Mühle, Werkstätten, Garten, denn es ist nicht zuträglich für die Seele der Mönche, ihr Kloster zu verlassen". So heißt es in der Ordensregel des Benedikt von Nursia (487–556), des Patriarchen allen abendländischen Mönchtums, auch er ein Mann aus römischer Oberschicht, den die Krise seiner Zeit zunächst zur Flucht in die Einsamkeit veranlasst hatte, dann aber zur umsichtigen Konzeption einer gegenweltlichen, einer eigentlich utopischen Lebensform. Im Kloster war ein Leben in strenger, aber liebender, dienstbereiter Gemeinschaft zu finden, patriarchalisch unter der Leitung eines von allen gewählten Vorgesetzten, der den Titel „Vater" führte, nach Gebetsstunden geregelt von Morgen bis Abend, dem Chorgesang und dem Gebet hingegeben, aber auch der Arbeit zur Erhaltung der Gemeinschaft, in der alle ohne eigenen Besitz zusammenlebten. [...] Für alles sorgt die Gemeinschaft selbst, in strenger Askese und immer wieder erhoben „in der trunkenen Nüchternheit des Geistes", wie es im benediktinischen Morgengebet heißt.

F. Seibt: Die Begründung Europas, Frankfurt a. M. 2002, S. 310.

M 8

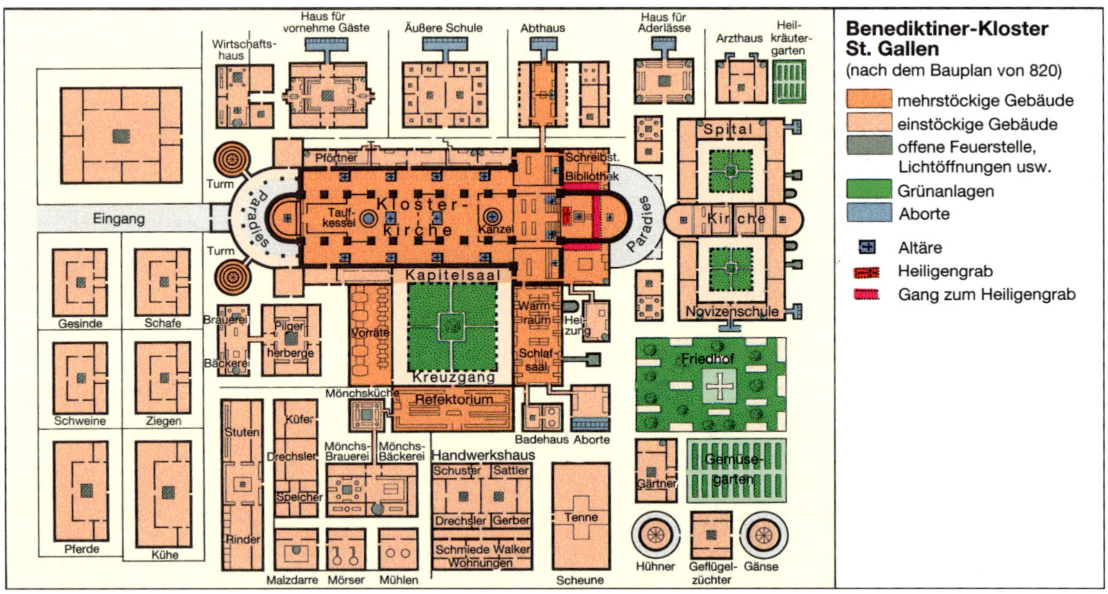

Aufgaben

1. Geben Sie die wesentlichen Aspekte der benediktinischen Ordensregel wieder.
   → Text, M7, M8
2. Erläutern Sie die Rolle, die die Mönche im Mittelalter spielten. Welche Funktionen besaßen die Klöster?
   → Text, M7, M8
3. Klären Sie den Aufstieg des Kriegers zum adligen Ritter → Text
4. Erklären Sie die Gliederung der Stände und erläutern Sie, wie diese gerechtfertigt wurde.
   → Text, M6
5. Erarbeiten Sie die Unterschiede zwischen der mittelalterlichen Ständegesellschaft und einer modernen Dienstleistungsgesellschaft.

4.5 Könige, Kaiser und das Reich

Das deutsche „römische“ Königtum

Beim Königtum handelt es sich allem Anschein nach um eine uralte gesellschaftliche Einrichtung. Menschen scheinen zu allen Zeiten eine Neigung verspürt zu haben, die Führung in die Hände einer Person zu legen, bei der man magische Kräfte vermutete. Die Ausstrahlung (Charisma) beziehungsweise Berufung einer solchen Führungspersönlichkeit hing von ihrem Heil bringenden Wirken ab. Wenn der König als Heerführer siegte oder als oberster Gerichtsherr den inneren Frieden wahrte, so festigte das seine Stellung. Andererseits mussten militärische Niederlagen oder Missernten seine Legitimität (Rechtmäßigkeit) untergraben.

Kennzeichnend für das europäische Königtum war, dass im Zuge der Christianisierung die vorchristliche Vorstellung vom Königsheil durch die Lehre vom Gottesgnadentum abgelöst wurde. Die priesterliche Weihe (Salbung) gab dem König ein Charisma, das auf der Nähe zu Gott beruhte. Dem mittelalterlichen Königtum haftete ein ausgeprägtes personales Element an; das heißt Amt und Person (bezie-

M 1

hungsweise Familie) stellten tendenziell eine Einheit dar. Ein König, der sich Autorität verschaffen wollte, musste sich zeigen. Das war auch einer der Gründe dafür, dass das mittelalterliche Königtum die Form eines Reisekönigtums angenommen hatte.

In der Zeit des zusammenbrechenden karolingischen Reiches hatten sich so genannte Stammesherzogtümer herausgebildet, das heißt relativ geschlossene ethnische (volksmäßige) und geografische Einheiten. Sie bildeten die Basis für das neu entstehende ostfränkisch-deutsche Königtum. Nicht zuletzt angesichts der Bedrohung von außen (Wikinger, Ungarn) suchten die Stammesführer den Zusammenschluss. Naturgemäß waren die Oberhäupter (Herzöge) der Franken, Sachsen, Schwaben und Bayern Konkurrenten in ihrem Streben nach der Königswürde.

Zunächst fiel die Wahl auf Herzog Heinrich von Sachsen (919–939). Historisch bedeutender war aber die Wahl seines Sohnes Otto, der 936 in Aachen zum König gekrönt wurde. Der Ort dokumentierte den Anspruch auf die Nachfolge Karls des Großen. Der Vater Heinrich hatte noch zu seinen Lebzeiten den Sohn Otto designiert, das heißt die Erbfolge festgelegt. Die Wahl durch den fränkischen und sächsischen Adel kam einer Bestätigung gleich. Bei der Erhebung zum König lassen sich also sowohl das Prinzip der Wahl- als auch der Erbmonarchie erkennen. Die Entstehungsgeschichte des deutschen Königtums trug den Keim eines Konfliktes in sich, der die politischen Verhältnisse in Deutschland nachhaltig prägte. Typisch war fortan ein Spannungsverhältnis zwischen dem König, der die Zentralgewalt repräsentierte, und den Stämmen, die ihrerseits ein hohes Maß an Unabhängigkeit behalten wollten. Ziel der Könige war es, die Stammesherzogtümer abhängig zu machen, sie in so genannte Amtsherzogtümer zu verwandeln, das heißt sie in den Dienst der Königsgewalt zu stellen. Die unterschiedliche Interessenlage zwischen König und Herzögen kam auch darin zum Ausdruck, dass das regierende königliche Geschlecht daran interessiert war, das Prinzip der Erbmonarchie durchzusetzen, während die Stammesführer am Grundsatz der Wahlmonarchie festhielten, um ihren Einfluss auf die Besetzung der zentralen Machtposition nicht zu verlieren.

Dynastien

In Teilen der Geschichtsschreibung hat es sich eingebürgert, die Chronologie der mittelalterlichen Geschichte nach der jeweils regierenden Dynastie als Gliederungsprinzip zu erstellen. Dabei handelt es sich um die Herrscherfamilie, der es gelang, die Krone innerhalb des eigenen Hauses zu vererben. Mit gewissen Unterbrechungen lassen sich im Wesentlichen fünf Dynastien unterscheiden, die die deutsche Königskrone erwarben:

- sächsische Ottonen (919–1024),
- Salier (1024–1125),
- Staufer (1138–1254),
- Luxemburger (1346–1411),
- Habsburger (1438–1806).

Auf Druck Napoleons legte der habsburgische Kaiser Franz 1806 die Reichskrone nieder. Damit endete formell das Heilige Römische Reich Deutscher Nation. Als entscheidend für die deutsche Geschichte im Mittelalter erwies sich, dass es auch den so genannten starken Herrscherpersönlichkeiten nie gelang, die Autonomiebestrebungen der Großen des Reiches wirkungsvoll einzudämmen. Die Entstehung des Lehnsstaates, der unter Friedrich I. Barbarossa (1152–1190) seine Vollendung fand, änderte zwar die Form der Beziehungen. Die Herzöge wurden zu Kronvasallen, die ihre Gebiete als Lehen erhielten, aber deren Widerstand gegen die Zentralisierung der Macht blieb eine Konstante mittelalterlicher Politik. Die häufige Abwesenheit der Herrscher, vor allem während ihrer Italienreisen, aber auch die Durchsetzung der Erblichkeit der Lehen mündeten in der Herausbildung eines selbstständigen Reichsfürstenstands. Im Unterschied zu England und Frankreich scheiterten alle Versuche einer Vereinheitlichung der Reichsgewalt. Die zentrifugalen Kräfte erwiesen sich in Deutschland als stärker.

Die Fürsten waren verhältnismäßig autonome Glieder des Deutschen Reiches und prägten dessen partikularistischen Charakter bis in die Neuzeit. Auch wenn seit dem Ausgang des Mittelalters die Krone beim Hause Habsburg verblieb, so bestand in Deutschland doch der Grundsatz der Wahlmonarchie weiter.

Nachdem Otto I. zum König gewählt worden war, strebte er – auch diesbezüglich in der Tradition Karls des Großen – die Kaiserwürde an. Mit der Kaiserkrönung (962) wurde der Grundstein für den nachfolgenden Anspruch deutscher Könige auf das Kaisertum gelegt.

Kaisertum

Das Römische Reich, das seit dem 11. Jahrhundert Deutschland, Italien und Burgund umfasste und das an der Spitze den vom Papst gekrönten Kaiser vorsah, spiegelte die Idee von der christlichen Universalherrschaft wider. Aus der Distanz betrachtet zeigt sich aber, dass die Kaiserwürde mehr ein Mythos als eine tatsächliche Machtposition war. Eine ideelle Rangerhöhung blieb zwar mit dem Titel verbunden,

M 2 **Reichsinsignien,** auch Reichskleinodien genannt, die Herrschaftszeichen der Könige und Kaiser: Krone, Reichsapfel und Reichszepter – außerdem zählen noch Reichsschwert, Heilige Lanze und Krönungsmantel dazu. Die Krone ist vermutlich aus dem 10. Jahrhundert. Achteckig ist sie Sinnbild der Vollkommenheit und des Himmlischen Jerusalems. Die Heilige Lanze scheint noch älteren Datums zu sein (8. Jh.). Die übrigen Reichsinsignien stammen aus der Zeit des 12.–14. Jahrhunderts, Schatzkammer des Kunsthistorischen Museums Wien.

aber die Auszeichnung „Schutzherr der Kirche“ brachte vor allem Verpflichtungen mit sich. Und überdies stieß der Anspruch auf eine abendländische Vormachtstellung auf den entschiedenen Widerstand der Könige von Frankreich und England.

Deutsche Könige traten immer wieder den Zug nach Rom an, um dort aus den Händen des Papstes die Kaiserwürde entgegenzunehmen. Diese stark auf Italien ausgerichtete deutsche Königspolitik hat sich im Nachhinein als äußerst problematisch erwiesen. In Italien gab es für deutsche Könige viel zu gewinnen, nicht nur die Kaiserkrone. Norditalien war die entwickeltste Region des mittelalterlichen Europas mit einer entfalteten Stadtkultur, einer verbreiteten Geldwirtschaft sowie einem ausgebauten Verwaltungswesen. Aber die Italienpolitik war auch mit erheblichen Risiken verknüpft. Die oft jahrelange Abwesenheit deutscher Könige von den Territorien nördlich der Alpen bestärkte die Fürsten in ihren Autonomiebestrebungen. Die politische Zerrissenheit Italiens machte die dortige Lage zum Teil unüberschaubar. Das beschwerliche Reisen erforderte Kraft, Zeit und Ausdauer. Seuchen, wie zum Beispiel die Malaria, rissen oft riesige Lücken in die königlichen Heere.

M 3 Friedrich I. Barbarossa, Heinrich VI. und Herzog Friedrich von Schwaben im Jahre 1185
Die Figur in der Mitte, Friedrich I., König des Heiligen Römischen Reiches von 1152 bis 1190, hält in den Händen Reichszepter und Reichsapfel. Das Kreuz auf dem Reichsapfel symbolisiert die Herrschaft des Christentums über die ganze Welt. Diese Insignien wurden von den deutschen Kaisern seit 962 bis zur Auflösung des Reichs 1806 benutzt. Friedrichs Sohn Heinrich, der ihm 1190 auf dem Thron nachfolgte, trägt eine ungeschmückte Krone, steht aber zur Rechten des Kaisers. Ein weiterer Sohn, Herzog Friedrich von Schwaben, der keinen Platz in der Thronfolge einnahm, trägt lediglich eine verzierte Kappe, Weingartener Welfenchronik, um 1188.

Aus: R. Bendix, Könige oder Volk, 1. Teil, Frankfurt/M. 1980, S. 19.

Kaiser und Reich

Im 13. Jahrhundert zeichnete sich immer deutlicher ab, dass sich mit dem Zerfall der Lehnspyramide die mittleren Gewalten durchsetzten. Persönliche Lehnsbeziehungen lockerten sich, und Reichsgut ging oft als Lehen verloren. Wesentliche Reichsrechte wurden von Kaiser Friedrich II. (1212–1250) an die Fürsten abgetreten, so geschehen unter anderem im „Statutum in favorem principum“ (Verordnung zugunsten der Fürsten) von 1232. Es gingen Münz- und Zollrechte, Befestigungsrecht und Gerichtswesen in die Hände der Reichsfürsten über, die damals zum ersten Mal als „Landesherrn“ bezeichnet wurden.

Der Prozess des Substanzverlusts des Reiches zugunsten der Territorialfürsten fand seinen juristischen Abschluss in der Goldenen Bulle (1356), so benannt nach der goldenen Kapsel des kaiserlichen Siegels. Die großen Fürsten grenzten sich ab; aus ihrem Vorstimmrecht bei der Wahl des Königs wurde ein alleiniges Stimmrecht. Das Kurfürstenkollegium wurde neben dem Kaiser zu einem Träger der Reichspolitik, das heißt zu einer Mitregierung. Es wählte den deutschen König und beanspruchte auch ein Absetzungsrecht, wovon es zwei Mal Gebrauch machte. Das Wahlprinzip hatte sich in Deutschland gegenüber dem Geblütsrecht der Könige eindeutig durchgesetzt. Wegen des Fehlens einer echten Zentralgewalt reduzierte sich das „Kaisertum“ auf einen Ehrentitel, eine Art Beigabe zur Königswürde.

Aus dem Zerfall der Reichsgewalt gingen die Reichsfürsten gestärkt hervor. Auf ihren Territorien entstand der moderne Staat mit dem jeweiligen Landesherrn an der Spitze. Was auf Reichsebene nicht gelang, nämlich die Einsetzung eines funktionierenden Behördenapparats, der Aufbau einer Finanzverwaltung, Sicherung kontinuierlicher Einnahmen, Durchsetzung der Primogenitur (Erbfolge des Erstgeborenen), das gelang in den Territorien. Brandenburg, Bayern, Württemberg und die Kurpfalz konnten zu leistungsfähigen Mittelstaaten entwickelt werden.

Nach der Auflösung der einheitlichen Reichsgewalt bestand das Reich aus Kaiser und Reichsständen, denn die Fürsten galten als Teilhaber am Reich mit eigener Souveränität. Später kamen noch die reichsunmittelbaren Städte hinzu. Folglich versammelten sich im Reichstag, der aus den einstigen Hoftagen hervorgegangen war, seit dem 15. Jahrhundert drei Kurien (Vertretungen): Kurfürsten, Fürsten und Städte. Der König war nur noch Repräsentant des Reiches und in seinen Entscheidungen an die Zustimmung des Reichstages gebunden. Auf dieser Grundlage konnte kein deutscher Nationalstaat entstehen. Die zentrifugalen politischen Kräfte erwiesen sich als stärker.

M 4 Karl IV. und die sieben Kurfürsten

Die Schedelsche Weltchronik von 1493 veranschaulicht die durch die Goldene Bulle von 1356 getroffene Regelung. Wir sehen Karl IV., römisch-deutscher König von 1346 bis 1378 (Kaiser seit 1355), der Krone, Reichsapfel und Szepter trägt, mit den Erzbischöfen von Mainz, Köln und Trier zur Rechten und dem König von Böhmen, dem Pfalzgrafen bei Rhein, dem Herzog von Sachsen-Wittenberg und dem Markgrafen von Brandenburg zur Linken. Die Goldene Bulle regelte zwar die kaiserliche Thronfolge, bezeichnete aber auch den Niedergang der herrschaftlichen Autorität des Kaisers.

M 5 **Die Goldene Bulle Kaiser Karls IV.**

Reichsgesetz über die Königswahl (1356):

II. Von der Wahl eines römischen Königs:

1. Nachdem aber die genannten Kurfürsten oder ihre Gesandten in die Stadt Frankfurt eingezogen sind, sollen sie sogleich bei Anbruch des folgenden Tages in der Kirche des heiligen Apostels Bartholomäus daselbst in vollzähliger Anwesenheit die Messe „de Sancto Spiritu" singen lassen, damit der Heilige Geist ihre Herzen erleuchte und ihren Verstand mit dem Licht seiner Kraft erfülle, auf dass es ihnen gelinge, mit seinem Beistand einen gerechten, redlichen und tüchtigen Mann zum römischen König und künftigen Kaiser zu wählen zum Heil der Christenheit. [...] Und der Erzbischof von Mainz wird ihnen die Eidformel vorsprechen [...] „und dass ich meine Stimme und meinen Wahlentscheid abgeben werde ohne alle Verabredung, Belohnung, Entgelt oder Versprechen oder wie immer dergleichen genannt werden mag – so wahr mir Gott helfe und alle Heiligen." [...]

IV. Von den Kürfürsten im Allgemeinen:

2. Sooft und wann aber künftig das heilige Reich ledig ist, alsdann soll der Erzbischof von Mainz die Befugnis haben, die er bekanntlich von alters her gehabt hat, die übrigen ehgenannten Kurfürsten, seine Genossen bei besagter Wahl, durch Briefe zu berufen, und wenn sie alle oder diejenigen, die teilnehmen können oder wollen, sich am Wahltag versammelt haben, soll besagter Erzbischof von Mainz und kein anderer diese seine Mitkurfürsten einzeln um ihre Stimme befragen in folgender Reihenfolge: Zuerst soll er den Erzbischof von Trier fragen, dem wir die erste Stimme zuerkennen, die ihm, wie wir erfahren haben, auch bisher zustand, zweitens den Erzbischof von Köln, dem die Würde und Pflicht zukommt, dem römischen König zuerst die Königskrone aufzusetzen, drittens den König von Böhmen, der unter den weltlichen Kurfürsten vermöge der Hoheit königlicher Würde mit Recht und nach Gebühr den Vorrang behauptet, viertens den Pfalzgrafen bei Rhein, fünftens den Herzog von Sachsen, sechstens den Markgrafen von Brandenburg; all diese soll besagter Erzbischof von Mainz in obiger Reihenfolge um ihre Stimme befragen. Wenn das geschehen ist, sollen ihn seine Mitkurfürsten ihrerseits befragen, damit auch er seinen Willen ausspreche und ihnen seine Stimme kundgebe. [...]

Zweiter Teil, veröffentlicht in Metz am 25. Dezember 1356:

XXV. Wenn es zweckmäßig ist, die übrigen Fürstentümer in ihrer Vollständigkeit zu erhalten, damit die Gerechtigkeit gestärkt werde und die getreuen Untertanen Frieden und Ruhe genießen, so müssen um so viel mehr die großmächtigen Fürstentümer, Herrschaften, Ehren und Rechte der Kurfürsten unverletzt erhalten werden (denn wo größere Gefahr droht, muss ein wirksames Heilmittel angewendet werden), damit nicht durch den Einsturz der Säulen die Grundlage des ganzen Gebäudes zertrümmert werde. Wir verordnen daher und bestätigen durch diesen für alle Zeiten gültigen kaiserlichen Erlass, dass von jetzt an künftig auf ewige Zeiten die berühmten und großmächtigen Fürstentümer, nämlich das Königreich Böhmen, die Pfalzgrafschaft bei Rhein, das Herzogtum Sachsen und die Markgrafschaft Brandenburg, die Länder, Gebiete, Lehen- und Vasallitätsverhältnisse und alles andere, was zu ihnen gehört, nicht getrennt, geteilt oder unter irgendeiner Bedingung zersplittert werden dürfen, sondern es soll, damit sie vielmehr immerdar in ihrer gänzlichen Vollständigkeit verbleiben, der erstgeborene Sohn in ihnen nachfolgen, und ihm allein soll Recht und Herrschaft zustehen, außer wenn er etwa geisteskrank, schwachsinnig oder sonst mit einem ruchbaren und merklichen Gebrechen behaftet wäre, um deswillen er nicht über Menschen herrschen dürfte oder könnte.

Zit. nach: W. Lautemann, M. Schlenke (Hg.), Geschichte in Quellen, Mittelalter, München 1978, S. 774 ff.

Aufgaben

1. Analysieren Sie den Konflikt, in dem sich das deutsche Königtum ständig befand. → Text
2. Beschreiben Sie die Königsdarstellung und erklären Sie das Selbstverständnis, das in ihr zum Ausdruck kommt. → M2, M3, M4
3. Untersuchen Sie, welche Problematik mit dem Streben der deutschen Könige nach der Kaiserkrone verbunden war. → Text
4. Stellen Sie das Verhältnis von Kaiser und Reich dar. Wodurch wurde das Entstehen eines zentral regierten Staats verhindert? → Text, M4, M5
5. Analysieren Sie die Verfassungsgrundsätze der „Goldenen Bulle". Inwiefern spiegeln sie eine Machtverlagerung zugunsten der Kurfürsten wider? → Text, M4, M5

4.6 Der Investiturstreit

Kirchenreform

Das 10. Jahrhundert stand im Zeichen einer innerkirchlichen Reformbewegung, die ihren Ausgang von den Klöstern Gorze bei Metz (gegründet 748) und Cluny in Burgund (910) genommen hatte. Es handelte sich dabei zunächst um den Ausdruck einer neuen Frömmigkeit, die sich gegen die reiche und in die weltliche Herrschaft verstrickte Kirche wandte. Den Reformern ging es sowohl um die Beseitigung der Simonie (Kauf geistlicher Ämter) als auch um die Durchsetzung des Zölibates (priesterliche Ehelosigkeit). Aber die cluniazensische Reformbewegung wurde noch in einer weiteren Hinsicht Ausgangspunkt einer neuen Kirchenpolitik, wie der Kampf gegen das so genannte Eigenkirchenwesen zeigte. Die Kirchen des frühen Mittelalters wurden nämlich als Eigentum (und Einkommensquelle) derjenigen Adligen angesehen, auf deren Grund sie standen beziehungsweise die sie gestiftet hatten. Mit der Parole „Freiheit der Kirche" strebte ein Teil der Geistlichkeit danach, herrschaftliche Bindungen abzustreifen und zu einer von weltlich-politischen Einflüssen unabhängigen Organisation zu werden. Die cluniazensischen Ideen, die im 11. und 12. Jahrhundert durch über 1400 Klöster in Europa Verbreitung fanden, mündeten im so genannten Investiturstreit, das heißt im Konflikt darüber, wer berechtigt ist, Bischöfe und Äbte in ihre Ämter einzusetzen.

Kirche des Klosters Cluny
Die Kirche war mit einer Länge von 187 m die größte Kirche der Christenheit, Rekonstruktionszeichnung.

Papst Gregor VII., ein glühender Verfechter der reformkirchlichen Ideen, repräsentierte wie kein zweiter den Widerstand gegen die Laieninvestitur, das heißt gegen die Besetzung kirchlicher Ämter durch Laien im Allgemeinen beziehungsweise von Bistümern durch den König im Besonderen.

Der Streit um die Investitur wuchs sich zum wichtigsten politischen Konflikt des Hochmittelalters aus. Es handelte sich um einen Grundsatzstreit über das Verhältnis von geistlicher und weltlicher Macht. In letzter Konsequenz ging es um die Frage, wem in Europa der Vorrang gehört: der kirchlichen Macht (personifiziert von Papst Gregor VII.) oder der weltlichen Macht (personifiziert von dessen Gegenspieler König Heinrich IV.)?

Reichskirchensystem

Das im 11. Jahrhundert gültige ottonisch-salische Reichskirchensystem sah das unbestrittene Recht des Königs vor, die Bischöfe auszuwählen sowie entscheidenden Einfluss auf die Papstwahl zu nehmen. Modern gesprochen handelte es sich um eine Staatskirche. Die Kirche diente den karolingischen und ottonischen Herrschern als Gegengewicht gegen die Stammesherzöge beziehungsweise weltlichen Fürsten, deren Unabhängigkeitsstreben es aus königlicher Sicht zu bändigen galt. Otto I. übertrug bevorzugt Reichsgut leihweise an Bischöfe und Äbte und machte die Kirche so zu einem wichtigen Verwaltungsinstrument. Angesichts einer fehlenden öffentlichen Gewalt lag es aus der Perspektive des Herrschers nahe, sich der Organisation der Kirche mit ihrer entwickelten Schriftkultur zu bedienen. Ein weiterer Aspekt betraf die Reichslehen selbst. Um den Zugriff auf diese nicht zu verlieren, empfahl es sich, Lehen an Kirchenleute zu vergeben. Da diese keine erbberechtigten Nachfolger hatten, musste der König keine Umwandlung in einen erblichen Familienbesitz befürchten.

M 1 Krönung Heinrichs II.
Die Krönung Heinrichs II. (973–1024) ist Zeugnis kaiserlicher Selbstdarstellung. Die unmittelbare Krönung durch Gott (Christus) verlieh dem Kaiser (König) eine eigene Würde und legitimierte sein Handeln als im Einverständnis mit Gott stehend. Engel reichen die Herrschaftsinsignien Schwert und Lanze, Schutzheilige stützen die Arme, Miniatur für Kaiser Heinrich II., von ihm dem Bamberger Dom gestiftet, um 1004.

Entsprechend ihrer Stellung im Reich nahmen die geistlichen Fürsten (mit den Erzbischöfen von Mainz, Trier und Köln an der Spitze) seit dem 11. Jahrhundert an der Königswahl teil.

Die Forderung der Kirche nach kanonischer Wahl der Bischöfe, das heißt einer Wahl nur durch Geistliche, bedeutete für den König den Verlust der Kirchenherrschaft. Da die Bischöfe den wichtigsten Pfeiler der Reichsverwaltung bildeten, wurde mit der Verselbstständigung der Kirche dem Königtum ein Teil seiner Machtgrundlage entzogen. Der Widerstand der weltlichen Macht gegen die „Freiheit der Kirche" wird so verständlich. Während der Regierungszeit Heinrichs IV. spitzte sich der Konflikt zwischen der weltlichen und der kirchlichen Gewalt zu. Papst Gregor VII. verbot die Laieninvestitur. Demzufolge durfte die Einsetzung zum Beispiel von Bischöfen und Reichsäbten nicht mehr durch Nichtkleriker erfolgen. Gleichzeitig beanspruchte Gregor VII. die päpstliche Obergewalt über alle weltlichen Herrscher. Diese sollten zu Lehnsmännern des Papstes herabgestuft werden.

Gregor ließ König Heinrich mit dem Kirchenbann belegen. Damit wurden alle Christen von ihrem Eid gegenüber Heinrich IV. entbunden. Diesen Konflikt zwischen König und Papst nutzten die deutschen Fürsten aus, die auf ihre Unabhängigkeit bedacht waren. Sie beschlossen ihrerseits, einen neuen König zu wählen, falls Heinrich IV. nicht die Aufhebung der Kirchenstrafe erreichte. Um dem geplanten Gerichtstag der Fürsten zuvorzukommen, zog Heinrich nach Italien. Im Januar 1077 erschien er im Büßergewand vor der Burg Canossa am Nordhang des Apennin, wo sich Papst Gregor aufhielt. Nach mehrmaliger Abweisung musste ihn Gregor vom Bann lossprechen, wenn er nicht gegen seine Priesterpflicht verstoßen wollte. Der „Gang nach Canossa“ ist bis heute eine bildhafte Formulierung für einen erniedrigenden Bittgang.

Mit dem Zusammentreffen in Canossa war der Konflikt zwischen dem Papst und dem römisch-deutschen König keineswegs beendet. Der Investiturstreit beschäftigte auch noch die Amtsnachfolger. Erst das Wormser Konkordat setzte 1122 einen vorläufigen Schlusspunkt unter den Investiturstreit.

Der Vertrag brachte keine dauerhafte Lösung, vielmehr glich er einem Waffenstillstand. Die Wahl der Bischöfe sollte kanonisch erfolgen, aber in Anwesenheit des Königs. Dieser sollte die Ausstattung mit den weltlichen Gütern (Regalien) vornehmen. Somit besaß der König indirekt ein Mitspracherecht.

Einschränkung der päpstlichen Macht

M 2 Papst Bonifaz VIII. (1294–1303) mit der Tiara
Die Tiara mit Stirndiadem und zwei Kronreifen sollte den päpstlichen Vorrang vor jeder weltlichen Macht symbolisieren.

Im Gegensatz zum byzantinisch-osteuropäischen Herrschaftsmodell gelang in Westeuropa niemandem die Vereinigung der beiden Gewalten, des weltlichen und des geistlichen Schwerts, in einer Hand. Aus diesem wichtigsten Konflikt der Epoche gingen letztlich sowohl die kirchliche als auch die weltliche Spitze geschwächt hervor. Im Reich waren es die Fürsten, die von diesem Konflikt profitierten, genauso wie auf europäischer Ebene die Könige Englands und Frankreichs.

Die römisch-deutschen Könige versuchten verstärkt, ihre eigene Autorität direkt von Gott abzuleiten und den päpstlichen Vermittlungsanspruch zu ignorieren. Dieser Prozess mündete in der nüchternen Feststellung der deutschen Kurfürsten (1338), dass die Zustimmung des Papstes für einen deutschen König nicht erforderlich sei. Friedrich III. wurde als letzter Kaiser in Rom gekrönt (1452). Die endgültig letzte Kaiserkrönung durch einen Papst fand 1530 statt (Karl V.).

Der Investiturstreit stellte nur eine Episode des mittelalterlichen Grundkonflikts zwischen „Staat“ und „Kirche“ dar. Die Rivalität dieser beiden Gewalten, die in der Theorie die Einheit der abendländischen Christenheit repräsentieren sollten, blieb auch in den folgenden Jahrhunderten erhalten.

Es hat nicht an spektakulären Versuchen der Päpste gemangelt, das weltliche und geistliche Schwert in ihre Hände zu bekommen. So forderte zum Beispiel Innozenz III. (1202) ein Prüfungsrecht bei der Wahl des römisch-deutschen Königs. Und Bonifaz VIII. formulierte mit der Bulle „Unam sanctam“ (1302) ein überragendes Dokument päpstlichen Machtanspruchs. Der Ausgang des Konflikts zwischen diesem Papst und dem französischen König Philipp IV. machte aber auch deutlich, dass das Zeitalter päpstlicher Vorherrschaft vorbei war. Der französische König ließ den Papst kurzerhand gefangen nehmen. In der Folge geriet das Papsttum seinerseits in Abhängigkeit vom französischen Königtum. 1305 siedelte Clemens V. nach Avignon um. Damit begann jene bis 1377 andauernde „babylonische Gefangenschaft der Kirche“.

Im Anschluss daran teilte das Große Schisma (Spaltung) das Abendland. Von 1378 bis 1417 residierten gleichzeitig Päpste in Rom und Avignon, die eine ungefähr gleich starke Anhängerschaft in Europa fanden. Teilweise gab es sogar drei konkurrierende Päpste. Das Schisma markierte definitiv das Ende der mittelalterlichen Herrschaft der Päpste. Diese Situation musste für die Gläubigen äußerst beklemmend sein. Denn die Autorität des Papstes beruhte nicht zuletzt auf seiner Einzigartigkeit als „Himmelspförtner“ beziehungsweise Inhaber der Schlüsselgewalt.

In dieser Zeit der Orientierungslosigkeit äußerte sich der Wunsch nach Glaubenseinheit in der Konzilsbewegung, also einer kirchlichen Strömung, die in der allgemeinen Versammlung der kirchlichen Würdenträger den Weg sah, dem sinkenden Ansehen der Kirche entgegenzuwirken. Das hieß, die Kirchenspaltung zu überwinden und eine Reform „an Haupt und Gliedern“ durchzuführen. Diesen Zielen diente vor allem das Konzil von Konstanz (1414–17). Auf ihm konnte das Schisma durch die Wahl von Papst Martin V. beendet werden, der nunmehr Rom wieder zur alleinigen Residenz der Päpste machte. Damit waren jedoch keineswegs alle Konflikte beigelegt, denn in den folgenden Jahrzehnten ging es vor allem um die Frage, ob dem Konzil oder dem Papst die höchste innerkirchliche Autorität zukomme.

Chronologie eines Konflikts: Der Investiturstreit

1075 Papst Gregor VII. verbietet die Laieninvestitur und reagiert mit dem Dictatus Papae.

1076 Die deutschen Bischöfe kündigen dem Papst den Gehorsam auf. Das deutsche Episkopat (Gesamtheit der Bischöfe) stellt sich hinter Heinrich IV. und setzt den Papst ab. Papst Gregor VII. lässt Heinrich IV. von einer in Rom tagenden Synode (Kirchenversammlung) mit dem Bann belegen. Alle Christen werden von ihrem Eid gegenüber Heinrich IV. entbunden. Diese Situation wird von deutschen Fürsten ausgenutzt, die auf ihre Unabhängigkeit bedacht sind. Sie beschließen ihrerseits, einen neuen König zu wählen, falls Heinrich IV. nicht die Aufhebung der Kirchenstrafe erreicht.

1077 Im Januar erscheint Heinrich IV. im Büßergewand vor der Burg Canossa am Nordhang des Apennin, wo sich Papst Gregor aufhält. Nach mehrmaliger Abweisung muss ihn Gregor vom Bann lossprechen, wenn er nicht gegen seine Priesterpflicht verstoßen will. Der „Gang nach Canossa“ ist heute eine bildhafte Formulierung für einen erniedrigenden Bittgang.

1077 Trotz der geleisteten Buße wählen deutsche Fürsten Rudolf von Rheinfelden (Herzog von Schwaben) zum Gegenkönig.

1080 Heinrich IV. behält militärisch die Oberhand. Rudolf verliert in einer Schlacht die rechte Schwurhand, was allgemein als ein Gottesurteil angesehen wird. Mit Billigung Heinrichs wählt eine Synode deutsch-italienischer Bischöfe Clemens III. zum Gegenpapst. Gregor wird nach Einnahme Roms durch königliche Truppen entmachtet.

1084 Kaiserkrönung Heinrichs IV. durch Clemens III.

1085 Gregor stirbt nach seiner Flucht in normannischem Asyl.

1122 Wormser Konkordat: Einigung

M 3 Die Konstantinische Schenkung

Bei der Konstantinischen Schenkung handelt es sich um eine der bedeutendsten Urkundenfälschungen des Mittelalters. Seit Mitte des 8. Jahrhunderts stützte sich der Herrschaftsanspruch des Papstes auf eine Urkunde Kaiser Konstantins des Großen, in der dieser dem Papst die Herrschaft über Rom und das Weströmische Reich gab. Das Dokument ist definitiv seit dem 15. Jahrhundert als Fälschung erkannt worden. Die Bilder stellen politische Propaganda dar:

Die Silvesterkapelle bei der römischen Basilika SS. Quattro Coronati ist in der Mitte des 13. Jahrhunderts mit einem Freskenzyklus ausgemalt worden, der die Silvesterlegende und die Konstantinische Schenkung in Bilder umsetzt. Beim oberen Bild überreicht der sich zum Knien anschickende barhäuptige Konstantin dem mit Mitra und Heiligenschein geschmückten und ihn segnenden Papst Silvester das „Phrygium", die „kaiserliche Paradehaube", das heißt er übergibt ihm, wie die Fälschung sagt: „in Nachfolge kaiserlicher Herrschaft" das entsprechende Herrschaftszeichen. Eine Krone aufzusetzen, hat Silvester wegen der Tonsur abgelehnt, „die er zum Ruhme des seligen Petrus trägt"; ein weltlicher Gefolgsmann Konstantins hält deshalb in Ausdeutung der Situation die zurückgewiesene Krone über dem Tor, das eventuell zu dem vom Kaiser ebenfalls geschenkten Lateranpalast gehört. Durch das Tor wird bereits das Pferd des Papstes geführt, nach dessen Zügel Konstantin mit seiner Linken greift. Beim unteren Bild leistet Konstantin, angetan mit Krone und Kaisermantel, „aus Ehrerbietung gegenüber dem seligen Petrus, indem er die Zügel von Papst Silvesters Pferd ergreift, den Marschalldienst", was als lehnsrechtliche Huldigung aufgefasst werden konnte. […] Papst Silvester […] segnet Konstantin und trägt auf dem Kopf bereits das „Phrygium".

Aus: H. Fuhrmann, Einladung ins Mittelalter, München 1987, o. S.

M 4 Dictatus Papae

Erlass des Papstes Gregor VII. (1075):

[…]

2. Nur der römische Papst trägt zu Recht den Titel des universalen Papstes.
3. Er ganz allein kann Bischöfe absetzen und auch wieder einsetzen.
4. Sein Legat [Gesandter], auch wenn er einen geringeren Grad bekleidet, führt auf jedem Konzil den Vorsitz vor den Bischöfen; er kann diese absetzen. […]
8. Nur er verfügt über die kaiserlichen Insignien.
9. Alle Fürsten haben die Füße einzig und allein des Papstes zu küssen. […]
12. Der Papst kann Kaiser absetzen. […]
17. Gegen seine Autorität kann kein Kapitel und kein Buch als kanonisch gelten.
18. Sein Entscheid kann von niemandem aufgehoben werden, er selbst aber kann Urteile aller anderen Instanzen aufheben.
19. Über ihn besitzt niemand richterliche Gewalt. […]
22. Die römische Kirche hat nie geirrt und wird nach dem Zeugnis der heiligen Schrift auch in Ewigkeit nicht irren. […]
27. Er kann Untertanen vom Treueid gegen unbillige [Herrscher] entbinden.

Zit. nach: W. Lautemann, M. Schlenke (Hg.), a. a. O., S. 291 f.

M 5 Gregor VII. exkommuniziert Heinrich IV. (Februar 1076)

Hierauf fest vertrauend untersage ich zur Ehre und zur Verteidigung deiner Kirche im Namen des allmächtigen Gottes, des Vaters, des Sohnes und des heiligen Geistes durch deine Gewalt und Autorität dem König Heinrich, dem Sohne des Kaisers Heinrich, der sich gegen deine Kirche in unerhörtem Stolze erhoben hat, die Herrschaft über das ganze Reich der Deutschen und über Italien, und ich löse alle Christen von den Banden des Eides, den sie ihm geschworen haben oder noch schwören werden, und ich verbiete, dass ihm irgend jemand wie seinem König dient.

Zit. nach: W. Lautemann, M. Schlenke (Hg.), a. a. O., S. 300.

M 6 Heinrich IV. lädt zum Fürstentag ein (April 1076)

Aber nicht länger wollen wir dich über den Namen des Mannes im Zweifel lassen, den wir meinen: Höre, es ist Hildebrand, nur dem Gewande nach Mönch, nur dem Titel nach Papst, der nicht als sorgender Hirte, sondern als gewalttätiger Eindringling auf dem apostolischen Stuhl sitzt, und der, vom Sitze des Friedens aus, das Band des einigen katholischen Friedens zerrissen hat, wie du es dir wohl gleich denken kannst. Von all seinen Untaten wollen wir nur wenige erwähnen: Er hat sich gleichzeitig die weltliche und die geistliche Herrschaft angemaßt, obgleich Gott doch von so etwas nichts weiß. Also verachtet er Gottes gütige Ordnung, welche wollte, dass nicht auf einer, sondern auf zwei Stützen beides, Königtum und Priestertum, hauptsächlich beruhen sollte [...].

Selbst mich, den Gott zum Königtum berief, [...] gedachte er [Gregor VII.] der Herrschaft mit der Drohung zu berauben, er, der mir nicht das eine, ebenso wenig aber das andere gegeben hat, wollte mir Reich und Leben nehmen, weil er sah, dass ich Herrscher sein wollte nicht von seinen, sondern von Gottes Gnaden.

Zit. nach: W. Lautemann, M. Schlenke (Hg.), a. a. O., S. 302 f.

M 7 Der Gang nach Canossa (1077)
Heinrich IV. kniet vor der Markgräfin Mathilde von Tuszien mit Bitte um Vermittlung im Konflikt mit dem Papst. Links von ihr Abt Hugo von Cluny aus dem Gefolge Gregors VII., aus einer Handschrift der Vita Mathildis von Donizo, entstanden um 1115.

M 8 Das Wormser Konkordat (1122)

Einigung zwischen Kaiser Heinrich V. und Papst Kalixt II. über die Investiturfrage:

a) Kaiserliche Urkunde

Im Namen der heiligen und ungeteilten Dreifaltigkeit. Ich, Heinrich, von Gottes Gnaden erhabener Römischer Kaiser, – aus Liebe zu Gott, zur heiligen Römischen Kirche und zum Herrn Papst Kalixt sowie zum Heil meiner Seele – überlasse Gott, Gottes heiligen Aposteln Petrus und Paulus und der heiligen katholischen Kirche jegliche Investitur mit Ring und Stab, und ich erlaube, dass in allen Kirchen, die es in meinem König- und Kaiserreich gibt, kanonische Wahlen und freie Weihen stattfinden. Die Besitzungen und Regalien des heiligen Petrus, die seit Beginn dieses Streits bis zum heutigen Tag – zur Zeit meines Vaters oder auch zu meiner Zeit – weggenommen wurden, werde ich, soweit ich sie besitze, der heiligen Römischen Kirche zurückerstatten, soweit ich sie aber nicht besitze, werde ich getreulich helfen, dass sie zurückerstattet werden. [...]

b) Päpstliche Urkunde

Ich, Bischof Kalixt, Knecht der Knechte Gottes, verleihe Dir, meinem geliebten Sohn Heinrich, von Gottes Gnaden Römischer Kaiser, Mehrer des Reiches, dass die Wahlen der Bischöfe und Äbte des Deutschen Königreiches, soweit sie dem Reich zugehören, in Deiner Gegenwart stattfinden, aber ohne Simonie [Kauf geistlicher Ämter] und irgendwelche Gewalt: Wenn daher zwischen den Parteien Streit entsteht, so mögest Du nach Rat und Urteil des Metropoliten [Erzbischofs] und der Mitbischöfe dieser Kirchenprovinz dann der verständigeren Partei Zustimmung und Hilfe zukommen lassen. Der Erwählte aber soll von Dir durch das Zepter die Regalien erhalten, und er soll das leisten, was er Dir aufgrund dessen rechtens schuldet.
Und was er daraus Dir rechtlich schuldet, soll er leisten.

Zit. nach: E. Pitz, Europa im Früh- und Hochmittelalter, Stuttgart 1982 (Anhang).

M 9 **Bulle „Unam Sanctam"**

In einer feierlichen Urkunde bekräftigte Papst Bonifaz VIII. seinen Herrschaftsanspruch (1302):

Eine Heilige Katholische Apostolische Kirche müssen wir im Gehorsam des Glaubens annehmen und festhalten. Und wir glauben diese fest und bekennen sie schlicht, und außer ihr gibt es kein Heil und keine Vergebung der Sünden. In ihr ist Ein Herr, Ein Glaube, Eine Taufe. Zurzeit der Sintflut gab es Eine Arche Noahs, und diese deutete im Voraus hin auf die Eine Kirche. Alles, was nicht in ihr war, wurde vernichtet. […] Beide Schwerter hat die Kirche in ihrer Gewalt, das geistliche und das weltliche. Dieses aber ist für die Kirche zu führen, jenes von ihr. Jenes gehört dem Priester; dieses ist zu führen von der Hand der Könige und Ritter, aber nur wenn und solange der Priester es will. Ein Schwert aber muss dem andern untergeordnet sein; die weltliche Macht muss sich der geistlichen fügen. Denn der Apostel [Paulus] sagt. „Es ist keine Obrigkeit außer von Gott; wo aber Obrigkeit besteht, ist sie von Gott verordnet." Sie wäre aber nicht geordnet, wenn nicht ein Schwert unter dem andern stände und gleichsam als das niedere von der Hand eines andern nach oben gezogen würde. Dass aber die geistliche Macht an Würde und Adel jede weltliche überragt, müssen wir umso freier bekennen, als überhaupt das Geistliche mehr wert ist denn das Weltliche. Das ersehen wir auch deutlich aus dem Regiment in der Welt. Denn in Wahrheit: die geistliche Macht hat die weltliche einzusetzen und ist Richterin über sie, wenn sie nicht gut ist. […]
Wenn also die weltliche Macht in die Irre geht, so wird sie von der geistlichen gerichtet werden; irrt die geistliche auf einer niederen Stufe, so wird sie gerichtet werden von der, die über ihr steht; irrt aber die höchste, so wird sie allein von Gott gerichtet werden können. […]

Zit. nach: G. Guggenbühl, O. Weiss (Hg.), Quellen zur Allgemeinen Geschichte des Mittelalters, Zürich 1946, S. 197 f.

M 10 **Idealbild der mittelalterlichen Weltordnung**

Der Dualismus von Papst und Kaiser entsprach der Zwei-Schwerter-Lehre und der Idee des Reiches. Beide Gewalten waren aufeinander bezogen und standen doch in einem Spannungsverhältnis zueinander.
Der Holzschnitt aus der Schedelschen Weltchronik (1493) zeigt Papst Pius II. (1458–1464) und Kaiser Friedrich III. (1440–1493).

Aufgaben

1. Fassen Sie die Argumente und Methoden zusammen, mit denen der Konflikt zwischen weltlicher und kirchlicher Macht ausgetragen wurde.
   → Text, M1, M3–M10
2. Nennen und analysieren Sie die Begründungen für den Herrschaftsanspruch der Kirche.
   → Text, M3, M4, M9, M10
3. Geben Sie den Inhalt des Wormser Konkordats wieder und erläutern Sie seinen Charakter.
   → M8
4. Beschreiben Sie das Idealbild des Verhältnisses von Kirche und Staat.
   → M10

4.7 Die Kreuzzüge

Ursprünge des Islam

Der Ursprung des Islam lag im Westen der arabischen Halbinsel. Dort, weitab von den politischen Zentren der damaligen Welt – dem byzantinischen Reich und dem Perserreich – lag der Geburtsort einer neuen Religion bzw. Kultur. In der Pilger- und Handelsstadt Mekka verbreitete der Kaufmann Mohammed seine neue Lehre, die aber zunächst wenig Begeisterung bei den dortigen Bewohnern fand. Mohammed sah sich in der Folge veranlasst, in die Nachbarstadt Yathrib (Medina) zu ziehen. Dieses Ereignis im Jahre 622 – die so genannte Hidschra (wörtlich Auszug) – gilt als Beginn der islamischen Zeitrechnung. Hier in Medina gelang es Mohammed, eine neue religiös-politische Ordnung zu errichten. Er sah sich zu diesem Schritt von Gott beauftragt. Dabei ging es ihm nicht darum, eine völlig neue Religion zu stiften, sondern nur die monotheistischen Vorläufer in eine endgültige Form zu bringen. In seinem Selbstverständnis stand er in der Tradition der jüdisch-christlichen Propheten. Seine Rolle als „Siegel der Propheten“ verwies aber darauf, dass es nach ihm keine weiteren Propheten geben dürfe.

Ausbreitung des Islam

Nach der Durchsetzung des Islam im Westen der arabischen Halbinsel konnte sich die neue Religion mit ungewöhnlicher Schnelligkeit ausbreiten. Innerhalb nur eines Jahrhunderts entstand ein relativ geschlossenes Reich von riesigen Ausmaßen, durch das die Welt des Christentums erheblich beschnitten wurde. Die Expansion war in erster Linie das Ergebnis kriegerischer Überlegenheit, aber auch kluger Vertragspolitik, die von den Unterworfenen zumeist keinen Übertritt zum neuen Glauben verlangte. Im Unterschied zu den von den Christen verfolgten Heiden wurden Christen und Juden als steuerpflichtige „Schutzbefohlene“ akzeptiert. Der „Dschihad“ (sinngemäß „die Anstrengung auf dem Weg Gottes“) – faktisch also der Krieg gegen die Ungläubigen – spielte in der Frühphase des Islam eine herausragende Rolle.

Beim Tod des Propheten Mohammed im Jahre 632 bestand durchaus die Gefahr, dass die neu entstandene Gemeinschaft („Umma“) zerbrach, zumal arabische Stämme ihre Unabhängigkeit schätzten. Letztlich gelang es aber dem Nachfolger Mohammeds – Abu Bakr – die Einheit mit militärischen Mitteln herzustellen. Aus dieser Tradition entwickelte sich die Einrichtung des Kalifats. Der Kalif („Nachfolger“ Mohammeds bzw. sein „Stellvertreter“) stellte das Oberhaupt der Gemeinschaft der Gläubigen dar. Er galt sowohl als religiöse als auch politische Autorität.

Islamische Großreiche

In der Nachfolge Mohammeds bildeten sich große islamische Reiche:

- das Kalifat der Omayyaden in Damaskus (661–750),
- das Kalifat der Omayyaden in Cordoba (756–1031),
- das Kalifat der Abbasiden in Bagdad (750–1258),

Die arabisch-islamische Expansion schuf einen Herrschaftsbereich, der von Nordindien im Osten bis zur iberischen Halbinsel im Westen reichte. Die islamische Invasion Westeuropas kam im 8. Jahrhundert zum Stillstand, als ein fränkisches Heer unter Karl Martell 732 muslimische Truppen bei Tours und Poitiers besiegte. Danach stabilisierten sich für etwa 300 Jahre die Grenzlinien zwischen Islam und Christenheit.

Die Kreuzzüge

Die Menschen im mittelalterlichen Europa waren von tiefer Religiosität durchdrungen. Der christliche Glaube beherrschte ihr Leben, und Jerusalem besaß in ihrer Fantasie die Aura gesteigerter Himmelsnähe. Vielleicht ist es so zu erklären, dass die Initiative zur Eroberung dieser für die Christen heiligen Stätte eine so große Resonanz fand.

Den Kreuzzügen des 11.–13. Jahrhunderts, die zunächst auf die Inbesitznahme der heiligen Stätten in Palästina ausgerichtet waren, lag eine das Europa des Hochmittelalters zusammenschließende Idee zugrunde, die in einer Weise zündete, dass die größten Heere der mittelalterlichen Geschichte mobilisiert werden konnten. Diese Dimensionen müssen umso mehr beeindrucken, wenn man die unentwickelte Infrastruktur, zum Beispiel im Hinblick auf die Transportmöglichkeiten, ins Auge fasst. Obgleich mittelalterliche Zahlenangaben in den Quellen in aller Regel überhöht und unrealistisch sind, so kann man doch davon ausgehen, dass hunderttausende bewegt worden sind.

Wie oft in der Geschichte so gilt es auch hier, zwischen Anlass und Ursache zu unterscheiden. Der Anlass und damit der Beginn der Kreuzzugsbewegung lag in einer Ansprache von Papst Urban II., die dieser 1095 in Clermont gehalten hatte und in der er zum Heiligen Krieg gegen die Heiden aufrief. Der erste Kreuzzug war ganz sein Werk. Diese Rede liegt im Original nicht vor; hingegen gibt es mehrere Berichte, die sich teilweise unterscheiden. Gewiss ist hingegen die Reaktion: Von Massenbegeisterung war die Rede; „Gott will es" war das Echo, und so lautete auch später der Schlachtruf der Kreuzfahrer. Der Boden war offensichtlich für den päpstlichen Appell vorbereitet gewesen: Die Anreize für den mittelalterlichen Zeitgenossen müssen nicht gering gewesen sein. Jerusalem, die Stadt, die es zu erobern galt, war ein Ort mit mehr symbolischem als realem Wert. Mit dieser Stadt verband sich eine Heilserwartung, sozusagen der Zugang zum Paradies. Allein schon mit dem Namen waren Sehnsüchte verknüpft, die dadurch noch intensiviert wurden, dass der Papst einen Ablass für alle Kreuzzugsteilnehmer versprach. Der Kampf gegen die Heiden galt als verdienstvoll, als ein Werk, das mit Gott versöhnte.

M 1 Urban II.: Aufruf zum Kreuzzug (1095)
Auf einer Kirchenversammlung im französischen Clermont verkündet Papst Urban II. am 27. November 1095 seinen Entschluss zum ersten Kreuzzug, Holzschnitt von 1482.

Die bewaffnete Pilgerfahrt musste nicht nur aus ideell-geistlichen Motiven heraus als wünschenswert erscheinen. Denn am Ende des 11. Jahrhunderts befand sich Europa in einer Entwicklungsphase, in der sich die relative Überbevölkerung bemerkbar machte. Zur Knappheit des erschlossenen Landes gesellten sich schlechte Ernten, sodass viele – vor allem nicht-erbberechtigte Söhne von Feudalherrn – den Verlockungen von reicher Beute und schnellem Reichtum erlegen sein mochten. Plünderungen waren regelmäßig Bestandteil des Kampfes gegen Andersgläubige. Der Papst wollte dem zunehmenden Fehdewesen der Ritter Einhalt gebieten und diese aggressiven Energien auf ein äußeres Ziel lenken.

Letztlich muss der päpstliche Aufruf zum Kreuzzug im Zusammenhang mit dem Investiturstreit gesehen werden: Es ging im Kern um die Führung des christlichen Abendlandes.

Eroberung Palästinas

Im Zusammenhang mit den Kreuzzügen fand eine Entwicklung statt, die man als „Christianisierung der Ritter" bezeichnen kann. Das Rittertum wurde, indem es formal in den Dienst für den Herrn überführt wurde, der Kirche und dem Papst dienstbar gemacht. Tatsächlich vollzog sich die Eroberung Palästinas unter Umständen, die auf ein Übergewicht von materiellen Motiven schließen lassen. Während Tausende von Entwurzelten und wirtschaftlich Bedrängten, die parallel zum Ritterheer aufgebrochen waren, nie den Nahen Osten erreichten, gelang den Ritterheeren letztlich die Eroberung Jerusalems (1099).

In der Folge bildeten sich vier Kreuzfahrerstaaten: das Königreich Jerusalem, die Grafschaft Tripolis, das Fürstentum Antiochia und die Grafschaft Edessa.

Die Kreuzfahrer konnten sich aber nur knapp 200 Jahre im Vorderen Orient halten. Mit dem Fall von Akkon (1291) mussten die letzten christlichen Kreuzfahrer das Feld dem Islam räumen. Dennoch sind von den Kreuzzügen gegen den Islam Impulse ausgegangen, die noch lange nachgewirkt haben:

- „Der Kaufmann folgt dem Schwert“, hieß es. Der Fernhandel erfuhr eine Belebung, die vor allem Italien zugute kam. Den italienischen Handels- und Seestädten gelang es, den Zwischenhandel zu monopolisieren.
- Der Bau von Flotten war durch die Kreuzzüge angeregt worden.
- Europa kam nicht nur in Berührung mit der griechisch-arabischen Wissenschaft, sondern auch mit neuen Produkten (Papier, Seide), Früchten (zum Beispiel Zitronen), Gewürzen, Farbstoffen.
- Verschiedene Ritterorden (Johanniter, Templer, Deutscher Orden) waren gegründet worden, damit sie für Schutz und Pflege der Pilger sorgten. Der Deutsche Orden spielte im 14. Jahrhundert eine führende Rolle bei der Ostkolonisation beziehungsweise bei der Unterwerfung der Pruzzen (Preußen).
- Die Kreuzzüge fanden in Europa selbst ihre Fortsetzung im Kampf der Kirche gegen solche religiösen Lehrmeinungen, die von der offiziellen abwichen. Die Kreuzzugsidee wurde zu einem Instrument zur Durchsetzung des kirchlichen Machtanspruchs.

M 2

Chronologie: Die Kreuzzüge

1. Kreuzzug (1096–1099)	unter Robert von der Normandie, Gottfried von Bouillon und anderen: Eroberung Jerusalems, 1099 Gründung des Königreichs Jerusalem unter Gottfried von Bouillon (bestand bis 1187) mit den Lehnsstaaten Antiochia, Edessa, Tripolis; Schwächung durch ständige Kämpfe.
1096 und 1099	kam es zu furchtbaren Judenverfolgungen in Nordfrankreich, im Reich und in Jerusalem.
2. Kreuzzug (1147–1149)	unter Konrad III. und Ludwig VII. von Frankreich nach Einfluss Bernhards von Clairvaux, nachdem der Emir von Mossul Edessa erobert hatte. Jerusalem wurde erreicht, aber die Erfolge blieben aus, da die Teilnehmer gegeneinander Bündnisse schlossen:1187 nahm Sultan Saladin Jerusalem ein, die Christen unterlagen in der Schlacht von Hattin.
3. Kreuzzug (1189–1192)	unter Friedrich I. Barbarossa, der 1190 im Saleph ertrank, mit seinem Sohn, Herzog Friedrich von Schwaben, Richard (Löwenherz) von England und Philipp II. August von Frankreich; Gewinn des Küstenstrichs zwischen Jaffa und Tyrus und der Erlaubnis zu Pilgerbesuchen nach Jerusalem.
Kreuzzug (1197)	unter Heinrich VI. Ziel: Gewinnung des Heiligen Landes und Eroberung des byzantinischen Reiches. Durch den plötzlichen Tod Heinrichs wurde nur ein Küstenstrich bei Antiochia erobert.
4. Kreuzzug (1202–1204)	Ziel: Ägypten, doch unter Einfluss Venedigs wurde Konstantinopel 1204 geplündert. Die reiche Beute und die nachhaltige Schwächung Byzanz' trugen wesentlich zu dem jetzt erst richtig erfolgenden Aufstieg Venedigs bei. Außerdem muss man die Eroberung Konstantinopels 1204 mit dem Untergang der Stadt 1453 in Zusammenhang bringen; denn die Eroberung durch die Türken war nicht zuletzt eine Folge der Schwächung Konstantinopels durch die Christen aus dem Westen.
Kinderkreuzzug (1212)	Tausende von Kindern wurden von Marseille aus von Betrügern nach Alexandria verschifft und als Sklaven verkauft.
5. Kreuzzug (1228–1229)	unter dem gebannten Kaiser Friedrich II.: Gewinnung Jerusalems, Bethlehems und Nazareths durch Vertrag mit Sultan Elkamil von Ägypten.
6. Kreuzzug (1248–1254)	Ludwig IX. von Frankreich (der Heilige) wollte Ägypten angreifen, wurde geschlagen, gegen hohes Lösegeld freigelassen; Befestigung Akkons.
7. Kreuzzug (1270)	Ludwig IX. kam mit einem großen Teil des Heeres in Tunis um. 1291 wurde Akkon als letztes christliches Bollwerk von den Mameluken (Herrschern Ägyptens) erobert, Tyrus, Beirut und Sidon wurden geräumt.

E. Büssem, M. Neher (Hg.), Arbeitsbuch Geschichte, Mittelalter Repetitorium, München 1983, S. 126 f.

M 3 **Christus an der Spitze der Kreuzfahrer**
Selbstverständnis der Kreuzritter: Sie fühlen sich als Streiter für die Sache Gottes. Christus trägt die Heilige Schrift in der Hand. Vom Himmel segnet der Herrgott die Ausreitenden, Abbildung aus dem 14. Jahrhundert.

M 4 **Aufruf zum Kreuzzug**

Brief Bernhards von Clairvaux an die Deutschen (um 1146):

Seht denn, Ihr Brüder, die willkommene Zeit, die Heil erfüllten Tage sind da. Erschüttert wurden die Lande und erbebten, weil Gott im Himmel sein Land zu verlieren begann. Sein Land sage ich; dort sah man ihn das Wort seines Vaters lehren, dort wandelte er über dreißig Jahre als Mensch unter Menschen. Sein Land, das er mit Wundern erleuchtet, das er mit dem eignen Blute geweiht hat, darin die ersten Blüten der Auferstehung erschienen. Jetzt schaffen es unsere Sünden, dass dort die Feinde des Kreuzes ihr verruchtes Haupt erhoben haben; mit der Schärfe ihres Schwertes verheeren sie das Land der Verheißung. Schon ist es nicht fern – wenn kein Verteidiger sich findet – und sie brechen ein in die Stadt des lebendigen Gottes selbst, sie zerstören die Stätten unserer Erlösung und besudeln die heiligen Orte, wo das fleckenlose Lamm sein purpurnes Blut ließ. [...] Weil Euer Land an tapferen Männern fruchtbar ist und kräftig durch die Fülle seiner Jugend – wie denn durch alle Welt Euer Preis geht und der Ruhm Eures Heldentums die ganze Erde erfüllt hat – so gürtet auch ihr Euch mannhaft und ergreift die glücklichen Waffen im Eifer für Christi Namen. Enden möge jene Ritterart, nein, Ritterunart von ehedem, nach der Ihr einander zu werfen, einander zu verderben pflegt und einer den Andern umbringt. [...] Du tapferer Ritter, Du Mann des Krieges, jetzt hast Du eine Fehde ohne Gefahr, wo der Sieg Ruhm bringt und der Tod Gewinn. Bist Du ein kluger Kaufmann, ein Mann des Erwerbs in dieser Welt – einen großen Markt sage ich Dir an; sieh zu, dass er Dir nicht entgeht. Nimm das Kreuzeszeichen, und für alles, was Du reuigen Herzens beichtest, wirst Du auf einmal Ablass erlangen. Die Ware ist billig, wenn man sie kauft; und wenn man fromm für sie bezahlt, ist sie ohne Zweifel das Reich Gottes wert. Gut haben also die gehandelt, die das himmlische Zeichen schon genommen haben; gut handeln auch die Übrigen und nicht vergebens, wenn sie eilen, selbst das zu ergreifen, was ihnen zum Heile gereiche.

Zit. nach: G. Guggenbühl, O. Weiss (Hg.), Quellen zur Allgemeinen Geschichte des Mittelalters, Zürich, 1946, S. 126 f.

M 5 **Bernhard von Clairvaux predigt Gehorsam**
Bernhard von Clairvaux (1090–1153) entstammte dem burgundischen Hochadel. Mit dreißig Edelleuten trat er in das Kloster Citeaux ein und brachte es zu hoher Blüte. Er selbst gründete Clairvaux, das zur bedeutendsten Abtei des Zisterzienserordens wurde. Durch seine Beredsamkeit, durch die Hochherzigkeit seiner Gesinnung und das Feuer seiner Begeisterung gewann er einen gewaltigen Einfluss auf seine Zeitgenossen aller Stände. Ein unermüdlicher Apostel des Friedens, wurde er in seinen Predigten und Briefen auch zum Hauptförderer des Zweiten Kreuzzuges, Buchmalerei aus der Benediktinerabtei Liesborn, um 1180.

Zit. nach: G. Guggenbühl, O. Weiss (Hg.), a. a. O., S. 126 f.

M 6 Europa auf dem Kreuzzug

Der französische Historiker Jacques Le Goff erklärt die Kreuzzüge aus europäischer Perspektive:

Ein Aufsehen erregendes Phänomen, welches das christliche Europa vom 11. bis zum 13. Jahrhundert erschütterte, nimmt noch heute einen auserwählten Platz in den Handbüchern für Geschichte ein: die Kreuzzüge. Im Mittelalter oft mit Begriffen der Pilgerschaft umschrieben, [...] bezeichnet der Ausdruck militärische Feldzüge der Christen nach Palästina, um den Muslimen das Heilige Grab Christi in Jerusalem und jene Gebiete zu entreißen, die als ursprünglicher Besitz der Christenheit galten. Aus der Sicht der mittelalterlichen Christen waren die Kreuzzüge eine Rückeroberung im gleichen Sinne wie die spanische Reconquista. Tatsächlich war Jerusalem von der römischen Herrschaft unter die byzantinische – die einzige, die einen christlichen Charakter besaß – und dann unter muslimische Herrschaft gefallen. [...]

Die religiöse und ideologische Begründung der Kreuzzüge ergab sich aus dem Zusammentreffen zweier langwieriger Entwicklungen.

Die erste, die sicher größere Bedeutung hat, bestand in der Bekehrung des Christentums zum Krieg. Das dem Evangelium gemäße Christentum, friedliebend wie Jesus selbst, stand dem Krieg zutiefst feindlich gegenüber. [...]

Die Haltung der Christen begann sich zu ändern, als das Reich gegen Ende des 4. Jahrhunderts christlich wurde. Von da an wurden seine Untertanen, die bald alle Christen waren, zur Verteidigung des Christenreichs gerufen. Doch das Misstrauen gegen den Krieg blieb noch lange erhalten. Trotz der sich ändernden Einstellung gegenüber der Kriegführung wurde den Bischöfen und dem Klerus allgemein das Tragen von Waffen und das Blutvergießen verboten. [...]

Doch am wichtigsten war der Entwurf einer Theorie des gerechten Krieges, deren wesentliche Elemente von Augustinus stammten. Gerecht war ein Krieg, der nicht von einer Einzelperson beschlossen und geführt wurde, sondern von einem mit höchster Autorität begabten Oberhaupt, wie der christliche Kaiser es gewesen war und die Fürsten oder Könige des Mittelalters es werden sollten. Im Übrigen durfte der Krieg kein Angriff sein. Das Christentum hat Präventivkriege immer abgelehnt. Krieg musste eine Antwort auf einen Überfall oder eine Ungerechtigkeit sein, er durfte weder im Geist der Eroberung geführt werden noch um der Beute willen, und er musste das Leben der Waffenlosen – Frauen, Kinder, Mönche, Kaufleute usw. – respektieren. Für besonders legitim hielten die Christen den Krieg gegen die Heiden und die mit Heiden gleichgesetzten Muslime. [...]

Das Papsttum förderte also das Aufkommen einer Form des heiligen Krieges, dessen Symbol das Stoffkreuz auf der Brust der Kreuzfahrer war. So hat das christliche Europa den Islam eingeholt, der von Anfang an, seit es den Koran gab, den heiligen Krieg, den Djihad, als eine der ersten Pflichten der Gläubigen bezeichnet hatte.

J. Le Goff, Die Geburt Europas im Mittelalter, München 2004, S. 131 ff.

Aufgaben

1. Stellen Sie die Expansion des Islam in seiner Frühgeschichte dar.
   → Text
2. Erklären Sie die Massenwirksamkeit des Briefes von Bernhard von Clairvaux.
   → Text, M4, M5
3. Interpretieren Sie die Abbildung in Bezug auf das Selbstverständnis, das in ihr zum Ausdruck kommt.
   → M3
4. Bestimmen Sie die Abfolge der Kreuzzüge sowie deren Auswirkungen (auch auf Europa).
   → Text, M2
5. Analysieren Sie die ideologischen Hintergründe, die den „Heiligen Krieg" aus christlicher Sicht möglich machten.
   → M6
6. Diskutieren Sie die Frage, in welchem Verhältnis die Kreuzzüge der Christen zum Djihad der Muslime stehen.

4.8 Die Pest und die Verfolgung der Juden

Der Schwarze Tod

Der „Schwarze Tod“, wie die Pest genannt wurde, stellte eine Katastrophe dar, die menschheitsgeschichtlich alles in den Schatten stellte, was zum Beispiel durch politische Entscheidungen herbeigeführt worden war. Die Konfrontation der Menschen mit den Krankheitserregern, die ihren Weg aus Asien über die Krim in die italienischen Seestädte gefunden hatten, bewirkte bevölkerungsmäßig und geistig einen Einschnitt, der tiefer kaum zu denken ist. Sowohl die Infektionsgefahr als auch die Sterblichkeit waren in Bezug auf die Pest größer als bei anderen Seuchen (zum Beispiel Lepra oder Syphilis). Die Sterblichkeitsquote der Erkrankten lag bei 60 bis 70 Prozent, bei der Lungenpest praktisch sogar bei 100 Prozent. Man geht heute von der begründeten Annahme aus, dass Europa aufgrund der Pestepidemie einen Bevölkerungsverlust von 25 bis 30 Prozent erlitt. Nach dem ersten Auftreten 1348 kehrte die Pest in fast regelmäßigen Abständen zurück; so wurde zum Beispiel die Stadt Frankfurt (am Main) zwischen 1349 und 1450 insgesamt 16-mal heimgesucht.

Reaktionen

Nicht zuletzt weil die mittelalterlichen Menschen den Mechanismus der Ansteckung (Biss des Rattenflohs) nicht durchschauten, entsprach es ihrer Mentalität, ein höheres Walten anzunehmen. Die Reaktionen einer schockierten Bevölkerung wiesen ganz unterschiedliche Dimensionen auf:

- Die Angst brach sich in einer übersteigerten Religiosität Bahn. Es formierten sich Frömmigkeitsbewegungen, Prozessionen von so genannten Geißlern, Gruppen von bußfertigen Menschen, die die Pest als gottgewollte Strafe für die eigene Sündhaftigkeit interpretierten. Viele Menschen verzweifelten am „Gott der Liebe“ und wandten sich von der Kirche ab.
- Die Erfahrung der eigenen Hilflosigkeit brachte ihnen die Allmacht des Todes massiv zu Bewusstsein. Es entstand auch eine neue Kunstform, die den Tod als letztlich entscheidende Macht personifizierte. „Die Kunst des Sterbens“ (ars moriendi) wurde zu einer beliebten literarischen Gattung, die der Erbauung und Tröstung diente.
- Neben der intensivierten Religiosität gab es noch eine völlig gegenläufige Reaktion. Das geänderte Lebensgefühl vieler mittelalterlicher Menschen drückte sich in einer heftigen Lebensbejahung und in Genusssucht aus.
- Die angstgepeinigten Menschen suchten Schuldige für diese ihnen unbegreifliche Katastrophe. Sie fanden diese in den Fremden allgemein und in den Juden im Besonderen. Den Juden wurde vorgeworfen, die Brunnen vergiftet zu haben. Sie wurden zu Sündenböcken abgestempelt. Insbesondere das Auftauchen von Geißlerprozessionen war oft verknüpft mit Judenpogromen, das heißt Verfolgungen, die die schlimmsten der ganzen mittelalterlichen Geschichte gewesen sind.

Der Pestausbruch 1665 in London gilt als der letzte in Nordwesteuropa. Aber erst im 18. Jahrhundert verschwand die Pest aus noch nicht ganz geklärten Ursachen von diesem Kontinent. Ein verbesserter

M 1 **Pestärzte** trugen zu ihrem Schutz eine (wenig wirksame) Schnabelmaske, in der sich Kräuter befanden. Man ging allgemein davon aus, dass sich die Seuche durch „Miasmen“ (verunreinigte Ausdünstungen) verbreitet. Kranke wurden nur mit dem Stab berührt, Kupferstich von 1656, spätere Kolorierung.

hygienischer Standard, eine Lebensweise, die den Menschen mehr und mehr von den Ratten und Flöhen trennte, ein veränderter Wohnungsbau (mehr Steinhäuser) dürften dabei ebenso eine Rolle gespielt haben wie Quarantänemaßnahmen, die Bildung von Gesundheitsbehörden und eine gewisse Immunisierung der Menschen.

Die Juden

Die Juden lebten ursprünglich in Palästina. Ein jüdischer Aufstand gegen die römische Besatzungsmacht endete mit der Zerstörung des Tempels in Jerusalem (70 n. Chr.). Weitere Niederlagen der Juden führten zur Auflösung des jüdischen Staats. In der Folgezeit wurden viele Juden verschleppt oder wanderten aus und siedelten zunächst im Bereich des Mittelmeers. Im Rheinland ist ihre Anwesenheit seit 312 verbürgt.

Die Juden bildeten in ihrer jeweiligen sozialen Umwelt eine Minderheit, die mehr oder weniger den Feindseligkeiten ihrer Umgebung ausgesetzt war. Sie lebten im Allgemeinen in einem Zustand abgestufter Rechtlosigkeit. In Deutschland unterstanden sie einem Sonderrecht. Sie waren „Kammerknechte des Königs“, galten damit als formal unfrei, aber beschützt. Dieser Schutz musste durch eine Judensteuer teuer erkauft werden.

Bestimmte Verbote, zum Beispiel Boden zu erwerben oder einen Handwerksberuf auszuüben, aber auch das kirchliche Zinsverbot führten dazu, dass der Anteil der Juden im Handel und Geldgeschäft überdurchschnittlich groß war. Die Juden konnten darum leicht als „Ausbeuter“ abgestempelt werden.

Judenpogrome

Da die Juden als am Tode Christi für schuldig erachtet wurden, nahmen sie in einer christlich geprägten Umwelt die Rolle von Außenseitern ein. Als „Christusmörder“ definiert, galten sie als „verdammt“ und „unselig“. Gerade weil sie an ihrem Glauben festhielten, bildeten sie eine Zielscheibe für „Verteufelung“ und ausgelebte Aggressionen.

M 2 **Zwangstracht für Juden**
Initiale (Buchstabe D) einer Buchmalerei aus dem 13. Jahrhundert, Zwettl, Niederösterreich.

Vor allem in Zeiten massenhaft aufgeputschter Gefühle ist dann ein sprunghaftes Ansteigen der religiösen Intoleranz festzustellen. So schlug im Zusammenhang mit dem Ersten Kreuzzug am Ende des 11. Jahrhunderts die Duldung in schwere Verfolgungen (Pogrome) um. Man beschuldigte die Juden, Hostien geschändet zu haben, also das in der Abendmahlsfeier verwendete ungesäuerte Brot verschmutzt oder entwendet zu haben. Außerdem waren Bezichtigungen des Ritualmords an kleinen christlichen Kindern gang und gäbe. Am Ausbruch der Pest (1348/49) gab man den Juden die Schuld und bezichtigte sie vielerorts der Brunnenvergiftung. Die Verfolgungen, die die jüdische Bevölkerung damals erlitt, gelten als die schlimmsten vor der Massenvernichtung im Dritten Reich.

Die Kirche trug zur Ausgrenzung der „Christusmörder“ bei, indem das vierte Laterankonzil (1215) die Kennzeichnungspflicht anordnete. Juden mussten fortan ein gelbes Abzeichen am Gewand haben beziehungsweise den spitzen Judenhut tragen. Die Zeitgenossen erkannten in diesem Hut unschwer ein Teufelshorn; und diese Anspielung war gewiss beabsichtigt.

Die jüdische Minderheit lebte in heiklen Umständen, denn das Damoklesschwert von Verfolgung und Ausweisung hing ständig über ihr. So mussten jüdische Gemeinden oft nicht nur einzelne Städte, sondern wiederholt ganze Länder verlassen, zum Beispiel England (1290), Frankreich (1394) und Spanien (1492).

M 3 **Die Ausbreitung der Pest 1346 – 1350**

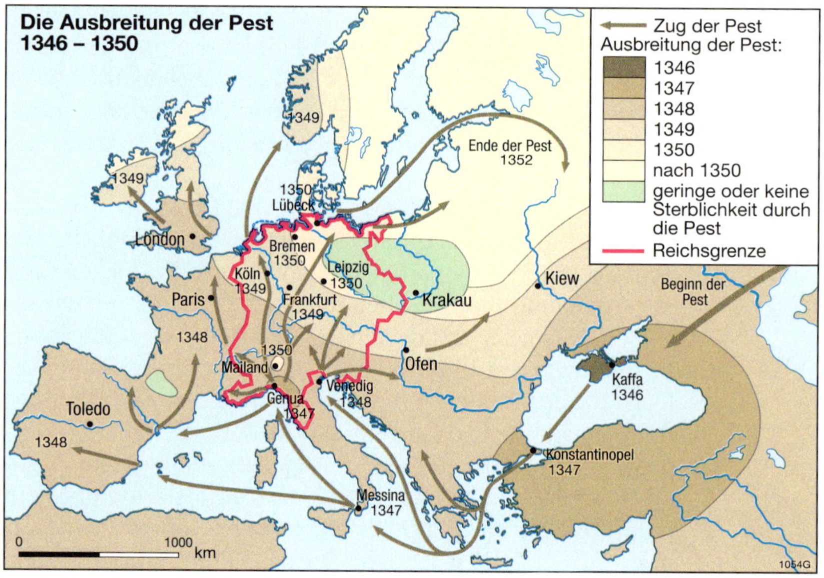

M 4 Der Schwarze Tod in Florenz

Auszug aus der Novellensammlung „Il Decamerone" von Giovanni Boccaccio[1] (1348):

Es war das Jahr 1348 als die scheußlichste Pest die blühendste Stadt Italiens, Florenz, heimsuchte. Auf ihrem Wege hatte sie schon eine ungeheure Menge Menschen hingerafft. Unaufhörlich drang sie vom Osten nach dem Westen vor, ohne dass ihr irgend etwas Einhalt gebieten konnte; sie spottete jeder Vorsicht; die Verordnungen der Ärzte machte sie zunichte, und kein noch so insbrünstiges Gebet schrie sie nieder. Plötzlich bedeckte sich bei Mann und Weib der Körper mit widerlichen Beulen; diese wurden zu schwarzen Flecken, das Fieber schlich heran, und nach drei Tagen löschte der Tod das Leben. Kein Mittel half, niemand wusste sich vor dem Gifthauch zu retten. Er sprang beim Sprechen von Mensch zu Mensch, bei der leisesten Berührung der Kleider; ja auch andere Geschöpfe wurden nicht verschont. Eine Angst stand unter den Überlebenden auf, und in ihr war jeder rücksichtslos nur auf sich selber bedacht. Manche vereinigten sich wohl, schlossen sich von der Welt ab und wollten durch ein mäßiges Leben dem Unglück begegnen. Bei andern befreiten sich alle Begierden aus ihren Banden, und das herrenlos gewordene Gut gab ihnen genügend Mittel, ihrer Lüsternheit zu frönen. In dieser allgemeinen Not sank das Ansehen der menschlichen und göttlichen Gesetze völlig; jeder konnte handeln, wie er wollte. Alle Familienbande lösten sich bei der gegenseitigen Furcht voreinander; selbst Eltern mieden ihre Kinder, die Brüder ihre Schwestern. Und die Kranken fanden sehr selten christliche Liebe, die sich ihrer annahm: Sie waren fast ganz den Habsüchtigen preisgegeben, die nur eine ungemessene Belohnung zur Pflege reizen konnte. Der Mangel an Männern und Weibern solch grober Sinnesart hatte auch noch die unerhörte Folge, dass sich selbst die vornehmsten und edelsten Damen nicht mehr darum kümmerten, ob sie einem Weibe oder einem Manne, einem alten oder jungen gegenüber ihren Körper, wie es die Notwendigkeit der Krankheit öfters erforderte, entblößen mussten, wodurch bei den wieder gesund Gewordenen die Schamhaftigkeit, wenn nicht ganz erloschen, so doch sehr vermindert war. Und wer starb, den umtrauerten und umweinten nicht die Anverwandten und Freunde; er verendete wie ein Tier in der Einsamkeit, wenn nicht gar schamloses Gelächter um seine Bahre tobte; gedungene Menschen trugen ihn zu Grabe, oft ohne Geistlichen, ohne Gebet, ohne Tränen. Wie Tierkadaver scharrte man die Leichen in die Erde, oft massenweise in ein Grab. Und nicht nur die Stadt gab ihre Opfer, das ganze umliegende Land verödete, da die Menschen hinstarben. Wohl hunderttausende wurden gezählt, die in Palästen und Hütten dem Elend verfielen, und die Leichen bedeckten Wege und Felder.

1 Giovanni Boccaccio (1313–1375) wurde als Sohn eines florentinischen Kaufmanns und einer Französin in Paris geboren. Wie Petrarca seine gebildeten Zeitgenossen auf das Studium des lateinischen Altertums hinwies, so warb Boccaccio für das griechische. Durch ihn gelangte das erste vollständige Manuskript der Dichtungen Homers nach Florenz; er war seit langem der erste Abendländer, der es in der Ursprache zu lesen verstand. Seine Novellensammlung „Il Decamerone" darf als das Muster italienischen Prosastils gelten.

G. Boccaccio, Das Dekameron, Erster Tag, zit. nach: G. Guggenbühl, O. Weiss (Hg.), a. a. O., S. 218 f.

M 5 Judenverfolgungen

Der Historiker E. Eickhoff stellt die Judenpogrome im Zusammenhang mit den Kreuzzügen dar:

Im Jahre 1096 waren die Juden in Speyer und Mainz dezimiert, in Worms und Köln fast vernichtet worden. Kreuzfahrer aus Frankreich und Niederlothringen verbreiteten damals die Losung, den Tod des Heilands an den Juden zu rächen. Ein fanatisierter Mörderhaufen unter Führung eines Grafen Emicho zog von Stadt zu Stadt und riss die Bevölkerung zu Pogromen hin. Bischöfe und Grafen, die sich den Mördern entgegenstellten, wurden verjagt oder eingeschüchtert, viele ihrer bewaffneten Dienstleute, die die Juden schützen wollten, erschlagen. Zahlreiche Juden, vor die Wahl zwischen Tod oder Taufe gestellt, haben sich damals gegenseitig den Tod gegeben oder ließen sich mit ihren Kindern in der Synagoge verbrennen.

1146 war man durch diese Erfahrung gewarnt. Man wusste, dass der besondere Schutz des Kaisers, den die Juden genossen, keine Sicherheit bot. Als ein Mönch Radulf aus Clairvaux in Deutschland von Ort zu Ort zog und das Volk zum Judenmord aufrief, nahmen König Konrad und die Bischöfe die bedrohten Gemeinden in ihren Burgen auf: so die von Köln und Bonn in der Wolkenburg im Siebengebirge und die Juden von Bacharach in der Feste Stahleck. Aber Juden, die außerhalb fester Mauern von diesen Kreuzfahrerhaufen ergriffen wurden und sich nicht taufen ließen, waren verloren. Bernhard von Clairvaux eilte auf Bitten des Erzbischofs nach Mainz, trat dem aufgewiegelten Volk entgegen und zwang den Mönch Radulf, dem kein Fürst und kein Bischof bislang widerstanden hatte, kraft seiner Autorität ins Kloster zurück.

Obwohl Kaiser und Fürsten eine Wiederholung der Massenmorde von 1096 verhindern konnten, sind viele Juden, unter ihnen die angesehensten Rabbis aus Trier, Mainz und Königswinter, erschlagen worden. Efraim Bar Jakob aus Bonn, der 1147 selbst auf der Wolkenburg Zuflucht fand, hat die furchtbare Chronik dieser Verfolgungen aufgezeichnet. Vor dem dritten Kreuzzug konnte Friedrich Barbarossa, der das Reichsregiment fest in der Hand hielt, die Juden wirksam in Schutz nehmen. Jeden Übergriff gegen sie bedrohte er mit dem Tod. Aber nach Friedrich I. und Heinrich VI. kam es wieder zu neuen lokalen Wellen von Hass und Gewalt. Andererseits mussten die Juden den ihnen vom Kaiser gewährten und durch die Kreuzzüge lebensnotwendig gewordenen Schutz auch teuer bezahlen. Bis zum Ende der Stauferzeit wurde es üblich, dass die Judengemeinden für die Schutzherrschaft an den Kaiser, den Stadt- oder Landesherrn drückende Steuern zahlten. Das ertragreiche „Judenregal" [Regal = Recht, hier zur Besteuerung] wurde Objekt der Machtpolitik, wurde verliehen und verpfändet. – Schon seit dem ersten Kreuzzug war es mit dem jahrhundertelang ungestörten Zusammenleben von Christen und Juden im westlichen und südlichen Deutschland, mit dem stillen Wachstum der jüdischen Stadtgemeinden vorbei. Die hohe Kultur des rheinischen Judentums war in der Blüte geknickt. Der immer stärkere wirtschaftliche Druck beschleunigte in der späten Stauferzeit den Niedergang dieser Gemeinden, die dann durch Abwanderung, vor allem nach Osteuropa, erloschen.

E. Eickhoff, Die Bedeutung der Kreuzzüge für den deutschen Raum, in: Württembergisches Landesmuseum Stuttgart, Die Zeit der Staufer, Bd. III, Stuttgart 1977, S. 241.

M 6 Kirche (links) und Synagoge (rechts)

Die Synagoge im konkreten Sinne ist der Versammlungsraum einer jüdischen Gemeinde. Im übertragenen Sinne steht sie für den Unglauben. Die Kirche als Gemeinschaft der Rechtgläubigen wird oft durch eine Frau mit der Sonne dargestellt. Kirche und Synagoge sind Bestandteil der christlichen Symbolsprache. Die Gegenüberstellung diente zur Abgrenzung des „richtigen" vom „falschen" Glauben. Der Synagoge sind die Augen verbunden. Der Teufel schießt ihr die Augen aus. Fortan ist sie – und gemeint sind die Juden – gegenüber der christlichen Offenbarung „mit Blindheit geschlagen", Zeichnungen nach einem Fenster der Kathedrale von Chartres, frühes 13. Jahrhundert.

M 7 Judenverfolgung in Straßburg

Aus der Chronik des Jakob Twinger, Bürgermeister von Straßburg (1382):

Im Jahr 1349 war das größte Sterben, das je gewesen, es ging von einem Ende der Welt bis zum anderen,

M 8 Judenverbrennung in einer Grube
Merkwürdig wirken einige Gesichter von Menschen, die die Schmerzen ihrer Tötung zu missachten scheinen, aus der Schedelschen Weltchronik von 1493.

diesseits und jenseits des Meeres; in der Heidenschaft war das Sterben größer als in der Christenheit. [...] Wegen dieser Pest wurden die Juden in der Welt verleumdet und bezichtigt, sie hätten es verursacht, indem sie Gift in das Wasser und die Brunnen getan, darum wurden die Juden von dem Meer bis nach Deutschland verbrannt, nur in Avignon beschützte sie der Papst. Zu Bern und Zofingen folterte man etliche Juden, die sagten aus, sie hätten viele Brunnen vergiftet. Da brannte man sie in vielen Städten und schrieb diese Geschichte nach Straßburg, Freiburg und Basel, damit sie dort auch ihre Juden verbrannten. Da meinten die Mächtigsten in diesen drei Städten, die die Gewalt in Händen hatten, man solle den Juden nichts tun. In Basel zog das Volk auf das Richthaus und zwang die Ratsherren zu schwören, sie wollten die Juden verbrennen und zweihundert Jahre lang keinen mehr in die Stadt lassen.

Auf einer Tagung zu Benfeld kam der Bischof von Straßburg, alle Landherren vom Elsass und die Boten der drei genannten Städte zusammen. Die von Straßburg wurden befragt, was sie mit ihren Juden zu tun gedächten, sie antworteten, sie wüssten keine Bosheit von ihren Juden. Da sagte man zu den Straßburgern, warum sie dann ihre Brunnen verschlossen hätten und die Eimer herabgenommen. Es entstand ein großer Lärm und Geschrei über die Straßburger. So kamen der Bischof, die Herren und die Reichsstädte überein, man solle die Juden beseitigen, sie wurden nun in vielen Städten verbrannt, etliche auch ausgetrieben, die wurden dann von den Bauern gefangen, erstochen oder ertränkt.

Als nun in Straßburg alles Volk über die Juden ergrimmt war, versperrte man die Judengasse und setzte bewaffnete Leute davor, damit man ihrer desto sicherer wäre, was man auch mit ihnen machen wolle.

[Weiterer Widerstand der städtischen Obrigkeit führte zu einem bewaffneten Aufstand der Zünfte, zu einer Änderung der Stadtverfassung und zur Absetzung des alten Rates. Der neue Rat gab die Juden preis.]

An diesem Freitag [13. Februar] fing man auch die Juden in Straßburg, und am Samstag verbrannte man sie auf einem hölzernen Gerüst in ihrem Kirchhofe. [...] Wer sich taufen lassen wollte, durfte am Leben bleiben, es wurden auch viele kleine Kinder aus dem Feuer gegen ihrer Eltern Willen genommen, um sie zu taufen. Was man den Juden schuldig war, galt als bezahlt, alle Pfänder und Schuldbriefe wurden zurückgegeben. Das Bargeld der Juden nahm der Rat und verteilte es unter das Handwerk. Das Geld war auch die Ursache, warum die Juden getötet wurden, wären sie arm und die Landesherren ihnen nichts schuldig gewesen, so hätte man sie nicht verbrannt. Als nun das Geld verteilt war, gaben etliche es an Unser Frauen Werk oder als Almosen nach dem Rat ihrer Beichtväter.

[Im Jahre 1369 stellte der Rat schon wieder Schutzbriefe für sechs Judenfamilien aus, und nun siedelten sich in den folgenden Jahren wieder eine ganze Reihe Juden in der Stadt an.]

Zit. nach: H. Krieger (Hg.), Das Mittelalter, Frankfurt/M. 1969, S. 309 f.

M 9 Antisemitismus

In einem Wörterbuch der Soziologie ist unter dem Stichwort „Antisemitismus" Folgendes nachzulesen:

Die Haltung des Menschen gegenüber dem Fremden, dem Außenstehenden, der nicht zur Gruppe gehört, ist durch Misstrauen charakterisiert. Xenophobie (Frucht vor dem Fremden) schlägt leicht in Hass um. Gruppenfeindschaft, basierend auf Xenophobie, findet sich in vielen Spannungsgraden von der Vereinsrivalität bis zur Kriegspsychose [Wahn]. In der Feindschaft zwischen zwei Völkern, deren Staaten aneinander grenzen, gibt es wiederum verschiedene Schattierungen. In der Regel ist die Spannung an der Grenze am stärksten – Randspannung –, während sie nach den Zentren zu abnimmt. Leben die beiden Völker als Majorität und Minorität [Minderheit] innerhalb desselben Staates, so entwickelt sich eine besondere Form der Gruppenfeindschaft, die zum Minoritätenproblem führt. Leben beide Gruppen in gemischter Siedlung, so wird der Kontakt zwischen ihnen oft von der Randspannung beherrscht. Ein extremer Fall dieser Sonderform liegt in der Feindschaft vor, die eine Majorität gegen eine schwache und unterlegene Minoritätsgruppe richtet. Deren Wehrlosigkeit verleiht der Feindschaft oft eine Einseitigkeit, bei welcher die Majorität nahezu ausschließlich aggressiv, die Minoritätengruppe kaum verteidigend auftritt. Damit ist die Situation der Verfolgung gegeben. Da die Minoritätsgruppe ein leicht erreichbares Objekt für jeden Zugriff und jedes Hassäußerungsbedürfnis ist, können Schmerz und Furcht, kurz alle Erregungen, die sich bei der Majorität als Resultat von Schicksalsschlägen aller Art ergeben, in Feindschaftstaten gegen die Minoritätsgruppe umgesetzt werden. Diese wird dann zum Sündenbock, dem man Schuld oder Mitschuld an jedem Unglück zuschreibt. Dass unbegründete Kollektivbeschuldigungen geglaubt werden, ist durch eine eigenartige Verhaltensweise der Menschen bedingt. Die Vorstellungen, die Weißer und Indianer, Deutscher und Franzose, Deutscher und Pole voneinander haben, sind durch stereotype [unveränderliche] Bilder bestimmt, die auf den Generalnenner gebracht werden können, dass die andere Gruppe minderwertig ist, und sich oft in Scheltnamen ausdrücken: roter Teufel, Boche (franz. Schimpfwort für Deutsche), Polacke. Die Vorstellungsbilder – und mit ihnen die Emotionen und Ideen, die ihnen anhaften – werden durch den Sprachgebrauch von einer Generation auf die andere übertragen. Sie gehen dem Nachdenken voraus, sind daher die Kategorien, mit denen der Mensch die soziale Umwelt erfasst, und entziehen sich weitgehend einer Beeinflussung durch Kritik, Erziehung und Erfahrung. Man macht „nur" schlechte Erfahrungen mit Mitgliedern einer bestimmten Gruppe, weil hundert gute Erfahrungen als Zufälle angesehen werden oder als Schein oder als „Ausnahmen, die die Regel bestätigen", und weil deshalb schließlich nur die eine schlechte Erfahrung typisch ist (dem stereotypen Bild entspricht) und zählt. [...]
Die Juden sind die älteste uns bekannte und am weitesten verbreitete Minderheit. Nicht die angeblich schlechten Eigenschaften der Juden sind „ewig". „Ewig" ist die Minoritätssituation, die sich aus der Existenzform der Diaspora [Zerstreuung] ergibt. [...]
Die Anklage gegen die „Christusmörder", die angeblich den von ihnen selbst erwarteten Messias ermordet hätten, wurde bald Inhalt der christlichen Glaubenslehre und schon deshalb kaum in Frage gestellt, weil die Angeklagten gerade in kritischen Zeiten in der Verfolgungssituation zum Schweigen verurteilt waren. Auch andere Bezichtigungen konnten später unwidersprochen erhoben werden. Minoritätsgruppen nehmen oft wirtschaftliche Sonderstellungen ein, weil ihnen die Aufgabe zufällt, im Wirtschaftsleben entstandene Lücken auszufüllen, zumal wenn ihnen andere Tätigkeitszweige versagt sind. Jede Sonderstellung reizt zum Angriff. Beschuldigungen gehen nun von gegebenen Tatsachen aus, die feindlich interpretiert werden. Als Christen infolge des kanonischen Zinsverbots im Allgemeinen das Leih- und Pfandgeschäft nicht betreiben durften, wurden Juden die Geldverleiher. Auch gingen aus ihren Reihen viele selbstständige Kaufleute hervor. Die feindliche Interpretation stempelt den Geldverleiher als Wucherer ab, den Händler als Parasiten.

W. Bernsdorf (Hg.), Wörterbuch der Soziologie, Bd. 1, Frankfurt/M. 1972, S. 36 f.

M 10 Totentanz

Der Kunsthistoriker Bruno Reudenbach schreibt über Tod und Vergänglichkeit in Bildern:

Die Totentänze machen sich das Kritikrepertoire asketischer Predigt zu eigen, das sich traditionell gegen die unwürdigen Verwalter der Amtskirche richtete, mit Todes- und Vergänglichkeitsdrohungen operierte und Bußaufforderungen formulierte. Der hier und in früh- und hochmittelalterlicher „contemptus mundi"-(die Verachtung der Welt) und „Memento mori"-Literatur (Sei des Todes eingedenk!) angelegte Motivschatz ist in den Totentänzen verdichtet und auf exemplarische Situationen zugespitzt, vor allem aber durch Bilder anschaulich gemacht.

Soweit sich die Frühgeschichte der Totentänze rekonstruieren lässt, muss man sich die ersten Totentänze wohl durchweg als Wandgemälde vorstellen, an Friedhofs- und Kapellenmauern gemalt. Sie waren auf Massenrezeption angelegte visuelle Volkspredigten. [...]

Totentänze sind also unterschätzt, wenn man in ihnen nur eine Thematisierung von Massensterben und Tod sieht, nur eine Spiegelung der Wirklichkeit, deren grausame Konsequenz Bild und Text ohnehin nicht erreichen können. Bei allgegenwärtigem Tod wäre ein einfaches In-Erinnerung-Rufen von Sterblichkeit in Bildern und Texten nur eine schwächliche Tautologie [hier: Verdoppelung der Wirklichkeit]. Vielmehr lassen sich der Ort dieser Werke im Krisenszenario der Zeit und näherhin ihr Verhältnis zu der zeitgenössischen Vorstellungswelt von Tod und Jenseits genauer bestimmen. Nimmt man die Leseranrede ernst [...], dann gibt sich der Totentanz als Anweisung, als Belehrung, eben als Predigt zu erkennen, dann wird der rechte Umgang mit den Krisen der Zeit zum Thema.

Aus: R. van Dülmen (Hg.), Erfindung des Menschen, Wien 1998, S. 74 f.

Aufgaben

1. Beschreiben Sie die Ausbreitung der Pest in Europa. Welche Schlussfolgerungen lassen sich in Bezug auf den Verkehr ziehen?
   → M3
2. Zeigen Sie, welche Auswirkungen das Auftreten der Pest auf das gesellschaftliche Zusammenleben hatte.
   → Text, M4
3. Interpretieren Sie die Bilder auf dem Hintergrund der Pest-Erfahrung, die die Menschen gemacht hatten.
   → Text, M10, M11
4. Die Kreuzzüge sowie das Auftreten der Pest waren Anlässe für weit verbreitete Judenverfolgungen. Erläutern Sie den Zusammenhang.
   → Text, M5–M9
5. Untersuchen Sie die gesellschaftliche Funktion, die der Zwang für die Juden, eine bestimmte Tracht zu tragen, hatte.
   → Text, M2
6. Erklären Sie das Entstehen des Antisemitismus.
   → M9

M 11 Niklaus Manuel, Der Berner Totentanz (um 1515), Kopie von Albrecht Kauw (1649)

4.9 Bürgertum und Stadtentwicklung

Handel und Kaufleute

Der Handel, der im frühen Mittelalter vom Umfang her gering gewesen war, erlebte seit dem 11. Jahrhundert einen Aufschwung und eine räumliche Ausweitung. Die Reisetätigkeit insgesamt nahm zu, und die Gesellschaft wurde mobiler. Neben den Kaufleuten bevölkerten nunmehr auch Pilger, Studenten, Söldner, Sänger und Handwerksgesellen die Wege. Das Wachstum der Städte regte zudem den Warenverkehr an. Insbesondere der Luxuskonsum der Oberschichten sorgte für einen Aufschwung des Fernhandels. Der Handel mit teuren, aber leichten Waren, wie zum Beispiel Gewürzen, erwies sich als besonders gewinnträchtig. Die Kaufleute des Mittelalters hatten aber bei ihrer Tätigkeit mit außerordentlichen Schwierigkeiten zu kämpfen. Nicht nur, dass der Zustand der Straßen schlecht war und dass Straßen- beziehungsweise Seeräuber eine ständige Bedrohung darstellten. Auch die Uneinheitlichkeit von Maßen und Gewichten, das Münzchaos und ebenso die territoriale Zersplitterung mit einer Vielzahl von Zollstationen erschwerten den Warenaustausch. So ist zum Beispiel überliefert, dass am Rhein etwa alle zehn Kilometer eine Zollstation vorhanden war. Die allgemeine Unsicherheit und das große Risiko, das mit dem Handel verknüpft war, förderten den Zusammenschluss der Kaufleute. Diese bildeten Gilden beziehungsweise Hansen und reisten im bewaffneten Konvoi. Könige und Fürsten gewährten ihnen Schutz und Privilegien, denn sie hatten erkannt, dass der Handel auch für sie ein einträgliches Geschäft war, und zwar durch Anerkennungszins, Steuern, Straßenzölle und Marktabgaben.

Der wachsende Warenaustausch erwies sich als ein entscheidender Impuls für die Entstehung beziehungsweise das Wachstum der Städte. Der befestigte Handelsplatz stellte ein Wesenselement der mittelalterlichen Stadt dar.

Über Venedig wurde schon im 11. Jahrhundert berichtet: „Jenes Volk pflügt nicht, sät nicht und erntet nicht“. Und ist dennoch wohlhabend, muss man wohl hinzufügen. In Bezug auf Handels- und Geldgeschäfte war Italien dem übrigen Europa voraus. Lombardei und Toskana waren die Wiege der modernen europäischen Kaufmannskultur. Hier entstanden auch die ersten modernen Bankhäuser (um 1400). Das übrige Europa konnte diesen Vorsprung nur langsam aufholen. Vor allem Flandern, mit Brügge an der Spitze, entwickelte sich zu einem Zentrum des Handels und der Produktion (Tuchherstellung).

Ende des 13. Jahrhunderts gelang es, den direkten Seeweg zwischen dem Mittelmeer und Brügge herzustellen. Fortschritte im Schiffbau sowie die Öffnung der Meerenge von Gibraltar hatten dies ermöglicht. Dadurch verloren die berühmten Champagne-Messen (südöstlich von Paris), die den Berührungspunkt zwischen italienischen und flämischen Händlern gebildet hatten, zusehends an Bedeutung.

Im Verlaufe des Mittelalters pflegte der Kaufmann immer weniger selbst zu reisen. Der „Staubfuß“, wie der Kaufmann genannt wurde, wurde sesshaft. Im späten Mittelalter organisierte sich der Handel oft in Form von großen Handelsgesellschaften, die ihre Faktoreien (Niederlassungen) in den einzelnen Handelsorten besaßen. Die Kaufleute repräsentierten in einer agrarisch-sesshaften Gesellschaft einen neuen Menschentyp, von dem wichtige Impulse im Hinblick auf die Modernisierung der Gesellschaft ausgingen. Sie entwickelten und förderten zivilisatorische Techniken wie Buchführung, Rechenfähigkeit (Einführung der Ziffer Null im 13. Jahrhundert), genauere Zeitmessung, Lese- und Schreibkenntnisse. Diese waren notwendig, weil sich die Schriftlichkeit von Verträgen langsam durchsetzte.

„Der Kaufmann kann kaum ohne Sünde sein." (Cäsarius von Heisterbach, etwa 1180–1240, Zisterziensermönch, Schriftsteller und Geschichtsschreiber). Dieses geflügelte Wort des Mittelalters verdeutlicht die Ansicht der Kirche, die den finanziellen Gewinn aus Waren- und Finanzgeschäften zumindest mit Misstrauen betrachtete. Offensichtlich müssen auch viele Kaufleute in ihrer Tätigkeit selbst eine Gefahr für ihr Seelenheil erkannt haben. Viele Testamente reich gewordener Kaufleute, die zugunsten mildtätiger Zwecke und kirchlicher Stiftungen ausgestellt waren, spiegeln Schuldgefühle wider.

Städte: Entstehung und Wachstum

Nach dem Untergang des Römischen Reiches war die städtische Tradition der Antike nahezu zum Erliegen gekommen. Aber seit dem 10. Jahrhundert zeichnete sich eine Wiedergeburt der Stadtkultur ab. Eine verbesserte landwirtschaftliche Produktivität, Bevölkerungswachstum und zunehmende Handelsaktivitäten sorgten für einen Aufschwung, der im 13. Jahrhundert seinen Höhepunkt erreichte.

Zunächst muss man sich die Städte im Mittelalter als Fremdkörper in einer Agrargesellschaft vorstellen. Dennoch gab es bereits im hochmittelalterlichen Europa Zentren von Handel und Gewerbe, wo der urbane Anteil an der Gesamtbevölkerung bis zu einem Drittel ausmachte (zum Beispiel in Flandern, Ober- und Mittelitalien). In Deutschland vollzog sich diese Entwicklung erheblich später. Im 12.–15. Jahrhundert überstieg hier der Anteil der Stadtbevölkerung

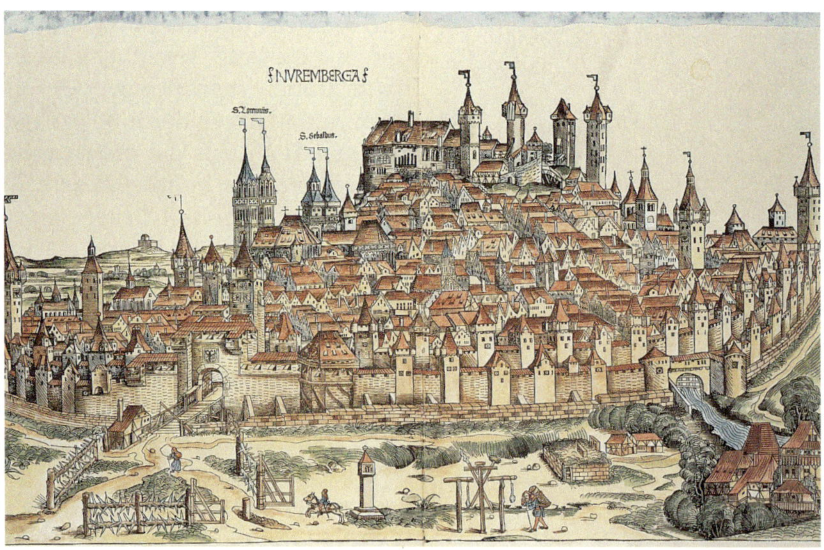

M 1 Nürnberg
Nürnberg – eine der größten und bedeutendsten Städte im Reich, Aufbewahrungsort der Reichsinsignien und Tagungsort vieler Reichstage, kolorierter Holzschnitt aus der Weltchronik des Hartmann Schedel von 1493

M 2 **Der Roland in Bremen (1404)**
In vielen Städten Norddeutschlands stehen Rolandssäulen, die die städtische Freiheit symbolisieren. Auf dem Schild steht: „Freiheit mache ich euch bekannt, wie sie Karl und viele Fürsten in Wahrheit dieser Stadt gegeben haben. Dafür dankt Gott, so ist mein Rat."

kaum die Zehn-Prozent-Marke. Von den etwa 3 000 Städten des späten Mittelalters hatten 2 800 unter 1000 Einwohner. Nur maximal 25 Städte besaßen im Spätmittelalter mehr als 10 000 Einwohner, darunter Köln, Lübeck, Straßburg und Ulm.

Die mittelalterliche Stadt entwickelte sich aus einem im Einzelfall unterschiedlichen Geflecht von Faktoren. Die wichtigsten stadtbildenden Elemente waren:

- Wiederbelebung der alten Römerstädte, zumal dann, wenn in ihnen ein Bischof residierte,
- Klöster, vor allem als Mittelpunkt einer Grundherrschaft,
- Burgen, Herrensitze und Pfalzen,
- Wike (Handels- und Stapelplätze) beziehungsweise Kaufmannssiedlungen; Märkte genossen einen besonderen Schutz,
- die günstige geografische Lage (zum Beispiel Brücke oder Furt),
- Landflucht der Bauern, die der rechtlichen und ökonomischen Abhängigkeit entkommen wollten,
- die sich langsam durchsetzende Geldwirtschaft; sie zwang die Bauern auf den städtischen Markt, wenn sie ihre Abgaben in Geldform entrichten mussten,
- Konzentration der gewerblichen Produktion innerhalb der Stadtmauern.

Ursprünglich hatte jede Stadt einen Stadtherrn (Bischof, König oder andere adlige Machthaber), auf dessen Boden die Stadt lag. Die Feudalherren erkannten zusehends den finanziellen, politischen und militärischen Nutzen von Städten, was systematischen Stadtgründungen Vorschub leistete. Die Stadtherren profitierten dabei nicht nur von Markt, Zoll, Wegen und Münzen, sie bauten mithilfe der Städte ihr Territorium aus und sicherten es militärisch ab. Die hoheitlichen Interessen der Stadtherren stießen allerdings oft mit den Bestrebungen der Stadtbewohner zusammen, die ihrerseits Schwurgemeinschaften bildeten, um Selbstverwaltung zu gewinnen.

Die Stadt – dieser Begriff setzte sich erst im Laufe des 12. Jahrhunderts gegen „Burg" (daher: Bürger) durch – hob sich durch rechtliche Selbstständigkeit vom Umland ab. Prinzipielle rechtliche Gleichheit, Arbeitsfreiheit und das Verbot von Fehden waren die Kennzeichen eines neuen „bürgerlichen Rechts". Die Anziehungskraft, die von der Stadt ausging, begünstigte die Landflucht von bäuerlichen Hörigen, denn die Städte förderten – zumindest in ihrer Wachstumsphase – den Zuzug von Fremden, nicht zuletzt, um die hohe Sterblichkeit zu kompensieren. Unter diesen Umständen war auch der berühmte Rechtsgrundsatz entstanden: „Stadtluft macht frei nach Jahr und Tag." Es gab aber auch davon abweichende Regelungen. Der Streit der Städte mit den umliegenden Grundherrschaften um die Freiheit zugewanderter Unfreier war damit vorgezeichnet.

Mit dem Wachstum von Handel und Gewerbe ging zwangsläufig auch eine gesteigerte politische Macht einher. Einzelnen Städten gelang es, zu freien Reichsstädten aufzusteigen. Formal nur dem König unterworfen, tatsächlich aber in ihrer Politik unabhängig, konnten sie selbst in Einzelfällen Territorien bilden. Nürnberg ist dafür ein Beispiel. Am Ende der Stauferzeit vermochten es die Städte, durch die Gründung von Bünden politische Geltung zu gewinnen. Der Rheinische Bund von 1254, das bekannteste Beispiel, zielte auf die Durchsetzung eines Landfriedens, denn Raubrittertum und ein ausuferndes Fehdewesen konnten den Handelsverkehr empfindlich beeinträchtigen. Trotz dieser Ansätze schafften es die Städte nicht – wenn man von der eigenständigen Entwicklung der Hanse absieht – eine entscheidende Rolle im Reich zu spielen. Die Erklärung dafür liegt im Aufstieg der Territorialherrn, die das schwache deutsche Königtum ausnutzten, um ihrerseits festgefügte und vereinheitlichte Herrschaften zu bilden. Die mächtigen Fürsten, zum Beispiel von Bayern, Württemberg und Österreich, traten im Zuge des Ausbaus ihrer eigenen Landesherrschaft immer als Gegenspieler der Städte auf. Über die Hälfte der ehemals freien Reichsstädte verlor ihre Unabhängigkeit und wurde in die Territorien integriert. Die verbliebenen Reichsstädte ließ man 1495 als eigenen Stand zum Reichstag zu. Dort nahmen sie allerdings nur die letzte Bank ein.

Obgleich sich die Städte – bezogen auf die weitere Entwicklung des Reiches – als relativ bedeutungslos erwiesen, verdient die mittelalterliche Stadt eine Würdigung. Aus der Rückschau wird erkennbar, dass sie die Keimzelle einer neuen Gesellschaft gewesen war. „Die Wurzeln aller späteren Entwicklung, einschließlich der Industriellen Revolution und ihrer Ergebnisse, lassen sich auf die Entwicklung der Stadt im Mittelalter zurückführen“, so formulierte es der Sozialhistoriker Cipolla.

Der Bürger schob sich zwischen den führenden Adel und die abhängigen Bauern und wurde zum Wegbereiter des modernen Staates. In den mittelalterlichen Städten lagen die Anfänge der modernen Verwaltung (vom Steuersystem bis zur Armenfürsorge). Die besondere zivilisatorische Leistung offenbarte sich auch in der Durchsetzung von Rechtsgleichheit und einer neuen Wertordnung. Diese unterschied sich letztlich durch die Betonung der Arbeitsproduktivität anstelle der ritterlichen Kriegsmentalität. Nicht zuletzt dank der systematischen Förderung des Schulwesens verlagerten sich im Laufe des Mittelalters die kulturellen Zentren von den Klöstern in die Städte.

Soziale Schichtung in der Stadt

Wenn man von „den Bürgern“ oder „der Gemeinde“ einer mittelalterlichen Stadt liest, so wird unwillkürlich der Eindruck erweckt, als sei die Stadtbevölkerung relativ einheitlich strukturiert gewesen. Tatsächlich aber wies die Gesamtheit der städtischen Bevölkerung eine deutlich ausgeprägte Hierarchie auf, wobei sowohl rechtliche als auch berufliche und Vermögensgesichtspunkte darüber entschieden, welche Position der Einzelne einnahm.

An der Spitze standen die Patrizier beziehungsweise „Besseren“ oder „Ehrenwerteren“, wie sie auch genannt wurden. Dabei konnte es sich um Ministerialen, Fernhandelskaufleute oder freie Grundbesitzer handeln. Sie allein galten zunächst als „ratsfähig“, das heißt zur politischen Führung der Stadt berufen. Sozialstatus und Amtsfähigkeit waren also aufs Engste verknüpft. Im Allgemeinen galt die Regel, dass wirtschaftlicher Reichtum auch einen sozialen und politischen Vorrang bedingte. Die selbstständigen Handwerker, die in Zünften zusammengeschlossen waren, bildeten den Kern der Mittelschicht. Sie verfügten zumindest über ein gewisses Vermögen sowie volles Bürgerrecht.

Die Unterschichten setzten sich aus Gruppen zusammen, die entweder nur ein geringes Einkommen hatten oder die nur wenig soziales

M 3 Patrizier-Ehepaar
aus Stahlburg, 16. Jahrhundert

Ansehen genossen. Zu den Letzteren zählten bestimmte „unehrliche Berufe“: zum Beispiel Henker, Totengräber, Abdecker, Bader. Außerdem rechnete man Tagelöhner, Dienstboten, Mägde, Bettler, Kranke, Behinderte und Dirnen zur Unterschicht. „Normale“ Armut und fehlende „Ehre“ begründeten also eine gesellschaftliche Verachtung.

Ferner gab es noch so genannte nebenständische Gruppen, das heißt Nichtbürger, die einem Sondergericht unterstanden. Hierzu wurden Geistliche und Juden gezählt, die teilweise einen beträchtlichen Anteil an der Bevölkerung ausmachten. So zählte man zum Beispiel um 1450 in Nürnberg bei einer Wohnbevölkerung von 20 000 Menschen 446 Geistliche und 150 Juden.

Neben den finanziellen waren rechtliche Aspekte entscheidend für den sozialen Status. So unterschied man zwischen Vollbürgern mit entsprechenden Rechten (zum Beispiel politische Beteiligung) und Pflichten (Steuern, Wach- und Wehrdienst) und minderberechtigten Einwohnern. Angehörige der Unterschicht besaßen im Allgemeinen nicht das Bürgerrecht. Armut galt – gemäß dem mittelalterlichen Denken – als Folge von Sünde beziehungsweise als Strafe für persönliche Verfehlung. Folglich konnte der Arme im günstigsten Falle auf Mitleid hoffen. Oft genug wurde er mit Verachtung gestraft. Die Mildtätigkeit galt aber als Gott wohlgefällig, denn der Arme wurde als natürlicher Teil der göttlichen Ordnung angesehen. Über das Ausmaß der Armut in der mittelalterlichen Stadt gibt es wissenschaftliche Kontroversen. Das hängt mit der Quellenlage zusammen, die keine repräsentativen Aussagen zulässt. Unvollständige Angaben über Löhne, Kaufkraft, Mietkosten verhindern eine genaue Erfassung des Lebensstandards der Unterschichten. Die Steuerlisten, eine der wichtigsten Quellen zur Bestimmung der Sozialstruktur, erfassen die wirklich Armen nicht, da diese keine Steuern zahlten.

M 4 Holzschuhmacher
Mittelalterliche Buchillustration

Zünfte

Der mittelalterliche Mensch lebte in einem Personenverband. Das galt für die hörigen Bauern, die zur „familia“ eines Grundherrn gehörten, genauso wie für Kaufleute, die sich zu „Gilden“ zusammenschlossen. Soziale Unsicherheit oder auch bestimmte Rechtspraktiken, die den Beistand von so genannten Eideshelfern erforderten, begünstigten diese Gruppenbildungen.

Die Handwerker der mittelalterlichen Stadt waren in der Regel in Zünften (Ämtern oder Zechen) organisiert. Diese umfassten aufgrund des Zunftzwangs alle selbstständigen Handwerker eines Berufszweigs. In Deutschland ist die erste Erwähnung einer Zunft für das Jahr 1099 (Weber in Mainz) nachgewiesen.

Die Zünfte hatten hinsichtlich ihrer Entstehung zwei verschiedene Wurzeln. Zum einen eine genossenschaftliche, das heißt, man schloss sich freiwillig zusammen, um lästige Konkurrenz auszuschalten und um sich gegenseitig in Notfällen zu unterstützen. Zum anderen entstanden Zünfte auf Anweisung beziehungsweise unter Aufsicht der Stadtobrigkeit. Der Stadtregierung war im Sinne des Konsumentenschutzes nämlich an einer Kontrolle von Menge, Preis und Qualität der Waren gelegen. Zwar verwalteten sich die Zünfte zumeist selbst, aber in vielen Städten gelang es ihnen nie, die obrigkeitliche Kontrolle abzu-

M 5 Versammlungssaal im Hause der Augsburger Weber
Die Augsburger Weber haben sich in ihrem 1389 erworbenen Zunfthaus 1457 die große Stube ausmalen lassen. Die Decke zeigt Darstellungen aus dem Alten Testament, dem Alexander-Roman und deutschsprachige Verse, darunter auch jenen, der im Bauernkrieg 1525 Bedeutung gewann:
„Da Adam hackt und Eva spann / wo war denn da der Edelmann?"

schütteln. Zunftmitglieder bildeten in der Regel die Mittelschicht der mittelalterlichen Stadt. Aus dieser Position heraus drängten sie auf Teilnahme an der städtischen Selbstverwaltung, wobei es zwangsläufig zu Konflikten mit den traditionellen Führungsschichten der Ministerialen und Fernkaufleute kommen musste.

Gesellen und Lehrlinge lebten zumeist in der Familie des Meisters. Eine Trennung von Wohnort und Arbeitsplatz gab es noch nicht. Die Arbeitszeiten waren relativ lang, insbesondere im Sommer. Allerdings galten in den einzelnen Zünften abweichende Regelungen. Bezeichnend ist, dass es wiederholt zu Konflikten darüber kam, ob zum Beispiel Arbeit bei künstlichem Licht (Kerze) gestattet sein sollte. Insgesamt muss man bei einer Bewertung der Arbeitszeit berücksichtigen, dass mehr als ein Viertel des Jahres kirchliche Feiertage waren, an denen nicht gearbeitet werden durfte. Konflikte um die Arbeitszeit hat es immer gegeben, aber im 14. und besonders im 15. Jahrhundert spitzten sich die Gegensätze zwischen Meistern und Gesellen zu.

Die Zünfte waren, zur Sicherung des so genannten Nahrungsprinzips, mehr und mehr dazu übergegangen, die Anzahl der Meister zu beschränken. Zumeist wurde die Meisterstelle auf den Sohn vererbt. Dadurch mussten sehr viele Gesellen ihre Hoffnungen begraben, jemals selbstständig zu werden, es sei denn, es gelang ihnen, die Witwe oder auch Tochter eines Meisters zu heiraten. Die Gesellen organisierten sich in Gesellenbruderschaften, die neben arbeitsrechtlichen (Lohn, Arbeitszeit) auch religiöse Anliegen vertraten. Als Folge des blockierten gesellschaftlichen Aufstiegs wurde der wandernde Geselle seit dem Ende des 14. Jahrhunderts eine weit verbreitete Erscheinung.

Herrschaftskonflikte in der Stadt

In Bezug auf den Kampf um die Herrschaft in der mittelalterlichen Stadt lassen sich zwei verschiedenartige Konflikttypen voneinander abgrenzen:
- erstens der Konflikt zwischen der Stadtgemeinde und dem jeweiligen Stadtherrn,
- zweitens der Konflikt zwischen innerstädtischen Schichten beziehungsweise Gruppen.

In der Anfangsphase der Stadtentwicklung waren die Städte noch nicht selbstständig, vielmehr wurden sie von den Stadtherrn, auf deren Territorium sie lagen, regiert. Dem erstarkten und selbstbewusst gewordenen Bürgertum war natürlich daran gelegen, diese Herrschaft abzuschütteln. Es strebte nach Autonomie, die sich vor allem in der Wehr- und Steuerhoheit ausdrückte. Zur Erreichung dieses Ziels wurden wiederholt Eidgenossenschaften (Schwurgemeinschaften) gebildet. Der Kampf der so organisierten Bürgerschaft wurde im Verlauf des Investiturstreits oft vom König unterstützt. So gelang es beispielsweise vielen rheinischen Städten, sich ihrer bischöflichen Stadtherrn zu entledigen (zum Beispiel Mainz, Worms, Speyer).

Die städtische Selbstverwaltung begünstigte zunächst Ministerialen, freie Grundbesitzer und vor allem Fern- beziehungsweise Großkaufleute. Diese Gruppen bildeten das städtische Patriziat. Nur diese Patrizier galten als „ratsfähig" und beanspruchten ein Vorrecht auf politische Machtausübung. Sie allein besetzten die Ämter der städtischen Exekutive.

Gegen die Oligarchie (Herrschaft von Wenigen) regte sich der Widerstand der städtischen Mittelschichten; die in den Zünften organisierten Handwerker drängten auf Teilhabe an der Stadtregierung. Dieser Konflikt zwischen der patrizischen Elite und den zünftigen Mittelschichten endete in jeder Stadt anders. Teilweise konnten die vornehmen „Geschlechter" ihre Macht erfolgreich behaupten, so zum Beispiel in Nürnberg und Lübeck. Teilweise gelang den Zünften der Durchbruch zur Alleinregierung. Meistens kam es hingegen zu einem Kompromiss, durch den die städtische Herrschaft auf eine breitere politische Basis gestellt wurde.

Chronologie: Das Beispiel Köln

1074 Ein Aufstand der Kaufleute gegen den erzbischöflichen Stadtherrn wird niedergeschlagen.

1106 Heinrich IV. erteilt den Bürgern den Auftrag, einige Stadtteile mit einer Mauer zu umgeben. Damit erringen die Kölner Bürger die Wehrhoheit. In der Folge nimmt die Macht des Erzbischofs ab; die Stadt wird vom kaufmännischen Patriziat regiert.

1216 Zum ersten Mal wird der „Rat" erwähnt, der allein den vornehmen „Geschlechtern" vorbehalten ist. Diese umfassen ca. 40 Familien, die in der so genannten Richerzeche (Zusammenschluss der Reichen) verbunden sind.

1288 Die Bürger besiegen die erzbischöflichen Truppen in der Schlacht bei Worringen; damit wird der Machtanspruch der Bürger endgültig durchgesetzt.

1369/70 Mit der „Weberschlacht" beginnen die „Zunftkämpfe" gegen die Patrizier.

1396 Die Patrizier werden entmachtet. Die „Richerzeche", die 200 Jahre in Köln die Macht ausgeübt hat, wird aufgelöst. Nunmehr werden die Zünfte am Stadtrat beteiligt; aktives Wahlrecht besitzen alle in den Gaffeln (Zünften) zusammengeschlossenen männlichen Bewohner.

M 6

Die Handelswege im 13. Jahrhundert

<u>Sevilla</u> wichtiger Handelsplatz
● freier Markt
⚓ wichtiger Hafen
◆ Kohle
◆ Eisen
◆ Kupfer
◆ Blei, Zink
● Metallurgie
● Wolle
● Tuche
Getreide
Wein
— Hauptstraße
— Schifffahrtslinie

M 7 **Europäische Wirtschaft im 13. Jahrhundert**

a) Der belgische Historiker F. Vercauteren gibt einen Abriss vom europäischen Handel:

Die Gründe für den handelsmäßigen Aufschwung vom Beginn des 11. Jahrhunderts an wurden schon geschildert. Mit dem darauf folgenden Jahrhundert setzte sich der internationale Handel stark durch, und zwar in zwei Hauptzügen: über Italien zum Mittelmeer und über die Niederlande zur Nord- und Ostsee. Im nördlichen Wirtschaftsraum dominierte seit Mitte des 13. Jahrhunderts die deutsche Hanse, deren Handelswege von Nowgorod über Riga nach Wisby, Stockholm, Bergen bis nach London und Brügge führten. Ihre Schiffe luden in erster Linie Naturprodukte, Getreide aus dem Ostland, Holz, Honig, Pelze, Trockenfisch und Salzheringe, die dann in London und Brügge gegen englische Wolle, französische Weine, flämische und Brabanter Tuche oder gegen Gewürze und Seide aus dem Süden umgetauscht wurden. Schon die Art der Frachten brachte es mit sich, dass das han-

seatische Handelsvolumen großen Umfang annahm, doch erreichte der Wert nicht den des italienischen Handels. Die von der Hanse eingesetzten Kapitalien waren eher gering, denn der hanseatische Handel war in erster Linie ein Massengeschäft. Man traf zwar in den Hansestädten Kaufleute, die Geschäfte von internationalem Umfang abschlossen, aber kaum, wie in Italien, große Finanzleute. Infolgedessen entwickelte sich der Finanzkapitalismus bei den Hanseaten wenig, auch ihre kaufmännische Technik war weniger fein ausgearbeitet als in Südeuropa.
Eine der dauerhaftesten Folgen der Kreuzzüge war, dass die Seestädte Italiens, besonders Genua, Pisa und Venedig, und in geringerem Maße jene der Provence und Kataloniens die wirtschaftliche Herrschaft im Mittelalter errangen. Die dort gehandelten Produkte waren in erster Linie ausländischer Herkunft, so Gewürze, Reis, Parfüms, Farbstoffe, Alaun, Baumwolle und Seide. Infolge des geringen Platzbedarfs dieser Produkte stellten solche Schiffsladungen einen erheblichen Wert dar. Im Gegensatz zum nordeuropäischen Handel befasste sich der Mittelmeerhandel mit Luxuswaren, die große Gewinne brachten und keine kostspieligen Lager erforderten, besonders wichtig zu einer Zeit, in der die technische Ausstattung der Häfen noch höchst mangelhaft war.
Bis zum Ende des 13. Jahrhunderts spielte sich der Handel zwischen Italien und den nördlich der Alpen gelegenen Ländern auf dem Landwege ab, von diesem Zeitpunkt an verließen genuesische Galeeren das Mittelmeer und fuhren direkt nach England und Flandern.
Bis dahin reisten die Kaufleute auch viel. Sie trafen sich auf Messen, die ein- oder zweimal im Jahr in bestimmten Städten veranstaltet wurden. Solche internationalen Messen gab es viele, doch waren nur wenige so bedeutend wie die, welche im 12. und 13. Jahrhundert italienische , französische, flämische, deutsche und englische Kaufleute in einigen Städten der Champagne vereinigten. Nach dem 13. Jahrhundert verloren diese Messen an Bedeutung, da die Kaufleute sesshaft wurden und in den Städten ihre Kontore hatten. Am Ende des Mittelalters hatten die internationalen Messen von Frankfurt, Lyon und Genf schon einen völlig anderen Charakter. Der bedeutende Aufschwung des lokalen wie internationalen Handels wurde in gewisser Hinsicht durch das Fehlen von Zahlungsmitteln gebremst.

F. Vercauteren, Bildatlas der Kultur und Geschichte Europas, München 1964, S. 110.

M 8 Kaufleute

Die Risiken und Chancen der Kaufleute erläutert der französische Historiker Georges Duby:

Die mercatores (Kaufleute) waren wie die Handwerker aus der Hausdienerschaft der Großen hervorgegangen. Ursprünglich lag ihre Funktion darin, den Hof mit fremden Waren zu versorgen, von denen manche, beispielsweise die Gewürze, die ebenfalls zur Zierde der vornehmen Häuser gehörten, aus weiter Ferne kamen. Sie mussten sich auf Reisen begeben, die gewünschten Produkte ausfindig machen und als Gegenleistung Geld oder Überschüsse aus der grundherrlichen Domanialproduktion (hier: landwirtschaftliche Produkte) anbieten. Genau wie das handwerkliche Gewerbe verlor auch die kommerzielle Funktion mit der Zeit ihren an das Herrenhaus gebundenen Charakter. Das geschah in dem Maße, in dem die Erweiterung der Konsumentenkreise den Kaufleuten Gelegenheit gab, die aus fernen Ländern mitgebrachten Produkte anderen Personen zum Kauf anzubieten als ihrem eigenen Herrn. Dennoch blieb der Handel ein abenteuerliches, gefährliches und gewinnträchtiges Unternehmen, wie es einst der Krieg gewesen war. Im 12. Jahrhundert bedeutete das Handeln noch eine saisongebundene Expedition, die zu mehreren durchgeführt wurde. Alle Händler, die in ein und derselben Stadt ansässig waren, pflegten sich damals zu einer Bande zusammenzuschließen, die sich als Gruppe genau so fest verbunden fühlte wie früher die Krieger, die zur Plünderung benachbarter Stämme auszogen, oder zur damaligen Zeit noch die um den Kastellan (Burgvogt) versammelten Trupps berittener Vasallen. Für die Dauer der Expedition bildeten sie eine Bruderschaft, eine fraternicia. Die Statuten von Valenciennes, deren wichtigste Passagen aus dem 11. Jahrhundert stammen, sprechen von der permanenten Gefahr auf dem Meer, auf den Gewässern und auf dem Land. Sie erwähnen Waffen, sie verbieten, sich nach Verlassen der Stadt von der Karawane zu entfernen, verpflichten zur gegenseitigen Hilfe während der Reise und verlangen, dass im Todesfalle der Leichnam des Mitbruders zurückgebracht werden muss, sofern das Unglück sich vor Ablauf von drei Tagesmärschen ereignet. Die Handelsaktivitäten erlaubten einem jeden, in kürzester Zeit viel Geld anzuhäufen, aber sie verlangten Kraft und Mut. Diejenigen, die sich den Risiken aussetzten, die Entschlossensten und Reichsten, überflügelten alle anderen Einwohner des burgus (Stadt).

G. Duby, Krieger und Bauern, Frankfurt/M. 1981, S. 246 f., 1986, S. 98.

M 9 **Gefahren der Wasser- und Landwege**

Der Nürnberger Kaufmann Stephan Praun hat im Jahre 1511 ein Votivbild (aufgrund eines Gelübdes) zum Dank für die Errettung vor Sturm und vor Beraubung auf dem Land gestiftet. Im Zentrum des Bildes ist das Schiff dargestellt, mit dem Praun auf dem Gardasee in Seenot geriet. Rechts unten die venezianischen Söldner, welche den aus Seenot Geretteten zu berauben drohen. Links der Kaufmann, der die Muttergottes um Hilfe anruft. Das Bild über den Wolken zeigt, dass Praun nicht eine abstrakte Muttergottes anrief, sondern eine bestimmte Darstellung vor Augen hatte, nämlich die aus dem Hochaltar der Kapelle des Mendelschen Zwölfbrüderhauses. Praun stiftete das Votivbild dann auch dieser Kapelle (in Nürnberg).

Aus: H. Boockmann, Die Stadt im späten Mittelalter, München 1986, S. 98.

Das Reisen im Mittelalter war mit Gefahren verknüpft, die sowohl von der Natur als auch von anderen Menschen drohten. In einer heute kaum nachvollziehbaren Weise war der Reisende der Natur ausgeliefert: Regen, Nebel, Schnee, Hochwasser, unpassierbare Wege, fehlende Brücken erschwerten das Vorankommen. Gefahren für Leib und Leben gingen aber oft auch von Wegelagerern und Räubern aus. Mitunter wurden Reisende auch Opfer des weit verbreiteten Fehdeunwesens. Deshalb war es üblich, in Gruppen zu reisen, um die eigene Wehrfähigkeit zu erhöhen.

M 10 **Reisewagen,** Buchmalerei, 1411

	(km/h)	Tagesleistung
Fußreisende	3–6	20–40 km
Läufer maximal 10 Tage zu 40 km	10–12	50–65 km
Pferd im Galopp	20–25	
Reitender Bote, ohne Rücksicht auf das Pferd		130–135 km
„Durchschnitts"-Reisende, wenig eilig, mit Gefolge und Gepäck (z. B. Kaufleute)		30–45 km
Flussschiff, talwärts, auf Rhein oder Rhône		100–150 km
Hochseegängiges Segelschiff bei günstigem Wind evtl. mehr		120–200 km
Besonders schnelle Galeere		200 km

Aus: N. Ohler, Pilgerleben im Mittelalter, Freiburg/Brsg. 1994, S. 115.

M 11 **Reisegeschwindigkeiten im Mittelalter**

M 12 **Das Bild einer mittelalterlichen Stadt**

Rothenburg ob der Tauber [aus südlicher Richtung]. Der älteste Teil von Rothenburg ist die 1142 in staufische Hand gelangte Burg, die im Jahre 1356 durch ein Erdbeben zerstört wurde. Erhalten blieb nur die links [vorne] sichtbare Kapelle. Die in der zweiten Hälfte des 12. Jahrhunderts gegründete Stadt wurde an zwei Seiten durch das steil abfallende Gelände und im Übrigen durch eine Mauer begrenzt, vor deren Linie die heutigen Straßen Alter Stadtgraben und Judengasse entlangführen. Diese ältere Befestigungslinie begann im Süden mit dem Spital des Johanniter-Ordens, dessen Kirche in der Bildmitte sichtbar ist. Daran schlossen sich die beiden erwähnten Straßen an, die an ihrer gerundeten Führung gut zu erkennen sind [...] und an zwei Toren dieser älteren Befestigung vorbeiführen. Im Norden führte die ältere Befestigungslinie südlich an dem großen Schrannenplatz entlang, der heute von der jüngeren Stadtmauer noch umschlossen ist. Ganz im Westen wird die Stelle der alten Befestigung von dem schräg hinter der Stadtpfarrkirche sichtbaren Dominikanerinnenkloster bezeichnet, das innerhalb der Stadtmauer, aber an deren Rande lag, ganz ähnlich wie das Franziskanerkloster weiter südlich. Im 14. Jahrhundert wurden die Vorstädte ummauert. Es entstand nun eine Erweiterung in Gestalt eines sich nach Osten und teilweise nach Süden ausdehnenden halben Ringes, der sich als jünger auch darin erweist, dass sich in ihm keine Kirchen befinden. Ab 1400 wurde dann das neue Spital im Süden in den Mauerring einbezogen, sodass noch einmal ein Stück Stadtbefestigung – wiederum mit einem Stadttorturm – ins Stadtinnere geriet. Ab 1430 folgte dann die Befestigung des Rothenburger Umlandes durch eine Landwehr.

Aus: H. Boockmann, Die Stadt im späten Mittelalter, München 1986, S. 30.

M 13 **Freiburger Gründungsurkunde**

Der Stadtherr verlieh der künftigen Stadt jene Freiheiten und Rechte, die als so genannte Handfeste den Kern des Stadtrechts ausmachten (1120):

Kundgetan sei allen den zukünftig und den gegenwärtig Lebenden, dass ich, Konrad, an dem Ort, der mein Eigengut ist, nämlich Freiburg, einen Markt gegründet habe im Jahre des Herrn 1120. Nachdem also von überall her angesehene [oder: freie] Kaufleute zusammengerufen worden sind, habe ich auf der Grundlage einer Schwurvereinigung verfügt, diesen Markt einzurichten und auszubauen.

Darauf habe ich einem jeden Kaufmann in dem gegründeten Markt ein Grundstück zugeteilt, damit Häuser – als Eigentum – errichtet werden; und ich habe festgesetzt, dass von jedem Grundstück ein Solidus[1] geltender Währung mir und meinen Nachkommen jährlich als Zins gezahlt werden soll, am Fest des hl. Martin.

Nun also sei allen kundgetan, dass ich auf Bitten jener und ihren Wünschen gemäß die nun folgenden Privilegien eingeräumt habe. Und mir erscheint der Rat vernünftig, sie in Form eines Chirographs[2] schriftlich niederzulegen, damit sie lange Zeit im Gedächtnis gehalten werden, auf dass meine Kaufleute und ihre Nachkommen dieses Privileg von mir und meinen Nachkommen in alle Ewigkeit besitzen mögen.

1. Allen, die meinen Markt besuchen, verspreche ich Frieden und sicheres Geleit innerhalb meines Besitzes und Herrschaftsbereichs. Wenn einer von ihnen in diesem Gebiet beraubt werden sollte, so will ich – sofern er den Räuber nennt – die Rückerstattung des geraubten Gutes veranlassen oder selbst dafür zahlen.

2. Wenn einer meiner Bürger stirbt, so soll seine Frau mit ihren Kindern alles besitzen und ohne jegliche Einschränkung behalten, was auch immer ihr Mann hinterlassen hat.

3. Ich setze fest – soweit ich es vermag –, dass alle, die Besitz am Markt haben, teilhaben sollen an den Vergünstigungen meiner Leute und auch der aus der Umgebung, nämlich dass sie ohne Strafe Weideland, Gewässer, Gehölze und Wälder nutzen dürfen.

4. Allen Kaufleuten erlasse ich den Zoll. [...]

5. Niemals werde ich meinen Bürgern einen Vogt [Richter], niemals ihnen einen Priester ohne Wahl vorsetzen, sondern wen auch immer sie zu diesem Amt gewählt haben, den sollen sie mit meiner Bestätigung haben. [...]

6. Wenn sich unter meinen Bürgern Uneinigkeit oder eine Streitfrage erheben sollten, so ist nicht nach meinem Ermessen oder dem ihres Vorstandes zu entscheiden, sondern ich beschließe, dass nach dem gebräuchlichen und anerkannten Recht aller Kaufleute, insbesondere aber dem der Kölner, geurteilt werden soll.

7. Wenn jemand vom Mangel am Allernötigsten bedrückt wird, so mag er seinen Besitz verkaufen, wem er will. Der Käufer aber zahle für die Hofstätte den festgesetzten Zins.

Damit meine Bürger den oben aufgeführten Versprechungen nicht weniger Vertrauen entgegenbringen, habe ich durch einen Schwur mit meinen 12 angesehensten Ministerialen[3] auf die Reliquien der Heiligen Sicherheit geleistet, dass ich und meine Nachkommen das Aufgeführte immer erfüllen werden.

Und darauf hin, dass ich diesen Eid nicht aus irgendeiner Notwendigkeit breche, habe ich die Bekräftigung durch meine rechte Hand dem freien Mann und den Geschworenen des Marktes unverbrüchlich gegeben. Amen.

1 ursprünglich oströmische Goldmünze; im Mittelalter auch Rechnungseinheit für Silber (Schilling)

2 handgeschriebene (Teil-)urkunde, in der ein Wort zwischen die Urkunden geschrieben und das Pergament durch dieses Wort zerschnitten wurde.

3 Dienstleute; modern gesprochen Beamte

Zit. nach: H. Schadek, K. Schmid (Hg.), Die Zähringer, Anstoß und Wirkung, Sigmaringen 1986, S. 447 f.

M 14

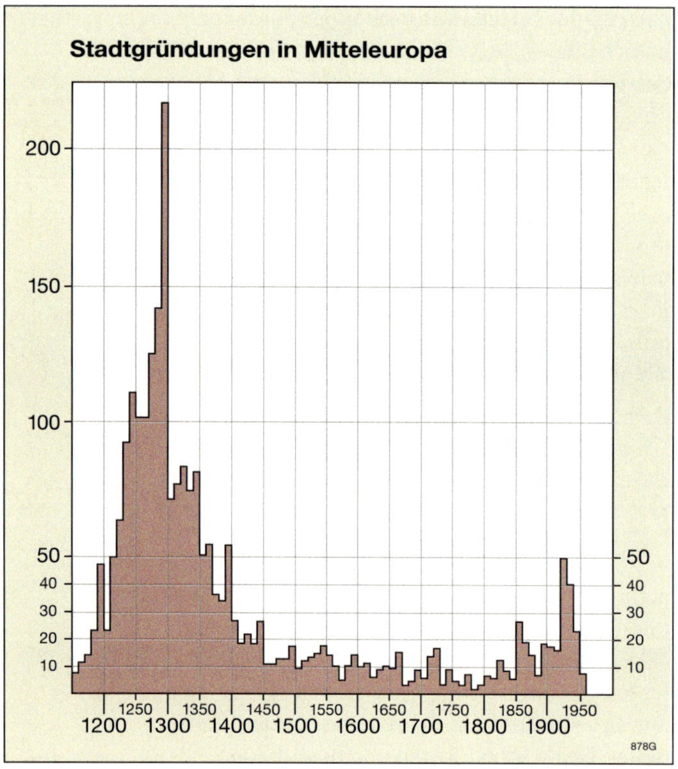

M 15 Soziale Schichtung

Der Historiker Erich Maschke hat die soziale Schichtung vieler Städte miteinander verglichen:

Anders als in der Adelsgesellschaft galt in der erwerbsorientierten bürgerlichen Gesellschaft des Mittelalters der „Reichtum“, d. h. die Vermögensgröße, als dominanter Wertmaßstab. Dazu kam die Ehre, die als „Ehrbarkeit“ auch den Zünften zugeschrieben war, den darunter liegenden Schichten aber nur zum Teil bis hin zur ausdrücklichen Aberkennung bei den „unehrlichen“ Berufen, dem Henker, dem Schinder, den Dirnen, besonders in Nord-

deutschland auch den Leinewebern. Auch unehelich Geborene galten als unehrlich. [...]
In Wismar, München und anderen Städten war die Entfaltung eines gewissen Prunks bei einer Hochzeit nur erlaubt, wenn die Mitgift eine festgelegte Mindesthöhe erreichte. Diese Schichtgrenze wirkte sich in der Verfassung aus, wenn in Bremen ein Mindestvermögen nachgewiesen werden musste, um Ratsherr werden zu können.

Ehrbarkeit

Neben dem Vermögen bildete aber auch die „Ehrbarkeit" ein Kriterium für die Schichtzugehörigkeit, das sich in den Statussymbolen ausdrückte. Um den Unterschied zwischen „ehrlichen" und „unehrlichen wandelbaren Frauen" in der Öffentlichkeit sichtbar zu machen, verbot das Hamburger Stadtrecht von 1497 den Dirnen, Korallenschnüre und anderen Schmuck zu tragen, „den fromme Frauen gewöhnt sind zu tragen". Die Grenze zwischen „ehrbar" bzw. „ehrlich" und ihrem Gegensatz wirkte sich, wie die Vermögenshöhe, in der Verfassung aus, wenn in Augsburg 1368 die Zünfte, die „also groz und erbar" waren, zwei Ratssitze erhielten, die übrigen nur einen, und wenn andererseits in Köln im 15. Jahrhundert den als unehrlich geltenden Bartscherern und Leinewebern das passive Wahlrecht genommen war, sodass sie nicht in den Rat gewählt werden konnten, obgleich sie eine Zunft bildeten.
Vermögenshöhe und Ehrbarkeit als soziale Wertmaßstäbe bestimmten in diesen Fällen das Verfassungsrecht. Die Statussymbole der Kleidung und der Zulassung zum Tanz hoben nach oben und unten die Schichtgrenzen hervor, die sich freilich zum Teil mit Standesgrenzen deckten. Den Patriziern standen wertvolle Kleidung und Schmuck zu, die den Handwerksmeistern und erst recht den Gesellen vorenthalten waren. Während einerseits das Tanzstatut des Nürnberger Rates 1521 die Teilnahme von Nichtpatriziern am Tanz der Patrizier verbot, durfte sich andererseits in Augsburg schon im späten 13. Jahrhundert kein Handwerksgeselle an einem Reigen beteiligen, in dem eine Bürgerin tanzte, aber auch kein fahrender Schüler, außer er war eines Bürgers Sohn. Hier ist ein geburtsständisches Prinzip, ausgeprägt beim Patriziat, schwächer beim Bürgerrecht, unverkennbar als bestimmend für die Schichtgrenze.

Soziale Stufenfolge

Die Verteilung der Statussymbole macht drei Schichten sichtbar:
Eine Elitegruppe, die durch das Patriziat repräsentiert ist, eine Mittelschicht und eine Unterschicht. Sie sind durch die „Lagemerkmale" näher gekennzeichnet. Im Durchschnitt weist das Patriziat die größten Vermögen auf, die Mittelschicht hat durchschnittlich mittlere bis kleine Vermögen, während die Unterschicht im Ganzen vermögenslos ist, sodass ein großer Teil derselben als „arm" bezeichnet werden muss. Patriziat und Mittelschicht haben das Bürgerrecht, sodass es in dieser rechtlichen Beziehung keinen Unterschied gibt, doch die Angehörigen der Unterschicht besitzen es mit wenigen Ausnahmen nicht, sodass sie als unterbürgerliche Schicht zu bezeichnen sind. Weitere „Lagemerkmale" sind Berufsausbildung und berufliche Selbstständigkeit. Sie gelten für patrizische und nicht patrizische (zünftige) Kaufleute, die Mitglieder der Handwerkerzünfte und der nichthandwerklichen Zünfte, Ärzte, Notare und Stadtschreiber, die letzteren freilich nicht oder nur zum Teil in selbstständiger Stellung. Die Handwerksgesellen befinden sich zwar auch in der Berufsausbildung, doch sind sie, wie auch andere Lohnarbeiter, unselbstständig, sodass hier der Unterschied zwischen Ober- und Mittelschicht einerseits, Unterschicht andererseits sehr betont hervortritt.
Zur Oberschicht gehören Kaufleute und Rentenbezieher, zur Unterschicht Gesellen und andere Lohnempfänger, Arme und Bettler, Unehrliche und zahlreiche unverheiratete Frauen. In der breiten Mittelschicht bilden die Zunftgenossen die weitaus größere Gruppe. Trotz weitgehender Homogenität in der Abgrenzung nach oben und unten und in den Lagemerkmalen war die soziale Stufenfolge der Zünfte innerhalb der Mittelschicht nach den Wertmaßstäben, die im Ganzen als allgemein gültig anerkannt wurden, sehr differenziert. An der Spitze standen in allen Städten die kommerziellen Zünfte, wenn auch mit Schwankungen in der Einordnung der Kleinhändler. Die Kaufleute wiesen die größten Durchschnittsvermögen auf. Nach der Ratssitzordnung, in Zeugenlisten und anderen Aufzählungen sowie in den Prozessionen nahmen sie die angesehensten Plätze ein. Wo die Zünfte im Rat mit einer verschieden großen Zahl von Ratsherren vertreten waren, verfügten die Kaufmannszünfte über die relativ größte Zahl von Ratssitzen.

E. Maschke, Die Schichtung der mittelalterlichen Stadtbevölkerung Deutschlands als Problem der Forschung, in: dgl., Städte und Menschen, Wiesbaden 1980, S. 163 ff.

M 16 Bettelnde Pilger

Die fremden, vor allem aus den Niederlanden stammenden Kaufleute in Frankfurt am Main begründeten 1479/1481 am Karmeliter-Kloster eine

Altarbild von 1490

Annen-Bruderschaft, in deren reich ausgestattete Kapelle sie einen Altar stifteten. Ein niederländischer Meister hat die Flügel dieses Altars gemalt, darunter die abgebildete Darstellung, auf der Joachim und Anna, gekleidet als ein reiches Bürgerpaar, vor ihrem Hause vorbeiziehenden Armen Almosen gewähren. Joachim beschenkt einen Bettler und zwei Wallfahrer mit Geld. Der Bettler ist durch verkrüppelte Füße charakterisiert, und auch die Pilgerin scheint kranke Füße zu haben. Vielleicht erhofft sie eine Heilung von ihrer Pilgerfahrt. Auf ihrem Hut trägt sie zwei Muscheln und das Zeichen des ostflandrischen Wallfahrtsortes Gerardsbergen. Der Mann hinter ihr hat seinen Hut ebenfalls mit Muscheln und einem Wallfahrtszeichen versehen. Außerdem hat er seinen Löffel hinter dem Hutband festgesteckt. Hinter dieser Gruppe ein einzelner (Waisen-?) Knabe. Sein Korb ist vielleicht zur Aufnahme von Broten bestimmt, wie sie hinter Joachim in einem großen Korbe bereitstehen. Dahinter, von Anna mit Geld beschenkt, eine Pilgerfamilie. Der ältere Junge trägt Pilgerzeichen am Hut, die Mutter hat auf ihrem Mantel gekreuzte Pilgerstäbe aufgenäht, der Vater gekreuzte Schlüssel, also das Zeichen des Wallfahrtsortes Rom, das jedoch auch als unspezifisches Pilgerzeichen getragen werden konnte. Die offensichtliche Armut dieser Pilger könnte so zu verstehen sein, dass der Maler eine Gruppe von berufsmäßigen Pilgern, welche die Wallfahrten anderer ausführten, darstellen wollte.

Aus: H. Boockmann, Die Stadt im späten Mittelalter, München 1986, S. 258 f.

M 17 Die Armen

Die statistische Erfassung der städtischen Armut erweist sich als schwierig. Dazu der französische Armutsforscher Michel Mollat:

Der Anteil der Armen mag von Region zu Region, von Stadt zu Stadt schwanken; die Anzahl der Armen stieg aber fast überall ständig an. 1424 konnten in Basel nur 25 % der Bürger die Steuer von 12 Gulden nicht aufbringen, 1439 waren es 29 %, 1453 32 % und 1484 26 %, im Schnitt also etwa ein Drittel der Bevölkerung, ein auch andernorts häufig belegter Anteil. In Köln betrug er 1476 zwar nur 10 %, in Straßburg aber 1473 29 %. In einem Augsburger Verzeichnis von 4700 Steuerpflichtigen (1475) fand E. Maschke 3 378 nihil habentes [wörtl. Habenichtse; Vermögenslose], darunter 2 700 Handwerker vorwiegend aus dem Tuchgewerbe. Folgt man den Aussagen der Testamente, so machten im 15. Jahrhundert die Armen in Augsburg 80 %, in Lübeck 1350 64 % der Bevölkerung aus. Im 14. und 15. Jahrhundert nahm in ganz Deutschland die Anzahl der Armen ständig zu.

M. Mollat, Die Armen im Mittelalter, München 1984, S. 213.

M 18 Aufstand in Köln gegen den Erzbischof Anno II. (1074)

Der Bericht des Benediktinermönchs Lampert von Hersfeld (ca. 1025 – ca. 1085) gilt als gelungenes Beispiel für eine politische Geschichtsschreibung. Der Autor war im Investiturstreit königsfeindlich eingestellt:

[...] Der Erzbischof feierte das Osterfest in Köln, und bei ihm war der Bischof von Münster, den er als seinen vertrauten Freund zu den Freuden des hohen Festes eingeladen hatte. Als nun die Osterfeiertage beinahe vorüber waren und dieser sich anschickte abzureisen, erhielten die Hausbediensteten des Erzbischofs den Befehl, ein geeignetes Schiff für seine Reise zu besorgen. Nach eingehender Musterung und Besichtigung aller Schiffe beschlagnahmten sie eines, das einem sehr reichen Kaufmann gehörte und das ihnen für diesen Zweck geeignet erschien, ließen die Waren, die es geladen hatte, herausschaffen und befahlen, es unverzüglich für die Dienste des Erzbischofs instandzusetzen. Als die Knechte, die das Schiff zu bewachen hatten, das verweigerten, drohten sie mit Gewalt, wenn sie ihre Befehle nicht sofort ausführten. Darauf rannten die Knechte schleunigst zu dem Schiffseigner, meldeten den Vorfall und fragten, was sie tun sollten.

Dieser hatte einen erwachsenen Sohn, der sich ebenso durch Kühnheit wie durch Körperkräfte auszeichnete und bei den Großen der Stadt wegen verwandtschaftlicher Beziehungen und wegen seiner Verdienste außerordentlich beliebt war. Dieser lief mit seinen Knechten und mit jungen Leuten aus der Stadt, so viele er in aller Hast zu seinem Beistand zusammenraffen konnte, in fliegender Eile zu dem Schiff und verjagte die Diener des Erzbischofs, die hartnäckig auf der Beschlagnahme des Schiffs bestanden, mit Gewalt.

Als darauf der Stadtvogt zum Eingreifen heranrückte und ein neues Handgemenge hervorrief, wehrte er auch diesen mit der gleichen Unerschrockenheit ab und jagte ihn davon. Schon wollten beide Parteien ihre Freunde bewaffnet zu Hilfe rufen, und es sah so aus, als sollte es zu einer schlimmen Katastrophe und einem gefährlichen Kampf kommen. Als man den Erzbischof benachrichtigte, dass in der Stadt ein schwerer Aufruhr tobe, schickte er sofort seine Leute aus, um den Volksaufstand zu beschwichtigen, und er drohte voll Zorn, bei der nächsten Gerichtssitzung die aufrührerischen Burschen mit der verdienten Strafe zu züchtigen. [...]

[Der Konflikt spitzte sich zu. Trotz Belagerung der Kirche, in die sich der Erzbischof zurückgezogen hatte, gelang diesem die Flucht.]

Nachdem [die Bürger] also eingedrungen waren und die ganzen inneren Räume der Kirche aufs Genaueste durchsucht und durchwühlt hatten, mussten sie doch endlich zu der Überzeugung kommen, dass man sie überlistet hatte; da gaben sie ihr eifriges Suchen auf, richteten nunmehr ihr Augenmerk auf die Verteidigung der Stadt und verteilten die bewaffneten Scharen rings auf die Schanzen.

[...] Außerdem befahlen sie einigen rüstigen jungen Männern, sich in allergrößter Eile zum König zu begeben, ihm zu melden, was geschehen war, und ihm nahezulegen, so schnell wie möglich zu kommen, um die durch die Vertreibung des Erzbischofs herrenlos gewordene Stadt zu besetzen [...]. Als man überall im Lande hörte und allgemein bekannt wurde, dass die Kölner ihren Erzbischof mit Schimpf und Schande aus der Stadt gejagt hätten, entsetzte sich alles Volk über diese unerhörte Tat, dies abscheuliche Verbrechen, dies Schauspiel irdischer Hinfälligkeit, dass ein Mann von solchen Tugenden in Christo unter den Augen Gottes so Schmachvolles hatte erleiden können. [...] So rufen sie im Umkreis von vier bis fünf Meilen überall zu den Waffen; viele tausende von Menschen strömen schneller, als ein Wort verhallt, herbei, und kein Waffenfähiger versagt sich einem so gottgefälligen Dienst [...]

So rückte der Erzbischof am vierten Tage nach seiner Flucht, von einem stattlichen Haufen umgeben, vor die Stadt. Als die Kölner das sahen und erkannten, dass sie dem Angriff einer so großen, kampflustigen Menge weder an der Mauer noch in einer Schlacht standhalten konnten, da erst begann ihre Wut zu verrauchen [...], und, völlig eingeschüchtert, schickten sie ihm Boten entgegen und baten um Frieden, indem sie sich schuldig bekannten und bereit erklärten, jede Strafe auf sich zu nehmen, sofern ihr Leben geschont werde. [...]

Alsbald zogen sie alle barfuß mit wollenen Gewändern auf dem bloßen Leibe heran, nachdem sie mit Mühe und Not von den Leuten, die den Erzbischof umgaben, die Zusicherung erhalten hatten, dass sie das ohne Gefahr tun könnten. [...]

Der Erzbischof befahl nun den Städtern, sich am nächsten Tage bei St. Peter einzufinden, um für das ungeheuerliche Verbrechen nach den kanonischen [kirchenrechtlichen] Vorschriften Buße auf sich zu nehmen. [...]

In dieser Nacht flohen mehr als sechshundert der vornehmsten Handelsherren aus der Stadt und begaben sich zum König, ihn um sein Einschreiten gegen das Wüten des Erzbischofs zu bitten. Der Erzbischof wartete nach seinem Einzug in die Stadt drei volle Tage auf das Erscheinen der Übrigen vor ihm, wie er angeordnet hatte, damit sie Vorschläge zu irgendeiner Genugtuung machten, aber sie kamen nicht. Diese Missachtung ertrugen die Mannen des Erzbischofs nicht: Sie greifen zu den Waffen, wie die meisten versichern, ohne Wissen und Befragen des Erzbischofs, dringen in die Häuser, plündern die Habe, strecken die ihnen Entgegentretenden teils nieder, nehmen sie teils gefangen und werfen sie in Ketten, üben, mit einem Wort – wir müssen, allerdings nur notgedrungen, die Wahrheit bekennen – das Werk gerechter Rache viel ungezügelter aus, als mit dem Ruf eines so hohen Kirchenfürsten vereinbar war. [...]

Der oben erwähnte Kaufmannssohn, der das Volk zuerst zum Aufstand entflammt hatte, und einige andere wurden geblendet, mehrere wurden gestäupt [ausgepeitscht] und geschoren, alle wurden mit schweren Vermögensbußen belegt und mussten einen Eid leisten, dass sie in Zukunft die Stadt, so gut sie mit Rat und Tat vermöchten, für den Erzbischof gegen jedermanns Gewalttätigkeit verteidigen und die aus der Stadt geflohenen

M 19

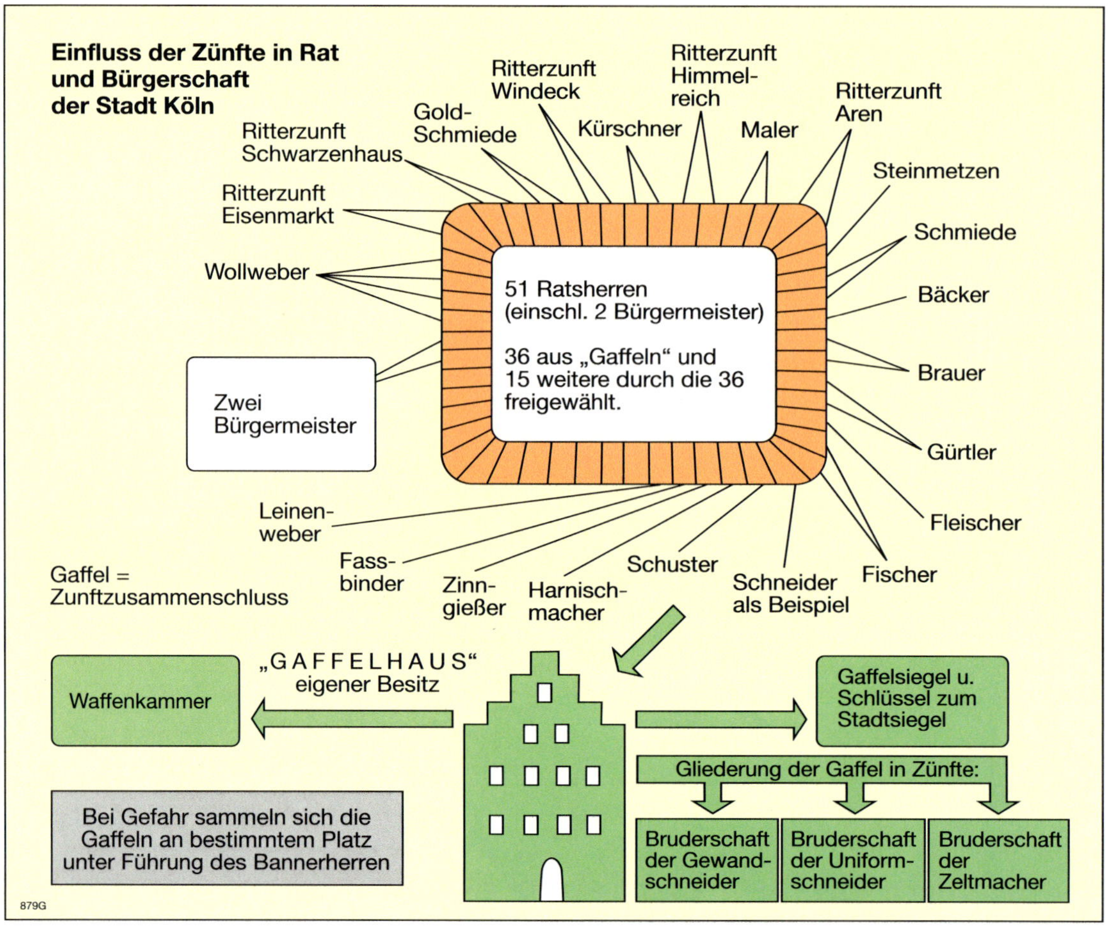

Bürger stets als ihre schlimmsten Feinde betrachten würden, bis diese dem Erzbischof gebührende Genugtuung geleistet hätten. So wurde die Stadt […] plötzlich fast verödet; wo bisher die Straßen die dichten Scharen von Fußgängern kaum fassen konnten, zeigt sich jetzt nur selten ein Mensch, und schauriges Schweigen herrscht an den Stätten der Lust und der Genüsse. […]

Lampert v. Hersfeld, Annalen, übers. v. A. Schmidt, erläutert v. W. D. Fritz, 4. Aufl., Darmstadt 2000, S. 237–249.

M 20 Die Weberschlacht in Köln (1369/70)

Von einem unbekannten Verfasser stammt dieser zeitgenössische Bericht über den Konflikt zwischen den Zünften und dem Stadtadel:

Hierauf hielten die Weber eine Einigung ab und berieten, wie man den guten Leuten [herrschenden Geschlechtern] ihre Macht nehmen könne. Danach strebten sie zugleich mit allen Ämtern [Zünften] in die Stadt. […] Es musste nach dem Willen der Weber gehen. Der neue Rat wurde in folgender Weise gebildet: Fünfzehn Männer wurden aus den Geschlechtern gewählt, wie das von alters her Sitte war; daneben wurde noch ein weiterer Rat erkoren, der zählte fünfzig Mitglieder. In diesem Rate waren viele Ämter vertreten, Pelzer, Schmiede, Gürtelmacher, Sarwörter [Harnischschmiede], Maler. […] So trieben es die Weber und hatten es dabei so eingerichtet, dass sie die Mehrheit im Rate hatten und alles nach ihrem Willen gehen musste. Ihre Gewalt war so groß, dass es die Besten sehr verdross. […] Musste man eine Abgabe in der Stadt festsetzen, so sollte das Tuch allemal von der Akzise [Warensteuer] befreit sein. Auch hatten sie die Schlüssel der Stadt, ihr Siegel und ihren Schatz. Erkoren wurde der Rat, da man schrieb nach Gottes Geburt 1370, vierzehn Tage nach St. Johannis [2. Juli 1370], und er währte ein Jahr und fünf Monate. […]
[Nachdem die Weber einen der ihrigen vor einer Exekution retten wollten, kommt es zum Konflikt.] Hört, was die Weber taten! Sie entrissen den Verurteilten mit Gewalt den Henkern und führten ihn in die Stadt zurück. Als dies Johann von Trojen und Tilmann von Covelshofen sahen, eilten sie nach dem Gebürhaus [Zunfthaus] von St. Brigitten und

erzählten hier der Bruderschaft [hier: der Reichen = Richerzeche], was geschehen war. Als man diese Kunde vernahm, war jeder darauf bedacht, sich zu wappnen. Sie liefen nach Hause und legten Waffen an, Arme und Reiche. Auch die Herren vom Rate säumten nicht lange und kamen nach St. Brigitten. Die ersten, die sich zu ihnen gesellten, waren die Löher [Lohgerber], dann eilte die Gesellschaft vom Eisenmarkte herbei; die Kaufleute vom Altenmarkt kamen gleichzeitig. Die Gesellen vom Himmelreiche ließen sich nicht lange mahnen; sie stellten sich eiligst unter das städtische Banner. Auch die Fischmenger [Fischverkäufer] kamen hinzu. Die Bruderschaft von St. Brigitten wollte es nicht dulden, dass man den Frieden bräche; sie erklärte, sie wolle eine Änderung der Herrschaft bewirken. So zogen sie denn mit aufgestecktem Banner aus dem Gebürhaus zu St. Brigitten. Ihnen folgte mancher Mann. Sie rückten gegen die Arsburg vor. Hier hörten sie, dass sich ein Teil der Weber in Waffen bei den Frauenbrüdern [Mönchsorden der Karmeliter] versammelt habe. Da zogen sie denn den Bach aufwärts über den Waidmarkt nach der Arsburg. Als dies die Weber sahen, flohen sie in Peter Nikols Haus, ließen aber ihr Banner draußen, bei welchem zwei Männer vor dem Tore zurückblieben. Der eine ward erschlagen, der andre blieb für tot liegen, das Banner wurde zerhauen und in Stücke zerrissen. Die Schmiede wollten den Webern zu Hilfe kommen; als sie aber die Weber geschlagen sahen, flohen sie auseinander. [...] Darauf ließ der Rat auf dem Heumarkt ein Gerüst errichten und ließ den Webern die Häupter abschlagen bei dem Pranger, so viele man von ihnen ergreifen konnte. [...] Gewalt und Übermut nehmen selten ein gutes Ende. So geschah auch den Webern. Ihr Hochmut gewann solches Ende, dass mancher Mann seine Freude daran hatte; denn Sie trieben in diesem Jahr viel Mutwillen, mehr als ich sagen kann. Bedenkt dies wohl, ihr alten Geschlechter von Köln, und danket dem allmächtigen Gotte, welcher die stürzte, die euch unterdrücken wollten. Hütet euch vor denen, die euch in ihrem Übermute nach Leben und Gut gestanden haben, und lebt vor allem in Eintracht! Denn, seid ihr einfältig, so kann euch niemand widerstehen, so muss man euch in Ruhe lassen und werden euch Frieden und Gnade zuteil.

Aus: G. Guggenbühl, O. Weiss (Hg.), a. a. O., S. 232 ff.

Aufgaben

1. Stellen Sie die wichtigsten Produkte und Wege des europäischen Handels fest.
   → M6, M7
2. Charakterisieren Sie die Lebensform des mittelalterlichen Kaufmanns.
   → Text, M3, M6–M11
3. Fassen Sie die Faktoren zusammen, die bei der Gründung und beim Wachstum der mittelalterlichen Städte eine Rolle spielten.
   → Text, M12–M14
4. Freiburg im Breisgau gilt als ältestes Beispiel für eine Gründungsstadt auf deutschem Boden. Bestimmen Sie die Zusicherungen, die der spätere Herzog Konrad in der Urkunde gab.
   → M13
5. Studieren Sie die Topografie bzw. das Aussehen einer mittelalterlichen Stadt. Halten Sie die Unterschiede zu modernen Städten fest.
   → M1, M11
6. Erstellen bzw. zeichnen Sie ein Schaubild der sozialen Schichtung in einer mittelalterlichen Stadt. Berücksichtigen Sie dabei finanzielle, berufliche, rechtliche und politische Aspekte.
   → Text, M15–M17
7. Erklären Sie die gesellschaftlichen Auffassungen, die den Umgang mit der öffentlichen Armut prägten.
   → M16, M17
8. Stellen Sie sowohl die Aufgaben als auch die Funktionen der Zünfte dar.
   → Text, M19
9. Erläutern Sie den Konflikt zwischen dem Erzbischof und den Kaufleuten in Köln. Von welchem Standpunkt aus betrachtete der Verfasser den Aufstand?
   → Text, M18
10. Charakterisieren Sie den Unterschied zwischen dem Konflikt von 1370 in Köln und dem Aufstand gegen den Erzbischof. Aus welcher Perspektive schilderte der Autor das Geschehen?
    → M20
11. Auch wenn das Unternehmen der Zünfte zunächst gescheitert war, so gelang ihnen doch die Teilhabe an der städtischen Regierung. Erklären Sie die Stadtverfassung von Köln unter diesem Gesichtspunkt.
    → M19

5. Frühe Neuzeit

Ein der Frühen Neuzeit nachempfundener Holzschnitt aus dem 19. Jahrhundert macht auf sinnfällige Weise deutlich, wie der Mensch den bis dahin vorgegebenen Rahmen durchstößt, in neue Welten vordringt und seinen Horizont erweitert. Obgleich dem Menschen in seinem Wesenskern der Vorstoß ins Unbekannte eigen ist, wurde in der Zeit um 1500 der Aufbruch mit einer Intensität betrieben, wie sie bis dahin von den Historikern nicht verzeichnet worden war. Der Wissensdurst erwies sich stärker als die Ängste vor dem Neuen und vor dem Verlust der althergebrachten mittelalterlichen Gewissheiten. Oft findet sich im Zusammenhang mit der Jahrhundertwende von 1500 die Formulierung von der „Erfindung des Menschen". Gemeint ist damit der moderne Mensch, dessen Nachfolger 500 Jahre später ebenfalls ständig seinen Horizont erweitert: jetzt im außerirdischen und mikroskopischen Bereich. Damals eröffneten Seefahrer, Kaufleute, Astronomen und Künstler neue Räume und Perspektiven. Zum einen wurde der Mensch selbst – in seiner natürlichen Leiblichkeit – zum Gegenstand von Entdeckungen. Der anatomische Blick war die längste Zeit nur am Tier erlaubt gewesen. Es musste erst ein uraltes Tabu durchbrochen werden, bis die Anatomie im 15. Jahrhundert das antike medizinische Wissen erweitern konnte.

Mit den Entdeckungen fremder Länder dehnte sich – aus europäischer Perspektive – das Weltbild aus. Um 1500 begann damit die Vernetzung der Weltteile, die als Beginn jener Globalisierung angesehen werden kann, die 500 Jahre später – auf der Grundlage neuer Transport- und Informationstechniken – zum vorläufigen Abschluss gelangte. Die Revolutionierung des Weltbildes verbindet sich mit den Namen von fünf Personen:

- Christoph Kolumbus (1451–1506) erweiterte mit der Entdeckung Amerikas den geografischen Horizont.
- Niccolò Machiavelli (1469–1527) formulierte ein neues Staats- und Politikverständnis.
- Erasmus von Rotterdam (1466–1536) verkörperte wie kein anderer die humanistische Wissenschaft.
- Nikolaus Kopernikus (1473–1543) beschrieb die Kreisbewegung der Himmelskörper im Rahmen des heliozentrischen Weltbildes.
- Martin Luther (1483–1546) revolutionierte den Glauben, und mit seiner Reformation zerbrach die christlich-mittelalterliche Einheit.

Die Eroberung Konstantinopels durch die Osmanen (1453) bedeutete das Ende des Oströmischen Reiches. Technische Fortschritte (zum Beispiel im Schiffbau, der Navigation, im Festungsbau und bei der Artillerie) waren die Voraussetzung für die globale Vorherrschaft der europäischen Zivilisation in den folgenden Jahrhunderten.

Die große Mehrzahl der Historiker sieht in der Zeit um 1500 die entscheidende Zäsur zwischen Mittelalter und Neuzeit, wobei im Allgemeinen der Zeitraum vom 16. bis zum 18. Jahrhundert (bis zur Französischen Revolution) als Frühe Neuzeit bezeichnet wird.

5.1 Die Welt im Umbruch

Renaissance

Renaissance ist eine Epochenbezeichnung der europäischen Geschichte, die ihren Namen der Wiederentdeckung der Leistungen von Griechen und Römern verdankt und die sich seit dem 19. Jahrhundert eingebürgert hat.

Das Italien des 15. und 16. Jahrhunderts war Schauplatz eines geistigen Aufbruchs, der die Überwindung des mittelalterlichen Menschen- und Weltbildes herbeiführte. Der Geist der Renaissance fand dabei einen mehrdimensionalen künstlerischen, naturwissenschaftlichen und technischen Ausdruck: In der Literatur unter anderem durch Petrarca (1304–1374) und Boccaccio (1313–1375); in der Malerei durch Leonardo da Vinci (1452–1519), Michelangelo (1475–1564), Raffael (1483–1520) und Tizian (1489–1576). Michelangelo war zum Beispiel nicht nur Maler, sondern auch Bildhauer, Dichter und Architekt. Die fruchtbare Fantasie Leonardo da Vincis produzierte Entwürfe für Befestigungsanlagen, Wasserpumpen, Flugapparate, Unterwasserschiffe und anderes mehr. Brunelleschi (1377–1446), dem ersten Architekten der Renaissance, verdankt die Nachwelt die riesige Kuppel der Kirche Santa Maria del Fiore in Florenz. Donatello (1386–1466) wirkte viele Jahre in derselben Stadt und schuf Standbilder und Statuen nach antiken Vorbildern. Er gilt als bedeutendster Bildhauer der frühen Renaissance. Die Blüte der Kunst – zum Beispiel in Florenz – war an das Vorhandensein von Mäzenen gebunden. Im Unterschied zu Deutschland war der italienische Adel stadtsässig, was eine wesentliche ökonomische Voraussetzung für die Entfaltung eines neuen Künstlertums ohne Zunftbindung war.

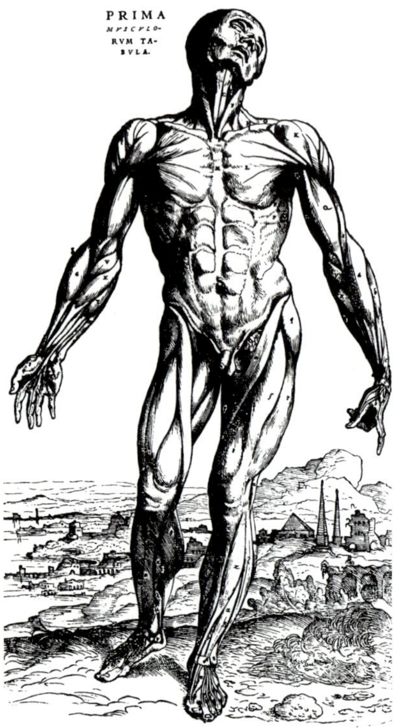

M 1 Der „Muskelmann" vor toskanischer Landschaft
Grundlegung der empirischen Anatomie der Neuzeit (1543). Aus einem Buch von Andreas Vesalius, Professor für Anatomie in Padua und Leibarzt von Kaiser Karl V.

Die Renaissance schuf einen neuen künstlerischen Ausdruck, der die Entfaltung des Individuums spiegelte. Der Mensch wurde in seiner lebendigen Körperlichkeit – also plastisch – gesehen. Dazu bedurfte es neuer Techniken der perspektivischen Darstellung. Das Studium der Anatomie des menschlichen Körpers machte nicht mehr vor dem Tabu der Sezierung von Leichen halt.

Der gewachsene Wert der Individualität äußerte sich auch darin, dass das Porträt unverwechselbare Züge gewann. Der Künstler der Renaissance verschwieg seinen Namen nicht mehr, wie das noch im Mittelalter weitgehend der Fall war.

Humanismus

Renaissance und Humanismus sind eng miteinander verknüpft, wobei der Humanismus als nordeuropäische Form der Renaissance bezeichnet werden kann. Der Humanismus, der in der zweiten Hälfte des 15. Jahrhunderts einsetzte, war vor allem eine literarische Bewegung, die im Wesentlichen auf eine kleine Schicht von Intellektuellen beschränkt blieb. Im Mittelpunkt stand das philologisch-historische Interesse „Ad fontes" („Zurück zu den Quellen!") – so lautete ein wegweisendes Motto der Humanisten. Darum beschäftigte man sich mit der Literatur des Altertums und stieß zu den griechischen und hebräischen Quellen vor.

Buchdruck und Humanismus gehören zusammen. Die Verbreitung antiker Schriften, die Kommunikation innerhalb der Gelehrtenkreise, der Aufbau von großen Bibliotheken, allgemein: die Ausbreitung neuen Wissens hätte ohne das gedruckte und damit billigere Buch nicht stattfinden können. Die Kostbarkeit von Büchern vor Gutenbergs Erfindung des Drucks mit beweglichen Lettern um 1450 wird deutlich, wenn man sich vor Augen führt, dass eine handgeschriebene Bibel den Wert eines Bauerngutes besaß.

Die humanistische Bewegung verlieh der Bildung ein neues und großes Prestige. Lokalisiert in Städten, getragen von einer neuen Schicht gebildeter Bürger, dokumentiert der Humanismus die Auflösung des glaubensgeprägten Weltbildes des Mittelalters. Der schon im Mittelalter einsetzende Prozess der Ersetzung der Mönchskultur durch eine Laienkultur fand seinen Abschluss.

Der Anspruch der Humanisten auf geistige Selbstständigkeit, ihr Interesse am Abstreifen geistiger Bevormundung fand im Konflikt um die „Dunkelmänner" in Köln einen beispielhaften Ausdruck. Als der Kölner Dominikaner Johannes Pfefferkorn die Verbrennung hebräischer Schriften betrieb, stieß er auf den entschiedenen Widerstand des Humanisten Johannes Reuchlin (1455–1522). Dieser fand viel Unterstützung im Kampf gegen den wissenschaftsfeindlichen mönchischen Dogmatismus. 1515/1517 erschienen die „Dunkelmännerbriefe", die in Form von Parodie und Satire die Unbildung der Mönche entlarvten.

M 2 Idealbild des Humanisten
Erasmus von Rotterdam. Der große Humanist bei der Arbeit am Schreibpult, das Tintenfass in der Linken: so sah Dürer 1526 den damals Sechzigjährigen. Ein von Albrecht Dürer gezeichnetes Bild des Erasmus von Rotterdam nach lebendigem Modell.

Ulrich von Hutten (1488–1523), Dichter und nationaler Streiter gegen das römische Papsttum, der auch an den „Dunkelmännerbriefen" mitgewirkt hatte, benutzte die lateinische und deutsche Sprache als politische Waffe. Conrad Celtis (1459–1508), Jakob Wimpheling (1450–1528), Willibald Pirckheimer (1470–1530) und Konrad Peutinger (1465–1547) waren weitere bedeutende deutsche Humanisten. Als ungekröntes Oberhaupt des europäischen Humanismus galt Erasmus von Rotterdam (1466–1536), ein unabhängiger Geist und Verfasser viel gelesener Bücher, der von den Einnahmen aus seinen Büchern leben konnte. Er tat sich als scharfsinniger Kritiker der Papstkirche und des Pfaffentums hervor. Obgleich er diesbezüglich mit Luther übereinstimmte, konnte er sich zu einer Unterstützung der Reformation nicht entschließen. Dennoch hat seine Publikationstätigkeit viel dazu beigetragen, den Boden für die Reformation vorzubereiten.

Politische Theorie

Niccolò Machiavellis zweifelhafter Ruhm als Staatstheoretiker verbindet sich mit seinem Buch „Der Fürst" (geschrieben 1513). Machiavelli (1469–1527) gibt in ihm eine Anleitung für politisches Handeln. Im Zusammenhang mit dieser Schrift hat die Nachwelt immer wieder das Verhältnis von Politik und Moral diskutiert. Der „Machiavellismus" ist dabei zu einem Grundbegriff der Politik geworden. Dieser bezeichnet ein machtpolitisches Handeln ohne sittliche Norm, bei dem der Zweck der Machterhaltung die Mittel heiligt.

Naturwissenschaften

Nicht nur in Bezug auf die bildenden Künste, Literatur und Philologie, sondern auch naturwissenschaftlich-technisch brachte das Zeitalter der Renaissance eine Durchbrechung traditioneller Vorstellungen. Das mittelalterliche Wissenschaftsverständnis stützte sich auf Überlieferungen, das heißt zur Lösung von Problemen zog man die maßgeblichen Schriften heran, zum Beispiel die Heilige Schrift und das Werk des Aristoteles.

In der frühen Neuzeit hingegen breitete sich die Suche nach neuem Wissen aus. Erfahrung und Experiment traten an die Stelle des Glaubens, und es wurde zunehmend auf Gott und Engel als Erklärung von physikalischen Phänomenen verzichtet. Die Einheit von Religion und Wissen zerbrach. Die Entzauberung des Himmels fand ihren epochenspezifischen Ausdruck in der „kopernikanischen Wende". Nikolaus Kopernikus (1473–1543) revolutionierte das nach Aristoteles (384–322 v. Chr.) und Ptolemäus (2. Jahrhundert n. Chr.) konstruierte Weltbild, nach dem die Erde Mittelpunkt sei und der Himmel sich um diese drehe. Die Ablösung dieses überkommenen durch das heliozentrische Weltbild wirkte sich nachhaltig aber erst im 17. Jahrhundert aus, nachdem Johannes Kepler (1571–1630), Tycho Brahe (1546–1601) und Galileo Galilei (1564–1642) die Bewegungsgesetze der Gestirne herausgefunden und damit dem wissenschaftlichen Weltbild zu fortschreitender Anerkennung verholfen hatten.

Die Entmystifizierung der Welt spiegelte den Wandel der westeuropäischen Gesellschaft wider, die zunehmend von ökonomischer Konkurrenz, Handelsverflechtung, Unternehmungsgeist und Gewinnstreben geprägt wurde. Zeit und Raum wurden immer genauer gemessen. Ab 1550 gab es bereits Uhren mit Sekundenzeigern. Der Aufschwung der Kartografie ging einher mit den geografischen Entdeckungen und der Ausdehnung des Handels.

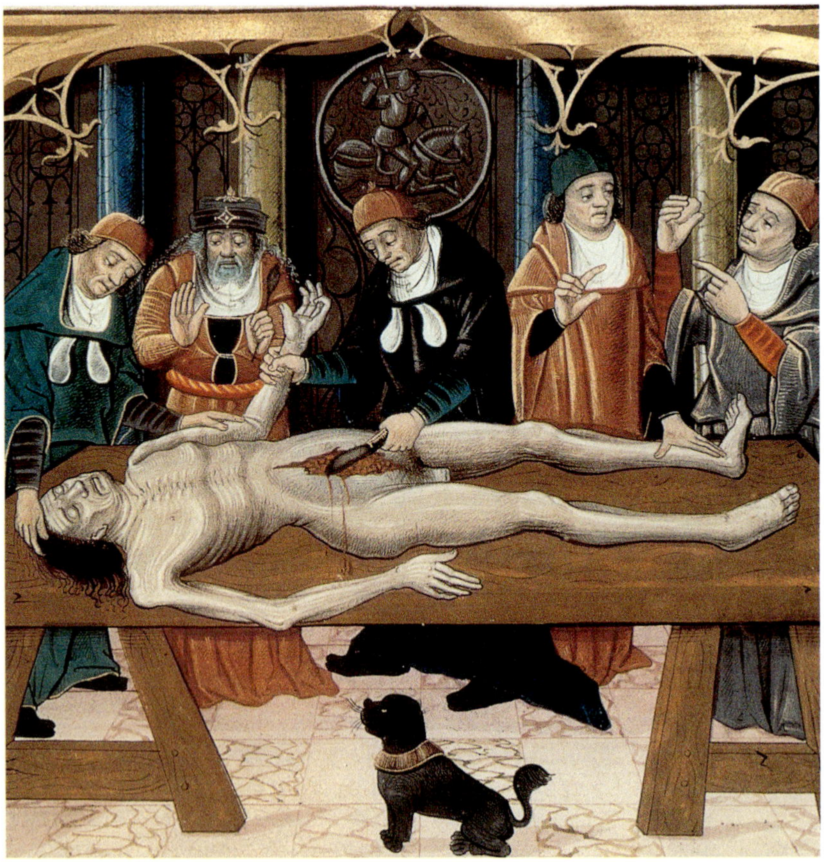

M 3 Die Öffnung des Leibes
Auch die Anatomie erweitert den menschlichen Horizont, Miniatur, Ende des 15. Jahrhunderts.

Fortschritte im Bergbau, in der Hüttenkunde und im Maschinenbau zeugen von einem weltbezogenen erfinderischen Denken, Fragen des ökonomischen beziehungsweise militärischen Nutzens (wie bei der Artillerie) traten in den Vordergrund.

Im 16. Jahrhundert wurden die Weichen für die Entwicklung des modernen und realistischen Weltbildes gestellt.

Unternehmertum

Schon das späte Mittelalter hatte reiche und berühmte Bank- und Kaufleute hervorgebracht, wie zum Beispiel Francesco Datini (1335–1410) aus Prato bei Florenz, Jacques Coeur (1395–1456) aus Bourges in Frankreich oder Cosimo de Medici (1389–1464) aus Florenz. Sie alle repräsentieren den langsamen Durchbruch einer neuen Wirtschaftsgesinnung nach dem Motto: „Im Namen Gottes und des Profits" (Datini).

Verlagssystem

Kaufleute, die im Fernhandel zu Reichtum gekommen waren, bildeten den Motor für die Herausbildung einer neuartigen Wirtschaftsform: das Verlagssystem.

Dabei handelt es sich um eine vorindustrielle Organisation der Produktion. Der „Verleger" – so genannt, weil er einen Rohstoff „vorlegt" – stellte diesen einem Heimarbeiter zur Verfügung und kaufte ihm später das bearbeitete Produkt zum festgesetzten Preis ab. So gab zum Beispiel ein Tuchverleger die erstandene Rohwolle zum Spinnen an Heimarbeiter, um sie anschließend weben zu lassen. Dieses so genannte Verlagswesen setzte sich in Europa seit dem 15. Jahrhundert durch. Dies geschah gegen den Willen der Zünfte, deren Ziel es vornehmlich war, nur die eigenen Mitglieder mit „Nahrung" zu versorgen. Der Verleger ging mit der Produktion aufs Land, wo zunftfrei gearbeitet wurde. Hier waren es vor allem die unterbäuerlichen Schichten, die aufgrund ihrer misslichen Lage auf einen Nebenerwerb angewiesen blieben. Wegen der Einheit von Wohn- und Arbeitsplatz konnten die Familienmitglieder – auch Kinder – in die Produktion einbezogen werden. Mit dem Verlagssystem verbindet sich der Beginn des modernen europäischen Unternehmertums.

Die Fugger

Die Augsburger Familie der Fugger stand in dieser Tradition. Ihr gelang es, sich eine solche Finanzkraft anzueignen und diese auch politisch einzusetzen, dass man – zumindest was die erste Hälfte des 16. Jahrhunderts anbetrifft – vom „Zeitalter der Fugger" sprechen kann. In dieser Zeit unterhielten die Fugger Beziehungen zu fast allen wichtigen Herrschern Europas. Es hieß, dass es keinen Krieg und keine Krönung gab, ohne dass die Fugger ihre Hände mit im Spiel hatten.

Finanzbedarf des Staates

Den Aufstieg zu den heimlichen Herrn Europas verdankte das Haus der Fugger dem Umstand, dass der frühneuzeitliche Staat einen enormen Finanzbedarf entwickelte, aber nur über unzureichende Steuereinnahmen verfügte. Das mittelalterliche Militärsystem, das auf der Treue der Lehnsmänner fußte, hatte sich aufgelöst. Daher wurde die Verfügung über Bargeld notwendig, um Söldner anwerben und Heere ausrüsten zu können. Dem Staat beziehungsweise dem Herrscher fehlte aber ein moderner Staatsapparat zur Eintreibung von Steuern.

M 4 Jakob Fugger mit seinem Buchhalter Matthäus Schwarz, Miniatur von 1520

In dieser Situation der fürstlichen „leeren Taschen" kam es ab 1491 zu einem Zweckbündnis zwischen den Fuggern und dem Habsburger Maximilian I., römisch-deutscher König seit 1486. Dessen politische Aktivitäten wurden fortan finanziell nachdrücklich unterstützt. Vom Aufstieg der Habsburger zur führenden Dynastie Europas profitierten auch die Fugger. Zur Sicherheit ihrer Darlehen erhielten sie die einträglichen Rechte am Tiroler Silber- und Kupfervorkommen.

Vom Standpunkt der Gegenwart aus wird man das Fugger'sche Unternehmen als einen multinationalen Konzern bezeichnen können. Neben den Bank- und Kreditgeschäften betrieb man Fernhandel mit Tuchen, Gewürzen und Metallen, und außerdem war man unternehmerisch im Bergbau tätig. Ein dichtes Netz von Niederlassungen überzog Europa. Die wirtschaftlichen Aktivitäten reichten von Goa in Indien bis Lima in Südamerika. Ein eigener Nachrichtendienst wurde eingerichtet. Alle Fäden liefen in Augsburg zusammen.

Das Unternehmen der Fugger repräsentierte ein neues, dynamisches und nicht mehr statisches Wirtschaftsverständnis. Die kapitalistische Gewinnorientierung setzte sich durch. Die Errichtung von Handelsmonopolen zum Zweck der Gewinnmaximierung wurde bewusst angestrebt, was allerdings im Heiligen Römischen Reich auf volkstümlichen Widerstand stieß und zu einer erregten Debatte über Monopole, den „gerechten Preis" beziehungsweise Wucher führte. 1512 verabschiedete der Reichstag zwar ein Verbot von Monopolen, allerdings scheiterten die Bestrebungen der Reichsstände nicht zuletzt deshalb, weil Karl V. nicht gegen die Fugger vorzugehen wagte.

Wahl des Kaisers

Die Macht des Bank- und Handelshauses der Fugger kam 1519 zum Tragen, als die Wahl des Kaisers anstand. Zwei Kandidaten rangen dabei um die Stimmen der Kurfürsten: der habsburgisch-spanische König Karl I. und der französische König Franz I. Entschieden wurde die Wahl zu Gunsten des Habsburgers, weil dieser die Kurfürsten mit „Handsalbe" (Bestechungsgelder) auf seine Seite zu ziehen vermochte.

Da selbst Könige nicht über entsprechende Geldmittel verfügten, mussten sie beträchtliche Darlehen aufnehmen. Die für damalige Verhältnisse gewaltige Summe von 850 000 Gulden wurde zum größten Teil von Jakob Fugger aufgebracht. Zwar wurde bei dieser Gelegenheit die Macht des Geldes in Aufsehen erregender Weise sichtbar, gleichzeitig barg jedoch die einseitige Anbindung der Fugger an ein Herrscherhaus für sie auch erhebliche Risiken. Denn mit wachsender Verschuldung wuchs auch die Abhängigkeit des Kreditgebers vom Schuldner. Der Staatsbankrott des spanischen Königs Philipp II. konnte auf den Gläubiger abgewälzt werden. Dieser Mechanismus wurde den Fuggern zum Verhängnis. Unbeglichene Forderungen in Millionenhöhe führten im 17. Jahrhundert zum raschen wirtschaftlichen und politischen Abstieg.

Mit den Fuggern hatte sich die neue Macht der Hochfinanz etabliert, die nicht in das Schema der traditionellen mittelalterlichen Gewalten passte. Zwar erhob Kaiser Karl V. die Fugger in den Fürstenstand und integrierte sie damit in die ständische Gesellschaft, dennoch wurde bereits im Ansatz deutlich, dass Geld die traditionelle Gesellschaftsordnung zu sprengen vermochte.

Entdeckungen

Um 1500 wurden innerhalb von wenigen Jahrzehnten die entscheidenden Entdeckungen gemacht, die das Bild von der Welt veränderten und bekannte Horizonte sprengten. Das Ausgreifen Europas nach Übersee leitete eine Entwicklung ein, die zu einer Jahrhunderte fortdauernden europäischen Dominanz führte.

Während vorher die Grenzen des Bekannten nur gelegentlich durchbrochen wurden, so zum Beispiel durch die historisch umstrittene Chinareise Marco Polos im 13. Jahrhundert, begann sich Portugal im 15. Jahrhundert langsam, aber gezielt entlang der afrikanischen Küste nach Süden vorzutasten. Angetrieben durch Heinrich den Seefahrer (1394–1460), unternahmen die Portugiesen maritime Anstrengungen, die mit der Umsegelung des Kaps der Guten Hoffnung (Bartolomeu Diaz; 1487) erfolgreich waren. Es folgten Vasco da Gamas Fahrt nach Indien (1497/98) und Fernando Magellans Weltumsegelung (1519–1522), mit der jeglichem Zweifel an der Kugelgestalt der Erde der Boden entzogen wurde.

Ehe es zu diesen Entdeckungsfahrten kommen konnte, bedurfte es nicht nur der Zurückdrängung von mythischen Vorstellungen, zum Beispiel der Existenz von Seeungeheuern, sondern auch der Entwicklung maritimer Techniken, die ein Segeln ohne Sichtkontakt mit der Küste erlaubten. Nicht Fernweh, sondern handelspolitische Interessen waren es, die Seefahrer und deren Geldgeber bewogen, Expeditionen mit den

M 5

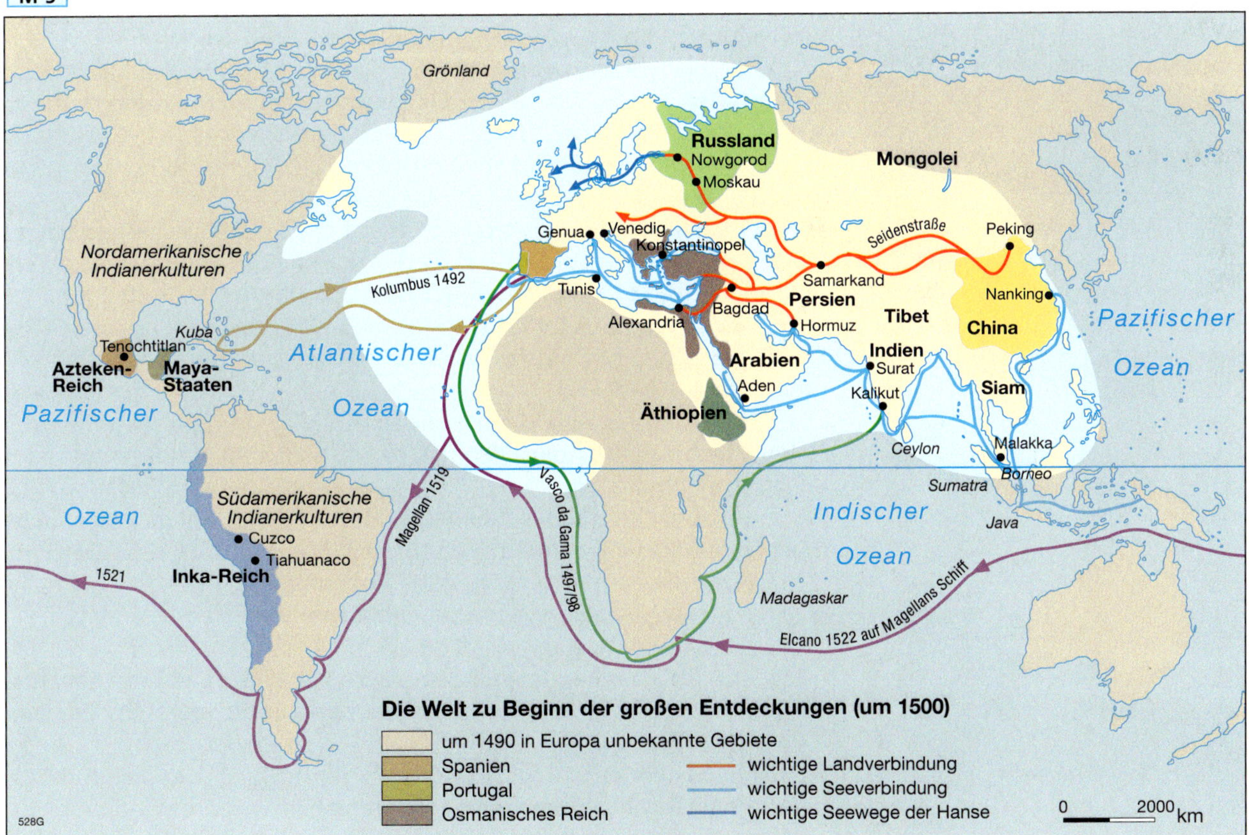

winzigen Karavellen (Länge: 20 Meter) auszurüsten beziehungsweise anzutreten. Im Kern ging es um die Erschließung eines Seeweges nach Indien, mit dessen Hilfe das arabische Monopol am gewinnträchtigen Gewürzhandel gebrochen werden sollte. Dank der militärisch-technischen Überlegenheit des mit Kanonen bestückten Schiffs gelang den Portugiesen die Ausschaltung der außereuropäischen Konkurrenz. Sie errichteten befestigte Stützpunkte (zum Beispiel Calicut, Malakka, Ceylon), über die der Handel abgewickelt wurde. Wie einträglich der Handel war, wird unter anderem dadurch ersichtlich, dass noch große Gewinne erzielt werden konnten, obgleich von 625 portugiesischen Indienfahrern zwischen 1497 und 1572 nur 315 zurückkehrten.

Christoph Kolumbus (1451–1506) betrieb sein Projekt, Indien auf dem Weg nach Westen zu erreichen, über viele Jahre. Er erhielt etliche Absagen, bevor er von der spanischen Krone gefördert wurde. Die berühmte Entdeckung Amerikas (1492) war kein Zufall, denn da Portugal die Strecke um Afrika besetzt hielt, musste die verspätete spanische Konkurrenz einen anderen Weg nach Indien finden, wenn sie am überseeischen Handel teilhaben wollte. Angesichts des sich abzeichnenden Konflikts zwischen Portugal und Spanien um die Besitzrechte an den entdeckten Gebieten, wurde der Papst als Schiedsrichter angerufen. In mehreren Verträgen nahmen die Beteiligten eine Abgrenzung der Interessensphären vor.

M 6 Das Flaggschiff Santa Maria
Illustration aus der lateinischen Erstausgabe: Brief des Kolumbus über die Entdeckung Amerikas, Rom 1493

Der Zusammenstoß der europäischen Eroberer mit den eingeborenen Völkern Mittel- und Südamerikas endete mit deren weitgehender Vernichtung und der Zerstörung vorhandener Kulturen. Getragen von der Überzeugung eigener kultureller Überlegenheit, beflügelt von missionarischem Eifer, wurde das so genannte herrenlose Land in Besitz genommen und die einheimische Bevölkerung versklavt. Der fehlende christliche Glaube der Indianer diente dabei oft der Legitimation für dieses Vorgehen. Gegen die Dezimierung der Indianer erhob der Dominikaner Bartholomé de Las Casas (1484–1566) Einspruch, vermochte aber trotz offizieller Verbote der Sklaverei kaum etwas auszurichten.

Die Nachwelt hat sich wiederholt mit der Frage beschäftigt, wie es eine Handvoll Konquistadoren zu Wege brachte, große Reiche zu erobern. Cortés (1485–1547) standen zur Eroberung des Aztekenreichs (1519–1521) maximal 1300 Europäer zur Verfügung. Pizarro (1470–1541) gelang die Eroberung des peruanischen Inkareichs mit etwa 100 Soldaten (1531–1533).
Folgende Faktoren spielten dabei eine Rolle:
- Die technische Unterlegenheit der Indianer: Sie kannten weder Eisen noch das Rad.
- Die technische Überlegenheit der Europäer: Sie verfügten über Panzerung und Feuerwaffen. Von ihren Pferden und Bluthunden ging zudem eine Schrecken erregende Wirkung aus.
- Das Sendungsbewusstsein und die körperliche Überlegenheit der Konquistadoren.
- Mikroparasiten kamen den Europäern zur Hilfe: Die Indianer wurden Opfer von verschiedenen Seuchen (unter anderem Pocken, Masern, Typhus).
- Beide Seiten interpretierten das oft plötzliche Massensterben als göttliche Strafe; scheinbare Bestätigung beflügelte die Eroberer, und Verzweiflung lähmte die Indianer.

- Dem Widerstand der Einheimischen wurde außerdem durch religiöse Prophezeiungen die Kraft geraubt: Man erblickte in den Europäern zunächst weiße Götter.
- Die Gesellschaftsstruktur sowohl des Inka- als auch des Aztekenreiches war extrem hierarchisch. Die Spanier konnten die vorhandene Opposition ausnutzen und später selbst an die Stelle der alten Führungsschicht treten. Aus der Sicht des durchschnittlichen Eingeborenen fand daher nur eine Auswechslung der Führung statt.

Schon bald nach der Eroberung Amerikas setzte die Einwanderung und die Errichtung einer spanischen Feudalordnung auf der Grundlage von Sklavenarbeit ein. Vor allem auf den westindischen Inseln wurde eine wirtschaftliche Transformation vorgenommen, in deren Verlauf Monokulturen mit Zuckerrohr, Tabak und Baumwolle geschaffen wurden. Das 16. Jahrhundert war mithin die Geburtsstunde des modernen Weltmarktes unter dem Vorzeichen europäischer Vorherrschaft. Die gewaltsame Einbeziehung außereuropäischer Völker in das europazentrierte Weltsystem wird anhand des Sklavenhandels besonders ersichtlich. Der Dreieckshandel, der im 17. und 18. Jahrhundert von England perfektioniert wurde, kombinierte dabei den Transport afrikanischer Sklaven von Afrikas Westküste nach Amerika mit dem Import von Produkten amerikanischer Plantagenwirtschaft nach Europa sowie dem Export verarbeiteter englischer Waren, wie zum Beispiel Textilien oder Waffen, nach Afrika.

Die Suche nach Edelmetallen war eine wichtige Triebfeder für den Vorstoß in unbekannte Gebiete gewesen. Nach anfänglicher Enttäuschung konnten Mitte des 16. Jahrhunderts die Silberminen von Potosí (Bolivien) und Zacatecas (Mexiko) erschlossen werden. Seitdem ergoss sich ein immenser Strom von Edelmetallen von Amerika nach Europa, der die allerdings nur vorübergehende imperiale Stellung der spanischen Krone begründete. Das Silber sorgte für eine Zunahme des Geldverkehrs und Aufstockung des europäischen Handelskapitals. Wissenschaftlich umstritten ist, inwieweit das amerikanische Silber die als Preisrevolution des 16. Jahrhunderts bezeichnete Inflation verursachte.

Globalisierung

Der Begriff „Globalisierung“, der unserer gegenwärtigen Epoche ihren Namen gegeben hat, bezieht sich auf das Zusammenwachsen der Welt zu einem einzigen Handlungsraum. Die Herausbildung einer Weltwirtschaft begann in der Zeit um 1500 mit der Gründung der spanischen und portugiesischen Kolonialreiche.

Im 18. Jahrhundert waren es dann vor allem die frühmodernen europäischen Staaten England, Frankreich und Holland, die für eine zunehmende Verflechtung des Handels, z. B. mit Tee, Kaffee und Zucker, sorgten. Als Folge der Industrialisierung setzte eine neue Phase der Globalisierung ein. Mit der formellen Aneignung von Kolonien im Zeichen imperialistischer Konkurrenz trat die Machtpolitik in den Vordergrund. Seit dem Ende des 19. Jahrhunderts spricht man von einer „Weltwirtschaft“. Angetrieben durch die industrielle Massenproduktion und die Dampfschifffahrt, die die Transportkosten enorm senkte, wuchs der Welthandel zwischen 1880 und dem Beginn des Ersten Weltkriegs 1914.

Der Erste Weltkrieg hinterließ tiefe Spuren in der Weltwirtschaft. Der internationale Güterverkehr erlitt erhebliche Rückschläge. Auf die Weltwirtschaftskrise von 1929 reagierten die meisten Staaten mit Protektionismus, mit der Abschottung ihrer Märkte.

Nach dem Zweiten Weltkrieg wurde der Prozess der Globalisierung durch den Ost-West-Konflikt beeinträchtigt. Erst der Zusammenbruch der Sowjetunion (1991) und die Liberalisierung des chinesischen Marktes verlieh dem alten Begriff „Weltmarkt" eine neue Qualität.

Der fünf Jahrhunderte andauernde Prozess der Globalisierung scheint zu einem (vorläufigen) Abschluss gekommen zu sein. Begriffe wie Weltwirtschaft(skrise), Weltunternehmen, Weltbank (seit 1944), Weltausstellungen (seit 1851), Weltkriege, Weltklima, Weltsprache (Englisch), Weltmacht und „Weltinnenpolitik" gehören mittlerweile zum alltäglichen Vokabular.

Von historischer Bedeutung ist in diesem Zusammenhang, dass die Globalisierung in Europa ihren Ausgangspunkt besaß. In Europa entstand zuerst ein globalisiertes Bewusstsein. Es waren zunächst Europäer, die die Vernetzung zu einem Kommunikationsraum betrieben. Von kaum zu überschätzender Wirkung erwies sich in diesem Zusammenhang der Telegraf. Dieses Gerät ermöglichte eine enorme Beschleunigung des Nachrichtenverkehrs. (Seit 1866 existierte das erste funktionierende Transatlantikkabel.) Die Überwindung räumlicher Distanzen mithilfe neuer Informationstechnologien (Glasfaserkabel, Internet, Satelliten, Mobiltelefon) bildete die Voraussetzung für das immer dichter werdende globale Netz.

M 7

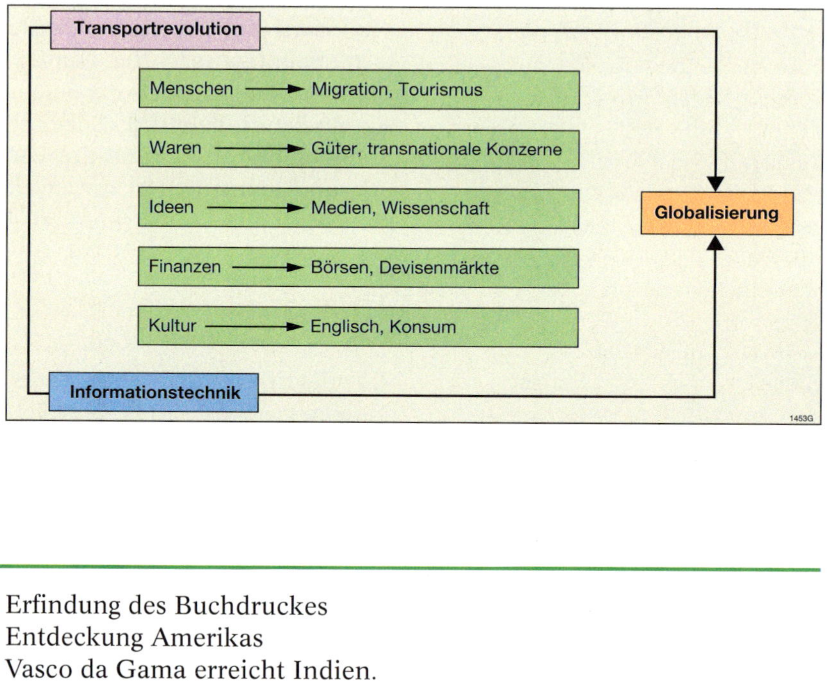

Chronologie

1450	Erfindung des Buchdruckes
1492	Entdeckung Amerikas
1498	Vasco da Gama erreicht Indien.
1517	Luthers Thesen über den Ablass
1519	Wahl Karls-V. zum Kaiser
1519–21	Eroberung Mexikos (Cortés)
1519–22	Erste Weltumsegelung (Magellan)
1525	Bauernkrieg
1531–33	Eroberung Perus (Pizarro)

M 8 **Das humanistische Bildungsideal**

Leo Battista Alberti (1402–1472), Architekt und Kunsttheoretiker, schrieb:

Wer wüsste nicht, dass das Erste, was Not tut, die Geistesbildung ist; so sehr das Erste, dass selbst ein geborener Edelmann ohne Bildung nur für einen Tölpel gelten wird! Ich für meine Person wünschte die jungen Edlen öfter mit einem Buch in der Hand als mit dem Falken auf der Faust zu sehen; keineswegs gefällt mir der gemeine Gebrauch mancher, die da sagen: Vollauf genug, wenn du deinen Namen schreiben kannst und zusammenzurechnen weißt, was man dir schuldig ist! [...]
Und ihr, Jünglinge, fahret fort, wie ihr es tut, widmet den gelehrten Studien viele Bemühung, seid beharrlich darin, findet eure Freude in der Kenntnis vergangener Zeiten und denkwürdiger Dinge und Nutzen in der Aneignung lehrreicher Erinnerungen, genießt es, euren Geist mit anmutigen Gedanken zu nähren, euer Gemüt an den trefflichsten Charakteren zu bereichern, suchet in der Erfahrung des politischen Lebens einen Überfluss unglaublicher Feinheiten, strebet, alles Menschliche und Göttliche kennen zu lernen, das mit vollkommener Vernunft in den Büchern niedergelegt ist. [...] Keine Mühe ist so reich belohnt – wenn es überhaupt Mühe heißen kann und nicht vielmehr Vergnügen und Erquickung für Herz und Geist – wie die, gute Werke zu lesen und wieder zu lesen: Du gewinnst daraus einen Überfluss an Beispielen, eine Fülle von Gedanken, einen Reichtum an Überzeugungen, Kraft der Gründe und Urteile, du schaffst dir Gehör, deine Mitbürger lauschen gern deinen Worten, sie schauen auf dich, preisen dich, lieben dich. Ich will mich nicht darüber verbreiten, denn es wäre zu weitläufig, aufzuzählen, wie sehr literarische Bildung, ich sage nicht nützlich, sondern notwendig ist für den, der die Dinge lenkt und steuert; und ich will nicht beschreiben, wie sehr sie den Staat veredelt.

Zit. nach:
J. Burkhardt, Frühe Neuzeit, Königstein/Ts. 1985, S. 124 f.

M 9 **Ein neuer Geist**

Jean Fernel, Arzt des Königs von Frankreich, über den geistigen Aufbruch (1530):

Was aber, wenn unsere Altvordern und diejenigen, die ihnen vorangegangen sind, einfach den gleichen Weg beschritten hätten wie die vor ihnen? [...] Nein, im Gegenteil scheint es gut zu sein für die Philosophen, sich auf neuen Wegen und in neuen Systemen zu bewegen, es scheint gut für sie zu sein, weder der Stimme des Verleumders noch dem Gewicht der alten Kultur oder dem Gewicht der Autoritäten zu gestatten, jene zu hindern, die ihre eigenen Ansichten zum Ausdruck bringen. Auf diese Art und Weise bringt jedes Zeitalter seine eigene Ernte an neuen Autoren und neuen Künsten hervor. Unser Zeitalter sieht Kunst und Wissenschaft nach zwölf Jahrhunderten der Ohnmacht wieder erstehen, Kunst und Wissenschaft haben jetzt ihren alten Glanz erreicht oder sogar übertroffen. Unser Zeitalter braucht sich in keiner Beziehung zu schämen und sich nach dem Wissen der Antike zu sehnen. [...] Unser Zeitalter vollbringt Dinge, von denen die Antike sich nichts träumen ließ. [...] Der Heldenmut unserer Seeleute ließ sie den Ozean überqueren und neue Inseln finden. Die fernen Geheimnisse Indiens liegen jetzt offen vor uns. Der Kontinent im Westen, die so genannte Neue Welt, unseren Vorvätern noch unbekannt, ist uns zum größten Teil bekannt. In all diesen Dingen und in den Gebieten, die zur Astronomie gehören, hatten Plato, Aristoteles und die alten Philosophen Fortschritte erzielt, denen Ptolemäus viele hinzugefügt hatte. Würde jedoch einer von ihnen heute zurückkehren, so fände er die Geografie so verändert, dass er sie nicht wieder erkennen würde. Ein neuer Erdball ist uns von den Seefahrern unserer Zeit gegeben worden.

Zit. nach: J. D. Bernal, Wissenschaft, Bd. 2, Reinbek 1970, S. 380 f.

M 10

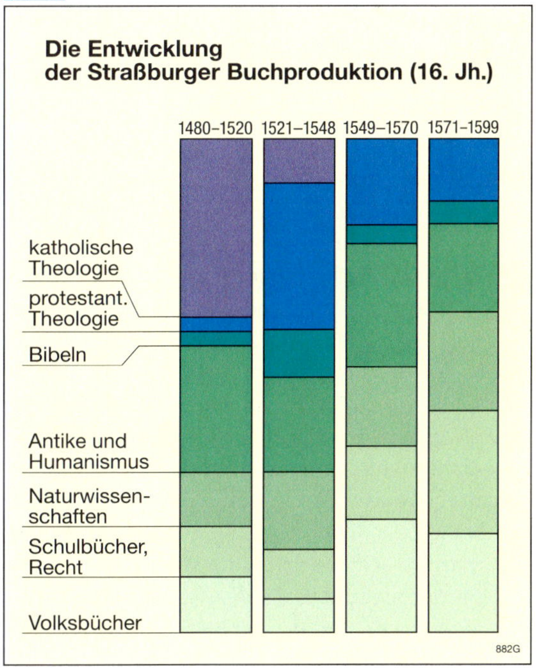

M 11 **Die Fugger: Bargeld ist Macht**

Der Historiker Hellmut Diwald stellt den Aufstieg der Fugger zu einer der reichsten Familien Europas dar:

Die Söhne Jakob [I.] Fuggers – Ulrich, Georg und Jakob [II.], später auch „der Reiche" genannt – waren einer wie der andere ausgestattet mit einer [Überempfindlichkeit] für die Beziehungen zwischen Wirtschaft, Geld und Geldwirtschaft. Dieses Brüdergespann verhalf dem Fuggerschen Handelshaus zu Ruhm und mythischem Prestige in der ganzen Welt, die damals von Europa aus zu erreichen war. Während eines Jahrhunderts geschah im Reich kaum Wesentliches, bei dem die Fugger nicht finanziell beteiligt gewesen wären. Zusammen mit den Bank- und Handelshäusern der Augsburger Welser und Hochstetter konnten die Fugger ihre Heimatstadt in die unangefochtene Finanzmetropole der gesamten Christenheit verwandeln. Sie waren sowohl die Bankiers der Päpste als auch die Finanziers der Kaiser: eines Friedrich III., Maximilian I. und Karl V. […]

Dass die Fugger am Ende des 15. Jahrhunderts zur reichsten Familie Europas aufgerückt waren, verdankten sie, ohne Umschweife gesagt, ihrem unerschütterlichen Spekulations[trieb], der sie dazu trieb, deutschen Fürsten, österreichischen Erzherzögen, ungarischen Königen, Päpsten und Bischöfen Darlehen auf Darlehen zu gewähren. Den Größenordnungen der Transaktionen entsprachen die Gegenleistungen: langfristige Abgaben ganzer Städte und Bezirke, Pfand[Schuld]verschreibungen, die Nutzungsrechte der Montanunternehmen von Fürstentümern, dem damals wichtigsten Produktionszweig, in dem Deutschland führend war und dessen jährliche Gewinne Karl V. auf zwei Millionen Goldgulden bezifferte. Vor allem aber ging das Haus Fugger mit dem Haus Habsburg eine finanzpolitische Liaison ein, [die] einer gemeinsamen Begierde entsprang: dem ständigen Bedarf der Habsburger an Geld und dem gleichen Bedürfnis nach noch mehr Geld bei den Fuggern. Als Jakob [II.] Fugger geraten wurde, rechtzeitig aus dem unsicheren Kupfergeschäft in Ungarn auszusteigen, gab er die Antwort: Er wolle gewinnen, dieweil er könne. […]

Fuggers Bankhaus führte schließlich nahezu den gesamten Transfer der Ablassgelder aus dem Europa nördlich der Alpen nach Rom durch. Aber dem Geld haftete schon seit bald zweitausend Jahren kein Geruch an, und die Treffsicherheit dieser Feststellung wird derjenige, der Geld besitzt, zu allen Zeiten bestätigen, weil er überzeugt ist, dass das einzige, was Moral und Kapital miteinander zu tun haben, in ihrer gegenseitigen Beziehungslosigkeit liegt. Innerhalb des modernen Kapitalismus wurde seit den Fuggern noch kein vernünftiges Argument dagegen entwickelt.

Jakob Fugger war nicht bloß der erste moderne Kapitalist, er war auch Repräsentant des monopolkapitalistischen Prinzips – eine Differenz, die in praxi auf Null zusammenschrumpft. Das unbeschränkte Verfügungsrecht über den Privatbesitz löst notwendig die Art des Profits aus dem Bedürfniskontext der Allgemeinheit heraus, sodass eine Monopolisierung von Waren samt willkürlichem Preisdiktat kein Ausdruck einer Strauchdiebmoral ist, sondern Konsequenz der neuen Handelsstruktur und der veränderten Bedingungen des Geldgeschäfts. […]

Jakob Fugger gelang es, für sein Haus das Kupfermonopol von ganz Europa zu erwerben, später noch das Monopol für Quecksilber, das für die Silberaufbereitung unersetzlich war. Im Montangeschäft landete er seine ersten Coups bereits 1488, als er die Innsbrucker Niederlassung führte. Erzherzog Sigmund von Tirol überließ ihm gegen ein Darlehen von einhundertfünfzigtausend Gulden die Ausbeutung der Schwazer Silberminen in Tirol bis zur Tilgung der Schuld. Jakob Fugger wurde damit zur wichtigsten Figur des Landes, da er über die Zügel der Wirtschaft die Richtung der Politik bestimmen konnte. Sigmund beabsichtigte entgegen den Wünschen des Kaisers, der Stände und Maximilians, nach seinem Tod die österreichischen Vorlande und Tirol an Bayern zu übergeben. 1490 stellte Jakob Fugger unvermittelt alle weiteren Zahlungen an Sigmund ein. Auf diesem trockenen Boden konnte der Erzherzog aber nicht leben; gegen eine stattliche Jahresrente überschrieb er Maximilian I. die Herrschaft von Tirol. Der Augsburger Geldherr hatte sich damit selbst die Probe aufs Exempel großen Stils geliefert. Seit dieser Zeit bedurften sämtliche politischen Pläne und diplomatischen Projekte Maximilians der finanziellen „Einsegnung Jakob Fuggers, und dieses Plazet [Zustimmung] war nicht leicht zu erlangen. Jakob Fugger vergaß nie, dass sein Vetter Lukas von der Geschwisterlinie „Fugger vom Reh" wegen eines Darlehens an Maximilian, das nicht eingelöst werden konnte, in Konkurs gegangen war.

Den Aufsehen erregendsten Kredit brachte Jakob Fugger 1519 zusammen: Damit bestimmte er die politischen Konstellationen Europas bis zur Mitte des Jahrhunderts. König Franz I. von Frankreich bewarb sich seit 1517 um die deutsche Kaiserkrone, unterstützt vom Papst, dem die Vorstellung, dass der Enkel Kaiser Maximilians, der junge König Karl von Spanien, an der Spitze des Heiligen Römischen Reiches den Kirchenstaat von Süden und Norden umspannt halten würde, genauso viel Bedenken verschaffte, wie den französischen König die Version einer ähnlichen Umklammerung durch die Habsburger Universalmonarchie mit Sorge, Befürchtungen und Neid erfüllte. Die Aussichten Franz I. standen zwar nicht übermäßig günstig, da der Papst sein Wohlwollen dem Kurfürsten von Sachsen, Friedrich dem Weisen, zuwandte, der eine Verpflichtung abgelehnt hatte, nach dem Tod Maximilians der Wahl des Kaiserenkels Karl zuzustimmen. Die Konkurrenzen und Wahlvorbereitungen verwandelten sich bald in ein gnadenloses Bestechungsgeschäft, zum größten Polit-Poker der europäischen Geschichte. Der französische König warf scheffelweise Subsidien [Hilfsgelder] in die Tröge der Kurfürsten. Der neunzehnjährige Souverän von Spanien musste mitziehen. Schließlich wurde für den Stimmenkauf die Fantasiesumme von über achthundertfünfzigtausend Goldgulden benötigt. Jakob Fugger erlegte davon allein fünfhundertdreiundvierzigtausend. Nach der Wahl Karls V. brannten in Ausburg Freudenfeuer. [...]

H. Diwald, Anspruch auf Mündigkeit, Frankfurt/M. 1982, S. 223 ff.

M 12 Die Revolution zur See

Im Folgenden wird die Entwicklung hochseefähiger Segelschiffe beschrieben:

Als Vasco da Gama 1498 Calicut erreichte, fragte man ihn, was er wolle. „Christen und Gewürze", lautete seine Antwort. War die Religion der Vorwand europäischer Expansion, so waren Gold und Gewürze die Motive und das seegehende Schiff das Mittel hierzu. Der technische Durchbruch, der Europäer in die Lage versetzte, Ozeane zu überqueren und Handelsposten an den Küsten ferner Kontinente zu errichten, kam mit der Entwicklung des Kanonen bestückten Segelschiffs, einer Erfindung, der in der Weltgeschichte die gleiche Bedeutung zukommt wie der des Rades.

Das hochseefähige Schiff war das Ergebnis der Vereinigung des kräftigeren Schiffs der nördlichen Gewässer und des längeren Handelsschiffs des Mittelmeers. Etwa seit 1400 wurde die geklinkerte Kogge mit Steuerruder (einer Erfindung des Nordens) und Rahsegel im Süden beliebt, da sie eine geringere Besatzung erforderte. Als Karweelbau (d. h. mit aneinanderstoßenden Planken) und mit lateinischer Takelage wurde sie die Karavelle oder vergrößert die Karracke, zwei- oder dreimastige Schiffe mit Rahsegeln an Haupt- und Fockmast. Mit solchen Karavellen von weniger als 300 Tonnen führten die meisten der frühen Entdecker ihre Reisen durch. Dagegen wurden im portugiesischen Fernosthandel riesige Karracken verwendet. So war die 1592 von den Engländern eroberte Madre de Dios 1600 Tonnen groß. [...]

Schwimmende Festungen wie die Karracken müssen bei ihrem Erscheinen im Jahre 1517 in Kanton großen Eindruck hinterlassen haben. Es verwundert nicht, dass ein chinesischer Chronist schreibt, solche Fremdländer seien „wegen ihrer Artillerie und Schiffe äußerst gefährlich. Keine Waffe seit Menschengedenken ist ihrer Kanone überlegen."

Solche Schiffe mussten über ferne, unbekannte Meere navigiert werden. Hier leisteten die Portugiesen ihren wichtigsten Beitrag. Sie verwandelten die küstennahe Lotsenkunst dadurch in ozeanische Navigation, dass sie es lernten, die Himmelskörper mit dem Astrolab der Seeleute, dem Quadranten, und dem Jakobsstab zu beobachten. [...]

Wichtigstes Instrument an Bord war der Kompass (erstmals erwähnt 1187 in Amalfi), der in einem in Messinggabeln gelagerten Gehäuse auf der Hütte untergebracht war. Veränderungen des Kompasses werden von frühen Entdeckern erwähnt, blieben aber unerklärlich. Die meisten Seefahrer vertrauten auf das Tiefenlot und das Stundenglas, mit dem die Wachzeiten bestimmt wurden: eine Sanduhr von halbstündiger Laufzeit, die während einer Wache achtmal gedreht wurde. Das Drehen wurde mit einem Ruf oder einem Glockenschlag angezeigt.

Der Seemann konnte seine Position nördlich und südlich durch die Sonnenhöhe recht genau bestimmen, sodass das Segeln nach Breite die Regel blieb. Die Bestimmung der Länge oder der westlichen und östlichen Entfernung blieb ein Geheimnis. Das einzige Mittel zur Feststellung eines Etmals (Tages) blieb die mit Knoten versehene Logleine, die in festgelegten Zeitabständen über Bord gegeben wurde, um die Geschwindigkeit, mit der die Knoten abliefen, und mit ihr die Fahrt des Schiffs zu messen. Die vermutete Position wurde mit einem Pflock in einer Tafel festgesteckt und als das „Log" vermerkt. Das Ergebnis waren riesige Fehleinschätzungen der Größe der Kontinente und der Breite der Ozeane. Die maritime Revolution [...] verlangte auch ein neues Weltbild, das zu einer kartografischen Revolution führte.

Chr. Lloyd, Atlas zur Seefahrtsgeschichte, Oldenburg 1980, S. 20.

M 13 Das neue Bild von der Erde

Die frühen Kartenzeichner standen vor dem Problem, die Kugelgestalt der Erde auf eine Fläche zu projizieren. Auf der abgebildeten Karte, die auf Francesco Rosselli (ca. 1508) zurückgeführt wird, wurden die Breitengrade gradlinig gezeichnet. Die ovale Darstellung des Globus stellt aber eine kartografische Neuerung dar.

M 14

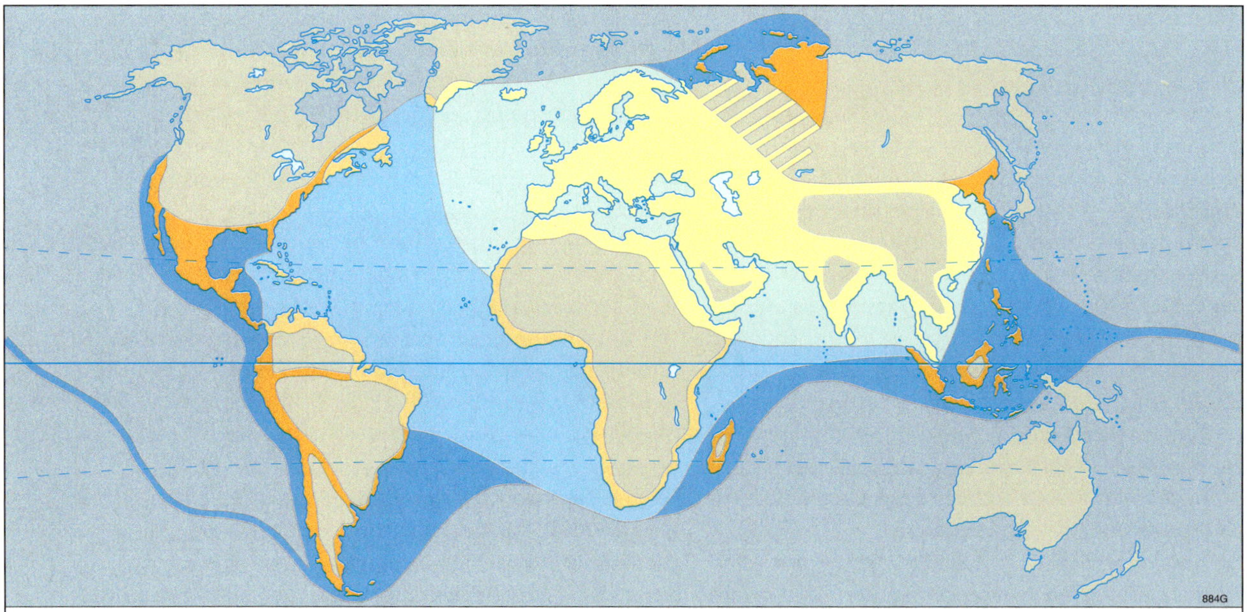

Der in Europa bekannte Teil der Erde	um 1400	um 1500	um 1550
bekannte Landoberfläche	ca. 31 Mio. km² - 21%	ca. 37 Mio. km² -25%	ca. 48 Mio. km² - 32%
bekannte Wasseroberfläche	ca. 26 Mio. km² - 7%	ca. 75 Mio. km² -20%	ca. 120 Mio. km² - 33%
bekannte Erdoberfläche	ca. 57 Mio. km² - 11%	ca. 112 Mio. km² -22%	ca. 168 Mio. km² - 32,5%

M 15 Der Kulturzusammenstoß

Der Historiker Urs Bitterli schildert die Konflikte der europäisch-überseeischen Begegnungen:

Zum geradezu klassischen Fall eines Kulturzusammenstoßes kam es auf der von Kolumbus während seiner ersten Reise entdeckten Insel Haiti. Die ersten Beziehungen zwischen den Spaniern und den einheimischen Indianern vollzogen sich im Sinne der Kulturberührung meist in einer Atmosphäre gegenseitiger Scheu und Zurückhaltung, gewannen aber bald, trotz bedeutender Kommunikationsschwierigkeiten und des Fehlens einer gemeinsamen Rechtsgrundlage, ausgesprochen friedlichen Charakter: Ohne die Hilfsbereitschaft der Eingeborenen wäre es den Leuten des Kolumbus unmöglich gewesen, in Haiti überhaupt an einen längeren Landaufenthalt zu denken. Dank der Unterstützung des Kaziken [Häuptling] Guancanagari gelang es beispielsweise Kolumbus, am Weihnachtstage des Jahres 1492 den ersten festen Stützpunkt der Europäer in der „Neuen Welt" zu begründen: „La Navidad" [Weihnachten]. In diesem Fort sollten etwa vierzig Kolonisten die Rückkehr ihres Kapitäns und Nachschub an Menschen und Material aus dem Mutterland abwarten. Doch als Kolumbus im November des Jahres 1493 wieder in Haiti eintraf, fand er die Befestigung zerstört und die Besatzung erschlagen: Die Kulturberührung hatte sich in der kurzen Zeit seiner Abwesenheit zum Kulturzusammenstoß gewandelt, und die Opfer waren diesmal nicht nur Eingeborene, sondern auch Europäer.

Dieser Umschlag vom freundlichen zum feindseligen Verhalten der Indianer, wie er im Falle von „La Navidad" besonders deutlich wird, ist von C. O. Sauer, einem hervorragenden Kenner der Geschichte des spanischen Kolonialimperiums, wie folgt kommentiert worden: „Was in Navidad geschah, war ungefähr das, was man hätte erwarten können. Die Besatzung, die man ausgewählt hatte, bestand zum größten Teil aus Gesindel. [...]

Kolumbus ließ sie mit dem Befehl zurück, sich möglichst viel Gold zu verschaffen und dessen Herkunft zu erkunden. Er rechnete völlig damit, dass die feigen Eingeborenen sich dem Willen der Spanier, was immer diese beabsichtigten, beugen würden. Den Männern von Navidad stand es frei, nach Lust und Laune herumzustreifen, statt dass man sie einer Disziplin unterstellt und für ihr Betragen verantwortlich gemacht hätte". Aus den Quellen geht hervor, wie ratlos Kolumbus angesichts dieser unerwarteten Wendung war.

Er musste erfahren, dass sich seine Landsleute durch ihre Gier nach Gold zu räuberischen Einfällen ins Hinterland hatten hinreißen lassen, dass sie durch die Plünderung indianischer Siedlungen, durch Vergewaltigung der Eingeborenenfrauen, durch Gefangennahme von Häuptlingen das anfängliche Vertrauen der Bevölkerung missbraucht und verspielt hatten, und er konnte ein solches Verhalten nicht billigen. Bestimmt bemühte er sich, seine Mannschaft künftig von derartigen Ausschreitungen abzuhalten, und zweifellos tat er manches, um durch Milde und Geduld eine Aussöhnung mit den Indianern herbeizuführen. Aber Kolumbus war eine in widersprüchlichen Stimmungen schwankende Persönlichkeit, ehrgeizig und nachsichtig in einem, und er war psychologisch zu ungeschickt, besaß auch wenige Ausstrahlungskraft, um auf seine Leute einzuwirken. So gewannen jene Kräfte die Oberhand, welche im rücksichtslosen Einsatz der ihnen zur Verfügung stehenden Machtmittel die einzige Lösungsmöglichkeit der kulturellen Problematik sahen. Skrupellose Unterführer brachen erneut zu bewaffneten Expeditionen ins Landesinnere auf, brandschatzten und raubten, erpressten sich durch Geiselnahme und Folterungen Zugeständnisse, deportierten Häuptlinge. Auf Unfreundlichkeit und Ungerechtigkeit im Umgang mit den Indianern folgten Übeltaten, die geradezu abartiger Einbildungskraft entsprangen; die anfängliche Achtung der Bevölkerung ersetzte man durch Einschüchterung.

Als Kolumbus nach einer Abwesenheit von mehreren Monaten – er hatte indessen Jamaica und Kuba erkundet – nach Haiti zurückkehrte, fand er Anarchie. Die Friedlichkeit der ersten Begegnung nun wiederherzustellen, war es zu spät. Da der herrschende Zustand einer allgemeinen Verwilderung die Verrohung und Disziplinlosigkeit der spanischen Kolonisten gefährlich beschleunigte, schien nichts anderes mehr übrig zu bleiben, als das Heil in der Flucht nach vorn zu suchen und das bisherige regellose Banditentum durch eine systematische Unterdrückungsstrategie zu ersetzen. Man begann, planmäßiger vorzugehen, operierte koordiniert, vergalt die geringste Regung des Widerstandes mit gezielten Repressalien. Im Frühling des Jahres 1495 kam es zur entscheidenden Auseinandersetzung, die, nach den vielleicht etwas hoch gegriffenen Schätzungen von Las Casas, gegen 100 000 Indianer das Leben kostete. Ein Jahr später hatte man die Insel unterworfen; die Eingeborenenbevölkerung war vollkommen verängstigt und in ihrem gesellschaftlichen und wirtschaftlichen Leben gestört, ihr

M 16 Darstellung von der Landung des Kolumbus auf San Salvador (1492), Kupferstich von Theodor de Bry (1594)

Verteidigungswille war so sehr gebrochen, dass, wie ein Chronist berichtet, ein einzelner Spanier es wagen konnte, sich in jeden Teil der Insel zu begeben, unentgeltlich Gut und Nahrung zu fordern und seine sexuellen Bedürfnisse zu befriedigen.

Diesen direkten Unterwerfungs- und Vernichtungsaktionen folgten die indirekten. Da es sich bald zeigte, dass die Goldvorkommen der Insel nicht unerschöpflich waren, entschloss man sich, die Fruchtbarkeit des Bodens und die Gunst des Klimas zu nutzen. Die Verteilung des Grundbesitzes, die der erste Gouverneur der Insel, Ovando, anordnete, nahm auf indianische Besitzrechte keinerlei Rücksicht; sein System einer Agrarverwaltung zwang den Eingeborenen, die Hauptlast der Arbeit selbst zu tragen. Grundbesitz, Schürfrechte und Handelsprivilegien übertrug Ovando den besonders zahlreich nach Übersee auswandernden Hidalgos, Angehörigen des spanischen Kleinadels, die körperliche Arbeit als erniedrigend empfanden und nun ihren im Mutterland sehr eingeschränkten Machtaspirationen freien Lauf lassen konnten. Diesen Gutsherrenpersönlichkeiten wurden nach dem System das „repartimiento" [Zuweisung] als Hilfskräfte Indianer zugeteilt, die zwar nach den Bestimmungen der Krone als freie Untertanen betrachtet werden sollten, in Tat und Wahrheit aber – da dieser Rechtsschutz jenseits des Ozeans kaum wirksam wurde – ein Sklavendasein führten. Überhaupt keinen Einschränkungen unterlag der Arbeitseinsatz der als kriegerisch und kannibalisch verrufenen Kariben, die von den umliegenden Inseln in wachsender Zahl nach Haiti verschleppt wurden, und dasselbe galt von den afrikanischen Negersklaven, die man nach 1505 in Westindien einführte und den besonders harten Frondienst in den neu geschaffenen Zuckerplantagen leisten ließ.

Das Landwirtschaftssystem der Spanier führte zwar in wenigen Jahrzehnten zu beachtlichen Erfolgen insbesondere auf den Gebieten der Zitrus-, Bananen- und Olivenproduktion sowie der Landwirtschaft, profitable Exportgeschäfte in Zucker und Farbhölzern bahnten sich an, [...] aber seine Auswirkung auf die Eingeborenengesellschaft war katastrophal und im Endergebnis noch verderblicher als die kriegerischen Aktionen der Jahrhundertwende. In einem Pamphlet, das nach dem Untergang der Armada in England neu aufgelegt [...] wurde, hat Bartolomé de Las Casas die schädlichen Auswirkungen der Zwangsarbeit auf die indianische Bevölkerung mit beredten Worten geschildert. Es sei üblich gewesen, stellt Las Casas unter anderem fest, die männlichen Eingeborenen für eine bestimmte Zeit des Jahres in die Minen zu schicken, um sie unzumutbare Fronarbeit leisten zu lassen; die Frauen hätten indessen das Feld bestellen und so hart arbeiten müssen, dass selbst der stärkste und geübteste Mann darunter gelitten haben würde. Weder den Frauen noch den Männern habe man genügend zu essen gegeben, sodass die Frauen ihre Kinder nicht mehr hätten stillen können und diese hinweggestorben seien. Auch sei die Fortpflanzung der Indianer durch die Trennung der Geschlechter erschwert worden. Die Männer seien wegen Überbeanspruchung und Unterernährung in den Minen gestorben, und die Frauen aus denselben Gründen auf den Plantagen; auf diese Weise sei eine gewaltige Zahl von Inselbewohnern verbraucht und ausgetilgt worden. Man könne sich, schreibt Las Casas, keine Erdenbewohner denken, die durch solche Behandlung nicht schließlich ausgerottet würden.

U. Bitterli, Die „Wilden" und die „Zivilisierten", München 1976, S. 130 ff.

M 17 **Grundzüge der Globalisierung**

Der israelische Politikwissenschaftler Yehezkel Dror kennzeichnet die Merkmale der globalisierten Welt:

Bei der Untersuchung der Probleme, vor denen die Demokratien stehen, sind folgende Grundzüge der Globalisierung besonders auffällig. [...]

– Die Nationen waren schon immer Kräften und Akteuren ausgesetzt, die sich außerhalb ihrer Kontrolle befanden. Aber die modernen globalen Prozesse, wie beispielsweise im Finanzbereich, haben eine noch viel stärkere Wirkung, sind noch weniger berechenbar, als sie sich selbst dem Verständnis der Personen entziehen, die in diesen Bereichen arbeiten und sie nominell leiten. Der Modebegriff „Weltdorf" oder „global village" macht deutlich, in welchem Maße sich der Diskurs [Erörterung] von Wortspielen einfangen lässt, die die Realität verfälschen und ihr Verständnis verhindern. Eines der Hauptcharakteristika eines Dorfes ist doch, dass sich alle kennen und dass die Interaktion weitgehend transparent ist. Für die Globalisierung trifft das aber gerade nicht zu. [...]

– Entfernungen schrumpfen zusammen. Weltumspannende Netzwerke ermöglichen die sofortige Interaktion, und das Reisen ist sowohl schnell als auch relativ billig. Die meisten Interaktionsnetzwerke befinden sich außerhalb der staatlichen Kontrolle. Dadurch schwindet die Bedeutung von Staatsgrenzen weiter.

– Die Zahl der Länder und Völker, die global agieren, wächst schnell, wobei sich eine Gewichtsverlagerung von den die Welt beherrschenden westlichen Ländern zu den immer mächtiger werdenden asiatischen Ländern und Völkern vollzieht. Dies gilt auch für die Wettbewerbsvorteile, bei denen die westlichen Staaten unter Druck geraten, sodass sich die Möglichkeit eines Niedergangs des Westens eindeutig abzeichnet.

– Feststellbar ist eine Tendenz zu einer „globalen Zivilisation" mit gemeinsamen Modetrends, Werten und Sichtweisen. Es gibt ferner eine wachsende pluralistische „Globalelite". Jedoch sollten Übertreibungen vermieden werden: Unterschiedliche Kulturen wird es auch weiterhin geben, und die Unterschiede werden in einigen Fällen sogar noch größer. Die Folge sind interkulturelle Konflikte. [...]

– Neue globale Akteure, die sich außerhalb der staatlichen Kontrolle bewegen, werden immer einflussreicher, wie beispielsweise die Magnaten [Großunternehmer] der Massenmedien und, in ganz anderer Weise, die Drogenkartelle.

– Die Wirtschaft globalisiert sich – mit neuen Formen des Wettbewerbs und einer Vervielfachung weltweit agierender Akteure, die an kein bestimmtes Land mehr gebunden sind.

Mit diesen Hauptdimensionen der Globalisierung ist jedoch das Thema noch lange nicht hinreichend umrissen. Vielmehr müssen auch indirekte Wirkungen hinzugefügt werden. So gibt es geostrategische Verlagerungen, die mit der Globalisierung zusammenhängen, auch wenn sie nicht direkt von ihr verursacht werden. Diese Verlagerungen stellen jedoch wichtige Komponenten des Umfeldes dar, mit dem sich die Demokratien auseinander setzen müssen, beispielsweise der Einflussbereich weit entfernter Akteure [Handelnder].

Y. Dror, Demokratie und Globalisierungsdruck, in: W. Weidenfeld (Hg.), Demokratie am Wendepunkt, Berlin 1996, S. 372ff.

Aufgaben

1. Beschreiben Sie das humanistische Bildungsideal beziehungsweise die neue geistige Einstellung. → Text, M1–M3, M8, M10
2. Erläutern Sie die Bedeutung, die dem Buchdruck bei der Überwindung des Mittelalters zukam. → Text, M10
3. Analysieren Sie den Zusammenhang zwischen wirtschaftlicher und politischer Macht, den die Geschichte des Hauses Fugger offenbart. → Text, M11
4. Stellen Sie die technischen Voraussetzungen dar, die für das Ausgreifen Europas nach Übersee notwendig waren. → Text, M12, M13, M14
5. Untersuchen Sie, wie sich der Zusammenstoß zwischen den europäischen Eroberern und den Indianern auf die Kulturen Süd- und Mittelamerikas sowie der Westindischen Inseln auswirkte. → Text, M15
6. Erklären Sie, inwiefern im 16. Jahrhundert die Grundlagen für einen Prozess gelegt wurden, den man aus heutiger Sicht als Beginn der Globalisierung bezeichnet. → Text, M7, M17

6. Das Zeitalter des Absolutismus

Das berühmte Porträt Ludwigs XIV. von Hyacinthe Rigaud (um 1700) ist ein Beispiel für staatliche Auftragskunst. Ludwig XIV. (1639–1715) verkörperte wie kein anderer Herrscher seiner Zeit den Absolutismus. Er regierte 72 Jahre, davon 54 als Alleinherrscher. Das Bild war Teil einer planmäßig in Szene gesetzten Regierungspropaganda, galt als Staatsporträt und besaß die Qualität einer Ikone, eines quasi heiligen Bildes. Es repräsentierte die Majestät und wurde im Thronsaal von Versailles aufgestellt, wenn der König nicht anwesend war. Das Bild musste mit dem gleichen Respekt behandelt werden wie die Person des Königs selbst, zum Beispiel war es nicht statthaft, ihm den Rücken zuzukehren. Das Bildnis des Königs folgt den Gesetzen der Idealisierung. Es zeigt ihn in der Pose der Macht mit lilienbesticktem und hermelinbesetztem Königsmantel und ausgestattet mit den Herrschaftssymbolen Krone, Zepter und Schwert. Am Sockel der Säule im Hintergrund befindet sich eine Justitiafigur. Hohe Absätze machten Ludwig größer, als er in Wirklichkeit war; und die Perücke verdeckte seinen Haarausfall.

Bilder waren Teil einer umfassenden Inszenierung, die den Ruhm des Herrschers vermehren sollte. Sie fügten sich ein in ein Ensemble von Festen, Theateraufführungen, öffentlichen Mahlzeiten, repräsentativer Kleidung und kostspieliger Architektur. Zur Steigerung königlicher Ausstrahlung stand zudem ein beträchtlicher Medienapparat zur Verfügung. Auf Bildern, Münzen, Gobelins, durch Denkmäler, literarische und musikalische Werke wurde das Charisma produziert, das für die Aufrechterhaltung der absolutistischen Herrschaft notwendig war.

Im Ergebnis führte das zur Identifikation des Königs mit dem Staat an sich (französisch: „L'Etat c'est moi.“) und zur Gleichsetzung des Königs mit der lebensspendenden Sonne („roi soleil“). Die Salbung mit dem heiligen Öl während des Krönungsrituals verlieh den französischen Königen – in mittelalterlicher Tradition – eine heilende Kraft. Ihnen wurde die Fähigkeit zugeschrieben, durch königliches Handauflegen Skrofel zu heilen, eine damals verbreitete Hautkrankheit. Historiker schätzen, dass Ludwig XIV. während seiner langen Regierungszeit etwa 350 000 Mal dieses Ritual vollzogen hat.

Hinsichtlich des Absolutismus ist zwischen dem Idealbild, das die Herrscher verbreiteten, und der Wirklichkeit zu unterscheiden. Der Staat im Zeitalter des Absolutismus war in der Praxis weit davon entfernt, die Gesellschaft so zu durchdringen, wie er sich das selbst zum Ziel setzte. Vielfach blieben die so genannten mittleren Gewalten des Adels, der Rittergutsbesitzer, des städtischen Patriziats intakt. In vielen Territorialstaaten ließen sich auch die Stände nicht gänzlich ausschalten. Die Fürsten konnten nur sehr bedingt in eigener Machtvollkommenheit handeln. Die Verfügungsgewalt über das Heer und die Bürokratie war zwar gegeben, aber die chronischen Finanzierungsschwierigkeiten des absolutistischen Staats setzten der Machtvollkommenheit der regierenden Fürsten Grenzen, zum Beispiel durch die Kreditgeber.

6.1 Absolutismus als Herrschaftsform

Der Begriff „Absolutismus“ weist zwei unterschiedliche Bedeutungen auf. Zum einen kann er als Epochenbezeichnung dienen, dann bezieht er sich auf die Zeitspanne von 1648 (dem Ende des Dreißigjährigen Krieges) bis 1789 (dem Beginn der Französischen Revolution). Zum anderen wird mit „Absolutismus“ auch eine bestimmte Herrschaftsform bezeichnet, bei der der Inhaber der Staatsgewalt eine Macht ausübt, die nicht durch Stände, Zünfte, Adlige oder Städte beschränkt wird. Der Herrscher (Souverän) verfügt über die richterliche, gesetzgebende und ausführende Macht in seinem Staat. Als Monarch ist er oberster Gerichtsherr, entscheidet über Krieg und Frieden in der Außenpolitik und bestimmt über Finanzen und Verwaltung.

„Staatsräson“

Die besonderen Interessen zum Beispiel des Adels mussten sich der „Staatsräson“, also dem übergeordneten Nutzen des Staates und der Krone, fügen. Der Monarch, der den Staat durch Amt und Person verkörperte, durfte aber nach der Auffassung der Zeit keine Willkürherrschaft ausüben, sondern sollte die Grundsätze des göttlichen und natürlichen Rechts beachten.

Zeitlich gesehen entstand der Absolutismus im Übergang vom späten Mittelalter zur Frühen Neuzeit. Vor allem im westlichen, mittleren

M 1

M 2 **Le „Roi Soleil"**
Ludwig XIV. wurde als Sonnenkönig bezeichnet. Seine Devise: Nec pluribus impar (frei übersetzt: Keiner kann sich mit ihm messen), Rückseite der Medaille von Jean Warin, 1674

und nördlichen Europa (zum Beispiel Spanien, Frankreich, Schweden, Brandenburg-Preußen) war er eine wesentliche Triebkraft für die Herausbildung des modernen europäischen Staatensystems zwischen dem 15. und 17. Jahrhundert. Im absolutistischen Staat liefen beim Fürsten beziehungsweise Territorialherrscher zunehmend die Hoheitsfunktionen (zum Beispiel die Verwaltung) zusammen, die in der feudalen und ständischen Ordnung des Mittelalters auf die verschiedenen bevorrechtigten Träger (Adel, Kirche, Stadtgemeinden) verteilt waren. Vor allem in Frankreich prägten sich die Strukturen des Absolutismus besonders deutlich aus. Hier hatte er einen entscheidenden Anteil beim Aufstieg des Landes zur europäischen Großmacht.

Die geschichtlichen Errungenschaften des Absolutismus zeigten sich in den verschiedenen Bereichen von Wirtschaft, Gesellschaft und Staat:

- Die staatliche Verwaltung (Bürokratie) wurde ausgebaut. Zu den wichtigsten Aufgaben zählten Einziehung der Steuern, die Organisation der Polizei, Gerichtsbarkeit, das Militärwesen und der Landesausbau (zum Beispiel durch Verkehrswege). Der Konzentration der Macht beim Monarchen entsprach ein zentraler und hierarchischer Aufbau der Behörden. Im Auftrag des Königs arbeitete eine abhängige, weisungsgebundene Beamtenschaft. Die Spitzen der Verwaltung, beispielsweise die Intendanten in Frankreich, waren direkt dem König gegenüber verantwortlich, der sie berief und entließ. Nicht nur der Adel, sondern auch mehr und mehr das Bürgertum stellte die Fachleute zur Verfügung, die der bürokratische Obrigkeitsstaat brauchte.
- Als eine der wichtigsten Stützen der Macht wurden stehende Heere aufgebaut. Ein Großteil der Staatsausgaben floss damit in die Rüstung. Große und disziplinierte Heere waren für die Monarchen unerlässliche Werkzeuge im wirtschaftlichen, diplomatischen und militärischen Konkurrenzkampf mit den anderen Mächten. Unter Ludwig XIV. betrug zum Beispiel die durchschnittliche Heeresstärke 100 000 Mann.
- Die wachsenden Aufgaben des Staates, die zahlreichen Kriege um Territorien und Vormacht und nicht zuletzt eine verschwenderische Hofhaltung erzeugten einen großen Geldbedarf, der den Ausbau des staatlichen Finanz- und Steuerwesens notwendig machte. Die neuen wirtschaftspolitischen Methoden des Merkantilismus versprachen eine Steigerung staatlicher Macht durch wirtschaftliche Expansion.

Besonders konfliktreich war das Verhältnis des absoluten Königtums zu den alten feudal-ständischen Gewalten. Einerseits schränkte die erstarkende Zentralgewalt zwangsläufig die Macht der Stände beziehungsweise des Adels ein. Andererseits verkörperte der Monarch nach wie vor die Spitze einer traditionellen aristokratischen Ordnung. Die gesellschaftlich hervorgehobene Stellung des Adels wurde also nicht grundsätzlich angetastet.

Adel

Der Adel verfügte traditionell über eine Reihe von gesellschaftlichen, wirtschaftlichen und steuerlichen Privilegien. Hohe Posten in Verwaltung, Justiz, Armee und Diplomatie waren von Adligen besetzt. Als Grundbesitzer zogen die Adligen die Feudalabgaben von den Bauern ein. Außerdem genossen sie eine weitgehende Steuerbefreiung. Seit dem 16. Jahrhundert nutzten Angehörige des Bürgertums verstärkt die Möglichkeit, durch Ämterkauf in den Adel aufzusteigen. Der Ämterkauf, der ein erhebliches Geldvermögen voraussetzte, diente der Krone zur Deckung ihres chronischen Finanzbedarfs. Durch die Aristokratisierung von Teilen des Bürgertums entstand neben dem alten Schwertadel (noblesse d'épée) der Amtsadel (noblesse de robe). Unter der absoluten Monarchie gelang es dem Amtsadel, mehr und mehr in wichtige Posten im Verwaltungs- und Justizapparat aufzurücken. Das Königtum stützte sich also zunehmend auf die aufsteigende bürgerliche Dienstklasse.

Die theoretische Begründung des Absolutismus

Bodin

Der Franzose Jean Bodin (1529 oder 1530–1596) entwarf mit seiner Staatstheorie in den „Six livres de la République" (Sechs Bücher über die Republik, 1576) eine schon zu seiner Zeit einflussreiche Begründung der absoluten Monarchie. Für Bodin war der Staat die übergreifende Ordnung des menschlichen Zusammenlebens. Seine Mitglieder waren nicht Bürger, sondern Untertanen. Zur Verwaltung des Gemeinwesens sei eine souveräne Macht nötig. Die zentrale Vorstellung in Bodins Lehre war die Idee der Souveränität, nach der der Fürst (Monarch) die Quelle aller Herrschaft sei. Dieser könne im Rahmen der Gerechtigkeit und der „natürlichen" und göttlichen Gesetze Verordnungen und Gesetze erlassen. In der Monarchie sah Bodin den vollkommensten Ausdruck dieses Souveränitätsprinzips.

Hobbes

Der Philosoph und Staatstheoretiker Thomas Hobbes (1588–1679) entwickelte seine Auffassung von der Funktion des Staates unter dem Eindruck des Bürgerkrieges in England. Sein Hauptwerk „Leviathan" (1651) hatte einen großen Einfluss auf die politische Theorie der Neuzeit.

Thomas Hobbes
(1588–1679)

Hobbes' Ausgangspunkt war dabei der Konflikt zwischen dem englischen König Karl I. und dem Parlament. Die blutigen Wirren des Bürgerkrieges prägten seine politische Lehre vom Naturzustand des Menschen: In einer Welt knapper Güter (modern: Ressourcen) führten Konkurrenzkampf und Selbsterhaltungstrieb zum grausamen Krieg aller gegen alle (lateinisch „bellum omnium contra omnes"). Der Naturzustand des Menschen wird also als ein kriegerischer verstanden. Um diesen permanenten Kriegszustand, der das Überleben aller gefährde, zu überwinden, erfänden die Menschen den staatlichen Souverän. Mittels eines fiktiven Gesellschaftsvertrages übertrügen sie ihm die uneingeschränkte Gewalt (Unterwerfungsvertrag). Die neue Zwangsgewalt des Staates sei allein im Stande, den inneren Frieden und eine stabile Ordnung zu schaffen. Die Friedenssicherung durch den Souverän korreliert also mit der Gehorsamspflicht der einzelnen Bürger. Die Macht des Staates muss größer sein als die aller Bürgerkriegsparteien zusammen. Der Grundsatz des staatlichen Gewaltmonopols, der auch für die moderne Demokratie gilt, hat in der Lehre von Thomas Hobbes seinen Ursprung. Zwar war es der Schrecken des englischen Bürgerkriegs, der Hobbes zu seiner politischen Theorie inspirierte, aber die große Resonanz, die seine Staatsidee fand, war auch eine Folge des Dreißigjährigen Krieges.

M 3 Die Entstehung des Absolutismus

Der Soziologe Norbert Elias sieht in der Staatenbildung einen zentralen Aspekt der Zivilisation:

1. Ein paar der wichtigsten Mechanismen, die der Zentralgewalt eines Herrschaftsgebietes am Ausgang des Mittelalters allmählich wachsende Chancen zuführten, [...] zeigen sich besonders klar und eindeutig ausgeprägt in der Entwicklung des französischen Königtums. Die allmähliche Vergrößerung des geldwirtschaftlichen Sektors auf Kosten des naturalwirtschaftlichen in einem bestimmten Gebiete des Mittelalters hatte sehr verschiedene Folgen für das Gros [Mehrheit] des Kriegeradels auf der einen, für den König oder Fürsten dieses Gebiets auf der anderen Seite. Je mehr Geld auf einem Gebiet in Umlauf kam, desto stärker stiegen die Preise. Alle Schichten, deren Verdienst nicht entsprechend stieg, alle die Menschen, die ein festgelegtes Einkommen hatten, waren damit benachteiligt, vor allem die Feudalherren, die von ihren Gütern feste Renten bezogen.

Die gesellschaftlichen Funktionen, deren Einkommen sich entsprechend den neuen Verdienstchancen vergrößerte, waren begünstigt. Dazu gehörten bestimmte Gruppen des Bürgertums; dazu gehörte vor allem auch der König, der Zentralherr; denn er hatte durch den Steuerapparat an dem wachsenden Reichtum Anteil; er konnte von jedem Verdienst im ganzen Herrschaftsgebiet einen Teil an sich ziehen, und seine Einkünfte vermehrten sich infolgedessen mit dem wachsenden Geldumlauf außerordentlich.

Auf Grund dieses Mechanismus [...] kam zunächst einmal mehr oder weniger automatisch ein immer größeres Einkommen in die Verfügungsgewalt der Zentralherren. Das ist eine der Voraussetzungen, aufgrund derer die Institution des Königs oder Fürstentums allmählich den Charakter der Absolutheit oder Unumschränktheit erhielt.

2. Proportional zu den finanziellen Chancen, über die die Zentralfunktion verfügte, wuchsen ihre militärischen. Derjenige, der über die Steuern eines ganzen Landes verfügte, war in der Lage, sich mehr Krieger zu mieten als irgendein anderer. [...] Der König [...] erhielt mit den wachsenden Einnahmen auch die Chance der militärischen Überlegenheit über alle militärischen Kräfte des Landes.

[...] Während der Geldumlauf wuchs und die Handelstätigkeit sich entwickelte, während die Einnahmen bürgerlicher Schichten und der Zentralgewalt stiegen, sanken die Einnahmen des gesamten übrigen Adels. Ein Teil der Ritter war zu einem kümmerlichen Leben verurteilt, ein anderer nahm sich durch Raub und Gewalt, was ihm auf friedlichem Wege nicht mehr zugängig war, wieder andere hielten sich, solange es ging, durch den langsamen Verkauf ihrer Güter über Wasser, und ein guter Teil des Adels schließlich trat, durch diese Umstände gezwungen, durch die neuen Chancen angelockt, in die Dienste der Könige oder Fürsten, die bezahlen konnten. Das waren die Chancen, die sich der an das Wachstum des Geldumlaufs und des Handelsnetzes nicht angeschlossenen Kriegerschicht von der wirtschaftlichen Seite her boten.

4. [...] Das Monopol der Verfügung über Waffen und kriegerische Macht ging aus der Hand des ganzen Adelsstandes in die Hand eines Einzelnen seiner Mitglieder, des Fürsten oder Königs, über, der, gestützt auf das Steuereinkommen des ganzen Gebietes, die größte Truppe in diesem Gebiet bezahlen konnte. Damit wurde das Gros des Adels aus relativ freien Kriegern oder Rittern bezahlte Krieger oder Offiziere im Dienst des Zentralherrn. [...]

5. [...] Der Adel verlor mit der Vergrößerung des geldwirtschaftlichen Sektors in der Gesellschaft an Macht, während bürgerliche Schichten mit ihr an Macht gewannen. Aber im Allgemeinen erwies sich keiner der beiden Stände als stark genug, um für längere Zeit die Oberhand über den anderen zu gewinnen. Spannungen bestanden dauernd, und die kamen von Zeit zu Zeit überall in Kämpfen zum Ausbruch. [...]

N. Elias, Über den Prozeß der Zivilisation (Zweiter Band), Frankfurt/M. 1978, S. 8 ff.

M 4 Armeen als Instrumente der Gesellschaftsformung

Die Historiker Leonhard Bauer und Herbert Matis stellen im Folgenden die soziale Disziplinierung im Rahmen des Militärs dar:

Für den umfassenden sozialen Disziplinierungsprozess [...] kommen auf institutioneller Ebene primär Heer, Schule, Zucht- und Arbeitshäuser sowie die Manufakturen in Betracht, in denen die vom neuen Staats- und Wirtschaftssystem geforderten Eigenschaften des „neuen" Menschen vermittelt werden sollen. Vor allem während des Dreißigjährigen Krieges sind Ansätze zu einer disziplinären Straffung und Uniformierung der Armeen erkennbar, in Westeuropa sogar noch etwas früher. Im Gegensatz zu den bunt gemischten, verschieden ausgestatteten und in ungeordneten Haufen im Felde stehenden Söldnern, deren Zugehörigkeit zu einer der kämpfenden Parteien oft nur schwer erkennbar ist – tatsächlich kommt es auch oft vor,

M 5 Militärjustiz

Disziplin durch die Härte der Militärstrafen. Zusammenfassende Darstellung der Militärjustiz aus H. F. v. Flemings „Der vollkommene Teutsche Soldat“, Leipzig 1726

dass ein Landsknechthaufen wegen ausstehenden Soldes einfach die Seiten wechselt –, setzen die Spanier erstmals mit dem „spanischen Viereck“ eine einheitlich bewaffnete Truppe, die „Infanterie“, ein, die durch ihre strenge Ordnung und ausgeklügelte, sich nach Dienstalter und Tüchtigkeit der Soldaten richtende Aufstellung besondere Schlagkraft aufweist. Mit der allgemeinen Verbreitung der Feuerwaffen ändert sich allgemein sowohl die Organisation als auch die Gefechtstaktik der Heere. Die Ausrüstung wird vereinheitlicht, desgleichen die Bekleidung, welche zur „Uniform“ wird. Die verschiedene Uniformierung der Truppenteile und Waffengattungen hat vor allem auch den Zweck, dass der Feldherr die einzelnen Einheiten auf dem Schlachtfeld besser erkennen und wie in einem Sandkastenspiel, wie auf einem Schachbrett (das „königliche Spiel“) dirigieren kann. Durch Drill und Exerzieren soll schließlich eine massenhafte Präzision der Bewegungen und Befehlsausführung erzielt werden. Beispielsweise nimmt Ludwig XIV., geradezu die Inkarnation des absoluten Fürsten, 1666 in Paris die erste Militärparade ab, eine Machtdemonstration, in der erstmals die Vorstellung vom mechanischen Menschen ins Giganteske übertragen und die neue, geometrisch festgelegte Ordnung der Truppe realisiert wird. Diese Parade macht Schule an den Fürstenhöfen Europas; das Exerzierreglement wird dann vor allem von den preußischen Königen übernommen und perfektioniert. Absoluter Gehorsam, mechanische Bewegungen [...] werden in der auch als „Schule der Nation“ bezeichneten Institution der Armee zum Ideal erhoben.

L. Bauer, H. Matis, Geburt der Neuzeit, München 1988, S. 320 f.

M 6 Über den Ursprung staatlicher Gewalt

Bossuet (1627–1704), Hofprediger Ludwigs XIV. und Erzieher des Thronfolgers, hatte großen Einfluss auf den König:

Alle Welt beginnt also mit der monarchischen Staatsform, und fast die ganze Welt hat sie als die natürlichste Form beibehalten. Auch hat sie [...] ihren Grund und ihr Vorbild in der väterlichen Gewalt, d. h. in der Natur selber. Die Menschen werden allesamt als Untertanen geboren, und die väterliche Autorität, die sie an den Gehorsam gewöhnt, gewöhnt sie zugleich daran, nur ein Oberhaupt zu kennen.

Wenn die monarchische Staatsform die natürlichste ist, so ist sie, wie sich von selbst ergibt, die dauerhafteste und damit auch die stärkste. [...]

Wenn man Staaten gründet, will man sich vereinigen; niemals aber ist die Einheit besser gewahrt als unter einem einzigen Oberhaupte. Niemals ist man auch stärker als in diesem Falle, weil alles zu einem Ziel zusammenwirkt. [...]

Wir haben also mit der Schrift begründet, dass die königliche Gewalt ihren Ursprung in der Gottheit selber hat; dass Gott sie seit Erschaffung der Welt sichtbar über die Menschen ausgeübt hat; dass er diese übernatürliche und wundersame Herrschaft über das Volk Israel fortdauernd ausgeübt hat bis zu der Zeit der Einsetzung der Könige; dass er darauf die Staatsform der erblichen Monarchie als die natürlichste und dauerhafteste unter allen ausgewählt hat. [...]

Wir haben schon gesehen, dass jede Gewalt von Gott kommt. [...] Die Fürsten handeln also als Gottes Diener und Statthalter auf Erden. Durch sie übt er seine Herrschaft aus. [...] Deshalb ist, wie wir gesehen haben, der königliche Thron nicht der Thron eines Menschen, sondern Gottes selber. [...] Aus alledem ergibt sich, dass die Person der Könige geheiligt ist; wer sich an ihnen vergreift, begeht ein Sakrileg. Gott lässt sie durch seine Propheten mit heiligem Öl salben, wie er die Priester und seine Altäre salben lässt. Aber auch ohne äußerliche Salbung sind sie geheiligt durch ihr Amt als die Repräsentanten der göttlichen Majestät, die seine Vorsehung bestimmt hat, dass sie seine Absichten erfüllen .[...]

Zit. nach: W. Lautemann, M. Schlenke (Hg.), Geschichte in Quellen, Bd. III, München 1966, S. 450 f.

M 7 Über die Souveränität

Jean Bodin (1530–1596) kämpfte für das Königtum und begründete die Lehre von der fürstlichen Souveränität:

Souveränität ist die absolute und dauernde Macht eines Staates, die die Lateiner „majestas" nennen [...], und bedeutet so viel wie „höchste Befehlsgewalt". Wir müssen hier den Begriff der Souveränität formulieren, weil noch kein Rechtsgelehrter und kein Staatsdenker aufgetreten ist, der ihn definiert hätte; und doch handelt es sich um den Hauptpunkt, dessen Klärung in einem Traktat über den Staat am allerwichtigsten ist. [...] Es ist also nötig, zu erklären, was „souveräne Gewalt" bedeutet. Es [...] gehört notwendig zum Begriff der Souveränität, dass ihre Inhaber auf keine Weise den Befehlen eines anderen unterworfen sind, dass sie den Untertanen Gesetze geben, überholte Gesetze kassieren und aufheben und neue dafür erlassen können: Das kann keiner, der selber den Gesetzen oder anderen, die Befehlsgewalt über ihn haben, untersteht. Dies ist gemeint, wenn das Gesetz sagt, der Fürst sei von der Gewalt der Gesetze befreit. [...]
Deshalb lesen wir am Schluss der Gesetze und Ordonnanzen [Verordnungen] die Worte: „Car tel est nostre plaisir" [Denn es ist unser Vergnügen.], um anzuzeigen, dass die Gesetze des souveränen Herrschers, obwohl auf guten und triftigen Erwägungen beruhend, dennoch nur von seinem erklärten und freien Willen abhängen. Nur den göttlichen und natürlichen Gesetzen sind alle Herrscher der Welt unterworfen, und es liegt nicht in ihrem Ermessen, dagegen zu verstoßen, wenn sie nicht des Verbrechens der Beleidigung der göttlichen Majestät schuldig werden und sich gegen Gott auflehnen wollen, dessen Größe sich alle Monarchen der Erde zu unterwerfen, vor dem sie alle ihr Haupt in Furcht und Ehrerbietung zu neigen haben. [...]
Daher bleibt unser Grundsatz bestehen: Der Fürst ist weder seinen Gesetzen noch denen seiner Vorgänger unterworfen, wohl aber den von ihm eingegangenen rechtmäßigen und billigen Abmachungen, an deren Innehaltung die Untertanen allgemein oder auch teilweise interessiert sind. [...]
Man darf also Gesetz und Vertrag nicht verwechseln, denn das Gesetz hängt von dem Inhaber der Souveränität ab, der alle seine Untertanen, nicht aber sich selber verpflichten kann; der Vertrag aber ist eine zweiseitige Bindung von Herrscher und Untertanen, die beide Parteien wechselseitig verpflichtet; keine kann zum Nachteil und ohne Zustimmung der anderen davon abweichen, und der Fürst hat darin nichts vor seinem Untertan voraus, außer dass er beim Fortfall des Rechtsgrundes eines Gesetzes, das er beschworen hat, an sein Versprechen nicht mehr gebunden ist, wie wir gezeigt haben: Dieses Recht haben seine Untertanen in ihren Beziehungen untereinander nicht. [...]

Bodin, Les six livres de la république, 1576. Zit. nach: E. Büssem, M. Neher (Hg.), Arbeitsbuch Geschichte Neuzeit 1 (Quellen), München 1977, S. 205 ff.

M 8 Hobbes über den „Leviathan"

Mit dem Ausdruck „Leviathan" bezieht sich Hobbes auf ein im Alten Testament (Buch Hiob) erwähntes mythisches Ungeheuer. Mit dem gleichnamigen Buch begründet Thomas Hobbes die moderne Staatstheorie:

Der alleinige Weg zur Errichtung einer solchen allgemeinen Gewalt, die in der Lage ist, die Menschen vor dem Angriff Fremder und vor gegenseitigen Übergriffen zu schützen und ihnen dadurch eine solche Sicherheit zu verschaffen, dass sie sich durch eigenen Fleiß und von den Früchten der Erde ernähren und zufrieden leben können, liegt in der Übertragung ihrer gesamten Macht und Stärke auf einen Menschen oder eine Versammlung von Menschen, die ihre Einzelwillen durch Stimmenmehrheit auf einen Willen reduzieren können. Das heißt so viel wie einen Menschen bestimmen und bedeutet, dass jedermann alles als eigen anerkennt, was derjenige [...] verkörpert [...].
Dies ist mehr als Zustimmung oder Übereinstimmung: Es ist eine wirkliche Einheit aller in ein und derselben Person, die durch Vertrag eines jeden mit jedem zustande kam, als hätte jeder zu jedem gesagt: Ich autorisiere diesen Menschen oder diese Versammlung von Menschen und übertrage ihnen mein Recht, mich zu regieren, unter der Bedingung, dass du ihnen ebenso dein Recht überträgst und

alle ihre Handlungen autorisierst. Ist dies geschehen, so nennt man diese zu einer Person vereinte Menge Staat, auf lateinisch civitas. Dies ist die Erzeugung jenes großen Leviathan oder besser, um es ehrerbietiger auszudrücken, jenes sterblichen Gottes, dem wir unter dem unsterblichen Gott unseren Frieden und Schutz verdanken. Denn durch diese ihm von jedem Einzelnen im Staate verliehene Autorität steht ihm so viel Macht und Stärke zur Verfügung, die auf ihn übertragen worden sind, dass er durch den dadurch erzeugten Schrecken in die Lage versetzt wird, den Willen aller auf den innerstaatlichen Frieden und auf gegenseitige Hilfe gegen auswärtige Feinde hinzulenken. Hierin liegt das Wesen des Staates, der, um eine Definition zu geben, eine Person ist, bei der sich jeder Einzelne einer großen Menge durch gegenseitigen Vertrag eines jeden mit jedem zum Autor ihrer Handlungen gemacht hat, zu dem Zweck, dass sie die Stärke und Hilfsmittel aller so, wie sie es für zweckmäßig hält, für den Frieden und die gemeinsame Verteidigung einsetzt. Wer diese Person verkörpert, wird Souverän genannt und besitzt, wie man sagt, höchste Gewalt, und jeder andere daneben ist sein Untertan. [...]

Thomas Hobbes, Leviathan, zit. nach: N. Hoerster (Hg.), Klassische Texte der Staatsphilosophie, München 1976, S. 125 f.

M 9 **Der Leviathan: „Keine Macht auf Erden ist ihm vergleichbar" (Hiob 41,25),**
Titelkupfer der Erstausgabe des „Leviathan" von Thomas Hobbes, London, 1651.

Aufgaben

1. Untersuchen Sie die gesellschaftlichen und wirtschaftlichen Entwicklungen, die zur Herausbildung des Absolutismus führten.
   → Text, M3
2. Zeigen Sie, inwiefern der Absolutismus den modernen Staat begründete.
   → Text, M3, M4
3. Analysieren Sie, wie Bossuet die monarchische Staatsform legitimierte.
   → M6
4. Nennen Sie die Merkmale, mit denen Bodin die souveräne Herrschaft bestimmte.
   → Text, M7
5. Erläutern Sie, warum es nach Hobbes notwendig ist, dem Staat das Gewaltmonopol zu übertragen. Erörtern Sie, welche Probleme und Gefahren sich aus einer autoritären Staatsauffassung ergeben können.
   → Text, M8, M9

6.2 Wege zum modernen Staat: Preußen, Russland, England

Preußens Weg zum aufgeklärten Absolutismus

Seit dem späteren 17. Jahrhundert bildete sich auch in Brandenburg-Preußen unter absolutistischen Vorzeichen ein moderner Militär-, Wirtschafts- und Verwaltungsstaat heraus. Eine innere Machtkonzentration sollte die Grundlage für eine territoriale Expansion und die Selbstbehauptung des Staates im Kräftespiel der europäischen Großmächte darstellen. Ähnlich wie in Frankreich bildeten ein effektiveres Steuersystem, ein leistungswilliger und loyaler Beamtenapparat, die Förderung von Produktion, Gewerbe und Handel und eine schlagkräftige Armee die Grundlage des modernen Zentralstaates preußischer Prägung.

Unter Friedrich Wilhelm I. (1713–1740) wurde die wirtschaftliche Entwicklung den Bedürfnissen des Staates untergeordnet. Aufbau und Unterhalt einer teuren Armee waren nur mit einer gesteigerten Wirtschaftskraft möglich. Das Preußen des 18. Jahrhunderts entsprach einem unterentwickelten Agrarland, das zudem noch durch den Dreißigjährigen Krieg verwüstet und entvölkert worden war. Seine Herrscher, die Hohenzollern, zählten zu den ärmsten Dynastien. Es entsprach der Logik der Staatsräson, also der Festigung der Staatsmacht, das öffentliche Finanzwesen zu stärken und die Staatseinnahmen zu erhöhen. Vor diesem Hintergrund erfolgte die Förderung von Manufakturen, der Ausbau der Infrastruktur und die Effektivierung der Verwaltung. Es handelte sich um eine Modernisierung „von oben“. Das Volk war in jedem Fall das Objekt staatlicher Maßnahmen. Es gab in Preußen kein Bürgertum, das stark genug gewesen wäre, die Modernisierung von Staat und Gesellschaft aus eigenem Antrieb zu bewerkstelligen.

M 1

Der Aufstieg Brandenburg-Preußens 1525 – 1795

M 2 **Friedrich II. von Preußen als Feldherr**
Auf der Brust der Schwarze Adlerorden mit dem preußischen Leitspruch „Suum cuique" („Jedem das Seine"), Gemälde von Friedrich Weitsch, 1780

Die hohen Kosten der preußischen Armee prägten das höfische Leben in einer Weise, die sich vom stilbildenden Vorbild Frankreichs deutlich abhob. Unter dem Diktat knapper Kassen wurde auf jeglichen Pomp verzichtet und eine sparsame Hofhaltung angeordnet. Normen wie Sparsamkeit, Pflichterfüllung und Disziplin – später als klassische preußische Tugenden mal gelobt und mal diskreditiert – erfuhren in diesem historischen Kontext ihre Durchsetzung von oben.

Am Ende der Regierungszeit Friedrich Wilhelms I., auch Soldatenkönig genannt, besaß Preußen mit 83 000 Soldaten die viertgrößte Armee des Kontinents. In einem Staat mit knapp 2,5 Millionen Einwohnern verschlang sie 80 Prozent des Staatshaushaltes. Wegen der überproportionierten Armee haben Spötter immer wieder behauptet, Preußen sei nur eine Armee, die einen Staat besitze. Friedrich Wilhelm I. hinterließ bei seinem Tod (1740) nicht nur ein schlagkräftiges Heer mit einem loyalen Offizierskorps, sondern auch einen gefüllten Staatsschatz und ein pflichtbewusstes Beamtentum. Er schuf damit die Voraussetzungen für die aggressive Machtpolitik seines Nachfolgers Friedrich II. (1740–1786). Dessen Außenpolitik folgte den klassischen Regeln absolutistischer Macht- und Eroberungspolitik. So wurde in mehreren Kriegen das an Preußen angrenzende Schlesien dem großen Gegner Österreich entrissen.

Am Ende der Regierungszeit Friedrichs II. war es dem preußischen Herrscher gelungen, den verstreuten Besitz zusammenzufassen, die Verbindung zwischen Brandenburg und Ostpreußen herzustellen und eine zusammenhängende Landmasse mit fünf Millionen (statt 2,5 Millionen) Einwohnern zusammenzufügen.

Aufgeklärter Absolutismus

Um die Mitte des 18. Jahrhunderts hatte sich in Ländern wie Preußen, Österreich und einigen kleineren deutschen Territorialstaaten die Bereitschaft der Regierenden durchgesetzt, sich aufklärerischer Ideen zu bedienen. Dies führte zu einer Herrschaftsform, die man auch als „aufgeklärten Absolutismus" bezeichnet hat. Von den fortschrittlichen Gedanken der Aufklärung versprachen sich die Herrscher eine Beschleunigung der gerade unter außenpolitischen Zwängen notwendigen politischen und gesellschaftlichen Reformen. Vor allem im Bereich der Religionspolitik, der Justizreform und der Förderung der Wissenschaften zeigte sich ein wachsender Einfluss der Aufklärung.

Die Abschaffung der Folter, die Herstellung von Rechtsgleichheit und Rechtssicherheit und religiöse Toleranz gehörten zum typischen Programm des aufgeklärten Absolutismus. So verfügte Friedrich II. als eine seiner ersten Maßnahmen nach Machtantritt die Einschränkung beziehungsweise Abschaffung der Folter (1740).

Die Proklamierung religiöser Toleranz geschah in Preußen zu einem Zeitpunkt, als das in Europa noch nicht selbstverständlich war. Friedrich II. handelte auch aus dem Geist der Aufklärung, wenn er forderte: „... denn hier muss ein jeder nach seiner Façon selig werden...", aber die Staatsräson spielte eine ebenso große Rolle. Mit der praktizierten Toleranz in religiösen Angelegenheiten bewegte er sich in der Tradition seiner Vorgänger. Schon der Große Kurfürst Friedrich Wilhelm (1640–1688) hatte die französischen Hugenotten aufgenommen, die nach der Aufhebung des Edikts von Nantes (1685) aus Frankreich fliehen mussten. Später folgte unter Friedrich Wilhelm I. die Einwanderung Salzburger Protestanten. Der preußische Staat versprach sich von den Einwanderern, die zum Teil in den bevölkerungsschwachen östlichen Provinzen angesiedelt wurden, Impulse für die wirtschaftliche Entwicklung. In einem begrenzten Umfang wurde auch die Niederlassung von Juden toleriert, die im Geld- und Warenhandel eine größere Rolle spielten, jedoch rechtlich nicht gleichgestellt waren.

Dem aufgeklärten Selbstverständnis Friedrichs II. entsprach es auch, dass er die Wissenschaften, zum Beispiel durch die Preußische Akademie der Wissenschaften, förderte, deren Veröffentlichungen von der Zensur ausgenommen waren. Mit dem französischen Aufklärer Voltaire pflegte der Monarch einen intensiven Umgang. Eine rege Korrespondenz, die über 36 Jahre andauerte, verband den König mit dem Philosophen, was ihm auch den Titel „Philosophen-König" einbrachte.

Die „aufgeklärten Monarchen" beriefen sich nicht mehr auf eine Legitimation ihrer Herrschaft „von Gottes Gnaden", sondern auf ihre Verpflichtung gegenüber den Untertanen, im Interesse des Gemeinwohls zu regieren. Im Sinne dieser neuen Herrschaftsauffassung verstand sich beispielsweise Friedrich II. (der Große) als „erster Diener des Staates".

Jedoch wurden auch unter dem aufgeklärten Absolutismus die überkommenen gesellschaftlichen Strukturen nicht angetastet. Nach wie vor besetzte der Adel Offiziersstellen im Heer, in der Verwaltung und am Hof. Unter Friedrich II. wurden fast ausschließlich Adlige zu Ministern ernannt. Auf dem Lande verfügten die adligen Gutsherren (auch Junker genannt) über die Polizeigewalt und über die einfache Gerichtsbarkeit in den dörflichen Gemeinden. Zudem lag die Aufsicht über die Schulen in ihren Händen. Das vom Adel getragene Offizierskorps gehörte zu den wesentlichen Elementen des preußischen Militärstaates.

In der ständischen Gliederung Preußens waren Bürger und Bauern immer noch scharf vom Adel abgegrenzt. Die Bauern, die etwa vier Fünftel der Bevölkerung ausmachten, stellten die Masse der Soldaten, die häufig durch Zwangsmaßnahmen rekrutiert wurden. Im Rahmen des guts- und grundherrschaftlichen Systems stützte sich die Herrschaft des Adels auf die verschiedenen Dienste (zum Beispiel Hand- und Spanndienste) und Abgaben der Bauern. Neben den Bauern waren die Bürger die zweite große Gruppe der Steuerzahler im Staate.

M 3 Der Flötenspieler von Sanssouci
Friedrich der Große liebte Flötespielen, Komponieren und gemeinsames Musizieren, Gemälde von Adolph von Menzel, 1850

M 4 Absolutismus in Preußen

Der Historiker Ernst Walter Zeeden stellt die Errichtung und den Aufstieg des preußischen Staates dar:

Der kräftigste Mittelstaat war Brandenburg. Seine Kurfürsten hatten gelernt, ihre Länder von Ostpreußen bis zum Rhein administrativ zusammenzuhalten und wirtschaftlich aufeinander abzustimmen. Obwohl im europäischen Kräftespiel nur eine geringe Potenz, konnte sich Brandenburg in seiner auswärtigen Politik etwas freier bewegen als seine territorialen Nachbarn. Kurfürst Friedrich III. (1688–1713) erhob mit kaiserlicher Zustimmung sein dem Reich nicht zugehöriges souveränes Herzogtum Preußen zum Königreich und krönte sich selbst im Dom von Königsberg zum König (18.1.1701). König Friedrich I. und seine Gattin Sophie Charlotte suchten ihre Residenz kulturell dem Stand der vergleichbaren Höfe von Dresden und München anzunähern. [...]

Friedrich Wilhelm I. (1713–1740) löste bei der Regierungsübernahme sofort den kostspieligen Hofstaat auf und führte das Prinzip der Rentabilität und Sparsamkeit als Grundregel ein. In seiner Wirtschafts- und Handels-, Finanz- und Heerespolitik setzte er die Vorarbeiten des Großen Kurfürsten fort und trieb den Absolutismus auf die Spitze. Er stellte [...] erstmalig einen Staatsetat auf und führte, um ihn zu kontrollieren, die Oberrechenkammer ein, die Vorläuferin der heutigen Rechnungshöfe. In seinen 27 Regierungsjahren vermehrte er das Heer von 38000 auf 80000 Mann. Einen Teil der Mannschaften rekrutierte er aus aller Herren Länder; den größten Teil stellte das eigene Land nach dem Kantonreglement (1733), wonach die einzelnen ländlichen Regionen für eine bestimmte Anzahl von Rekruten aufzukommen hatten, deren Auswahl ihnen überlassen blieb. Um der Landwirtschaft die benötigten Arbeitskräfte zu erhalten, bekamen die ausgehobenen bäuerlichen Kantonisten während ihrer 20-jährigen Dienstzeit jährlich bis zu 10 Monate Urlaub. Die Offiziersschicht bildete und ergänzte der König fast ausschließlich aus dem Adel seiner Länder. [...]

Als merkantilistischer Wirtschafts- und Handelspolitiker sann er unermüdlich auf Mittel, die Produktion zu beleben und das Land für seine Bedürfnisse selbst aufkommen zu lassen. Er baute Manufakturen und Siedlungen, nahm Einwanderer auf, um das Land zu „peuplieren", und spornte die Gewerbetreibenden an, ihren Umsatz zu steigern; ihr Mehrgewinn kam über die indirekte Steuer (die Akzise) der Staatskasse unmittelbar zugute. [...]

Durch umfassende Verwaltungsreformen machte der König aus den verschiedenen preußischen Territorien ein einheitliches Staatswesen. [...]

Friedrich Wilhelm organisierte nicht nur das Heer und die Verwaltung, sondern zog auch die Leute heran, die beides trugen: den Offizier und den Beamten. Dem König gelang es, den Adel für die Monarchie zu gewinnen und ihm ein neues, am Staat und Heer orientiertes Standes- und Berufsethos einzupflanzen. Er brachte dem Adel ein Bewusstsein dafür bei, dass seine spezifische Ehre darin bestünde, dem preußischen König mit seinem Gut und Blut zu dienen. Der König selbst trug Uniform. Er reihte sich für seine Person dem Offiziersstand ein und hob dadurch dessen Ansehen nicht wenig. Erstaunlicherweise zeigte sich die Aristokratie gewillt, in das ihr neu abgesteckte Aufgabenfeld einzutreten. Sie entwickelte sich, unter den direkten Antrieben des Königs, zu einem aufbauenden Element und zur staatstragenden Schicht. Der König beließ ihr dafür ihre sozialen Privilegien. Durch seine persönliche Erziehungsarbeit machte der König auch die Beamtenschaft zu einem Stand mit eigener Ehre, der pünktlich, unbestechlich und gegen kargen Lohn hart zu arbeiten wusste. Wohl nirgends in Deutschland wurden Gehorsam und Subordination [Untertänigkeit] in solchem Maße gefordert. Aber mit eben diesen Mitteln machte der König auch Zuverlässigkeit, Pflichtgefühl und Sparsamkeit zu sprichwörtlich „preußischen" Eigenschaften. Dadurch, dass er seine Anforderungen an Unbestechlichkeit, Fleiß und Anspruchslosigkeit durchzudrücken und ein spezifisches Ehrgefühl des Beamten zu entwickeln verstand, wirkte er weit über den Tod hinaus auf nachfolgende Generationen typen- und gesinnungsbildend.

Aus: R. Elze, K. Repgen, Studienbuch Geschichte, Stuttgart 1974, S. 628 ff.

M 5 Friedrich der Große: Grundsätze der Politik

In einem politischen Testament formulierte der preußische König Richtlinien für eine „gut geleitete" Regierung (1752):

Die vornehmste Aufgabe eines Bürgers ist es, seinem Vaterlande zu dienen; das ist eine Verpflichtung, die ich in allen verschiedenen Lagen meines Lebens zu erfüllen mich bemüht habe. Mit dem höchsten Staatsamt beauftragt, habe ich die Gelegenheit und die Mittel gehabt, mich meinen Mitbürgern nützlich zu erweisen. Die Liebe, die ich für sie hege, lässt mich wünschen, dass ich ihnen auch nach meinem Tode noch einige Dienste leisten kann. Ich bin nicht so überspannt anzunehmen, dass meine Staatsführung denen als Regel dienen soll, die meinen Platz einnehmen werden, denn ich weiß, dass im Augenblick des Todes der Mensch und seine Projekte zerstört werden und dass alles im Universum den Gesetzen der Veränderung unterworfen ist.

Eine gut geleitete Regierung muss ein ebenso festgefügtes System haben, wie es ein System der Philosophie geben könnte, dass alle genommenen Maße gut durchdacht und die Finanzen, die Politik und das Militär auf dasselbe Ziel zulaufen, was die Befestigung des Staats und das Anwachsen seiner Macht bedeutet. Aber ein System kann nur aus einem Kopf entspringen; also muss es aus dem des Herrschers hervorgehen. Die Trägheit, die Wollust oder die Dummheit sind die Ursachen, die die Fürsten daran hindern, an dem edlen Beruf zu arbeiten und das Glück ihrer Völker zu bewirken. Diese Art Souveräne verhalten sich so verächtlich, dass sie zum Gespött und zum Gelächter ihrer Zeitgenossen werden, dass in der Geschichte ihre Namen nur zur Zeitbestimmung einer Epoche dienen; sie vegetieren auf dem Thron, unfähig, ihn zu besitzen, nur damit in Anspruch genommen, sich selbst zu befriedigen. Ihre Fahrlässigkeit gegenüber ihren Völkern ist geradezu strafbar. Ein Souverän ist nicht in diesen hohen Rang erhoben, man hat ihm nicht die größte Macht anvertraut, damit er in Verweichlichung lebt, damit er sich aus der Substanz des Volkes mästet und damit er glücklich sei, während alle Welt leidet. Der Souverän ist der erste Diener des Staates. Er wird gut bezahlt, damit er die Würde seiner Stellung aufrechterhalte; aber man fordert von ihm, dass er wirksam für das Wohl des Staates arbeite und dass er wenigstens die Hauptgeschäfte mit Aufmerksamkeit leite. [...]

Selbst Recht zu sprechen, ist ein Dienst, mit dem sich kein Herrscher belasten kann und ein König von Preußen noch weniger als ein anderer. Die zahllosen Einzelheiten eines jeden Falles würden die Zeit aufzehren, die er vornehmlich für die anderen Geschäfte der Regierung braucht. Aber wenn der Fürst auch nicht selbst Recht spricht, so folgt daraus nicht, dass er die Rechtsprechung überhaupt vernachlässigen darf. [...]

Ich bin entschlossen, niemals den Ablauf der Prozessführung zu stören: In den Gerichtshöfen müssen die Gesetze sprechen und der Souverän hat zu schweigen; aber von Zeit zu Zeit hat mich dieses Schweigen doch nicht gehindert, die Augen offen zu halten und über die Führung der Richter zu wachen. [...]

Die Katholiken, die Lutheraner, die Reformierten, die Juden und eine Anzahl anderer christlicher Sekten wohnen in diesem Staat und leben dort in Frieden: Wenn der Souverän aus falschem Eifer auf den Gedanken käme, sich für eine dieser Religionen zu erklären, würden sich Parteien bilden, Dispute sich erhitzen, die Verfolgungen anfangen und nach und nach die verfolgte Religion ihre Heimat verlassen und tausende von Untertanen durch ihre Zahl und ihren Fleiß unsere Nachbarn bereichern. [...]

Die militärische Disziplin bringt die Truppen zu blindem Gehorsam. Diese Unterordnung unterwirft den Soldaten dem Offizier, den Offizier dem Kommandeur, den Obersten dem General und sämtliche Generäle dem, der die Armee führt. Ein Soldat, der gegen den Unteroffizier murrt oder den Säbel zieht, um sich zu wehren, ein Offizier, der den Degen gegen seinen Kommandeur erhebt und so weiter – gegen alle diese wird die Todesstrafe verhängt. Ihnen gegenüber darf der Herrscher keine Gnade walten lassen; das Beispiel wäre zu gefährlich: Die geringste Lockerung würde die Verwilderung nach sich ziehen, diese den Geist der Aufsässigkeit, und endlich wären die Kommandeure nicht mehr Meister ihrer Untergebenen, sondern sähen sich gezwungen, ihnen zu gehorchen. [...]

Aus allem, was ich hier des langen und breiten über den Stand der Finanzen gesagt habe, geht hervor, dass der Fürst noch weit mehr seine Einnahmen erhöhen kann, nicht indem er das Volk bedrückt und ihm neue Steuern auferlegt, sondern indem er seinen Untertanen Erleichterungen verschafft und sich einer löblichen Industrie bedient, um sich in einen besseren Stand zu versetzen. Was die allgemeinen Kassen angeht, so ist die Hauptsache, dass die Steuern vom Volk und die Pacht von den Pächtern pünktlich bezahlt werden, damit das Militär die Richter, die Finanzbeamten, die Apanage [Zuwendungen, Einkünfte] des Fürstenhauses und alle Staatsausgaben regelmäßig bezahlt werden können, ohne die Einkünfte der verschiedenen Kassen zu vermengen oder in Unordnung zu bringen, ohne jemals die gesamten Einnahmen eines Jahres auszugeben, damit durch Überschüsse der Staatsschatz stets hinreichend gefüllt ist, um einen Krieg wenigstens vier Jahre lang aushalten zu können und allen Notlagen, in die der Staat geraten kann, gewachsen zu sein, die Finanzbeamten aufs Beste auszuwählen und unter militärischer Disziplin zu halten und wenigstens darauf bedacht zu sein, dass neue Anordnungen auf das Sorgfältigste befolgt werden. [...]

Zit. nach: R. Dietrich (Hg.), Politische Testamente der Hohenzollern, München 1981, S. 132 ff.

M 6 **Friedrich II. als gerechter Richter (um 1780)**

Die Allegorie zeigt den erhöht thronenden König als gerechten Richter, der die mit Orden und Auszeichnungen belastete und die mit „Indigence" [Bedürftigkeit] bezeichnete Waagschale im Gleichgewicht hält. Friedrich II. blickt empor zu der in den Wolken schwebenden Gestalt, die mit einem Schwert die „schlechten" Richter vertreibt. Vor der Estrade knien der um Gerechtigkeit flehende Müller Arnold und seine Familie, deren Mühle im Hintergrund zu sehen ist.

Der legendäre Müller-Arnold-Prozess ist ein Beispiel für die zahlreichen Auseinandersetzungen zwischen Bauern und Gutsherren, in denen die Bauern auf dem Rechtswege versuchten, ihre drückenden Lasten zu vermindern. Als der Landrat von Gersdorff oberhalb der Mühle Karpfenteiche anlegen ließ, die die Nutzung der Mühle beeinträchtigten, zahlte der Müller keinen Pachtzins mehr und musste die Mühle verlassen. Nachdem Arnolds Beschwerden von der Küstriner Regierung und dem Kammergericht in Berlin zurückgewiesen worden waren, wandte er sich an den König, der die Urteile aufhob. Gegenüber dem Minister von Zedlitz äußerte sich Friedrich am 11. Dezember 1779: „Denn Ich will, dass in Meinen Landen einem jeden, er sei vornehm oder gering, prompte Gerechtigkeit widerfahren [...] soll."

Der König entschied willkürlich, ohne die Sachlage zu kennen, dass die Richter ihre adeligen Standesgenossen begünstigt hätten, was aber nicht der Fall war, und entließ sie. Erst die 1794 als „Allgemeines Landrecht" in Kraft getretene einheitliche Gesetzessammlung für die preußischen Staaten band den König an die im Staate herrschenden Gesetze.

Aus: Germanisches Nationalmuseum Nürnberg, Freiheit, Gleichheit, Brüderlichkeit, Nürnberg 1989, S. 212 f.

Aufgaben

1. Erklären Sie den Begriff „aufgeklärter Absolutismus", und erläutern Sie die politischen Maßnahmen, die in diesem Zusammenhang ergriffen wurden.
   → Text
2. Beschreiben Sie das Herrschafts- bzw. Regierungssystem im „friderizianischen Staat".
   → Text, M4–M6
3. Untersuchen Sie die Grundlinien der Politik, die Friedrich der Große in seinem „Politischen Testament" entwickelte. Welche Grundsätze sind eher dem herkömmlichen Absolutismus zuzuordnen, und welche Auffassungen entsprechen dem „aufgeklärten Absolutismus"?
   → Text, M5, M6

6.3 Ideen des Parlamentarismus und der Aufklärung

Aufklärung

Im 17. und 18. Jahrhundert entfaltete sich zunächst in Holland und England, später in Frankreich und Deutschland die Bewegung der Aufklärung. In ihr liefen die seit der Renaissance und dem Humanismus sichtbar gewordenen Tendenzen der Säkularisierung (Verweltlichung) und Verwissenschaftlichung des Denkens zusammen.

Die Aufklärung wollte alle Verhältnisse in der Gesellschaft und im Staat dem Urteil der Vernunft unterwerfen. Durch kritisches Denken, geistige Freiheit und religiöse Toleranz sollten vernunftfeindliche Traditionen, ständische Vorurteile und kirchlich-religiöse Herrschaftsansprüche überwunden werden. Ein optimistischer Fortschrittsglaube machte die Abschaffung aller geistigen, sozialen und politischen Beschränkungen notwendig, die der Selbstbestimmung des Einzelnen und der Verbesserung der überkommenen Gesellschaftsordnung im Wege standen.

Im Zusammenhang des neuen Weltbildes der Aufklärung wurden auch die fortschrittlichen Prinzipien der modernen Staatstheorien formuliert:

- Nach der von dem Holländer Hugo Grotius (1583–1645) weiterentwickelten Naturrechtslehre kommen dem Menschen angeborene und nicht aufhebbare Rechte zu, die der Staat zu respektieren und zu schützen habe. Diese „natürlichen Rechte" des Menschen stellen auch die Grundlage der allgemeinen Menschenrechte dar.
- Die religiöse Legitimation des Staates wurde durch eine rationale Herleitung staatlicher Herrschaft abgelöst: Der Staat basiere auf einem Vertrag beziehungsweise einer Vereinbarung der Menschen. Die Lehre vom Gottesgnadentum war damit durch die Theorie vom Staatsvertrag überwunden. Im Anschluss an Hobbes begründete der deutsche Rechtslehrer Samuel Pufendorf (1632–1694) die Notwendigkeit des Staates aus der Gewährleistung des inneren Friedens und der öffentlichen Sicherheit.
- Die Souveränitätsrechte verschoben sich vom Herrscher (Monarchen) auf das Volk (Volkssouveränität).
- Die Funktionen des Staates wurden neu definiert: Der Zweck des Staates liege nicht mehr in der Machtentfaltung des Souveräns. Die staatliche Herrschaft solle vielmehr auf die Förderung des allgemeinen und individuellen Wohls zielen, dem Regierung, Verwaltung und Gesetzgebung zu dienen hätten. In abgeschwächter Form gingen diese Auffassungen auch in die Regierungspraxis des aufgeklärten Absolutismus ein.

John Locke

Ein Schlüsselwerk der modernen Staatsrechtslehre stammt aus der Feder von John Locke (1632–1704). In seinen „Two Treatises on Government" (Abhandlungen über die Regierung, 1690) entwickelte John Locke die staatstheoretische Begründung für die konstitutionelle Monarchie. Vor dem Hintergrund der Glorious Revolution erregten seine Gedanken großes Aufsehen und machten ihn mit einem Schlag berühmt. Locke selbst war in die politische Opposition gegen die Stuart-Könige verwickelt und verbrachte mehrere Jahre im holländischen Exil.

Locke knüpfte an die Idee des Gesellschaftsvertrags an, die 40 Jahre zuvor zum ersten Mal von Thomas Hobbes formuliert worden war. Im Unterschied zu Hobbes ging Locke von der Freiheit des Menschen als Naturrecht aus. Nicht die Unterwerfung der Gesellschaft unter einen Souverän ist bei ihm die Schlussfolgerung, sondern die widerrufbare Einsetzung des Herrschers durch die Gesellschaft. Damit brachte Locke die Grundsätze des liberalen Parlamentarismus zu Papier, die bis in die Gegenwart nichts von ihrer Bedeutung eingebüßt haben:

- die Legitimation von Herrschaft durch die Beherrschten,
- die Machtübertragung auf Zeit (Prinzip der Abberufbarkeit),
- das Widerstandsrecht gegen absolutistische (totalitäre) Machtansprüche,
- die Teilung der Gewalten.

Montesquieu

Jahrzehnte später wurde in Frankreich durch Montesquieu (1689–1755) Lockes Lehre von der Teilung der Gewalten in Legislative, Föderative (mit dem Recht der Außenpolitik) und Exekutive wieder aufgenommen und ausgebaut. Ähnlich wie Lockes Schriften traf sein Hauptwerk „De l'Esprit des Lois“ (Vom Geist der Gesetze, 1748) im absolutistischen Frankreich auf eine große Resonanz. Montesquieu, der selbst ein Angehöriger des Amtsadels war, ordnete die Exekutive dem Monarchen zu. Nach dem Vorbild des englischen Ober- und Unterhauses sollte die Legislative zwei Kammern umfassen, in denen sowohl der Adel als auch die bürgerlichen Kräfte ihre Interessen vertreten konnten. Gegen den Missbrauch staatlicher Macht setzte Montesquieu eine unabhängige richterliche Gewalt zum Schutz politischer Freiheiten der Bürger.

Lockes Betonung der Rechte und Freiheiten der Bürger (Liberalismus) und Montesquieus Lehre von der Gewaltenteilung gingen über die Unabhängigkeitserklärung (1776), die amerikanische Verfassung (1798) und die französische Revolutionsverfassung (1791) in die Verfassungen aller modernen Demokratien ein.

Aufklärung in Frankreich

Denis Diderot (1713–1784)
Gemälde von Jean-Honoré Fragonard, 1770

Die größte Breitenwirkung hatte die Aufklärung in Frankreich. Hier verkörperte Voltaire (1694–1778) den Typus des freidenkerischen Aufklärungsschriftstellers. Sein literarischer und publizistischer Kampf richtete sich gegen religiöse Intoleranz, die Machtansprüche der Kirche und die Missstände des spätabsolutistischen Herrschaftssystems. An der von Diderot und D'Alembert herausgegebenen „Encyclopédie“ (1751–1772), die den gesamten Bestand des zeitgenössischen Wissens aus aufklärerischer Perspektive darstellen wollte, arbeiteten die bekanntesten französischen Gelehrten und Schriftsteller mit, darunter Voltaire, Montesquieu, Condillac und Rousseau. Die Enzyklopädie als Dokument des geistigen und gesellschaftlichen Fortschritts der Epoche enthielt in verständlicher Darstellung Artikel zu allen Wissensgebieten wie Politik, Kunst, Philosophie, Technik, Handwerk und Naturwissenschaften.

Jean-Jacques Rousseau (1712–1778) kritisierte die ungleiche Verteilung des Privateigentums und die dadurch bedingte Ungleichheit der politischen Rechte. In seiner einflussreichen Schrift „Du Contrat social“

(Vom Gesellschaftsvertrag, 1762) verfocht er den Grundsatz der Volkssouveränität, indem er den Staat aus einem allgemeinen Willen des Volkes („volonté générale“) hervorgehen ließ. Seine revolutionäre Idee, eine demokratische Republik auf der Grundlage von gesellschaftlicher und politischer Freiheit zu errichten, stand in einem scharfen Gegensatz zur herrschenden Monarchie. So war Rousseau mit Montesquieu und Voltaire einer der geistigen Wegbereiter der Französischen Revolution.

Aufklärung in Deutschland

In Deutschland wurde die Aufklärung durch Universitätsprofessoren und Gelehrte wie Gottfried Wilhelm Leibniz, Christian Thomasius und Christian Wolff und Schriftsteller wie Gotthold Ephraim Lessing (1729–1781) vertreten.

Lessing versuchte in seinem literarischen Werk die Ideen der Aufklärung auf die Bühne zu bringen. Seinem Humanitätsideal verlieh er mit der Figur des Nathan (der Weise) in dem gleichnamigen Theaterstück zeitlosen Ausdruck. Im „Nathan" machte sich Lessing zum Anwalt der Toleranzidee und damit der Überwindung des Konfessionalismus. Humanität sollte sich demzufolge nicht an abstrakten Glaubensinhalten messen lassen, sondern am praktischen Handeln eines Menschen. Dahinter stand auch die optimistische Idee von einer Verbesserung der Gesellschaft durch vorbildhaftes Verhalten.

Der Philosoph Immanuel Kant (1724–1804) hatte das Ziel der Aufklärung so definiert: „Aufklärung ist der Ausgang des Menschen aus seiner selbstverschuldeten Unmündigkeit.“ Nach Kant sollte die Politik die individuelle Freiheit sichern, die (rechtliche) Gleichheit der Menschen fördern und den Bürgern das Recht auf politische Mitwirkung gewähren. Im Hinblick auf die Beziehungen der Staaten untereinander hielt er die Schaffung einer völkerrechtlich abgesicherten Friedensordnung für ein Gebot der Vernunft. Diese Forderung schloss eine Kritik an der Kriegs- und Expansionspolitik der absolutistischen Staaten (zum Beispiel Preußens) ein. Kant verfolgte mit Interesse und Sympathie die Ereignisse der Französischen Revolution. Gleichwohl sah er in Reformen (und nicht in gewaltsamen Revolutionen) das geeignete Mittel, die herrschende Staatsordnung zu verbessern.

M 1 **„Toleranz“,**
Radierung von Daniel Chodowiecki, 1791

Im Wesentlichen blieb die Aufklärung trotz ihres universalen Anspruchs eine Angelegenheit einer gebildeten Elite. Zu ihren Trägern gehörten neben fortschrittlichen Teilen des Adels Angehörige einer bürgerlichen Oberschicht von Kaufleuten, Gelehrten, Wissenschaftlern, Schriftstellern und Philosophen, die den Charakter der Aufklärung als einer bürgerlichen Emanzipationsbewegung bestimmten. Ihre breitere Wirkung hing entscheidend von der Herausbildung einer politisch und kulturell interessierten Öffentlichkeit ab. Eine wachsende Buch- und Zeitschriftenproduktion kam dem Informations- und Diskussionsbedürfnis des Lesepublikums entgegen.

Die Aufklärungsliteratur verstand sich demnach als kulturelles Medium eines sozialen und politischen Bewusstseinswandels. Die weithin übliche Praxis staatlicher Zensur stellte allerdings eine Beschränkung des freien, öffentlichen Austauschs der Gedanken dar. Von daher erklärte sich auch die aufklärerisch-liberale Forderung nach Freiheit der Meinung.

M 2 **John Locke: Naturzustand und Gesellschaftsvertrag**

Mit seinen „Zwei Abhandlungen über die Regierung" (1690) rechtfertigte Locke die „Glorious Revolution":

Um politische Gewalt richtig zu verstehen und sie von ihrem Ursprung abzuleiten, müssen wir erwägen, in welchem Zustand sich die Menschen von Natur aus befinden. Es ist ein Zustand vollkommener Freiheit innerhalb der Grenzen des Gesetzes der Natur, ihre Handlungen zu regeln und über ihren Besitz und ihre Persönlichkeit so zu verfügen, wie es ihnen am besten scheint. [...]

John Locke, Kupferstich aus dem Jahre 1734

Es ist darüber hinaus ein Zustand der Gleichheit, in dem alle Macht und Rechtsprechung wechselseitig sind, da niemand mehr besitzt als ein anderer: Nichts ist einleuchtender, als dass Geschöpfe von gleicher Gattung und von gleichem Rang, die ohne Unterschied zum Genuss derselben Vorteile der Natur und zum Gebrauch derselben Fähigkeiten geboren sind, ohne Unterordnung und Unterwerfung einander gleichgestellt leben sollen, es sei denn ihr Herr und Meister würde durch eine deutliche Willensäußerung den einen über den anderen stellen und ihm durch eine überzeugende, klare Ernennung ein unzweifelhaftes Recht auf Herrschaft und Souveränität verleihen. [...]

Jeder Mensch, der mit einem anderen übereinkommt, einen einzigen politischen Körper unter einer Regierung zu bilden, verpflichtet sich gegenüber jedem Einzelnen dieser Gesellschaft, sich dem Beschluss der Mehrheit zu unterwerfen und sich ihm zu fügen. Denn sonst würde dieser ursprüngliche Vertrag, durch den er sich mit anderen zu einer Gesellschaft vereinigt, keinerlei Bedeutung haben und kein Vertrag sein, wenn der Einzelne weiter frei bliebe und unter keiner anderen Verpflichtung stände als vorher im Naturzustand. Damit nun alle Menschen davon abgehalten werden, die Rechte anderer zu beeinträchtigen und sich einander zu benachteiligen, und damit das Gesetz der Natur, das den Frieden und die Erhaltung der ganzen Menschheit verlangt, beobachtet werde, so ist in jenem Zustand die Vollstreckung des natürlichen Gesetzes in jedermanns Hände gelegt. Somit ist ein jeder berechtigt, die Übertreter dieses Gesetzes in einem Maße zu bestrafen, wie es notwendig ist, um eine erneute Verletzung zu verhindern. [...]

Wenn der Mensch im Naturzustand so frei ist, wie gesagt worden ist, wenn er der absolute Herr seiner eigenen Person und seiner Besitztümer ist, dem Größten gleich und niemandem untertan, warum soll er auf seine Freiheit verzichten? Warum soll er seine Selbstständigkeit aufgeben und sich der Herrschaft und dem Zwang einer anderen Gewalt unterwerfen? Die Antwort darauf liegt auf der Hand: Obwohl er nämlich im Naturzustand ein solches Recht hat, so ist doch die Freude an diesem Recht eher ungewiss, da er fortwährend den Übergriffen anderer ausgesetzt ist. Denn da jeder in gleichem Maße König ist wie er, da alle Menschen gleich sind und der größere Teil von ihnen nicht genau die Billigkeit und Gerechtigkeit beachtet, so ist die Freude an seinem Eigentum, das er in diesem Zustand besitzt, sehr ungewiss und sehr unsicher. Das lässt ihn bereitwillig einen Zustand aufgeben, der bei aller Freiheit voll von Furcht und ständiger Gefahr ist. Und nicht grundlos trachtet er danach und ist dazu bereit, sich mit anderen zu einer Gesellschaft zu verbinden, die bereits vereinigt sind oder doch die Absicht hegen, sich zu vereinigen zum gegenseitigen Schutz ihres Lebens, ihrer Freiheiten und ihres Vermögens, was ich unter der allgemeinen Bezeichnung Eigentum zusammenfasse. [...]

Das große Ziel, das Menschen, die in eine Gesellschaft eintreten, vor Augen haben, liegt im friedlichen und sichern Genuss ihres Eigentums, und das große Werkzeug und Mittel dazu sind die Gesetze, die in dieser Gesellschaft erlassen worden sind. So ist das erste und grundlegende positive Gesetz aller Staaten die Begründung der legislativen Gewalt, so wie das erste und grundlegende natürliche Gesetz, das sogar über der legislativen Gewalt gelten muss, die Erhaltung der Gesellschaft und (soweit es mit dem öffentlichen Wohl vereinbar ist) jeder einzelnen Person in ihr ist. Diese Legislative ist nicht nur die höchste Gewalt des Staates, sondern sie liegt auch geheiligt und unabänderlich in den Händen, in welche die Gesellschaft sie einmal gelegt hat. [...]

J. Locke, Zwei Abhandlungen über die Regierung, zit. nach: N. Hoerster (Hg.), Klassische Texte der Staatsphilosophie, München 1976, S. 133 ff.

M 3 Montesquieu: Über Gewaltenteilung

Der französische Staatstheoretiker musste sein Hauptwerk „Vom Geist der Gesetze" 1748 anonym veröffentlichen:

In der Tat scheint das Volk in den Demokratien zu tun, was es will. Aber die politische Freiheit besteht nicht darin, zu tun, was man will. In einem Staat, das heißt in einer Gesellschaft, in der es Gesetze gibt, kann die Freiheit nur darin bestehen, das tun zu können, was man wollen darf, und nicht gezwungen zu sein, zu tun, was man nicht wollen darf.

Man muss sich gegenwärtig halten, was Unabhängigkeit und was Freiheit ist. Freiheit ist das Recht, alles zu tun, was die Gesetze erlauben. Wenn ein Bürger tun könnte, was die Gesetze verbieten, so hätte er keine Freiheit mehr, weil die anderen ebenfalls diese Macht hätten. [...]

Es bedarf keiner sonderlichen Mühe, um die politische Freiheit in der Verfassung zu entdecken. Wenn man sie dort sehen kann, wo sie ist, wenn man sie dort gefunden hat, wozu sie noch weiter suchen?

In jedem Staat gibt es drei Arten von Gewalt: die gesetzgebende Gewalt, die vollziehende Gewalt in Ansehung der Angelegenheiten, die vom Völkerrecht abhängen, und die vollziehende Gewalt hinsichtlich der Angelegenheiten, die vom bürgerlichen Recht abhängen.

Vermöge der ersten gibt der Fürst oder Magistrat Gesetze auf Zeit oder für immer, verbessert er die bestehenden oder hebt sie auf. Vermöge der zweiten schließt er Frieden oder führt Krieg, schickt oder empfängt Gesandtschaften, befestigt die Sicherheit, kommt Invasionen zuvor. Vermöge der dritten straft er Verbrechen oder spricht das Urteil in Streitigkeiten der Privatpersonen. Ich werde diese letzte die richterliche Gewalt und die anderen schlechthin die vollziehende Gewalt des Staates nennen. [...]

Wenn in derselben Person oder der gleichen obrigkeitlichen Körperschaft die gesetzgebende Gewalt mit der vollziehenden vereinigt ist, gibt es keine Freiheit; denn es steht zu befürchten, dass derselbe Monarch oder derselbe Senat tyrannische Gesetze macht, um sie tyrannisch zu vollziehen.

Es gibt ferner keine Freiheit, wenn die richterliche Gewalt nicht von der gesetzgebenden und vollziehenden getrennt ist. Ist sie mit der gesetzgebenden Gewalt verbunden, so wäre die Macht über Leben und Freiheit der Bürger willkürlich, weil der Richter Gesetzgeber wäre. Wäre sie mit der vollziehenden Gewalt verknüpft, so würde der Richter die Macht eines Unterdrückers haben.

Alles wäre verloren, wenn derselbe Mensch oder die gleiche Körperschaft der Großen, des Adels oder des Volkes diese drei Gewalten ausüben würde: die Macht, Gesetze zu geben, die öffentlichen Beschlüsse zu vollstrecken und die Verbrechen oder die Streitsachen der Einzelnen zu richten. [...]

Montesquieu, Vom Geist der Gesetze, zit. nach N. Hoerster, a. a. O., S. 180 ff.

M 4 Rousseau: Grundlagen der Gesellschaft

Im „Contrat social" (1762) entwickelte der Philosoph und Schriftsteller Jean-Jacques Rousseau einflussreiche Gedanken zum Gesellschaftsvertrag:

Der Mensch wird frei geboren, und überall ist er in Ketten. [...]

Die gesellschaftliche Ordnung ist ein geheiligtes Recht, das die Grundlage aller übrigen bildet. Dieses Recht entspringt jedoch keineswegs der Natur; es beruht also auf Verträgen. Es kommt deshalb darauf an, über diese Verträge Klarheit zu schaffen.

Der Stärkste ist nie stark genug, um immer der Herr zu sein, wenn er nicht seine Gewalt in Recht umwandelt und den Gehorsam in Pflicht. [...]

Wir sind uns also darüber einig, dass Gewalt kein Recht schafft und dass man zum Gehorsam nur gegenüber den gesetzmäßigen Gewalten verpflichtet ist.

Da kein Mensch eine natürliche Macht über seinesgleichen besitzt und da die Gewalt kein Recht schafft, so bleiben also die Verträge als die Grundlage jeder gesetzmäßigen Macht unter den Menschen. [...]

Es geht darum, eine Gesellschaftsform zu finden, die mit der ganzen gemeinsamen Kraft die Person und die Güter jedes Gesellschaftsmitgliedes verteidigt und schützt und durch welche jeder Einzelne, obwohl er sich mit allen verbindet, dennoch nur sich selbst gehorcht und so frei bleibt wie zuvor. Dies ist das Grundproblem, dessen Lösung der „Gesellschaftsvertrag" bietet. [...]

Trennt man also von dem Gesellschaftsvertrag alles das ab, was nicht zu seinem Wesen gehört, so findet man, dass er sich folgendermaßen begrenzen lässt: Jeder von uns stellt gemeinschaftlich seine Person und seine ganze Kraft unter die oberste Leitung des allgemeinen Willens, und wir nehmen jedes Mitglied als unteilbaren Teil des Ganzen auf. [...]

Damit der Gesellschaftsvertrag keine leere Form bleibt, enthält er stillschweigend jene Verpflichtung, die allein den übrigen Kraft zu verleihen vermag, nämlich die Verpflichtung, dass, wer auch immer sich weigert, dem allgemeinen Willen zu gehorchen, von der ganzen Gemeinschaft hierzu gezwungen wird. Das bedeutet nichts anderes, als dass man ihn dazu zwingen wird, frei zu sein. Denn dies ist die Bedingung, die jedem Bürger, dadurch dass sie ihn dem Vaterlande einverleibt, Schutz gegen jede persönliche Abhängigkeit verleiht.

Zit. nach: P. Hartig, Die Französische Revolution, Stuttgart 1972, S. 6 ff.

M 5 Kant: Über den ewigen Frieden unter den Staaten (1795)

Die Gedanken des größten deutschen Philosophen der Aufklärung Immanuel Kant (1724–1804) haben auch nach 200 Jahren nichts von ihrer Aktualität eingebüßt:

1. „Es soll kein Friedensschluss für einen solchen gelten, der mit dem geheimen Vorbehalt des Stoffs zu einem künftigen Kriege gemacht worden."

2. „Es soll kein für sich bestehender Staat (klein oder groß, das gilt hier gleichviel) von einem andern Staate durch Erbung, Tausch, Kauf oder Schenkung erworben werden können."

[...] Auch die Verdingungen der Truppen eines Staats an einen andern, gegen einen nicht gemeinschaftlichen Feind, ist dahin zu zählen; denn die Untertanen werden dabei als nach Belieben zu handhabende Sachen gebraucht und verbraucht.

3. „Stehende Heere sollen mit der Zeit ganz aufhören."

Denn sie bedrohen andere Staaten unaufhörlich mit Krieg, durch die Bereitschaft, immer dazu gerüstet zu erscheinen; reizen diese an, sich einander in Menge der Gerüsteten, die keine Grenzen kennt, zu übertreffen, und, indem durch die darauf verwandten Kosten der Friede endlich noch drückender wird als kurzer Krieg, so sind sie selbst Ursache von Angriffskriegen, um diese Last loszuwerden; wozu kommt, dass zum Töten oder getötet zu werden in Sold genommen zu sein, einen Gebrauch von Menschen als bloßen Maschinen und Werkzeugen in der Hand eines andern [des Staats] zu enthalten scheint. [...]

4. „Es sollen keine Staatsschulden in Beziehungen auf äußere Staatshändel gemacht werden."

[...] Diese Leichtigkeit, Krieg zu führen, mit der Neigung der Machthabenden dazu, welche der menschlichen Natur eingeartet zu sein scheint, verbunden, ist also ein großes Hindernis des ewigen Friedens. [...]

5. „Kein Staat soll sich in die Verfassung und Regierung eines andern Staats gewalttätig einmischen."

6. „Es soll sich kein Staat im Kriege mit einem andern solche Feindseligkeiten erlauben, welche das wechselseitige Zutrauen im künftigen Frieden unmöglich machen müssen: als da sind, Anstellung der Meuchelmörder, Giftmischer, Brechung der Kapitulation, Anstiftung des Verrats in dem bekriegten Staat etc."

Die bürgerliche Verfassung in jedem Staate soll republikanisch sein.

Die erstlich nach Prinzipien der Freiheit der Glieder einer Gesellschaft [als Menschen]; zweitens nach Grundsätzen der Abhängigkeit aller von einer einzigen gemeinsamen Gesetzgebung [als Untertanen]; und drittens, die nach dem Gesetz der Gleichheit derselben [als Staatsbürger] gestiftete Verfassung – die einzige, welche aus der Idee des ursprünglichen Vertrags hervorgeht, auf der alle rechtliche Gesetzgebung eines Volks gegründet sein muss – ist die republikanische!

I. Kant, Zum ewigen Frieden, in: Kant, Werke (Bd. 9), Wiesbaden 1964, S. 196 ff.

Aufgaben

1. Erläutern Sie, inwiefern die Politik durch die Ideen der Aufklärung verändert wurde.
   → Text
2. Zeigen Sie, wie Locke die Notwendigkeit eines Vertrags zwischen Volk und Regierung begründet. → Text, M2
3. Analysieren Sie, warum Montesquieu eine Teilung der Gewalten unbedingt für erforderlich hielt.
   → Text, M3
4. Arbeiten Sie die Argumente heraus, die Jean-Jacques Rousseau bei seinem Plädoyer für einen Gesellschaftsvertrag gebrauchte.
   → M4
5. Erläutern Sie, in welcher Hinsicht Kants Forderungen geschichtlich über den Absolutismus hinausweisen. Wie beurteilen Sie die Aktualität der von Kant genannten Bedingungen für einen Frieden zwischen den Staaten?
   → M5

Was ist politisch am Individualismus?

Der moderne Mensch der westlich geprägten Zivilisation sieht in der subjektiven Selbstentfaltung und Selbstbestimmung etwas Selbstverständliches. Aber auch für unsere Gegenwart gilt das Gesetz der Geschichte: „Wir sind, was wir geworden sind." Erst im 16. Jahrhundert hatte eine Entwicklung eingesetzt, die in einem langen und langsam verlaufenden Prozess zum Individualismus des ausgehenden 20. Jahrhunderts geführt hat. Während der längsten Zeit war das Leben der Menschen durch strenge, vorgegebene gesellschaftliche Normen gelenkt worden, die das weltliche und religiöse Dasein durchdrangen. Erst die allmähliche Erosion der ständischen Ordnung eröffnete dem Einzelnen die Möglichkeiten, seine subjektiven Bedürfnisse zu artikulieren und auszuleben.

Der moderne Individualismus entstand zwischen 1500 und 1800. Wichtige Impulse erhielt er zunächst durch die Renaissance und den Humanismus. Auch in der christlichen Religion, die bis ins 19. Jahrhundert die meisten Lebensbereiche beeinflusste, war der Individualismus angelegt. Der christlichen Überzeugung nach hatte sich Christus für jeden Einzelnen geopfert. Christliche Kernbegriffe wie Schuld, Sühne und Erlösung beziehen sich auf den Einzelnen. Und die Unmittelbarkeit des Einzelnen zu Gott erfuhr durch die Reformation des 16. Jahrhunderts eine zusätzliche Radikalisierung. Im 18. Jahrhundert formte sich zunächst in der Lebenswelt des städtischen Bürgertums eine Vorstellung von Autonomie und Individualität, die zum Kern der Aufklärungsphilosophie gehört. Dahinter stand ein neues Menschenbild, die Idee der Erziehbarkeit des Einzelnen zum Guten. Begleitet wurde dieser Prozess durch die Zunahme der Alphabetisierung. Das Lesen und Schreiben – an sich schon höchst individuelle Tätigkeiten – fand seinen literarischen Ausdruck in der beträchtlichen Zunahme von Autobiografien, Tagebüchern und privaten Briefen.

In immer neuen Lebensbereichen setzten sich individuelle Wünsche durch: Wohnung, Kleidung und Ehe wurden mehr und mehr durch den individuellen Geschmack und durch das individuelle Glücksverlangen geprägt. Zwar war diese Entwicklung im 18. Jahrhundert noch weitgehend auf ein begrenztes bürgerliches Milieu beschränkt, doch hat sich von hier aus der Individualismus zwischen dem 18. und 20. Jahrhundert als stil- und gesellschaftsbildend durchgesetzt.

Individualrechte

Die Aufklärer waren vom Eigenwert des Individuums überzeugt. Die Aufklärer forderten das Selbstdenken. Der Einzelne sollte von seiner ihm innewohnenden Vernunft Gebrauch machen. Die Rechte der Menschen wurden von ihnen als Individualrechte angesehen. Meinungs- und Glaubensfreiheit, Eigentums- und Gewerbefreiheit standen aus dieser Perspektive dem Einzelnen zu. Die aufgeklärte Elite durchbrach damit Standesabgrenzungen und kollektivistische Denkweisen. Nicht Geburt und Familienzugehörigkeit, sondern Bildung und Wissen sollten eine neue Gemeinsamkeit aufgeklärter Individuen stiften. Durch Korrespondenzen, in Lesegesellschaften und Freimaurerlogen formten sie den Rahmen für diese neue kulturelle Orientierung. Die

Selbstverwirklichung der bürgerlichen Aufklärer war eine männliche Angelegenheit, auch wenn in ihren Schriften allgemein vom Menschen die Rede ist. Die Frauen blieben auf den Handlungsraum des Hauses und der Familie beschränkt. Erst im Laufe des 19. Jahrhunderts vermochten sie – zunächst vereinzelt – aus diesem herauszutreten und am gesellschaftlichen Dialog teilzunehmen.

Der Staat

Aus den Ideen der Aufklärung ergab sich zwangsläufig eine veränderte Sichtweise vom Staat. Er wurde nicht länger als eine vorgegebene metaphysische oder gar göttliche Institution angesehen, sondern als ein Produkt der Menschen, die ihm bestimmte Kompetenzen übertrugen. Das Volk behielt dabei die Souveränität. Dem monarchischen Absolutismus war somit die ideologische Legitimation entzogen. Die grundlegenden Rechte des Menschen können daher auch nicht vom Staat gewährt (und genommen) werden, sondern sie besitzen einen vor-staatlichen Charakter. Nach der Naturrechtslehre existieren sie individuell und übernational.

Menschenrechte

Das Naturrecht besteht demnach unabhängig von der staatlichen Rechtsetzung. Auch wenn staatliches Recht die Menschenrechte missachtet, so verliert sich dadurch nicht der naturrechtliche Anspruch.

In das Grundgesetz der Bundesrepublik Deutschland haben die Menschenrechte Eingang gefunden in Verbindung mit einem umfassenden Grundrechtskatalog (Art. 1–19 GG), wobei Art. 1 GG („Die Würde des Menschen ist unantastbar.") als Fundamentalnorm angesehen werden muss.

Menschenrechte können nicht isoliert betrachtet werden, sondern sie stehen in einem unauflöslichen Zusammenhang mit dem Rechtsstaat. Aber wichtig ist auch eine kritische Öffentlichkeit, die Grundrechtsverletzungen wahrnimmt und auf Abhilfe dringt.

M 1

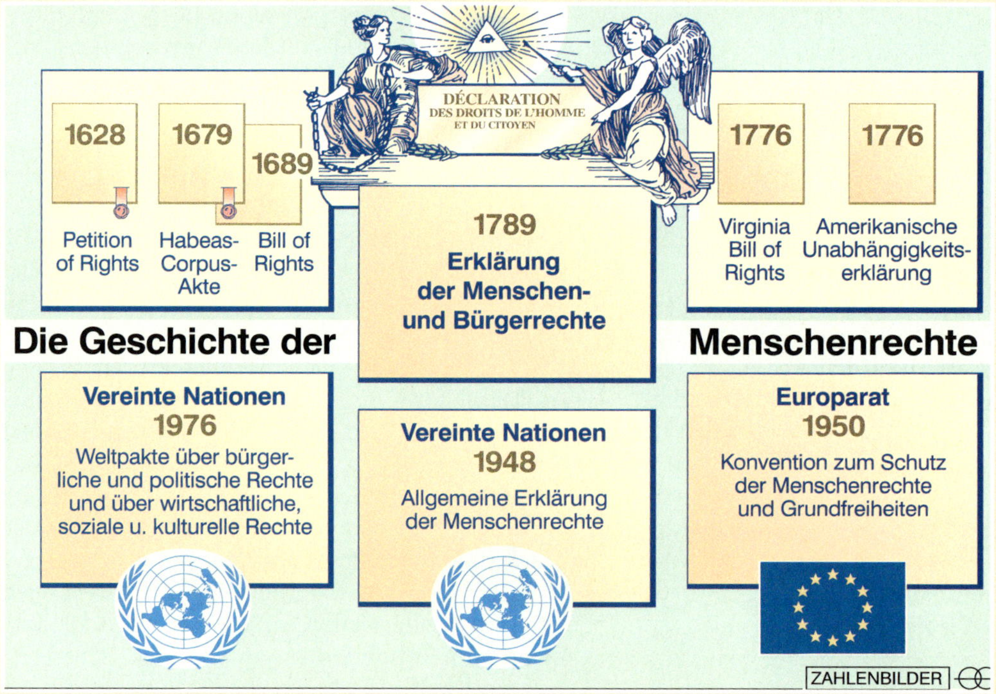

M 2 **Magna Charta Libertatum (1215)**

Die Große Freiheitsurkunde bildet bis heute den Grundstein englischen Verfassungsrechts. Mit ihr wurde eine Tradition begründet, die den Schutz der Untertanen (bzw. Bürger) zum Ziel hatte. Die englische Freiheitsidee zentrierte sich um das Verhältnis des Einzelnen zum Staat. Freiheitsrechte wurden daher als Abwehrrechte gegen potenzielle Übergriffe des Staates verstanden. Die „Magna Charta" ging aus einem feudalen Konflikt hervor, nachdem sich ein Bündnis von Kirche, Hochadel und der Stadt London gegen den englischen König formiert hatte. Die in der „Magna Charta" fixierten Rechte begünstigten zunächst nur den Adel. Erst durch die nachfolgenden Generationen erfuhr dieses Dokument eine demokratische Umdeutung und entfaltete damit seine historische Langzeitwirkung:

Johan, von Gottes Gnaden König von England [...], Gruß den Erzbischöfen, Bischöfen, Äbten, Grafen, Baronen, Richtern, Forstaufsehern, Vizegrafen, Vorstehern, Dienern und allen seinen Amtmännern und Getreuen. Ihr möget wissen, dass Wir auf Eingebung Gottes und zu Unserem und auch zu all Unserer Vorgänger und Nachfolger Seelenheil, zur Ehre Gottes und zur Erhöhung der Heiligen Kirche und zur Mehrung Unseres Reiches, auf den Rat Unserer ehrwürdigen Väter und der edlen Herren [...] sowie Unserer getreuen Laien:

1. an erster Stelle Gott gelobt und durch diese Unsere hier vorliegende Urkunde für Uns und all Unsere Nachfolger auf ewig bestätigt haben, dass die englische Kirche frei und im Besitz ihrer vollen Rechte und unangetasteten Freiheiten sein soll. [...] Wir haben weiterhin allen freien Männern Unseres Königreiches für Uns und Unsere Erben auf ewig alle nachstehend aufgezeichneten Freiheiten zugestanden, die sie von Uns und Unseren Nachfolgern auf ewig haben und behalten sollen. [...]

20. Ein freier Mann soll für ein geringes Vergehen nicht mit Strafe belegt werden, es sei denn entsprechend dem Grade seines Vergehens; und für ein schweres Vergehen soll er mit einer der Schwere des Vergehens entsprechenden Strafe belegt werden, jedoch stets bei Wahrung seines Unterhaltes; desgleichen soll ein Kaufmann sein Warenlager und ein Bauer sein Inventar behalten dürfen, wenn sie Unserer Strafe verfallen sind: Und keine der erwähnten Strafen soll auferlegt werden, wenn nicht aufgrund des Eides ehrlicher Männer der Nachbarschaft.

21. Grafen und Barone sollen nur durch ihresgleichen und einzig gemäß dem Grade ihres Vergehens bestraft werden. [...]

30. Keiner Unserer Vizegrafen oder Amtmänner oder irgend jemand sonst sollen eines freien Mannes Pferde oder Wagen gegen den Willen des besagten freien Mannes zu Transportdiensten beschlagnahmen. [...]

38. Kein Amtmann soll fortan jemanden allein auf seine eigene Anklage hin und ohne glaubwürdige Zeugen vor Gericht stellen.

39. Kein freier Mann soll ergriffen, gefangengelegt, aus seinem Besitz vertrieben, verbannt oder in irgendeiner Weise zugrunde gerichtet werden, noch wollen wir gegen ihn vorgehen oder ihm nachstellen lassen, es sei denn aufgrund rechtmäßigen Urteiles seiner Standesgenossen und nach dem Recht des Landes.

40. Wir werden niemandem Recht oder Gerechtigkeit verkaufen, verweigern oder verzögern.

60. Alle die genannten Bräuche und Freiheiten, die wir in Unserem Königreich, soweit es an uns liegt, gegenüber den Unseren zu halten zugestanden haben, sollen alle unter Unserer Herrschaft, sowohl Geistliche als auch Laien, den Ihrigen halten, soweit es bei Ihnen liegt. [...]

Solches wollen wir und bleiben fest, dass die Anglikanische Kirche frei sei, und dass die Menschen in Unserem Reich alle vorbesagten Freiheiten, Rechte und Zugeständnisse haben und behalten sollen, wohl und in Frieden, frei und ruhig, voll und unversehrt, für sich und ihre Erben durch Uns und Unsere Erben, in allen Dingen und an allen Orten, in Ewigkeit, wie es vorgeschrieben wurde. Es ist auch von Unserer Seite und von Seiten der Barone beschworen, dass all das Besagte treuen Glaubens und ohne bösen Hintersinn eingehalten werden wird. In Zeugenschaft der oben Genannten und vieler Anderer. Gegeben von Unserer Hand auf der Wiese Runnymede genannt, zwischen Windsor und Staines, am 15. Tage des Juni, im 17. Jahre unserer Herrschaft.

Zit. nach: W. Heidelmeyer (Hg.), Die Menschenrechte, Paderborn 1997, S. 51 ff.

Aufgaben

1. Analysieren Sie, in welcher Weise der Individualismus Eingang in die bürgerliche Rechts- und Gesellschaftsordnung gefunden hat.
2. Erörtern Sie die Erfahrungen, die im 20. Jahrhundert in Staaten gemacht wurden, die die Rechte des Einzelnen nicht achteten.

Arbeitstechniken und Methoden

Quellen

Weil es keinen unmittelbaren Zugang zum Vergangenen gibt, stellt sich bei jedem geschichtlichen Rückblick die Frage: Woher weiß man das eigentlich?

Die Geschichte vergegenwärtigt sich in Form von Quellen. Diese ermöglichen erst den Zugang zu ihr. Quellen stellen sozusagen den „Rohstoff“ für den Historiker dar. Als Quelle kann prinzipiell alles dienen, was das zeitlich Zurückliegende zu erhellen vermag.

Quellen lassen sich dahingehend unterscheiden, ob sie absichtlich (intentional) oder unabsichtlich der Nachwelt überliefert wurden. Ferner lassen sich Primärquellen von historischen Darstellungen unterscheiden. Letztere bezeichnet man oft auch als Sekundärquellen. Eine Differenzierung der Quellen lässt sich auch auf der Basis des Informationsträgers (Tontafel, Buch, Computer, Diskette) vornehmen:

- Schriftliche Quellen: zum Beispiel Besitzurkunden, Testamente, Parlamentsprotokolle, Tagebücher, diplomatische Korrespondenzen, Gerichtsakten, Zeitungen,
- Bildquellen: zum Beispiel Gemälde, Zeichnungen, Karikaturen, Plakate, Filme, Wochenschauen,
- Tonquellen: zum Beispiel Radioübertragungen, Interviews, Hörspiele,
- Sachquellen (Realien): zum Beispiel Gebäude, Denkmäler, Arbeitsgeräte, Waffen, Schmuck, Münzen, Kleidung.

Werkzeuge des Historikers

Zur Erforschung und Bearbeitung des Materials greift der Historiker auf die Ergebnisse der so genannten historischen Hilfswissenschaften zurück. Dazu zählen:

- Archäologie,
- Schriftkunde (Paläografie),
- Urkundenlehre (Diplomatik),
- Archivkunde,
- Wappenkunde (Heraldik) und Siegelkunde (Sphragistik),
- Sprachwissenschaft (Philologie)
- Zeitrechnungslehre (Chronologie),
- Münzkunde (Numismatik),
- Maß- und Gewichtskunde (Metrologie),
- Personen- und Geschlechterkunde (Genealogie),
- Bevölkerungskunde (Demografie),
- Historische Bildkunde (Ikonografie),
- Historische Kartenkunde (Geografie).

Quellenerschließung

Unter Quellenerschließung versteht man eine methodische Untersuchung, durch die eine Quelle in einen Sinnzusammenhang gestellt wird. Die Erschließung von historischen Quellen wird in je unterschiedlicher Gewichtung beschreibende, erklärende und interpretierende Elemente umfassen.

Beschreibung

Bei der Beschreibung handelt es sich um eine erste – provisorische – Erfassung der Quelle. Diese wird in Augenschein genommen. Das Sichtbare, zum Beispiel in einem Bild, wird festgehalten, ein Text wird gegliedert, inhaltlich rekapituliert. Formale Auffälligkeiten (Vermerke, Stempel) werden registriert.

Erklärung

Daran anschließend sollten Begriffe geklärt und die erwähnten Personen politisch-biografisch eingeordnet werden. Der nächste Schritt besteht darin, die Quelle in einen inhaltlichen Zusammenhang von Ursache und Wirkung zu stellen. In diesem Zusammenhang sind die Fragen nach dem Autor, dem Adressaten, den Interessen und Auswirkungen zu beantworten.

Interpretation

Die abschließende Interpretation baut auf den ersten beiden Schritten auf und zielt auf ein tiefer gehendes Verständnis. Die Quelle wird in einen größeren Zusammenhang gerückt. Ihr Sinn erschließt sich meist erst dadurch, dass eine Beziehung zu anderen Quellen (beziehungsweise Ereignissen) hergestellt wird.

Diese drei Schritte weisen vielfältige Berührungspunkte auf, so dass in der Praxis die Übergänge fließend sind. Der Begriff der Interpretation bezieht sich im umfassenderen Sinne auf den gesamten Vorgang der Quellenerschließung.

Schriftliche Quellen

Unter den historischen Quellen kommt der schriftlichen Überlieferung eine überragende Bedeutung zu. Mit der Entwicklung der Schrift in den frühen Hochkulturen (ab ca. 3000 v. Chr.) hat der Grad der Schriftlichkeit – mit Unterbrechungen zum Beispiel im frühen Mittelalter – ständig zugenommen. Für das gesamte öffentliche Leben (Gesetzgebung, Verwaltung, Außenpolitik) sind schriftliche Quellen maßgebend.

M 1 **Die Neolithische Revolution** bezeichnet jenen epochalen Einschnitt, als die Menschheit vom Jagen und Sammeln zur Produktion von Nahrung überging. Die „Erfindung der Landwirtschaft" erhöhte die Produktivität und bildete die Grundlage für die Entstehung von Hochkulturen. Erst im Rahmen dieser neuen Zivilisationsstufe wurden die ältesten Schriftformen entwickelt.

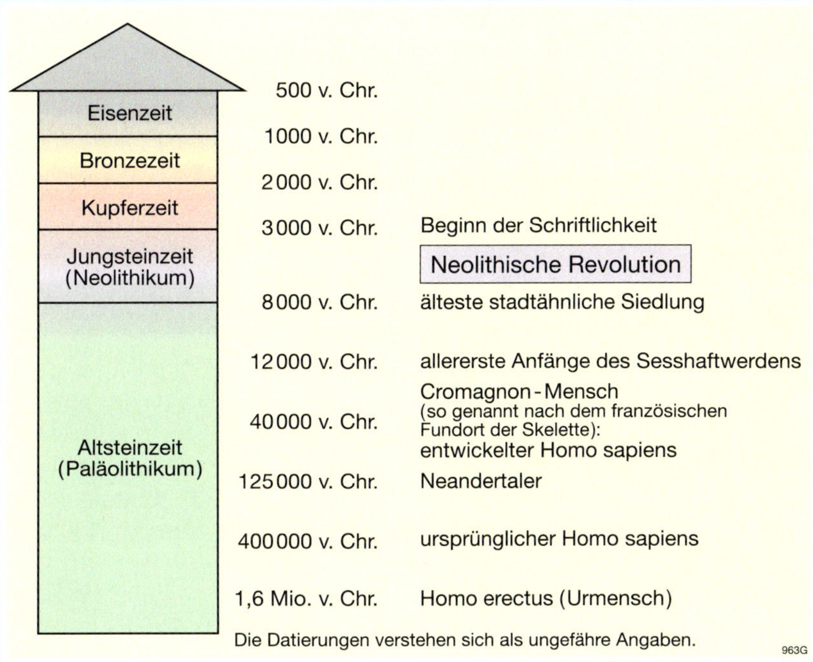

Leitfragen zu Textquellen

- Wer ist der Verfasser?
- Welchen Inhalt hat der Text?
- Aus welchem Anlass wurde der Text verfasst?
- Lässt sich die Quelle datieren?
- Gibt es einen feststellbaren Adressaten?
- Erfüllt der Text eine erkennbare Absicht?
- Welche (Aus-)wirkung hat der Text gehabt?

M 2 **Das Wormser Konkordat**

a) Die Urkunde des deutsch-römischen Kaisers Heinrichs V. vom 23. September 1122:

Im Namen der heiligen und unteilbaren Dreifaltigkeit. Ich, Heinrich, von Gottes Gnaden erhabener Römischer Kaiser, überlasse (dimitto) um der Liebe zu Gott, zur Heiligen Römischen Kirche und zu dem Herrn Papst Calixt sowie um meines Seelenheils willen Gott, den heiligen Aposteln Petrus und Paulus sowie der Heiligen Katholischen Kirche alle Investitur mit Ring und Stab (omnem investituram per anulum et baculum) und gestehe zu (concedo), dass in allen Kirchen, die sich in meinem König- und Kaiserreich befinden, die freie kanonische Wahl und Weihe (canonicam electionem et liberam consecrationem) stattfindet.

Die Güter und Regalien des heiligen Petrus, die von Beginn dieses Streites bis zum heutigen Tage, sei es zur Zeit meines Vaters oder zu meiner Zeit, der Kirche entzogen worden sind, gebe ich, soweit ich sie in meinem Besitz habe, der Heiligen Römischen Kirche wieder zurück; soweit ich sie nicht in meinem Besitz habe, werde ich getreulich Hilfe leisten, dass sie wieder zurückgegeben werden. Auch die Güter aller anderen Kirchen und Fürsten – sowohl der geistlichen wie der weltlichen –, die in den vorausgegangenen Wirren diesen entzogen worden sind, werde ich, soweit ich sie in meinem Besitz habe, nach Rat und Urteil der Fürsten auf rechtmäßige Art und Weise wieder zurückgeben; soweit ich sie nicht in meinem Besitz habe, werde ich auch hier getreulich Hilfe leisten, dass sie wieder zurückgegeben werden. Ferner sichere ich dem Herrn Papst Calixt, der Heiligen Römischen Kirche und allen, die bei diesem Streit auf ihrer Seite standen oder stehen, wirklichen Frieden zu. Darüber hinaus werde ich in allen Angelegenheiten, in denen die Heilige Römische Kirche Hilfe fordern sollte, ihr getreulich Hilfe leisten, und ihr in allen Streitsachen, über die sie vor mir Klage führen sollte, in gebührender Weise Recht und Gerechtigkeit zuteil werden lassen.

Alles dies ist mit Rat und Zustimmung jener Fürsten verhandelt worden, deren Namen nachstehend aufgeführt sind: Adalbert, Erzbischof von Mainz, Friedrich, Erzbischof von Köln, Hartwich, Bischof von Regensburg, Otto, Bischof von Bamberg, Bischöfe Brun von Speyer, Hermann von Augsburg, Godebald von Utrecht, Ulrich von Konstanz; Erlolf, Abt von Fulda; Heinrich, Herzog [von Bayern], Friedrich, Herzog [von Schwaben], Simon, Herzog [von Oberlothringen], Berthold, Herzog [von Zähringen], Markgraf Diepold [von Vohburg], Markgraf Engelbert [von Sponheim], Pfalzgraf Gottfried [von Calw], Pfalzgraf Otto [von Wittelsbach], Berengar, Graf [von Sulzbach].

Ich, Friedrich, Erzbischof von Köln und Erzkanzler, habe diese Ausfertigung beglaubigt.

b) Die Urkunde des Papstes Calixt II.

Ich, Calixt, Bischof, Diener der Diener Gottes, gestehe Dir, lieber Sohn Heinrich, von Gottes Gnaden erhabener Römischer Kaiser, zu (concedo), dass die Wahlen der Bischöfe und Äbte des Deutschen Königreiches (Teutonici regni), soweit diese zum Königreich gehören (qui ad regnum pertinent), ohne Simonie [Ämterkauf] und irgendeine Art von Zwang in Deiner Gegenwart abgehalten werden, und dass Du, wenn zwischen den Parteien Streit entstehen sollte, nach Rat und Urteil des Erzbischofs und der übrigen Bischöfe der jeweiligen Kirchenprovinz der klügeren Partei Zustimmung und Hilfe zuteil werden lässt (saniori parti assensum et auxilium praebeas). Der Erwählte (electus) aber soll mit dem Szepter die Regalien von Dir empfangen und das, was er Dir von Rechts wegen schuldet, leisten. In den übrigen Teilen des Kaiserreiches (partibus imperii) – ausgenommen denen, die erwiesenermaßen der Römischen Kirche gehören – soll der Geweihte jedoch innerhalb von sechs Monaten die Regalien mit dem Szepter von Dir ohne jede Abgabe empfangen und Dir das, was er Dir von Rechts wegen schuldet, leisten. In allen Angelegenheiten aber, über die Du vor mir Klage führen und für die Du meine Hilfe fordern solltest, werde ich Dir entsprechend der Verpflichtung meines Amtes in gebührender Weise Hilfe zuteil werden lassen. Ich sichere Dir und allen, die bei diesem Streit auf Deiner Seite standen oder stehen, wirklichen Frieden zu.

Zit. nach: A. Buschmann (Hg.), Kaiser und Reich, Klassische Texte und Dokumente zur Verfassungsgeschichte des Hl. Römischen Reiches Deutscher Nation, München 1984, S. 65 f.

Erschließung des Wormser Konkordats

Das Wormser Konkordat ordnete das Verhältnis von Reich und Kirche im 12. Jahrhundert. Mit ihm fand das jahrzehntelange Ringen um die Wahl und Einsetzung der kirchlichen Reichsfürsten ein Ende. Der

Konflikt zwischen Kaiser und Papst, der als Investiturstreit in die Geschichte eingegangen ist, endete mit einem Ausgleich.

Dem Konflikt lagen unterschiedliche Interessen zugrunde. Das Papsttum strebte nach einer Loslösung aus der Umklammerung durch die kaiserliche (modern ausgedrückt: staatliche) Gewalt. Für den König beziehungsweise Kaiser hingegen bildeten die Bischöfe eine wesentliche Stütze seiner Macht. Sie stellten nicht nur die wichtigsten Ratgeber, sondern konnten aufgrund ihrer Ehelosigkeit die Güter ihrer Macht nicht vererben. Die weltlichen Fürsten hingegen waren bestrebt, die Herrschaft für die Nachkommen zu sichern, was langfristig die Einheit des Reiches gefährden musste.

Die Besonderheit des römisch-deutschen Reiches lag darin begründet, dass die Bischöfe eine Doppelfunktion als geistliche und weltliche Herrscher ausübten. Daher ergab sich zwangsläufig ein Interesse der weltlichen Zentralgewalt – also des Königs –, die Einsetzung (Investitur) der Bischöfe zu beeinflussen.

Mit dem Vertrag zwischen Kaiser Heinrich V. und Papst Calixt II. wurde die Einheit von geistlicher und weltlicher Macht zerrissen. Fortan gliederte sich die Investitur der Reichsbischöfe und Reichsäbte in zwei Teile: erstens die kanonische (innerkirchliche) Wahl und Weihe sowie zweitens die Einsetzung in die weltlichen Rechte durch den König. Diese Vorgehensweise entsprach der Unterteilung der Investitur in geistliche Rechte („Spiritualien"), symbolisiert durch Ring und Stab, sowie weltliche Rechte („Temporalien"), symbolisiert durch das Szepter und die dazu gehörenden Regalien (Königsrechte). Der König verzichtete also auf die geistliche Investitur, gleichwohl fand diese in seiner Anwesenheit statt, was im Sinne einer Einflussmöglichkeit gedeutet werden kann. Bei einer strittigen kanonischen Wahl kam dem König ein Zustimmungsrecht zu.

Der Titel „Wormser Konkordat" ist kein originaler Begriff, sondern stammt aus dem 17. Jahrhundert. Konkordat bezeichnet heutzutage einen Vertrag zwischen „Staat" und „Kirche" – also Mächten, die im Mittelalter nicht zu trennen waren.

Bei dem vorliegenden Text handelt es sich um eine Bearbeitung, die von einem Fachhistoriker vorgenommen wurde. Außer der Übertragung aus dem Lateinischen musste die Entschlüsselung der Zeugenliste geleistet werden. Da wichtige mittelalterliche Urkunden oft nur in Abschriften vorhanden sind, wird die historische Forschung vor große Probleme gestellt. Im vorliegenden Fall ist die päpstliche Urkunde nur in einer Abschrift überliefert.

Die Quellenkunde bildet eine zentrale wissenschaftliche Aufgabe des Fachhistorikers. Sie dient der Erschließung der Quelle und bezieht sich unter anderem auf Zeitpunkt, Schrift und Beschreibstoff, Art der Überlieferung, Rezeption und Textvarianten. Auch die Echtheit muss angesichts der Fälschungshäufigkeit mittelalterlicher Urkunden speziell geprüft werden.

Die Urkunde Kaiser Heinrichs V. weist einige typische Merkmale einer Königsurkunde auf: die Anrufung Gottes am Anfang (Invocatio), den Namen und den Titel des Ausstellers (Intitulatio), die Nennung des Empfängers (Inscriptio). Diese Einleitung wird auch als Protokoll bezeichnet. Erst dann erfolgt der materielle Inhalt der Erklärung. Die Urkunde endet mit der Zeugenliste sowie der Beglaubigung durch den Erzkanzler am Schluss (Recognition).

Bildquellen

„Wir glauben, was wir sehen." In diesem Spruch drückt sich die Macht der Bilder aus. Von ihnen geht erfahrungsgemäß eine größere Suggestivkraft aus als von Texten. Die Nachhaltigkeit des Bilderlebens führt dazu, dass Bilder länger im Gedächtnis bleiben als Texte. Es kann daher nicht verwundern, dass die politischen Mächte sich seit Jahrtausenden der Bilder bedienten, zum Beispiel in Form von Herrscherporträts auf Münzen und Siegeln.

Seit dem 19. Jahrhundert haben vor allem Fotos als Massenprodukt eine neue Bildwirklichkeit hervorgebracht. Dem Foto haftet eine (scheinbare) Objektivität an, die das künstliche Bild nie erreichen konnte.

Im 20. Jahrhundert wurde das Bild zu einem zentralen Aspekt politischer Herrschaft. Totalitäre Regime haben systematisch Bildfälschungen betrieben, um zum Beispiel „in Ungnade gefallene Personen" aus dem kollektiven Gedächtnis zu entfernen.

Im Zeitalter der Digitalisierung wird es objektiv immer schwieriger, Bildfälschungen („Bilder, die lügen") zu erkennen. Aufgrund moderner Technik entfällt die konventionelle Bearbeitung des Bildmaterials (Montage, Retusche), sodass die Spuren einer Manipulation nicht mehr sichtbar sind.

Leitfragen zur Erschließung von Bildquellen

- Wie wird die Person beziehungsweise der Gegenstand dargestellt (Größe, Ausschnitt, Perspektive, Lichtquelle, Farben, Bildaufbau)?
- Was lässt sich über die Bildentstehung in Erfahrung bringen (Auftraggeber, Fotograf)?
- Gibt es Gegenstände, Darstellungen, Personen oder Symbole, deren Bedeutung durch zusätzliche Informationen zu klären ist?
- Welchem Zweck dient das Bild (zum Beispiel Selbstdarstellung, Propaganda)?
- Gibt es eine erkennbare Inszenierung?

Erschließung der Bildquelle M3

Im nach oben versetzten Zentrum des Bildes erblickt der Betrachter eine thronende männliche Figur, platziert in einem mandelförmigen Rahmen (Mandorla). Es handelt sich um Kaiser Otto III. (983–1002), der in christusgleicher Positur mit ausgebreiteten Armen – in der rechten Hand den Reichapfel mit Kreuz – von oben den göttlichen Segen empfängt. Die Mandorla gilt in der christlichen Ikonografie als Symbol der Menschwerdung und war daher eigentlich der Abbildung Christi vorbehalten. Auch die Armhaltung verweist auf den Gekreuzigten. Die segnende Hand sowie das Haupt des Kaisers werden durch einen blauen Nimbus (Heiligenschein) eingerahmt.

Der kaiserliche Thron ruht auf einer weiblichen Gestalt, die als Verkörperung der Erde identifiziert werden kann. Beidseitig zum Kaiser befinden sich die Symbole der vier Evangelisten: Matthäus (Mensch), Johannes (Adler), Lukas (Stier) und Markus (Löwe). Sie halten ein weißes bandförmiges Tuch, das als Pallium (Amtszeichen der Erzbischöfe) gedeutet werden kann.

Unterhalb zur Linken und Rechten des Kaisers nähern sich zwei Könige in demütiger Haltung dem Thron. Sie tragen Lanzen mit Fähnchen, was sie als Lehensempfänger (Vasallen) ausweist. Am unteren Bildrand stehen zwei weltliche und zwei geistliche Fürsten.

Welche Botschaft soll durch das Bild vermittelt werden? Der Kaiser erhebt Anspruch auf Unmittelbarkeit zu Gott. Gott selbst krönt den

M 3 **Otto III., Liuthar-Evangeliar,** hergestellt in Reichenau, um 1000, Domschatz Aachen

Kaiser, was gleichzeitig eine Zurückweisung und Herabstufung des Papsttums bedeutet. Der Kaiser selbst verlangt die Anerkennung als „Vicarius Christi"– also als Stellvertreter Gottes auf Erden. Das Bild diente somit einem propagandistischen Zweck im lang andauernden mittelalterlichen Konflikt zwischen Kaiser (Imperium) und Papst (Sacerdotium). Es entstand um das Jahr 1000 im Kloster Reichenau und ziert ein Evangeliar, das dem Kaiser gewidmet ist.

Die kurze Regierungszeit Ottos III. wurde durch das Bestreben des Kaisers charakterisiert, in die Tradition der römischen Kaiser einzutreten. Otto fühlte sich als berufener Nachfolger Karls des Großen und war von der Vorstellung beseelt, die Erneuerung des römischen Reiches mit Rom und Aachen als Bezugspunkten durchzusetzen. Damit knüpfte Otto III. an römische sowie karolingisch-christliche Vorbilder an. Sein Anspruch auf Weltherrschaft wurde durch die Bildpropaganda der Vergöttlichung (Apotheose) untermauert.

Sachquellen

Die Kugel galt bereits in der Antike als Abbildung des Kosmos und als Symbol der Weltherrschaft. Der Reichsapfel ist Teil der so genannten Reichskleinodien, also des Kronschatzes des Hl. Römischen Reiches.

Die Sichtbarmachung von Herrschaft besitzt orientalische und antike Wurzeln. Besondere zeremonielle Zeichen, so genannte Insignien, sollten Herrschaft augenfällig machen und ihr eine besondere Legitimität verleihen. Durch glückliche Fügungen hat sich der Kronschatz, der die Kaiseridee des Mittelalters repräsentiert, über die Jahrhunderte hinweg erhalten.

Zu den Insignien des Reiches gehörten in erster Linie Krone, Schwert, Szepter und Reichsapfel. Ihr Besitz verlieh dem Thronanwärter einen Vorrang, was bei Doppelwahlen von Bedeutung sein konnte.

Die Reichsinsignien spielten vor allem bei der Krönungszeremonie eine wichtige Rolle. Diese dinghaften Symbole demonstrierten vor der Öffentlichkeit eine herausragende Würde des Empfängers.

Der Reichsapfel aus dem 12. Jahrhundert besteht aus einer mit Goldblech überzogenen Harzmasse. Die vier edelsteinbesetzten Bänder gliedern die Welt in vier Erdteile. Das aufgesetzte Kreuz verweist auf eine Sakralisierung im Sinne der Herrschaft Christi. Im Mittelalter besaßen die Reichsinsignien den Charakter von so genannten Sekundärreliquien und wurden als solche kultisch verehrt.

M 4 **Der Reichsapfel** aus dem letzten Viertel des 12. Jahrhunderts

Leitfragen zu Sachquellen

- Welchem Zweck diente der Gegenstand?
- Besaß er einen privaten oder offiziellen Charakter?
- Handelt es sich um eine absichtliche Quelle, die für die Unterrichtung der Nachwelt hergestellt wurde?
- Welche künstlerischen und technischen Fähigkeiten bildeten die Voraussetzung für seine Herstellung?
- Welches zivilisatorische Niveau spiegelt der Gegenstand wider?
- Wie hat sich der Gegenstand erhalten? Hat er eine Geschichte?

Karikaturen

Die Karikatur ist ein Bildmedium, das bis in die Gegenwart nichts von seinem Reiz eingebüßt hat. Karikaturen gewannen seit der Reformation im 16. Jahrhundert große Bedeutung, weil neue Drucktechniken ihre massenhafte Reproduzierbarkeit ermöglichten.

Die Karikatur stellt eine bildliche Satire dar, bei der sich der Zeichner der Mittel der Verzerrung, der Zuspitzung und des Bild-Witzes bedient. Ihre Absicht besteht zumeist in der Bloßstellung beziehungsweise Verspottung einer Person oder eines Vorkommnisses. Die Karikatur ist eine politische Waffe, die letztlich nach dem volkstümlichen Motto „Lächerlichkeit tötet." funktioniert.

Karikaturen stellen einen komplexen Kommentar dar. Meistens sind zusätzliche Kenntnisse des Kontextes vonnöten, um eine Karikatur angemessen zu entschlüsseln.

Leitfragen zu Karikaturen

- Wozu stellt die Karikatur einen bildlichen Kommentar dar?
- In welchem Kontext steht sie?
- Welcher Bildelemente bedient sich der Karikaturist?
- In welcher Beziehung steht ein beigefügter Text zum Bild?
- Welche Absicht verfolgt der Zeichner?
- Handelt es sich um eine wohlwollende, verletzende oder aggressive Karikatur?
- Welche emotionale beziehungsweise rationale Wirkung geht von der Karikatur aus?

M 5 **Ein Holzschnitt**
von Sebald Beham, 1521

Erschließung der Karikatur M5

Die Zeit der Reformation bildete den Hintergrund eines intensiv geführten Bilderkampfes. Die entwickelte Drucktechnik ermöglichte es, Flugblätter und Illustrationen in großer Anzahl in Umlauf zu bringen. Man bediente sich dieser propagandistischen Mittel, um den Gegner zu beleidigen, zu verteufeln oder auch nur lächerlich zu machen.

Das vorliegende Beispiel eines Spottbildes aus dem Jahre 1521 stammt vom Nürnberger Grafiker und Holzschneider Sebald Beham, der seine Werke bereits frühzeitig als Waffe im Kampf für die Bauern und die Reformation einsetzte.

Im Mittelpunkt steht ein Mönch, erkennbar an der Tonsur. Links befinden sich drei weibliche Figuren, die als Allegorien von Lastern zu erkennen sind: Superba (Stolz, Hochmut), Luxuria (Wohlleben, Unzucht) und Avaricia (Geiz, Habgier). Mit einem um den Hals geschlungenen Tuch halten sie ihn am Gängelband. Ein Bauer mit zerrissenen Beinkleidern – seinerseits angestachelt von der weiblichen Allegorie der Paupertas (Armut) – zwingt den Mönch, ein Buch zu essen. Der Sinn dieser Handlung ist nicht eindeutig. Man kann sie als „Marter des Briefessens" interpretieren. Überbringer schlechter Nachrichten konnten mitunter auf diese Weise bestraft werden. Bezogen auf die Reformationszeit hieße das: Die katholische Lehre ist unglaubwürdig geworden.

Unabhängig davon repräsentiert diese Karikatur eine Kombination von Gesellschafts- und Kirchenkritik. Der Künstler bezieht offensichtlich Stellung für die Bauern. Er kontrastiert das Wohlleben der Geistlichen mit der Armut der Bauern. Er spiegelte damit nur die allgemein verbreiteten Klagen über den Sittenverfall im Bereich der Kirche wider. Der Reichtum vieler Klöster stand in krassem Gegensatz zum christlichen Armutsideal.

Die Karikatur greift aber auch Luthers Kritik am Priestertum im Allgemeinen und am Möchtum im Besonderen auf. Luthers Lehre vom Laienpriestertum entkleidete den Geistlichen seiner besonderen Gottesnähe und wertete damit den gemeinen Gläubigen auf.

Statistiken

Bei der Statistik handelt es sich um die zahlenmäßige Erfassung bestimmter Sachverhalte. Dies kann entweder grafisch oder tabellarisch geschehen. Aus den beigefügten Angaben sollte klar hervorgehen, was genau gemessen worden ist. Statistiken stellen eine äußerst komprimierte Information dar und ermöglichen einen relativ schnellen Überblick zum Beispiel über eine historische Entwicklung.

Ob eine Statistik stimmt, ist für Nichtfachleute in der Regel nicht erkennbar. Den berühmten – dem britischen Staatsmann Winston Churchill zugeschriebenen – Ausspruch, er glaube keiner Statistik, die er nicht selbst gefälscht habe, hat dieser zwar nicht gemacht. Aber die zum Ausdruck kommende Skepsis gegenüber Zahlen ist mitunter wohlbegründet.

Statistiken können einem legitimatorischen beziehungsweise propagandistischen Zweck dienen. So ist zum Beispiel bekannt, dass die Statistiken der ehemaligen DDR durchgängig ein falsches Bild von der Wirklichkeit widerspiegelten. Die offiziellen Daten, zum Beispiel zum Wohnungsbau oder zur Finanzkraft, blieben bis zum Ende geschönt. Das hatte zur Folge, dass die wirtschaftliche Situation der DDR selbst von westdeutschen Spezialisten überbewertet wurde.

Leitfragen zu Statistiken

- Welche Quellen werden für die Daten angegeben?
- Gibt es zusätzliche Informationen seitens des Autors?
- Handelt es sich um absolute oder relative Zahlen?
- Wie wird die Vergleichbarkeit der Daten hergestellt?
- Bewegen sich die angegebenen Größenordnungen (Mrd./Mio.; t./Kg.) auf realistischem Niveau?

- Gibt es wesentliche Abweichungen in vergleichbarem Datenmaterial?
- Wer ist der Autor der Statistik beziehungsweise ihr Herausgeber?
- Wie steht es um die Objektivität der Publikation?

M 6

Altersspezifische Sterbetafel für Männer, die zwischen 1276 und 1300 in England geboren wurden

1 Altersspanne	2 Sterbewahrscheinlichkeit in Prozent	3 Überlebenswahrscheinlichkeit in Prozent	4 Zahl der Überlebenden von 1000 Geborenen	5 Lebenserwartung bei Alter x
0	15,00	85,00	1000	31,30
1 – 4	11,00	89,00	850	35,76
5 – 9	4,35	95,65	756	35,65
10 – 14	4,65	95,35	723	32,16
15 – 19	5,68	94,32	689	28,62
20 – 24	12,60	87,40	650	25,19
25 – 29	13,66	86,34	568	23,47
30 – 34	11,01	88,99	490	21,80
35 – 39	12,70	87,30	436	19,19
40 – 44	18,44	81,56	381	16,61
45 – 49	16,67	83,33	311	14,78
55 – 59	25,66	74,34	194	10,52
60 – 64	43,86	56,14	144	8,30
65 – 69	39,39	60,61	81	7,81
70 – 74	45,00	55,00	49	6,29
75 – 79	69,56	30,44	27	4,37
80 – 84	71,43	28,57	8	3,75
85 – 89	100,00	0,00	2	2,50

Die Sterblichkeitsziffern für die Altersgruppen 0 und 1–4 beruhen auf entsprechenden Angaben aus Indien, bei denen die Lebensdauer im Wesentlichen die gleiche ist wie jene bei anderen Altersgruppen. Friedhofsbefunde zeigen, dass diese Ziffern angemessen sind.

Quelle: J. C: Russel, Die Bevölkerung Europas 500-1500, in C. M. Cipolla, K. Borchardt, Europäische Wirtschaftsgeschichte, Bd. 1, Stuttgart 1983, S. 38. 11476E

Erschließung der Statistik M6

Die vorliegende Statistik des britischen Sozialhistorikers J. C. Russell stammt aus seiner Arbeit über „ Die Bevölkerung Europas 500–1500" (in: C. M. Cipolla, K. Borchardt, Europäische Wirtschaftsgeschichte, Bd. 1, Stuttgart 1983, S. 38).

Diese Statistik dient der Erschließung von Lebenserwartung und Altersstruktur einer Gesellschaft . Die Sterbetafel für das vierte Quartal des 13. Jahrhunderts, die sich allerdings nur auf Männer bezieht, erteilt darüber nähere Auskunft. Für frühere Jahrhunderte geben die Demografen (Bevölkerungswissenschaftler) eine sehr niedrige durchschnittliche Lebenserwartung an. Das führt bei vielen Menschen zu einer falschen Vorstellung über die tatsächliche Lebenserwartung eines damals lebenden Menschen. Die durchschnittliche Lebenserwartung betrug bei Geburt 31,3 Jahre (Spalte 5). Diese niedrige Lebenserwartung erklärt sich unter anderem aus der sehr hohen Säuglingssterblichkeit (Spalte 3 und 4). Hatte der Säugling das erste Jahr überlebt, erhöhte sich sogleich die Lebenserwartung, die in der Folge kontinuierlich abnahm (Spalte 5). Hatte man zum Beispiel die Altersspanne 40–44 Jahre erreicht, so bestand eine durchschnittliche Lebenserwartung von 16,6 Jahren (Spalte 5).

Bis zum 9. Lebensjahr starben fast 25 Prozent der Neugeborenen (Spalte 4). Die Überlebenswahrscheinlichkeit nahm aber zu , hielt sich auf einem relativ hohen Niveau, um vor allem ab dem 55. Lebensjahr deutlich erkennbar abzunehmen (Spalte 3). Nur die Hälfte der Männer erreichte, wenn man die Geburt zum Ausgangspunkt nimmt, das 35. Lebensjahr. Ein Prozent wurde älter als 80 Jahre (Spalte 4). Der heutige Wert liegt bei vier Prozent – Tendenz steigend.

Das Datenmaterial, das sich nur auf den männlichen Teil der Bevölkerung bezieht, könnte durch demografische Angaben für Frauen ergänzt werden. In der Gegenwart besitzen Frauen eine deutlich höhere Lebenserwartung als Männer: neugeborene Jungen 76 Jahre, neugeborene Mädchen 81 Jahre. Noch bis ins 19. Jahrhundert war allerdings die Frauensterblichkeit höher, vor allem in der Altersspanne zwischen 20 und 40 Jahren. In diesem Zusammenhang spielten die Geburtsrisiken (z. B. Kindbettfieber) eine zentrale Rolle. Erst die moderne Medizin mit ihren hygienischen Fortschritten ermöglichte eine Umkehr des Trends.

Karten

Seit ältesten Zeiten stellt die Karte ein praktisches Hilfsmittel bei der Erfassung des Raumes dar. Der Mensch bewegt sich konkret und im übertragenen Sinne in einem Raum. Diese Räumlichkeit begründete die historisch-politische Geografie, die die territorialen Veränderungen erfasst (zum Beispiel Wanderungsbewegungen, Siedlungsstrukturen, Gebietsänderungen als Folge von Kriegen).

Die Geschichte der Landkarten reicht bis in prähistorische Zeiten zurück. Aber erst höhere Zivilisationen produzierten Weltkarten, die fast zwangsläufig das jeweilige Bild von der Welt widerspiegeln. Die Wurzeln der europäischen Kartografie liegen in der griechisch-römischen Antike. Wie auch auf anderen Gebieten so verfiel allerdings die Kunst der Kartografie nach dem Zusammenbruch des Römischen Reiches. Erst Ende des 15. Jahrhunderts wurde die Weltkarte des Klaudios Ptolemaios aus dem 2. Jahrhundert wiederentdeckt. Ptolemaios gilt als Vater der modernen Geografie. Er hatte bereits die Welt in ihrer Kugelgestalt erfasst, wenn auch mit unrichtigen Angaben. So hatte er die Länge des Äquators mit 32 000 km berechnet. Gleichwohl wurde dieses Niveau der Kartografie erst in der Frühen Neuzeit im Kontext der Entdeckungen wieder erreicht. Von da an machte diese Wissenschaft mithilfe von exakteren mathematischen und astronomischen Berechnungen große Fortschritte. Die verbesserte Vermessungstechnik führte vor allem seit dem 17. Jahrhundert zu Maßstabsgerechtigkeit und zu einer realistischeren Projektion des gekrümmten Raumes. Damit erfüllten Karten die praktischen Bedürfnisse nach präzisen Informationen für die globale Erschließung.

Leitfragen zu Karten

- Wie lautet das Thema der Karte?
- Wie wurde das Problem der grafischen Anschaulichkeit gelöst?
- Ist die Legende (Zeichenerklärung) korrekt?
- Werden zusätzliche Erläuterungen gegeben?
- Welche Abweichungen beziehungsweise Veränderungen lassen sich bei Kartenvergleichen feststellen?
- Werden mit der Karte politische (territoriale) Ansprüche erhoben?

M 7 **Weltkarte aus dem Leipziger Kodex, 11. Jahrhundert**
Nachzeichnung, Ende 19. Jh.

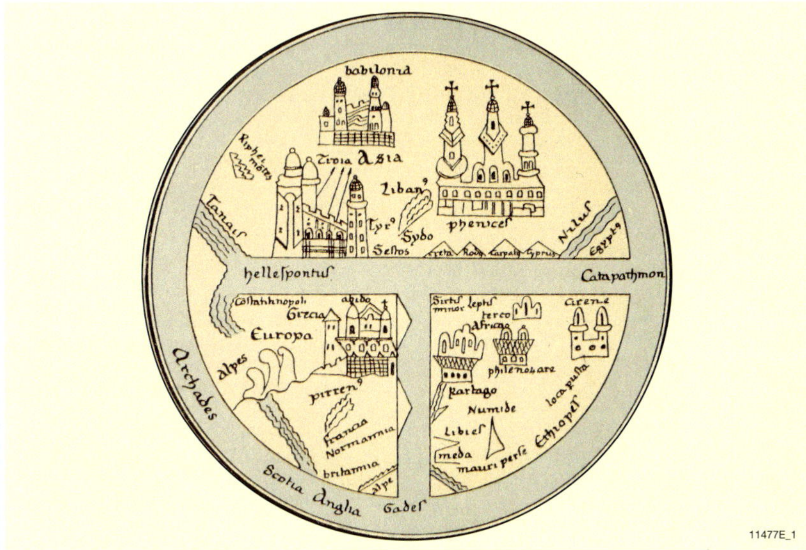

Erschließung der Karte M7

Die hier abgebildete Karte stammt aus dem 11. Jahrhundert. Die mittelalterliche Gesellschaft besaß offenkundig nur ein geringes Interesse an einer empirischen Erfassung der Welt. Vielmehr lag diesem Modell die Vorstellung zugrunde, die Erde habe die Gestalt einer schwimmenden Scheibe.

Mittelalterliche Karten spiegelten das innengeleitete und christlich geprägte Weltbild wider. Sie erfüllten offenkundig eher religiöse und künstlerische Bedürfnisse.

Die vorliegende Karte bietet ein Beispiel für das damals weit verbreitete T-O-Modell. Die Kombination des kreisförmigen Meeres mit den drei bekannten Kontinenten Europa, Afrika und Asien – jeweils getrennt durch Wasser – führte zu diesem blockartigen Schema. Erkennbar ist der begrenzte Horizont in Bezug auf die bewohnte Erde: Babylon, Don (Tanais) und Nil, Britannien und Mauretanien (Nordwestafrika) bildeten die Grenzen. Jerusalem – Mittelpunkt des christlichen Weltbildes – wurde schriftlich nicht verzeichnet. Gleichwohl ist mit Sicherheit davon auszugehen, dass die dreitürige und mit Kreuzen gekrönte Kirche diesen Ort symbolisiert.

Historisch-politische Grundbegriffe

Absolutismus Abgeleitet von lat. absolutus: uneingeschränkt. Staatsform, in der ein Monarch alleiniger Inhaber der Staatsgewalt ist. Europäische Fürsten versuchten, sich von der Mitregierung durch die Stände zu befreien. Ihr Anspruch auf ungeteilte Souveränität gab einer Epoche ihren Namen (17./18. Jh.). Im aktuellen politischen Sprachgebrauch wird das Wort „absolutistisch" bisweilen im übertragenen Sinne gebraucht. Es bedeutet dann so viel wie „selbstherrlich" oder „losgelöst" von den Wählern.

Adel Bevorrechtigter Geburtsstand, dessen Macht auf der Verfügung über Grund und Boden beruhte. Als gesellschaftliche Machtelite hielt er seinen Führungsanspruch teilweise bis ins 20. Jh. aufrecht. Im 19. Jh. verband sich der europäische Adel vielfach mit neureichen bürgerlichen Familien. Der deutsche Adel spielt als politische Kraft seit 1945 keine Rolle mehr. Die Herrschaft des Adels nennt man Aristokratie.

Agrargesellschaft ist eine Gesellschaft, in der die Landwirtschaft der wichtigste Wirtschaftszweig ist. In der Evolution der Menschheit bildete die A. das Bindeglied zwischen den Jägern und Sammlern und der Industriegesellschaft. Erst die gesteigerte Produktivität des Agrarsektors bildete die Voraussetzung für die Freistellung von Beschäftigten für andere wirtschaftliche, administrative, wissenschaftliche oder kulturelle Tätigkeiten. In modernen Gesellschaften bietet der Agrarbereich nur noch zwei bis fünf Prozent der Beschäftigten Arbeit.

Anarchismus Zweideutiger Begriff, abgeleitet von Anarchie („Herrschaftslosigkeit"). Als politische Bewegung strebte der A. im 19. Jh. einen Gesellschaftszustand an, in dem die größte Freiheit und Selbstständigkeit der Individuen ermöglicht werden würde. Dem pazifistischen A. stand ein gewalttätiger gegenüber, der das heutige Verständnis von Anarchie prägt: als Zustand der Gesetz- und Führungslosigkeit sowie des Unfriedens.

Antisemitismus ist der Hass auf Juden, der sich bis in die römische Antike zurückverfolgen lässt. Er schöpfte seine aggressiven Energien zunächst aus christlich-religiösen Gefühlen (Juden als „Christusmörder"). Im 19. Jh. verbanden sich Rassismus und Judenhass zum modernen A. Dieser stellte den Wesenskern der nationalsozialistischen Ideologie dar und ebnete den Weg in den Holocaust.

Arbeiterklasse Soziologischer Begriff, der seine politische Bedeutung vor allem im Zusammenhang mit dem Marxismus erhielt. Diesem zufolge werde die A. geschichtsnotwendig zum revolutionären Subjekt, das den Kapitalismus beseitigt. Mit der A. verband die kommunistische Ideologie die Utopie einer total befreiten Gesellschaft.

Aristokratie Republikanische Staatsform, die auf ein antikes Ideal zurückgeht: „Herrschaft der Besten". Die A. grenzt sich von der Demokratie und der Monarchie ab. In der politischen Praxis bezieht sich A. auf die Herrschaft durch privilegierte Angehörige des Adels.

Autokratie In der wörtlichen Bedeutung von „Selbstherrschaft" deckt sich dieser Begriff weitgehend mit Absolutismus. A. wurde oft im Zusammenhang mit der russischen Zarenherrschaft gebraucht. Der Autokrat muss nicht notwendigerweise ein Despot sein.

Bolschewismus Bei den Bolschewiki (russ. Mehrheitler) handelte es sich in Wirklichkeit um eine Splittergruppe der russischen Sozialdemokratie, die von der Führungskraft und den Ideen Lenins geprägt wurde. Das Wesenselement des B. ist die Lehre von der revolutionären Machtergreifung durch eine kleine Partei von Berufsrevolutionären mit dem Ziel der Errichtung einer kommunistischen Gesellschaft. (vgl. Leninismus).

Bürgertum Das Bürgertum befreite sich im Verlaufe des 18.und 19. Jh. aus der ständischen Ordnung und wurde zur tragenden Schicht der neuen Gesellschaft und zum Wegbereiter der bürgerlichen Demokratie. Der Aufstieg des Bürgertums war das Ergebnis von kapitalistischer Erwerbsgesinnung, privaten Unternehmertums und rationeller Arbeit. Der Wirtschaftsbürger (franz. bourgeois) fand seine Ergänzung im Staatsbürger (franz. citoyen).

Bundestag ist das gesamtstaatliche Parlament der Bundesrepublik Deutschland, in dem die Repräsentanten des Volkes versammelt sind. Der B. ist als Teil der gewaltenteiligen Ordnung formal der Gegenspieler der Regierung, zuständig u. a. für die Gesetzgebung. Er hat auch die Funktion eines Forums, wo die bewegenden Zeitfragen debattiert werden.

Charisma Der Begriff stammt ursprünglich aus dem Bereich der Religion und meint eine Gnadengabe. Übertragen auf die Politik bezieht sich C. auf spezielle Persönlichkeitsmerkmale, von denen eine besondere Ausstrahlung ausgeht. Die charismatische Autorität herrscht über Menschen z. B. kraft magischer Fähigkeiten, rhetorischen Vermögens, kriegerischer Erfolge oder geistiger Leistungen. Der Soziologe Max Weber entwickelte den Idealtyp der charismatischen Herrschaft, die insbesondere in Krisenzeiten zum Tragen kommen kann (Retterfunktion).

Chauvinismus Aus dem Französischen kommende Bezeichnung für einen extrem überzogenen bzw. fanatischen Nationalismus.
Im Zusammenhang mit der emanzipatorischen Frauenbewegung hat der Begriff eine zweite Bedeutung gewonnen. C. nennt man heute auch eine männliche Haltung, die das eigene Geschlecht verherrlicht und mit Arroganz dem anderen Geschlecht gegenübertritt.

Demagogie Der Begriff aus der griechischen Politik bezieht sich auf die Volks(ver)führung mittels rhetorischer Fähigkeiten. Im 19. Jh. verstand man unter dem „Demagogen" einen Politiker, der an die so genannten niederen Instinkte des Volkes appellierte. Die „Demagogen-Verfolgung" war aber eine obrigkeitliche Maßnahme, die sich gegen die liberale und nationale Bewegung richtete.

Demokratie Staatsform, in der die Staatsgewalt vom Volke ausgeht. Man unterscheidet allgemein die repräsentative und die plebiszitäre Form der D. Am Ende des 20. Jh. hat sich die D. als globales Legitimationsprinzip durchgesetzt. Auch Diktaturen verzichten nur selten auf eine demokratische Fassade. Kommunistische Parteidiktaturen nannten sich „volksdemokratisch".

Despotie/Despotismus Gewaltherrschaft, in der keine Gesetze und rechtsstaatliche Normen die Willkür der bzw. des Herrschenden bremsen. Der Begriff ist weitgehend identisch mit Tyrannei, nicht hingegen mit Absolutismus.

Diktatur Der Begriff entstammt dem römischen Staatsleben und bezeichnete dort die (zeitlich begrenzte) unbeschränkte Gewalt im Zeichen eines Staatsnotstands. Daraus wurde im Laufe der Geschichte eine Herrschaftsform, die in sehr unterschiedlichen Zusammenhängen stehen kann (z. B. faschistische D., nationalsozialistische D., kommunistische D., Militärdiktatur, D. des Proletariats).

Elite ist die politische, wirtschaftliche, militärische und kulturelle Führungsschicht in Staat und Gesellschaft. Die Rekrutierung von Eliten ist abhängig vom jeweiligen Gesellschaftsverständnis. Nach 1945 war die Betonung des Elitegedankens als undemokratisch in Verruf geraten, gegenwärtig aber wieder im Rahmen der Leistungsgesellschaft akzeptiert.

Emanzipation Der Begriff stammt aus dem römischen Recht und bezog sich auf die Freilassung von Sklaven aus der Gewalt des Herrn (wörtl. „aus der Hand geben"). E. steht begrifflich für die Befreiung von tatsächlich oder vermeintlich benachteiligten Gruppen aus ihrer Abhängigkeit. Im 19. Jh. spielte der Begriff „Judenemanzipation" eine bedeutende Rolle, womit die staatsbürgerliche Gleichstellung der Juden gemeint war. Heute ist E. ein emotionalisierter und diffuser Begriff, der in Deutschland vor allem durch die kulturrevolutionäre 68er-Bewegung popularisiert wurde.

Ethnie Abgeleitet von griech. ethnos: Volksstamm stellt die E. eine Anzahl von Menschen dar, die aufgrund von Sprache, Religion, Kultur und Geschichte ein Zusammengehörigkeitsgefühl besitzen. Vor allem am Ende des 20. Jh. haben ethnische Konflikte erheblich zugenommen, z. B. weil Ethnien sich als Nation definieren und einen eigenen Staat anstreben.

Faschismus Historisch-politischer Oberbegriff für antidemokratische, rechtsgerichtete Bewegungen nach dem 1. Weltkrieg. Gemeinsame Merkmale: u. a. Verabsolutierung des Staates, Einparteisystem, Führerkult, tendenziell totale Erfassung des Einzelnen, Militarismus und Expansion. Die Rassenideologie und der Antisemitismus waren vor allem für den Nationalsozialismus grundlegend.
In der deutschen Nachkriegsgeschichte dienten die Adjektive „faschistisch" und „antifaschistisch" oft als politische Kampfbegriffe und wurden zur Diffamierung oder Rechtfertigung von Gewalt instrumentalisiert.

Feudalismus Abstrakter und mehrdeutiger historisch-politischer Begriff, der sich von lat. feudum: Lehen herleitet. Das Lehenswesen entstand im Rahmen der Agrargesellschaft des Mittelalters, letztlich weil Geld als gesellschaftliches Tauschmittel nicht in ausreichendem Maße zur Verfügung stand. Das Lehen (Leihgut) – meistens Grund und Boden – stellte ein Entgelt für (Kriegs-)Dienste und Treue dar. Das Lehenswesen, die Beziehung des Feudalherrn zu seinem Vasallen, wurde zum gesellschaftlichen Strukturprinzip des Mittelalters. Es entstand – theoretisch – ein pyramidaler Staat mit dem König als oberstem Lebensherrn an der Spitze.
Im Laufe der Zeit vermischten sich die Begriffe Feudalismus und Grundherrschaft. Wenn in der Gegenwart von „Feudalherrn" die Rede ist, dann sind damit i.d.R. Großgrundbesitzer gemeint.
Marxistische Historiker sehen im F. eine Wirtschafts- und Gesellschaftsform, die eine Mittelstellung zwischen antiker Sklavenhaltergesellschaft und dem bürgerlichen Kapitalismus einnimmt.

Föderalismus Abgeleitet von lat. foedus: Bund, Bündnis bedeutet F. eine bundesstaatliche Ordnung. Die Untergliederung des Gesamtstaates in Bundesländern spiegelt die historische Staatswerdung wider, wie z. B. in Deutschland und in den USA. In Deutschland wirken die Bundesländer über den Bundesrat an der Gesetzgebung des Bundes mit. Der F. stellt einen wesentlichen Aspekt der Gewaltenteilung dar. Die Gegenbegriffe zu F. lauten Unitarismus bzw. Zentralstaat.

Frauenbewegung Die Wurzeln der F. reichen bis zur Französischen Revolution zurück. Die F. trat dafür ein, die Werte der bürgerlichen Revolutionsbewegung auch auf die Frauen zu übertragen. Der Kampf der politisch engagierten Frauen galt daher im Wesentlichen der rechtlichen Gleichstellung mit dem Mann. Politisch ging es um das Frauenwahlrecht, wirtschaftlich um gleichen Lohn und sozial um den ungehinderten Zugang zu den Bildungseinrichtungen.
In der Bundesrepublik Deutschland erhielt die F. besonders durch die studentische Bewegung von 1968 neuen Auftrieb. Im Grundgesetz ist die Gleichberechtigung von Frauen und Männern festgeschrieben. Der Staat „wirkt auf die Beseitigung bestehender Nachteile hin" (Art. 3 GG).

Freiheitlich demokratische Grundordnung (FDGO) bildet das Herzstück im Verfassungsverständnis der Bundesrepublik Deutschland. Das Bundesverfassungsgericht hat die FDGO folgendermaßen definiert: Achtung der Menschenrechte, Volkssouveränität, Gewaltenteilung, Verantwortlichkeit der Regierung, Gesetzmäßigkeit der Verwaltung, Unabhängigkeit der Gerichte, Mehrparteienprinzip, Recht auf Opposition. Nur solche links- bzw. rechtsextremistische Parteien, die die FDGO ablehnen, können vom Bundesverfassungsgericht verboten werden.

Gesellschaft ist ein hochabstrakter Begriff, der alle Formen menschlichen Zusammenlebens umfasst. Soziologisch lassen sich sesshafte von nomadischen Gesellschaften abgrenzen. Darüber hinaus spricht man – abhängig vom wirtschaftlichen Entwicklungsstand – von Agrar-, Industrie- und Dienstleistungsgesellschaften. In der historisch-politischen Perspektive lassen sich Stände-, Klassen- und Schichtengesellschaften unterscheiden. In der pluralistischen G. haben sich frühere Gesellschaftsstrukturen weitgehend aufgelöst. G. und Staat stehen in einem wechselseitigen Einwirkungsverhältnis.

Genozid Relativ neuer Begriff, der sich für Völkermord durchgesetzt hat. Nach der Völkermord-Konvention der UNO (1948) umfasst der G. alle Handlungen, die begangen werden, um eine nationale, ethnische, rassische oder religiöse Gruppe ganz oder teilweise zu zerstören.

Gesetze sind Rechtsnormen des gesellschaftlichen Zusammenlebens, die im Unterschied zu anderen Regeln auf eine verfassungsmäßig vorgeschriebene Weise durch den Gesetzgeber zustande gekommen sind. Hinter den Gesetzen steht die Macht des Staates (Polizei, Justiz) als Erzwingungsinstanz. In einem Rechtsstaat müssen sich auch die Staatshandlungen selbst im Rahmen der G. bewegen.

Gewaltenteilung ist ein Grundsatz des modernen Parlamentarismus bzw. des Rechtsstaats, demzufolge der Machtmissbrauch verhindert und die bürgerliche Freiheit bewahrt werden soll. Die klassische Lehre der G. geht von der Unterscheidung zwischen Exekutive (Regierung), Legislative (gesetzgebende Gewalt) und Judikative (richterliche Gewalt) aus. In pluralistischen Gesellschaften hat sich die G. ausdifferenziert. Die G. ist ein substanzieller Bestandteil der freiheitlich demokratischen Grundordnung.

Globalisierung zu Beginn des 21. Jh. bezieht sich auf eine neue Qualität der weltweiten Vernetzung. Ursächlich dafür sind die neuen Informationstechnologien sowie die Transportrevolution. Die G. zeigt sich im sprunghaft gestiegenen Güter- und Kapitalverkehr, in der noch nie dagewesenen Mobilität von Menschen sowie in der grenzenlosen Verfügbarkeit von Informationen.

Grundherrschaft Herrschaftsform des Mittelalters und der Frühen Neuzeit, bei der die Herrschaft über das Land mit der Herrschaft über die auf ihm ansässigen Menschen verbunden war. Grundherrn konnten der König, der Adel oder die Kirche sein. Mit der G. verbindet sich i.d.R. die Gerichtsherrschaft. Der ganz überwiegende Teil der bäuerlichen Bevölkerung des Mittelalters besaß nur ein Nutzungsrecht für das Herreneigentum. In Form der Gutsherrschaft konnte sich eine modifizierte G. – vor allem östlich der Elbe – bis ins 19. Jh. halten.

Hegemonie Der Begriff entstammt der griechischen Geschichte und bedeutete das Streben eines Staates nach Vorherrschaft in einer Staatengemeinschaft. Heute oft verallgemeinert gebraucht im Sinne einer politischen, wirtschaftlichen und militärischen Überlegenheit der jeweiligen Vormacht.

Herrschaft Im Unterschied zu privater Machtausübung handelt es sich in Bezug auf H. um eine institutionalisierte Form von Macht. Der Herrschaftsanspruch bedarf der Legitimation. Der Soziologe Max Weber unterschied idealtypisch drei Geltungsgründe für H.: traditionelle H., die sich aus der je bestehenden Ordnung herleitet, charismatische H. und legale H.

Hierarchie Dieser Grundbegriff der Soziologie, abgeleitet von griech. Hierarch: oberster Priester, bezieht sich auf die vertikale Gliederung der Gesellschaft. Der abgestufte Aufbau formt klare Über- und Unterordnungsverhältnisse, die den Menschen einen bestimmten Rang zuordnen.
Während Diktaturen aus herrschaftstechnischen Gründen regelmäßig hierarchische Organisationsformen durchsetzen, wurde die H. in modernen Unternehmen zugunsten kooperativer Organisationsformen abgebaut.

Holocaust Angelsächsische Bezeichnung für den Genozid an den Juden (griech. „Ganzopfer", „Brandopfer"). In Deutschland ist die Leugnung des H. eine Straftat.

Ideologien Darunter versteht man (geschlossene) Systeme von Wertvorstellungen und weltanschaulichen Einstellun-

gen. Die großen politischen Bewegungen des 20. Jh. standen in engem Zusammenhang mit ihren I.: Liberalismus, Kommunismus, Faschismus.
Besonders im Zeitalter der Massenmedien besitzen I. eine integrierende und propagandistische Funktion.
Der Vorwurf der „Ideologisierung" bezieht sich regelmäßig auf fehlende Sachlichkeit und Voreingenommenheit.

Imperialismus Abgeleitet von lat. imperium: Herrschaftsgewalt, bezeichnet I. seit dem Ende des 19. Jh. das allgemeine Streben nach Vorherrschaft bzw. Ausdehnung des Machtbereichs. I. kann in unterschiedlichen Formen in Erscheinung treten: direkt (in Form von Kolonien) oder indirekt. Es können politische, wirtschaftliche, militärische oder kulturelle Mechanismen eine Rolle spielen.
Im Kalten Krieg war der Begriff I. Teil der politischen Propagandasprache des kommunistischen Ostblocks. Der Westen wurde regelmäßig mit dem Adjektiv „imperialistisch" versehen bzw. als „imperialistisches Lager" etikettiert.

Industriegesellschaft Die I., deren Wurzeln bis ins 18. Jh. zurückreichen, hat die agrarisch bzw. handwerklich geprägte Gesellschaft abgelöst. Sie ist das Ergebnis der industriellen Revolution, durch die die Fabrik mit ihren Maschinen ins Zentrum einer neuen Produktionsweise rückte. Dieser Prozess bewirkte einen vielschichtigen gesellschaftlichen Strukturwandel: soziale Auf- und Abstiegsbewegungen, Urbanisierung, Säkularisierung, Massenwohlstand, veränderte Qualifikationen und Leistungsanforderungen. Gegen Ende des 20. Jh. hat sich die moderne I. aufgrund der dynamischen Technikentwicklung zur Dienstleistungsgesellschaft weiterentwickelt.

Integration ist die soziologische Bezeichnung für die „Wiederherstellung des Ganzen", in der politischen Alltagssprache im Sinne von „Vereinigung" bzw. „Einbindung" gebraucht. Von I. spricht man z. B. in Bezug auf Ausländer, Strafenentlassene und Europa.

Kaiser Entstanden aus dem lat. caesar nennt man den Inhaber der höchsten Gewalt K. Das Kaisertum entwickelte sich aus dem antiken Römischen Reich und wurde auf das Mittelalter übertragen. Seit den Ottonen besaßen die deutschen Könige eine Anwartschaft auf den Titel. Der damit erhobene Anspruch auf eine abendländische Vormachtstellung konnte nie wirklich realisiert werden. Seit dem 19. Jh. verlor der Kaisertitel durch vielfachen Gebrauch seine Einzigartigkeit.

Kalter Krieg Bezeichnung für den weltpolitischen Zustand nach dem 2. Weltkrieg (1947-1989), als die tiefgreifenden politischen Gegensätze zwischen Ost- und Westmächten zwar zu ständigen Konflikten, nicht aber zum („heißen") Krieg führten.

Klasse ist ein Grundbegriff der Soziologie, der sich eng an marxistische Gesellschaftsvorstellungen anlehnt. Er bezeichnet in Abgrenzung zu Stand und Schicht die Position innerhalb der Industriegesellschaft. Die Klassenzugehörigkeit wird sozial definiert, und zwar im Rahmen der kommunistischen Ideologie durch den Besitz oder Nichtbesitz von Produktionsmitteln. Das Konzept der K. hat sich in Bezug auf moderne Gesellschaften als zu undifferenziert erwiesen.

Klerus bezeichnet in der mittelalterlichen Gesellschaft den geistlichen Stand, der sich durch den Gegensatz zu den Laien definierte. Er beanspruchte bestimmte Standesvorrechte. Der hierarchisch gegliederte K. war der einzige Stand, in den man nicht geboren wurde.

König Ursprünglich der Träger der höchsten staatlichen Gewalt in einer Monarchie. Das Königtum ist eine Institution, die in vorantike Zeiten zurückreicht. Seine Wurzeln liegen in der Vorstellung einer göttlichen Abstammung bzw. eines besonderen Königheils. Durch die Thronfolge eines Verwandten (i.d.R. des ältesten Sohnes) entstanden Dynastien. Die Könige bzw. Königinnen der parlamentarischen Monarchien besitzen heute nur noch die repräsentative Funktion eines Staatsoberhaupts.

Kommunismus Oberbegriff für eine Ideologie und für die auf ihr beruhenden Herrschaftssysteme; leitet sich von lat. communis: gemeinschaftlich ab. Die kommunistische Lehre ist der Entwurf einer utopischen Gesellschaftsordnung, in der die gleichen Lebensverhältnisse für alle herrschen. Der Marxismus sah in der Arbeiterklasse das Instrument zur Realisierung des K. In der politischen Praxis des 20. Jh. endeten alle kommunistischen Herrschaftssysteme in menschenverachtenden und opferreichen Diktaturen (vgl. Stalinismus und Maoismus).

Konflikt Grundbegriff der Politik und der Soziologie: „Zusammenstoß" bzw. Gegensatz von Meinungen, Interessen, Parteien, Organisationen usw. Konflikte stellen eine Konstante des menschlichen Zusammenlebens dar. Gesellschaften unterscheiden sich lediglich dadurch, wie tiefgreifend die Konflikte sind und wie mit ihnen umgegangen wird. Die pluralistische Demokratie lebt von der offenen Konfliktaustragung in den gesetzlichen Bahnen. Sie unterscheidet sich dadurch von Diktaturen aller Art.

Konservatismus/Konservativismus Politische Ideologie bzw. Grundhaltung, die den Schwerpunkt auf das Bewahren legt. Der K. betont mehr die Kontinuität als die Veränderung, lehnt daher revolutionäre Veränderungen ab und achtet auf die Aufrechterhaltung bewährter Institutionen. Der K. grenzt sich vom Liberalismus, Sozialismus, Kommunismus und Nationalsozialismus ab. Der Bedeutungsinhalt des konservativen Denkens ist abhängig vom historisch-politischen Zusammenhang, in dem es steht.

Legalität, abgeleitet von lat. lex: Gesetz, ist ein juristischer Begriff. Er bezieht sich auf die Gesetzmäßigkeit, z. B. einer Handlung. Er sagt nichts über deren Qualität aus.

Legitimation heißt „Berechtigung". In der Politik geht es um die Berechtigung von Herrschaft. L. kann durch Geburt erworben werden (z. B. in einer Erbmonarchie) oder auch durch das Charisma. Die L. in der Demokratie kommt durch die Einhaltung von bestimmten verfassungsmäßig festgelegten Regeln zustande. Die demokratische Regierung legitimiert sich letztlich durch die Zustimmung der Mehrheit in freier Wahl, in der die Souveränität des Volkes zum Ausdruck kommt.

Legitimität Der Begriff überschneidet sich mit dem der Legitimation. Während diese formaler Natur ist, verweist L. auf Rechtmäßigkeit in einem höheren Sinne. Die allgemeine Überzeugung von L. unterliegt einem historischen Wandel. Noch im 19. Jh. bezog sich L. auf den Monarchen „von Gottes Gnaden". In der Gegenwart hat sich das demokratische Prinzip als Grundlage der L. in weiten Teilen der Welt durchgesetzt.

Leibeigenschaft bezeichnet die grundherrschaftliche Abhängigkeit, auch Hörigkeit genannt, wobei der Grad der Abhängigkeit sehr unterschiedlich sein konnte. Im Unterschied zum Sklaven, der rechtlich einem materiellen Gut entsprach, besaß der Leibeigene des Mittelalters eine Rechtsqualität als Mensch. Seine Freiheit war allerdings eingeschränkt durch Arbeits- und Abgabezwang, Mobilitätsverbot und Heiratsbeschränkungen.

Leninismus Oberbegriff für politische und wirtschaftliche Ideen und Herrschaftspraktiken, die auf Lenin, den Begründer der Sowjetunion, zurückgehen. Im Unterschied zum Marxismus hielt Lenin die proletarische Revolution auch in einem wirtschaftlichen rückständigen Land (wie Russland) für machbar. Diesem Zweck diente die leninistische Partei. Diese zahlenmäßig kleine Partei von Berufsrevolutionären sollte die Arbeiterklasse führen. Nach der Revolution erfolgte im Schutz der Diktatur des Proletariats der Aufbau des sozialistischen Staates.

Liberalismus Politische Grundströmung der modernen Welt, die den Schwerpunkt auf die freie Entfaltung des Individuums legt. Abgeleitet von lat. liber: frei, stellt die Ideologie des L. die Basis für die Demokratie des 20 Jh. dar. Das Eingreifen des Staates wird vom L. entweder ganz abgelehnt oder auf das als notwendig Erachtete begrenzt. Das gilt nicht nur politisch, sondern auch wirtschaftlich. Der L. ist die ideelle Grundlage für die freie Marktwirtschaft (Wirtschaftsliberalismus).

Links (Extremismus) ist ein Ausdruck der „politischen Geografie“, der nur eingeschränkt sachlich verwendbar ist und oft der politischen Meinungs- und Werbesprache zugerechnet werden muss. Ursprünglich eine Bezeichnung der parlamentarischen Sitzordnung umfasst „links“ allgemein alle politischen Strömungen mit sozialistischer Ausrichtung. Das linke politische Spektrum war und ist äußerst vielfältig und reicht vom revolutionären Leninismus bis zur modernen Sozialdemokratie. Als linksextremistisch bezeichnet man heute linke Gruppierungen, die die freiheitlich demokratische Grundordnung bekämpfen.

Machiavellismus Diese Bezeichnung geht auf den frühneuzeitlichen florentinischen Diplomaten Niccoló Machiavelli zurück. Dieser entwarf ein Bild von der Politik, demzufolge der Staat seine Macht ohne Rücksicht auf sittliche Gebote einsetzen dürfe. M. steht allgemein für politische Skrupellosigkeit.

Macht Grundsätzlich stellt sich M. immer in Form einer Beziehung dar. Nach einer Definition des Soziologen Max Weber bedeutet M. die Fähigkeit, den eigenen Willen auch gegen Widerstreben durchzusetzen.

Maoismus ist neben dem Leninismus eine weitere geschichtlich bedeutende Variante des Kommunismus. Der Begriff leitet sich vom chinesischen Revolutionär Mao Zedong ab, der im Unterschied zum Marxismus in den Bauern die Akteure der Revolution sah. Maos Vision von der revolutionären Umgestaltung der Gesellschaft kostete vielen Millionen Menschen das Leben.

Marxismus stellt die wichtigste Ideologie im Rahmen des Sozialismus dar. Im Verlaufe des 19. und 20. Jh. hat sich eine Vielzahl von politischen Richtungen herausgebildet, die sich auf Marx beziehen.
M. ist also ein Sammelbegriff für gesellschaftspolitische Lehren, die entweder auf Marx und Engels selbst zurückgehen oder von ihren Interpreten stammen. Der M. bietet eine Kritik der kapitalistischen Gesellschaft und entwirft ein Szenario der proletarischen Revolution mit anschließender Errichtung der kommunistischen Gesellschaftsordnung.

Menschenrechte Die Idee der M. wurzelt in der Auffassung, dass das Individuum natürliche und unveräußerliche Rechte besitzt. Diese so gen. Grundrechte werden nicht hoheitlich (z. B. vom Staat) verliehen, sondern sie sind jeder Person kraft ihrer Geburt eigen. Seit der amerikanischen und französischen Revolution im ausgehenden 18. Jahrhundert gehören das Bekenntnis zu den M. und Grundrechtskataloge zu den Verfassungen demokratischer Rechtsstaaten.

Migration bezeichnet Wanderungsbewegungen, wobei man zwischen Immigration und Emigration differenziert. Menschheitsgeschichtlich war M. vor der Sesshaftigkeit der Normalfall. Heute ist die Migrationspolitik in vielen Ländern Gegenstand politischer Kontroversen, die sich um Asyl, Arbeitsplätze, Überfremdung, kulturelle Identität und soziale Leistungen drehen.

Monarchie Staatsform, in der ein Fürst als Landesherr Träger der Souveränität ist. Man unterscheidet zum einen die absolute M. bzw. Autokratie, in der der Fürst die Gewalt uneingeschränkt inne hat, zum anderen die konstitutionelle M., in der die Fürstenherrschaft durch die Verfassung beschränkt ist. Der Monarch bleibt aber Träger der Staatsgewalt. Erst die parlamentarische M. siedelt die Staatsgewalt beim Volk an und überlässt dem Monarchen lediglich noch eine repräsentative Funktion.

Nation Ursprünglich bezog sich der Begriff auf die „in einem Land geborenen Menschen“. Abstammung, Geschichte, Sprache und Kultur bilden das Fundament für das Bewusstsein der Zusammengehörigkeit (Nationalbewusstsein). Das Werden einer N. bedeutet demzufolge immer auch die Abgrenzung nach außen. Der moderne Begriff der N. betont weniger die Kultur als den Willen, eine politische Einheit (Staat) zu formen.

Nationalismus Mächtige Ideologie bzw. politische Bewegung, die die Interessen der eigenen Nation in übersteigerter, oft militanter Weise vertritt. Der N. und mehr noch der Chauvinismus leugnen die Gleichwertigkeit von Nationen, verursachen Konflikte und sind Bestandteil von aggressiven Ideologien (z. B. Nationalsozialismus).

Nationalsozialismus Damit bezeichnet man gleichermaßen die Ideologie und das Herrschaftssystem des 3. Reiches. Der N. deckt sich bedeutungsmäßig wesentlich mit dem Faschismus und ist wie dieser eine totalitäre Diktatur mit einem Führer an der Spitze. Im Unterschied zu anderen faschistischen Staaten akzentuierte der N. den Rassismus und Antisemitismus. Der Genozid an den Juden war ein speziell nationalsozialistisches Programm.

Oligarchie, griech. „Herrschaft der Wenigen“, ist eine Form der Herrschaft, die auf Großorganisationen oder Staaten bezogen sein kann. Oligarchien können sich aus Offizieren, Wirtschaftsführern und Parteifunktionären zusammensetzen. In den meisten Ländern des ehemaligen Ostblocks bildete sich eine oligarchische Herrschaft durch die kommunistische Parteiführung.

Opposition Sehr weitläufiger Begriff für eine Gegnerschaft bzw. für den Widerstand gegen staatliche Maßnahmen. Eine politische Herrschaft kann danach beurteilt werden, wie sie mit der O. umgeht. Das Recht auf O. ist ein Teil der freiheitlich demokratischen Grundordnung.

Parlament Das moderne Parlament stellt das Kernstück des parlamentarischen Regierungssystems dar. Es setzt sich aus den Repräsentanten des Volkes zusammen. Im Rahmen der gewaltenteiligen Ordnung ist das P. für die Gesetzgebung (einschließlich Budget) und die Kontrolle der Regierung zuständig. Das deutsche Parlament heißt Bundestag. Außerdem gibt es die Parlamente der einzelnen Bundesländer.

Parteien Moderne Parteien sind politische Vereinigungen, die sich an den Wahlen zu den Parlamenten beteiligen. P. umfassen Menschen mit ähnlichen Interessen und Weltanschauungen. Die deutsche Verfassung (das Grundgesetz) erkennt die Mitwirkung der P. an der politischen Willensbildung ausdrücklich an. Die Vielfalt der P. stellt ein Grundelement des Pluralismus dar. P. sind trotz mancher Kritik als Säulen der parlamentarischen Demokratie unentbehrlich. Einparteistaaten erweisen sich regelmäßig als Diktaturen.

Partizipation nennt man in der Politik allgemein die Teilnahme bzw. Teilhabe an Entscheidungen. Der Begriff steht in enger Beziehung zur Demokratisierung von Staat und Gesellschaft.

Pauperismus Begriff aus dem 19. Jh., der sich auf die massenhafte Armut in der Frühphase der Industrialisierung bezog. Der P. steht im Zusammenhang mit der sozialistischen Ideologie, die in ihm das Ergebnis der kapitalistischen Ausbeutung sah. Tatsächlich war der P. Ausgangspunkt für verschiedene Wege zur Lösung der Sozialen Frage (Sozialstaat).

Pazifismus Abgeleitet von lat. pax: Friede ist der P. eine Weltanschauung, die den Krieg, die Rüstung und alles Soldatische ablehnt. Die historische Erfahrung lehrt, dass der P. kaum geeignet ist, skrupellosen Diktaturen wirkungsvoll entgegenzutreten. Insofern liegt dem P. ein utopisches Menschenbild zugrunde.

Plebiszit ist die Abstimmung und Entscheidung unmittelbar durch das Volk selbst, d. h. ohne die Zwischenschaltung von Parlamenten. Die plebiszitäre (direkte) Form der Demokratie besitzt ihr Gegenmodell in der repräsentativen Demokratie.

Pluralismus Darunter versteht man in der Politik die grundlegende Anerkennung der Tatsache, dass es in jeder Gesellschaft eine Vielzahl von Meinungen, Interessen und folglich auch Organisationen und Parteien gibt. P. stellt einen notwendigen Aspekt einer jeden Demokratie dar. Die pluralistisch verfasste Gesellschaft steht im Gegensatz zu allen politischen Ordnungen, die eine Gesellschaft vereinheitlichen wollen (Diktatur, Totalitarismus).

Pogrom Das Wort stammt aus dem Russischen und bedeutet „Verwüstung“. Es bezeichnet gewalttätige Ausschreitungen gegen Juden, deren Tötung und/oder Vertreibung. In jüngster Zeit wird bei offiziellen Anlässen für die so genannte Reichskristallnacht (9. Nov. 1938) der Begriff Reichspogromnacht verwendet.

Politik Der Ausdruck stammt aus dem Griechischen und leitet sich aus der Polis (griech. Stadt) ab. Im Stadtstaat der griechischen Antike wurde gewissermaßen die P. „erfunden" und später als „Staatskunst" verallgemeinert. Politische Fragen sind Machtfragen, wobei man zwischen einem engeren Politikbegriff (Staat) und einem weiteren Politikbegriff (Gesellschaft) unterscheiden kann. P. in einem weiteren Sinne beeinflusst heute tendenziell alle Lebensbereiche.

Prinzipat bezeichnet das ältere römische Kaisertum. Sprachlich leitet sich P. von lat. princeps ab: derjenige, der die erste Stelle einnimmt. In der ersten Epoche der römischen Kaiserzeit blieben republikanische Institutionen erhalten. Später erfolgte im Dominat (von lat. dominus: Alleinherrscher) die Transformation zur absolutistischen Monarchie.

Proletariat Der Begriff leitet sich von lat. proles: Nachkommenschaft ab. In der römischen Geschichte erwies sich die unterste, zur Zahlung von Steuern nicht fähige Schicht als besonders zeugungsfreudig. Mit dem Wort „Proleta-rier" bezeichnete man im 19. Jh. Leute, die zwar ihren Lebensunterhalt selbst verdienten, aber nur am Existenzminimum leben konnten. In der marxistischen Lehre wurde aus den armen und ausgebeuteten Lohnarbeitern (Arbeiterklasse) das Subjekt der sozialistischen Revolution.

Propaganda ist die Verbreitung von Meinungen, Ideologien und Glaubensinhalten. Sie dient als Herrschaftstechnik der Überredung bzw. Überzeugung von Menschen. Die technischen Instrumentarien des 20. Jh. haben die Möglichkeiten der P. erheblich erweitert. P. kann sowohl der Zerstörung bestehender Ordnungen als auch zu deren Stabilisierung dienen.

Putsch („Stoß", „Handstreich") Es handelt sich um ein illegales Unternehmen, das den Sturz der Regierung bezweckt. Meist ausgeführt durch eine kleine Gruppe (z. B. von Militärangehörigen) zielt der P. zunächst nicht auf eine tiefgreifende Umformung der Gesellschaft (vgl. Revolution), sondern auf den Austausch der politischen Führung (Elite).

Radikalismus Abgeleitet von lat. radix: Wurzel besitzt das Wort eine erhebliche Bedeutungsbreite. Positiv gewendet heißt „radikal" so viel wie gründlich, negativ aber kompromisslos, intolerant sowie extrem (vgl. Links- und Rechtsextremismus). R. ist Teil der politischen Meinungssprache und muss im jeweiligen Zusammenhang untersucht werden.

Rassismus ist eine biologistische Ideologie, die die Qualität eines Menschen nach seiner rassischen Zugehörigkeit bewertet. Der R. leugnet das Gleichheitspostulat und legitimiert Diskriminierung und aggressive Handlungen gegenüber fremden, andersartigen Menschen. Die Rassenideologie, auch in der Form des Antisemitismus, wurde im 3. Reich durch den Nationalsozialismus zum Rassenkampf gesteigert und zum Ausgangspunkt für den Völkermord.

Reaktion Im Unterschied zum naturwissenschaftlichen Sprachgebrauch wird der Begriff R. in der Politik manchmal nicht wertneutral gebraucht. Er drückt dann eine politische Meinung aus und bedeutet „Rückschritt", dessen Feststellung eine Sache des Standpunkts ist. Der abgeleitete Begriff „reaktionär" besitzt einen ausgeprägt abwertenden Sinn. Im 19. Jh. bezeichnete man auf diese Weise jene konservativen politischen Kräfte, die die Verbreitung des Liberalismus und Nationalismus verhindern wollten.

Recht ist ein hochabstrakter Begriff, der bestimmte Normen zu dem Zweck umfasst, das Zusammenleben von Menschen zu regeln. Je nach Geltungsbereich kann man das R. einzelner Staaten unterscheiden. R. kann in geschriebener oder ungeschriebener Form existieren. Es ist aber in jedem Fall überindividuell. Die Rechtswissenschaft unterscheidet vier Funktionen des Rechts:
1. Ordnungsfunktion
2. Gerechtigkeitsfunktion
3. Herrschaftsfunktion
4. Herrschaftskontrollfunktion

In modernen Gesellschaften findet die Rechtsverbindlichkeit ihren Ausdruck im Gesetz. Aus der politischen Perspektive sind Rechtsfragen Machtfragen (vgl. Macht, Gesetz).

Rechts (Extremismus) Als Teile der „politischen Geografie" ergänzen sich „rechts" und „links" spiegelbildlich. Im allgemeinen politischen Sprachgebrauch ist „rechts" ein Sammelbegriff für rechtsliberale, konservative, autoritäre oder neonazistische politische Strömungen – in der meinungsbetonten Alltagssprache oft undifferenziert benutzt. Der Rechtsextremismus bekämpft die freiheitlich demokratische Grundordnung und stützt sich dabei im Wesentlichen auf den Nationalismus und den Rassismus.

Rechtsstaat Er entwickelte sich im Zusammenhang mit dem Kampf des Liberalismus gegen die absolutistische Monarchie. Historisch-politisch stellt der R. den Gegenbegriff zu Diktatur und Despotie dar.
Die Rechtsstaatlichkeit der Bundesrepublik Deutschland erweist sich in der Rechtssicherheit, der Freiheitsgarantie, der Gleichheit vor dem Gesetz und in der Gewaltenteilung.

Regierung ist allgemein die Leitung eines Staates. In der gewaltenteiligen Ordnung des demokratischen Verfassungsstaates stellt sie die Spitze der Exekutive dar. Dabei steht die R. unter der Kontrolle durch die Gesellschaft, insbesondere aber durch die parlamentarische Opposition.
Regierungen lassen sich dahingehend unterscheiden, wie sie in ihr Amt gekommen sind (Legalität, Legitimität).

Repräsentation bedeutet zunächst „Stellvertretung" und bildet einen Mechanismus, um die demokratischen Entscheidungen in einer größeren territorialen Einheit zu organisieren. Die von der Basis ausgewählten Repräsentanten kommen im Parlament an Stelle des gesamten Volkes zusammen. Deutschland besitzt heute die Form einer repräsentativen Demokratie. Die Abgeordneten besitzen ein freies Mandat, d. h. sie sind an Aufträge nicht gebunden (Gegensatz: imperatives Mandat).

Republik Von lat. res publica: öffentliche Angelegenheit abgeleitet, wurde R. früher oft mit „Volksherrschaft" gleichgesetzt. Im aktuellen Sprachgebrauch ist R. eine Staatsform ohne monarchische Spitze. Die Bezeichnung eines Staates als R. gibt keine Auskunft über die Art und Weise der Regierung.

Restauration („Wiederherstellung") wurde und wird in ganz verschiedenen Zusammenhängen benutzt. R. dient u. a. zur Bezeichnung einer Epoche in der ersten Hälfte des 19. Jh., als im Zeichen des Konservativismus jene politische Ordnung „restauriert" wurde, die durch die Französische Revolution destabilisiert worden war.

Revolution Im Gegensatz zu Evolution mit ihren Reformen bezeichnet R. eine tiefgreifende, meistens schnell (und oft gewaltsam) ablaufende Veränderung der Verhältnisse. Ursprünglich als Rückkehr (lat. revolutio) zum alten Recht verstanden, betont der moderne Revolutionsbegriff den sozialen Fortschritt und die politische Weiterentwicklung. Je nach dem gesellschaftlichen Träger der R. lassen sich z. B. bürgerliche, proletarische, bäuerliche, nationale und religiös-fundamentalistische Revolutionen unterscheiden.

Ritter In der römischen Republik Bezeichnung für den wohlhabenden Stand der Reiter. Im Mittelalter bildeten die R. den Geburtsstand des niederen Adels. Ihr Rang ergab sich aus dem Besitz und dem vollen Waffenrecht. Die politische Position der R. änderte sich in der Frühen Neuzeit, als die reichsunmittelbaren R. der fürstlichen Landeshoheit unterworfen wurden.

Schicht Grundbegriff der Soziologie, der zur Erfassung der vertikalen Gliederung der Gesellschaft dient. Im Unterschied zur Kaste, zum Stand und zur Klasse werden Schichten durch eine Vielzahl gemeinsamer Merkmale definiert: z. B. Einkommen, Besitz, Bildung, Beruf, Beziehungen. Die

Abgrenzungen zwischen den einzelnen Schichten sind nicht eindeutig vorzunehmen. Im Schichtenmodell der Gesellschaft wird die Durchlässigkeit bzw. die Mobilität der Gesellschaftsmitglieder hervorgehoben.

Souveränität Im alltäglichen Sprachgebrauch bedeutet S. den Besitz einer Überlegenheit. Seit dem 16. Jh. ist S. ein Begriff des Völker- und Staatsrechts. Die S. als höchste Herrschaftsgewalt eines Staates drückt sich nach außen durch die Unabhängigkeit (von anderen Staaten) aus, nach innen durch die oberste Gerichtskompetenz.
Seit dem Ende des 2. Weltkriegs wird die traditionelle S. der Staaten zusehends untergraben. Immer mehr staatliche Entscheidungen fallen im Rahmen von zwischenstaatlichen bzw. überstaatlichen Institutionen (EU, NATO, UNO usw.).

Sozialdarwinismus orientiert sich an der Abstammungslehre von Charles Darwin und dessen Selektionsideen („survial of the fittest"). Der S. übertrug das biologische Prinzip vom Tierreich auf die menschlichen Gesellschaften. Diese im 19. Jh. weit verbreitete Ideologie machte sich der Nationalsozialismus zu eigen, um seine Kriegspolitik zu legitimieren.

Sozialismus Abgeleitet von lat. socialis: gesellig dient S. als Oberbegriff für eine Vielzahl von z. T. sehr unterschiedlichen Theorien und Ideen, die alle im Zusammenhang mit der Revolutionierung oder reformerischen Umgestaltung der kapitalistischen Gesellschaftsordnung stehen. Die wichtigste Lehre im Zusammenhang mit dem S. stellt der Marxismus dar.
Als gesellschaftlicher Träger des S. gilt die Arbeiterklasse. Im 20. Jahrhundert hat sich die sozialistische Bewegung weit aufgefächert und reicht von der Sozialdemokratie bis zum Leninismus und Maoismus.

Sozialstaat Im Unterschied zum Staatsverständnis des 19. Jh. („Nachtwächterstaat") verpflichtet das Grundgesetz des Staat zur aktiven Herstellung eines Mindestmaßes an sozialem Ausgleich. Die konkrete Ausgestaltung des Sozialstaats, das Ausmaß der Umverteilung unterliegt dem gesellschaftlichen Wandel und wird politisch kontrovers diskutiert.

Staat ist eine Institution der modernen Gesellschaft, die in sehr unterschiedlicher Form existieren kann (Monarchie, Republik). Der klassische S. definiert sich nach außen durch seine Souveränität und nach innen durch das Gewaltmonopol. Im freiheitlich-demokratischen S. ist die Staatsgewalt geteilt, um Machtmissbrauch zu verhindern. S. und Gesellschaft stehen sich dabei als zwar unterschiedliche, aber sich gegenseitig durchdringende Funktionsfelder gegenüber.

Ständestaat Der S. existierte in den meisten europäischen Ländern vom Mittelalter bis ins 18. Jh. Er beruhte auf der Gliederung der Gesellschaft in Stände. Die Stände (in der Regel Adel, Geistlichkeit und Städte, sehr selten auch Bauern) waren neben dem Monarchen an der Ausübung der Staatsgewalt beteiligt. Der Absolutismus versuchte den Einfluss der Stände zurückzudrängen.

Stalinismus umfasst sowohl die Ideologie als auch die Herrschaftspraktiken, die sich mit der Diktatur Stalins verbinden. Der S. stellt die blutigste, gewalttätigste Phase in der Geschichte der Sowjetunion dar (1928-1953). In dieser Zeit nahmen Staatswillkür, Terror, Deportationen und Personenkult extreme Formen an.

Stand Stände stellen sozial und rechtlich abgeschlossene Gruppen innerhalb einer hierarchischen Gesellschaftsordnung dar. Vormoderne Gesellschaften waren ständisch aufgebaut, wobei sich die Zugehörigkeit aus der Geburt oder dem Beruf ergab. Das klassische Ständemodell des Mittelalters unterschied zwischen Klerus, Adel und Bauern (bzw. Bürgern). Die neuzeitliche Wirtschaftsentwicklung hat die Stände zugunsten moderner Schichten aufgelöst.

Status In der Politik bedeutet S. allgemein einen Zustand. Der soziologische S. bezeichnet hingegen die soziale Lage eines Menschen im Rahmen der Schichtung. Der Rang bzw. die Position einer Person ergibt sich aus der Differenzierung bestimmter Merkmale: Beruf, Amt, Bildungsabschluss, Besitz, Einkommen, Konsum (Statussymbole). Die Statuszuweisung unterscheidet sich je nach Art der Gesellschaft.

Strukturwandel Moderner Begriff für die gesellschaftlichen, wirtschaftlichen und allgemein menschlichen Veränderungen als Folge von technischen Innovationen. In jüngster Zeit hat der S. durch die Einführung neuer Informationstechnologien eine zunehmende Beschleunigung erfahren. Die technische Revolution erweist sich als stärkster Motor für die Neustrukturierung der Arbeit, der Produktion, der Bildung, der Freizeitgestaltung und des Konsums.
Eine Begleiterscheinung des modernen Strukturwandels ist die Globalisierung.

Timokratie Bei der T. („Herrschaft der Vermögenden") handelt es sich um eine Herrschaftsform, bei der die politischen Rechte entsprechend dem Besitz oder der Steuerleistung abgestuft sind. Das Zensuswahlrecht, z. B. auch in der Form des preußischen Dreiklassenwahlrechts, entsprach dem timokratischen Herrschaftsverständnis. Bis zur Durchsetzung des gleichen Wahlrechts im 20 Jh. gab es durchweg Einschränkungen hinsichtlich der Wahlberechtigung.

Totalitarismus ist eine Form der Herrschaft, die die lückenlose Erfassung des Individuums anstrebt. Der Begriff selbst stammt aus den vierziger Jahren des 20. Jh. und diente der Politikwissenschaft zur Erfassung der Gemeinsamkeiten zwischen stalinistischen und faschistischen Diktaturen. Die totalitäre Diktatur macht systematischen Gebrauch von den technisch-operativen Herrschaftsinstrumenten des 20. Jh.

Tyrannei (Tyrannis) Herrschaftsform, die sich von griech. tyrannos: Herr, Alleinherrscher ableitet und heute die Bedeutung von Gewalt- oder Willkürherrschaft hat. In der griechischen Staatslehre galt die T. als Entartung der Monarchie. Der Tyrannenmord war in der Geschichte durchweg als legitime Form des Widerstandes anerkannt.

Utopie ist wörtlich der Ort, der nicht existiert. Der Begriff bezieht sich auf einen Roman des englischen Kanzlers Thomas Morus (16. Jh), in dem ein Staats- und Wirtschaftsideal dargestellt wird. Utopische Entwürfe enthalten neben ihrer weltverbesserischen Substanz eine Kritik an herrschenden Zuständen. Sie können auch warnende Komponenten enthalten.

Verbände organisieren wirtschaftliche, berufliche, kulturelle oder andere Interessen im Rahmen der pluralistischen Ordnung. V. nehmen im Unterschied zu modernen Volksparteien klar abgrenzbare Interessen ihrer Mitglieder wahr und vertreten diese nach außen: gegenüber der Regierung, den Parteien und den konkurrierenden Organisationen. Das Wirken der Verbände ist grundgesetzlich geschützt und stellt ein wesentliches Element der freiheitlichen Ordnung dar.

Verfassung In der V. wird die Grundordnung eines Staates fixiert. In ihr werden u. a. die Grundrechte der Bürger, die Staatsziele und die Formen und Grenzen staatlichen Handelns festgelegt. Verfassungen müssen notwendigerweise allgemein formuliert sein, so dass sich Spielräume eröffnen, die in der politischen Praxis geschlossen werden. Die Verfassungsgeschichte verlief weitgehend deckungsgleich mit der Herausbildung des bürgerlichen Rechtsstaates. Die V. der Bundesrepublik heißt Grundgesetz. Dessen Wesenskern ist als freiheitlich demokratische Grundordnung definiert.

Volkssouveränität In der Kombination von Souveränität und Volk ist dieser Begriff bedeutungsgleich mit Demokratie: Die Herrschaftsgewalt liegt letztlich beim Volk.

Widerstand Sehr allgemeiner Begriff für alle Maßnahmen und Handlungen, die gegen die Regierung oder die Staatsgewalt gerichtet sind. W. muss auf seine Legitimität hin im Einzelnen geprüft werden. Als Folge der nationalsozialistischen Diktatur sieht das Grundgesetz ein Widerstandsrecht für den Fall vor, dass die freiheitlich demokratische Grundordnung beseitigt werden soll.

Register

Bildnachweis

akg-images, Berlin: Titel o.li. + u., 6, 16 M1, 18 M2, 22 M9, 27 M6, 28, 35 o., 40 o., 57 M2 (E. Lessing), 64 M2, 66, 68 M2, 72 (Electa), 83 M7, 85 M1, 92 M5, 98 M2 (E. Lessing), 105 M1, 106 M2, 107, 129 M2, 133, 137 M2, 138 M3, 143 M2, 145 o., 147 M10, 149 M1, 152 M3, 154 M1, 158 M8, 162 M1, 170 M10, 178, 180 M1, 181 M2, 182 M3, 186 M6, 194 M16, 196, 200, 202 M5, 206 M2, 207 M3, 212, 213 M1, 214, 226 M4 (E. Lessing), 231 M7
Archives Prehistoric Europe, H. Meyer, Tapfheim: 103 M1
Askani, B., Schwetzingen: 60 M1

Bayerische Staatsbibliothek, München: 142 M1 (clm 4456)
Bayerisches Nationalmuseum, München: 166 M5
Biblioteca Vaticana: 113 M3, 146 M7
Bildarchiv Foto Marburg: 145 u.
Bildarchiv Steffens, Mainz: 48 M4
Bildarchiv Preußischer Kulturbesitz, Berlin: 53 o., 61 o. (SMB/Antikensammlung/C. Begall), 62 o. + u., 82 M4 (SCALA), 116 M1 (RMN), 119 M6, 152 M5, 210
Brake, B./Lau, R., Auckland: 93 M6 li.
Bridgeman Art Library, London: 56 M1 (Museo Archeologico Nazionale, Neapel), 131 M4 (Corpus Christi College, Oxford)
British Museum, London: 33 M4, 81 M1

Commune di Roma: 94 M7

Dagli-Orti, G., Paris: 65 M4
Deutsches Archäologisches Institut, Rom: 45 M2 (Schwanke), 75 M4 (Anger), 87 M2 o., 87 M2 u. (Koppermann)
Deutsches Historisches Museum, Berlin: 21 M7
Domkapitel Aachen/A. Münchow: 115 M9, 225 M3

Eulenspiegel Verlagsgesellschaft, Berlin: 227 M5

Germanisches Nationalmuseum, Nürnberg: 139 M4, 170 M9
Glaser, P., Berlin: 13 M7

Herzog Anton Ulrich-Museum, Braunschweig: 184 M4 (B.P. Kaiser)
Historisches Museum, Frankfurt/M.: 174

Interfoto, München: 14 M8

Kinold, K., München: 9 M2

Landesbildstelle Berlin: 13 M6

museumskunstpalast, Düsseldorf: 117 M1

National Maritime Museum, Greenwich: 192 M13
Ny Carlsberg Glyptothek, Kopenhagen: 81 M2 (O. Haupt)

Picture Alliance, Frankfurt/M.: 8 M1 (ZB/P. Endig), 10 M3 (dpa/S. Stache), 23 M1 (dpa/J. Schmitt), 141 (akg-images)
Punktum Bildarchiv, Zürich: 160 M11

Staatliche Münzsammlung, München: 41 M2
Staatsbibliothek, Bamberg: 131 M3
Stadtbibliothek, Nürnberg: 165 M4
Stadtmuseum Nördlingen: Titel o.re., 100

Tourismus-Service Rothenburg o.d.T.: 171 M12
Travelstock44.de, Berlin: 12 M5 (J. Held)

ullstein bild, Berlin: 19 M3 (SV Bilderdienst), 97 M1 (Ex-Press), 164 M3 (Archiv Gerstenberg)

Universitätsbibliothek, Heidelberg: 125 M9, 126 M11

Verkehrsverein Bad Aachen: 117 M2

ZAHLENBILDER © Erich Schmidt Verlag, Berlin: 218 M1

alle übrigen Karten und Schaubilder: Westermann Kartographie/Technisch Graphische Abteilung, Braunschweig